我们这样去抗日

陈启明 著

【第一卷】 脆弱的统一

人民日报出版社

图书在版编目（CIP）数据

我们这样去抗日 / 陈启明著. —北京：人民日报出版社，2011.7
ISBN 978-7-5115-0520-0

Ⅰ. ①我… Ⅱ. ①陈… Ⅲ. ①抗日战争 – 史料 – 中国
Ⅳ. ①K265.06

中国版本图书馆CIP数据核字(2011)第130641号

书　　名：	我们这样去抗日
作　　者：	陈启明
出 版 人：	董　伟
责任编辑：	童　瑜
封面设计：	骏·书衣坊
出版发行：	人民日报出版社
社　　址：	北京金台西路2号
邮政编码：	100733
发行热线：	（010）65369527　65369512　65369509　65369510
邮购热线：	（010）65369530
编辑热线：	（010）65369533
网　　址：	www.peopledailypress.com
经　　销：	新华书店
印　　刷：	北京中新伟业印刷有限公司
开　　本：	787mm×1092mm　1/16
字　　数：	398千字
印　　张：	19.75
印　　次：	2011年8月第1版　2011年8月第1次印刷
书　　号：	ISBN 978-7-5115-0520-0
定　　价：	36.00元

序

儿子很好奇，他的问题总是很多。

最近电视上"红色经典"风行，儿子看着看着，问了几个问题：

"日本为何要侵略中国？"

"九一八事变前，东北局势怎么样？"

"日本那样小，为何敢侵略中国？"

"抗战到底打了多少年？"

"电视上《亮剑》，李云龙、楚云飞那样勇敢，抗战为何还要打8年？"

"抗战到底谁的功劳大？"

开始，我只是告诉他，以后历史课老师会讲的。

不过儿子的好奇心还是比历史课老师讲的内容更多：

"为何七七卢沟桥事变是抗日战争的起点，而不是更早的九一八事变或一·二八淞沪抗战？"

……

我给问倒了，这些似乎容易回答的问题，并没有让我满意的标准答案。

儿子的好奇心让我想起，在与儿子相仿的年龄，我似乎也有过类似的困惑，而这些困惑其实直到今天，有些依然无法释然。

我从未写过历史，写历史，尤其是抗战，对我来说是全新的尝试。

读书时我曾经对历史很抗拒。

关心抗战史，确实是儿子的好奇心带来的。

原本以为可以从容回答，仔细翻了史料后，就有点晕。

"抗日战争从哪一年开始的？"

这个问题脱口而出的答案是8年。

但是这只是一种答案。

8年抗日战争的标准答案后面就有着极其现实的政治考虑。

但是换几个角度看，未必如此。

好在事实可以隐藏，但是不会永远被遗忘。

在互联网时代，这场发生在上个世纪的战争真相，随着时间的推移，正越来越真实地展现在世人面前。

同时，随着时间的推移，见证战争真相的人也越来越少，一些原本就含糊不清的真相，愈发扑朔迷离。

虽说现在处于资讯发达的互联网时代，但是真相并不能一眼看穿，我们都不是齐天大圣孙悟空，没有慧眼，只是肉眼凡胎。

关于抗日战争，海峡两岸的看法不同，中日两国的看法更不同，因为海峡两岸的历史教科书不同，中日两国的历史教科书更不同。

如果进行历史考试，大家当然是按教科书的标准答案做题。

可是我早已过了考试的年龄，很早就不用按照教科书的标准答案面对人生了。

我需要的不是标准答案，而是历史真相。

我开始试图寻找这段历史真相。

真相不能让我们得分，但可以帮助我们看清真实的世界。

"女为悦己者容"，女人的天性注定要装扮自己，美丽人生。

史为悦权者容，其实历史也是这样的"美人"。

她装扮自己，是为了取悦权势这个"英雄"。

"英雄"可以征服美人。

当一个"英雄"被雨打风吹去后，另一个"英雄"又会来征服历史这个"美人"。

"美人"会说"英雄"爱听的话。

关于抗日战争：

大陆的"美人"说："夫君，抗日时，你是我们家的顶梁柱啊！"

海峡对岸的"美人"说："夫君，抗日时，你是家长，你是老大，赢了都是你的功劳啊！"

日本的"美人"说："夫君，你不是去中国做好人好事吗？带着大陆兄弟奔小康吗？怎么好心没好报，还让另外两个野蛮人欺负了呢？"

北方邻居的"美人"说："夫君，你真是好人，你才几天就把日本佬的地盘占了，当时占着不走就好了。"

太平洋彼岸的"美人"说："夫君，砸在日本佬身上的两个炮仗也太吓人了，一下就让日本佬尿了！"

……

"美人"说的话，不可不信，也不可全信。

因为真实的历史没有标准答案。

尤其关于抗日战争。

不过"英雄"难过"美人"关。

"英雄"逝去,"美人"依旧。

历史这个"美人",她最终还是会说出真心话,因为"美人"也要卸妆,素面朝天。

素面朝天的往往不再是美女。

我们的抗日战争是何时爆发的?

过去的说法一直是8年抗战,也就是从1937年卢沟桥事件至1945年抗战结束。

近年一些学者提出14年抗战,主张抗战要从1931年九一八事变算起,因为从那时起中国人就进行了抵抗。

这个问题看似非常简单,但是我们认真的有此一问,答案反而还不那样的容易得到了,通常我们的理解是抗日战争从1937年7月7日的卢沟桥事变开始,但是这样的说法还要加上一个重要的前提,就是抗战全面爆发。

全面爆发可不是最先开始,如果以这个时间为理解的话,那么我们之前的《何梅协定》就有讨论余地了,该协定使华北成为不设防的地区,宣告中日武装冲突告一段落。由于伪满洲国在此之前建国,这样人为使东北主权国际化,这样的结果显然是中国不能接受的,也是中国人民不答应的。

但是为什么把这个1937作为了一般老百姓心中的开始呢?

其实原因很简单,因为自1937年7月7日后,全国民众都不可避免地卷入了这场关系国家与民族命运的战争,为国家和民族生存而战。

那么我们把时间放到1931年9月18日如何?

在这样的时间节点下,东北的主权问题当然没有争议,1931年到1937年间的各种协议也可以推翻,似乎是一个很好的方案,但是这样的方案也是有缺陷的,而且还存在一个法律上的抗辩,那就是九一八事变以后,中日双方另外签署了停战协议,这可以成为一个战争已经结束的标志,其后发生的战争可以作为一个新的战争来计算。

此外,虽然战后日本的国家主权被限定在日本四岛,但是对于东北亚土地的觊觎者可不少,尤其是二战后一段时间,苏联曾一度占据着东北。

战后,在远东国际军事法庭上,中国采取了对于中国最为有利的方案,我们在此确定的中日战争爆发时间是张作霖被炸死的皇姑屯事件的时间:1928年6月4日。

在这样的时间计算下,日本1928~1931年在东北的大规模投资可以进入到战争罚没中来,而且对于张作霖的死亡,日本承担了责任却没有任何的双方条约可以抗辩。

按照国际法,一个国家公然谋杀他国元首,应当视为是战争的开始,而张作霖就是当时从清帝退位、袁世凯、段祺瑞等人传承有序的国家元首,把张作霖作为国家元首,把当时的北洋政府作为与日本开始交战的政府,这样一来,从满清到民国,对于日本的一系列不平等条约都可以清算。

在这里我们要感谢远东国际军事法庭的中国杰出代表梅汝璈，他利用其在美国精研英美法的背景和高超造诣，利用国际法的游戏规则为中国的国际博弈赢得了重大利益。

本书第一卷只是描述这场中日战争的序幕：在中日战争爆发时，中国的统一还很脆弱。

我们这样去抗日 |目录
|第一卷| 脆弱的统一

第一章　前朝战事……………001
　　第一节　亡国前的朝鲜
　　第二节　"终身不欢"
　　第三节　"联俄拒日"
　　第四节　兵不血刃

第二章　国际大势……………022
　　第一节　昭和军阀
　　第二节　"感冒"与黑死病
　　第三节　"我的奋斗"
　　第四节　四张面孔
　　第五节　日不落帝国
　　第六节　世界革命

第三章　中国力量……………060
　　第一节　少年中国学会
　　第二节　中国革命
　　第三节　军阀们
　　第四节　少年共产党
　　第五节　国共合作序曲
　　第六节　国民党的崛起

第四章　日本布局 …………089

第一节　太平洋会议
第二节　东京大地震
第三节　亚细亚主义
第四节　亚洲盟主
第五节　拓殖东北

第五章　混沌时局 …………118

第一节　孙陈决裂
第二节　"联省自治"
第三节　"湘人治湘"
第四节　国民军

第六章　国共合作 …………137

第一节　黄埔军校
第二节　黄埔学生
第三节　总理之死
第四节　五原誓师

第七章　北伐岁月 …………165

第一节　汪蒋胡三巨头
第二节　唐生智与第8军
第三节　北伐势态
第四节　分裂之前

第八章　北伐变局 …………193

第一节　南京事件
第二节　租界风云
第三节　安庆事件
第四节　四一二血案

第九章　权柄之争 …………219

第一节　"宁""汉"合流
第二节　政治抉择
第三节　以退为进
第四节　蒋宋联姻

第十章　东北王 ……………245

第一节　铁路情缘
第二节　郭松龄兵变
第三节　李大钊事件
第四节　皇姑屯事件

第十一章　脆弱的统一 …………270

第一节　二次北伐
第二节　东北易帜
第三节　西北变局
第四节　裁军困局

第一章
前朝战事

第一节 亡国前的朝鲜

1866年。

这是一个结束,也是一个开始。

沿途做思想宣传工作,告诉百姓什么是顺民,什么是造反,同时带着爱新觉罗王朝军警忙着镇压捻军的曾国藩,终于作为大清的劳动模范病倒了。

李鸿章接过曾国藩的大旗,为爱新觉罗王朝革命,去切割捻军、太平天国等N多人的人命,并有机会在以后创造和发展他的两大新学说"联日拒俄"和"联俄拒日"。

作为爱新觉罗王朝的掘墓人,孙中山在广东平安诞生了,可能是时代不同了,这位革命先驱者的出生,没有以往王侯将相出生时带来的电闪雷鸣的娱乐效果。

苍天可能为了弥补这点疏忽,在他拼命挖爱新觉罗王朝墙脚时,给了他一个电闪雷鸣的雅号"孙大炮"。"孙大炮"终于带着同志们,给爱新觉罗王朝制造了最后的电闪雷鸣效果。

不过在进入工业革命后,金钱更有娱乐效果,这一年大英帝国很给孙中山面子,决定增加一种货币:港币。

港元开始流通使用。

有爱国心而"莫谈国是"的上海人,恶作剧地将"港币"这个词发展为上海话的国骂:"戆B。"

懂上海话的自然会心一笑,不懂的,记住这词就是北方人常说的"傻B"。

在上海人爱国心的泛滥下,港督,这个大英帝国在香港的最高统治者,也成了上海人最爱使用的骂人话"戆大"。

"戆大"啥意思?"戆大"是"戆B"中的大哥大,"傻B"中的战斗机。

文明的上海人自然不会把"B"随时挂在嘴上,他们把"B"拆成了阿拉伯数字13,然后"十三点"就成了文明的上海国骂。

最后,上海人看不惯日本人的嚣张,依照日本人的取名方式,为日本人起了一个名字:江边洋子。

懂上海话的一读自然会心一笑,不懂的,我免费翻译一下,"戆B"养的儿子。

还看不懂的,我无语。

我写的,可不是标准答案,按我的思路,做历史卷的答卷,无论国内版,还是日韩版,你都可以气死历史老师,笑翻你的同学。

说起日本,跨大西洋电报通讯的应用,让日本嗅到了来自大洋彼岸的机会和威胁。

一直想置对方于死地的萨摩藩和长州藩两大集团决定握手言和,缔结政治、军事性同盟,重新注册日本天皇公司,准备应付来自海外的挑战和竞争。

而在大洋彼岸,阿尔弗雷德·伯纳德·诺贝尔终于发明了硝化甘油炸药,也迈出了筹建诺贝尔奖巨额资金的第一步。

为了加速完成德意志统一,普鲁士拼命与奥地利打仗。德国人很讲效率。与其等硝化甘油炸药用在战场,死的人会更多,不如早些打完。

作为共产主义的祖师爷的马克思,为了吓唬帝国主义这些纸老虎,正准备制造一个名叫"共产主义的幽灵在欧洲游荡"。马克思一面四处拉赞助,准备印刷共产主义的奠基之作《资本论》第一卷,一面组织来自各国的22个支部和11个其他工人团体去往瑞士日内瓦,参加共产主义国际联合组织的第一次代表大会。这次大会讨论的是史上最大的掘墓计划,准备挖个大坑埋了帝国主义和资本主义。

这就是1866年。

此刻,左宗棠他没有想到,在福建马尾建造中国近代第一家专业造船厂,当年远东地区之最的福建船政时,这还不是他仕途的终点。他将以69岁的高龄,扛着为自己准备好的棺木,再踏上前往新疆伊犁的征途。

此刻的朝鲜,其实比大清总公司更值得令人尊敬。

1844年,垂涎三尺的美国派专使顾盛带四艘战舰闯进虎门,驶抵黄埔,以武力相威胁,大清政府就同美国签订了《望厦条约》,赚了不少便宜。

1866年,"舍门将军"号美国船闯入朝鲜大同江,来寻找"商机"。

作为朝鲜大佬的大院君没有想到,一艘叫做"舍门将军"号的美国船也会学着法国人,闯入朝鲜大同江,向这个国家索要财物,扬言不给就炮轰平壤。

而美国人更没有想到,这个和善的民族竟然如此尚武。

大清的这家朝鲜分公司竟然如此大胆。

让美国人更没有想到的是,这个只认大清的工商执照不认洋人的民族,他们一看这些洋鼻子没有大清的工商执照，一个个竟能如此激愤，在平安道观察使朴圭寿的率领下，朝鲜军民烧毁了美国人的"舍门将军"号。

美国人给打晕了，也气晕了。

朝鲜烧毁了美国人的"舍门将军"号，自然也会动静不小。

五年后的一天，五艘美国船再次进入朝鲜海域，与所有列强的逻辑一样，要求赔偿"舍门将军"号的损失，并且要求"缔结条约""开放口岸"，否则就动武。

结果，这回镇守在此的鱼在渊就没那么幸运了，战至全军覆没。

江华岛终被攻克，美国人上岸后发现没什么好抢的了，法国人之前能抢的都抢了，只好把那面4.5米乘4.5米的大帅旗拿走当纪念品。

这面大帅旗远渡重洋，放在美国著名的安纳波利斯海军军官学校展出。

这抢大帅旗的习惯，让以后日本人学乖了，遇到可能的败仗，先把军旗藏好。

军旗在，人死了，换人再建。

虽说美国人打赢了，但是没啥实惠，务实的美国人此后再没出现。

美国人撤了，也就等于"在朝鲜人民的奋起抗击下，美国人落荒而逃"。很多国家的教科书都会按这个逻辑记录，何况一向喜欢美容的朝鲜人。

如今，在朝鲜的历史博物馆里，陈列着一块"斥和碑"，上刻"洋夷侵犯非战则和主和卖国"十二个大字，下面的一行小字是"戒我万年子孙"，另一行是"丙寅作辛未立"。

那是朝鲜大佬大院君为自己写的功德。

不过当时的朝鲜，确实不好惹啊。

首先，大院君选的将领宁可战死，也不后退半步！抵抗之坚决，前所罕见，后无来者。

其次，效果总的来说还不错，光是挨打，没签不平等条约。

这就比当时中国和日本强得多。

此刻的大清呢？

人家林则徐也不过是烧了大英帝国运来的烟土，就搞得大英帝国非要和大清武斗，结果大家都知道了，就不再啰嗦。

再说沙皇俄国，1858年，沙皇俄国通过中俄《瑷珲条约》，割占了大清东北外兴安岭以南、黑龙江以北60多万平方公里的领土。

1860年，沙皇俄国通过中俄《北京条约》，割占了大清乌苏里江以东包括库页岛在内的40万平方公里的领土。

1860年和1864年，沙皇俄国通过不平等的《北京条约》和中俄《堪分西北界约记》，割占了大清巴尔喀什湖以东、以南的44万多平方公里的领土。

所以搞得李鸿章非要整出个"联日拒俄"。

"联日拒俄"也没好结果，1871年9月签订中日《修好条约》和《通商条约》，1874年日本军队就侵略我国领土台湾，遭到顽强抗击后，日本向清政府勒索白银50万两当"医疗费"后，才从台湾撤军。

有朋友说，在大学图书馆里看到过韩版的朝鲜战争。书里吹得太神了，韩国士兵个个以一当十，根本就没联合国军插手的份儿。

其实可以理解，在一个极度缺乏自信的国度，连父母给的容颜都需要美容一番，何况写满了屈辱的历史？

极度缺乏自信而又极度自恋的性格昭示着悲哀。

历史上他们被强者打得满地找牙，但又为强者的利益而自相残杀。

这个"隐士般的国度"将注定历经百年磨难。

原因一：旧城改建。

因为大院君要学习大清总公司开发房地产的先进经验。

大清总公司搞了景观工程圆明园和颐和园等，朝鲜分公司也要搞重修景福宫。

大院君要把景福宫这房地产开发得和半个北京故宫差不多。

大院君有胆魄可没银子。

结果动拆迁出问题，还拖欠农民工工资，乱印钞票，搞得朝鲜民众鸡飞狗跳。

原因二：外交纠纷。

大院君时的朝鲜以儒家思想立国，自认程朱理学继承得比中国还好。基督教宣扬上帝面前人人平等，信徒只能崇拜上帝。这与传统纲常伦理格格不入。

冲突是难免的，"君子动口不动手"，至少大院君们要先教育后动手吧。

"君子动口不动手"他忘了，"汉贼不两立"成了他下狠手的理由。

结果，大院君在未做任何宣传教育的情况下，搞突然袭击。一下逮捕基督教信徒多达12万人，包括12名法国传教士，其中9人被杀。一般民众被杀者上万。

凡是信仰基督教的西方列强，都去大清总公司索赔了。

大清总公司的恼怒和郁闷可想而知。

原因三："联日拒俄"。

因为李鸿章接过曾国藩的大旗，他要搏表现，争取进步，摸着日本这块石头过河去砸沙俄的臭鸡蛋，保护大清龙脉，这构成了他的"联日拒俄"的宏图。

要玩"联日拒俄"，就需要先整理泡菜坛子。

所以，对朝鲜分公司自然要资产重组，大院君要"双规"。

素有"晨谧之邦"美称的朝鲜，在公元前不久就有了文字记录的历史，但是战争却是这一历史始终的主题。

由于居于特殊的地理位置，朝鲜不断受到强国的占领和践踏。

这个国家最奢侈的愿望仅仅是能够安静地独处世界一角，以享受苍天赐予它的优美的情歌和优质的稻米。

为了这个愿望，在17世纪一段没有强国侵入的短暂时光里，朝鲜国王甚至下过一道禁止百姓开采白银和黄金的旨令，为的是减少强国对这个国家的兴趣。

然而，这个"隐士般的国度"始终没能实现它和平的愿望。

朝鲜的宗主国大清王朝自1840年后渐已自身难保，朝鲜王朝还以为大清王朝依旧固若金汤，一点也没意识到终将成为列强的新猎物。

朝鲜是半岛国家（当时没分家，还是蕃属，不是红薯），南北直线长约800多公里，东西最宽处约300多公里，面积约22万多平方公里。

朝鲜半岛的南部气候宜人，是丰产的农业区；半岛的北部山林茂盛，矿产丰富。

朝鲜地扼东亚交通咽喉，特殊的地理位置使它具有不可忽视的战略意义，它犹如一块伸向日本海的跳板，既是强国入侵远东最便捷的必然途径，又是抵制入侵的天然桥头堡垒。

利用北纬三十八度线作为军事分界线，最早是由日本和沙皇俄国提出来的。

1896年，日、俄两国密谋瓜分朝鲜之时，日本与沙俄都以北纬三十八度线作为谈判底线，作为两方瓜分朝鲜的分界线。

这是第一次划分北纬三十八度线。

日本自1868年明治维新以后，决心要"开拓万里波涛，布国威于四方"，李鸿章也与时俱进地制定了"联日拒俄"的宏伟蓝图。

在与伊达宗城（日本全权大臣）正式签订中日《修好条约》和《通商条约》后，日本的武士浪人作为大清的编外武警城管，前往朝鲜打击假冒伪劣兼搞多种经营。

与此同时，作为大清的编外武警城管，又干着无证经营的买卖，主动前往台湾制造假冒伪劣兼搞多种经营。

台湾的事以后叙述，先简单说朝鲜，说甲午战争。

在朝鲜，与日本"合资"成了爱新觉罗王朝的国有资产流失。

在朝鲜，不光有日本这些编外武警城管，还有爱新觉罗王朝的精锐武警。

这支精锐武警的老大是袁世凯同学（"驻扎朝鲜总理交涉通商事宜"）。

当嫡系遇到编外，一般嫡系是占上风的。

朝鲜不大，编外的和精锐的武警为了增进友谊，相互经常搞些小规模的实弹演习，他们的死都是尽国际义务，死了都算为国捐躯。

可是朝鲜平民的损失就厉害了，武警城管吃了他们的不给钱，睡了他们的女人不认账，除了在实弹演习现场观摩被误杀，属于去阎王那里领500万冥币彩票大奖的没意见，其他朝鲜老百姓都有意见。

合资双赢没见奔小康，倒是培训出越来越多的朝鲜王朝掘墓人：一无所有的贫民。

我们看看当时的记载："朝鲜民情太惰，种地只求敷食，不思蓄积，遇事尤泥古法，不敢变通，读书几成废物，平居好游，文理欠通，笔谈数十句，多半费解，谈时务辄加菲薄，可憎可怜。"这是李鸿章的得力干将聂士成的考察结论。

当时聂士成带着爱新觉罗王朝军官学校的学员，根据"联日拒俄"的方略，考察朝鲜地形。

由于考察地形，走的不是观光路线，聂士成大长见识。

聂士成一行来到朝鲜明德站时，碰到一桩奇事。

有十多个小孩列队向他行礼，并且送上一封信。

信一看，明白了，原来这些小孩没有学校，书本也不足，只能读《千字文》，因此恳求这位"天朝"大将给点买路钱。

面对这些绿林小孩，聂士成心头一酸，"赠送一些银两"，搞了一回希望工程。

聂士成是武童出身的淮军将领，当然很关心朝鲜的边防兵力。

在朝鲜会宁府，聂士成和当地领导（府尹）笔谈后，发觉这个重镇的兵力只是纸上数字，竟然"只属虚数"！

至于另一重镇镜城府，有由清军训练而成的五百士兵，当中三百驻守府城，其余二百散布附近的十个镇。

聂士成感到简直是天方夜谭，因为区区五百士兵如何防守那么广阔的地方？如何防俄？这些最多只能够当城管临时工的士兵难道可以做到？

拿过士兵所配备的来复枪，聂士成更傻了：

这是来复枪？枪膛内竟然没有来复线。

没有来复线的枪只比古老火枪好一点罢了。

这些没有来复线的居然还是新枪，枪是由朝鲜自制（清朝曾赠送整套军械制造厂给朝鲜）。

不过大清忘了将制造来复线的机器运来朝鲜，朝鲜也不知道申请。

因为朝鲜官员很忙，没空练也不懂这来复枪。

到了富宁府，聂士成成了信访接待。

来上访的，居然是当地最高领导（府尹），他竟然向来访的聂士成哭诉，说他任职四年来，"亏空钱四千余贯"，招待工作太多，花完了公款，还垫了自己的"四千余贯"私房钱。

他想辞职去更有钱途的地方，但朝廷不批准，他只有请求聂代为求情。

聂士成想起路经的朝鲜城镇"荒陋至极，民苦可知"：府城城墙不过八尺，乱石堆成，内无街道，民居只是些小草房，门前污秽。

聂士成不由同情这个官员，看来这地方除了女人，没啥值得逗留的，就连当地最高领导（府尹）的宴请，食物也"腥闻不能入咽"。

是啊，满桌的菜，里面几乎都有充满大蒜辛辣味的泡菜。

聂士成来到咸镜城时，官员以歌妓来招待他。

聂士成"力辞之"，官员却说这是朝鲜古制，是具有朝鲜特色的待客之道，万不敢擅改。

聂士成之后到了平壤，发现该城持牌上岗的官妓竟也有数千，算是明白富宁府这类官府公款的去处了。城镇"荒陋至极"，自然公款没有花在房地产上；食物"腥闻不能入咽"，估计吃喝所花也是有限；小孩没有学校，说明教育没投入，也没有产业化；军队"只属虚数"，来复枪没有来复线之类，说明这些也没花钱。那个可以把美国军舰打得满地找牙的尚武之风，已荡然无存。

时下炙手可热、抢尽眼球的美女经济，其实古已有之。

"漂亮的脸蛋出大米"，在中国，至少在2500年前就已经有人身体力行了。

而始作俑者，是西施。

从唐代起，文人士大夫聚会饮筵，时兴招妓女做席纠（或称酒纠）行令佐酒，或以歌舞侍宴。这就是现在的所谓"三陪"。

曾经的中国古代社会，市民追花逐柳，商人豪爽使钱，纨绔子弟一掷千金，使妓院门庭若市，生意兴隆，养育了妓女；而妓女和以游冶为中心的都市生活，又反过来促进了工商业的发展和城市经济的繁荣。

中国社会如隋、唐、五代、辽、宋、夏、金、元、明、清等朝代，妓院的开张和利税，历来是各个朝代税收的"重头之戏"。

聂士成也想明白了，朝鲜地面上有中央的嫡系精锐，还有李鸿章引进的外援，虽说是编外，但是作为城管实在是够威力了。朝鲜王室醉生梦死也正常啊。

第二节 "终身不欢"

稳定压倒一切，老佛爷是核心，下面学核心也可以理解。

稳定压倒一切，没有谁去质疑老佛爷，也没有谁去质疑李鸿章的"联日拒俄"的方略，而李鸿章却很快有了新思维"联俄拒日"。

为了稳定，编外的和精锐的武警城管达成了没有文字的潜规则：

朝鲜北面，以精锐执法为主；朝鲜南面，以编外的维持为主。

这个南北分界就大约是北纬38°线左右。

袁世凯同学还是很有一些谋略和手段的，他把日本当时大名鼎鼎的伊藤博文猛K了一回，因为那个大院君给"双规"了，他又推出了闵妃作为朝鲜的新掌门。

当时日本的武士浪人们虽然穿着编外武警城管外套，干的倒是以前"倭寇"的本行，有嫡系压着，无证经营的买卖始终没有形成规模。

日本开始热衷公益事业，积极赞助朝鲜愤青建立政党，同时安排钩子潜伏。

朝鲜愤青对于朝鲜王朝、爱新觉罗王朝、日本天皇都不满，他们三个都反。

朝鲜愤青没想到编外武警城管们采取放钩子的办法，他们里有不少潜伏。

所以朝鲜愤青N回的革命成果，总给武警城管在现场拿下，最后总让编外的武警城管给打假缴获了。

日本那时的放钩子，比时下打黑车的经济效益更可观。

于是，日本编外武警城管们，不只两手硬，全身都硬，有点像奥特曼了。

李鸿章派遣了手下爱将叶志超前往朝鲜加强武警城管力量。

叶志超看到像奥特曼的日本编外公务员，心里有点慌，他以前的执法对象，一直是捻军，没出国见过世面。

而日本通过钩子，让朝鲜愤青一窝峰地去反爱新觉罗王朝、朝鲜王朝的公务员，同时暗地找来了大院君。

大院君是朝鲜国王他爹，明成皇后的公公，爱新觉罗王朝把他双规了。

重新自由的大院君，恨死了爱新觉罗王朝，立马和日本人表示愿意振兴朝鲜，走建设日本特色的大东亚共荣的道路。

日本这回赞助的朝鲜愤青反得很厉害，原本以为是赞助混混的，可以在执法时轻松拿下，没想到执行赞助的是个混混，赞助了有理想有能力的东学党人。

纯属意外，赶紧灭火。

中日韩三家联合执法才基本摆平东学党人，而东学党人的余党又开始了朝鲜独立运动，这是后话，以后再叙。

联合执法时，日本推出大院君说，人家朝鲜要改制了，以后不上爱新觉罗王朝工商注册，该向日本明治天皇工商注册。

还没等爱新觉罗王朝明白，日本翻脸把爱新觉罗王朝的公务员当无证摊贩，还立即执法。

这时在朝鲜的袁世凯，看到上面有新领导了，自己没有进步的机会，又知道大院君对他可是国仇家恨集一身，大院君现在有日本编外公务员撑腰，他不想和大院君死磕，决定下岗，回国养病。

都说一山无二虎，除非一公和一母。

袁世凯和叶志超都不是"同志"，所以叶志超来，袁世凯自然要"养病"。

袁世凯下岗，给叶志超一个真正掌控朝鲜大局的机会，也给了日本一次控制朝鲜全境的机会。

新上岗的是叶公，不是叶公好龙的那位，他大名叶志超，将是另一项叶公纪录的创造者。

叶志超在国内主要干城管的，除了捻军，他没练过硬的。

叶志超吓得有点尿了，他本来是出来旅游观光，累积成绩的，可不是来玩命的，他是要跟着李鸿章的脚印的。

李鸿章也很照顾这个部属，他想起爱新觉罗王朝还有当时远东最好的北洋海军，于是让北洋海军运兵去朝鲜给叶志超解围。

如果北洋海军运兵顺利到达朝鲜，叶志超的部队将占优势。

日本放钩子是专业级的，不光朝鲜有，在爱新觉罗王朝潜伏得更多。

北洋海军运兵的开船日期被日本间谍准确获知，北洋海军的运兵船和护航船被日本海军消灭，连随船运去的20万两军费也不知去向。

北洋海军的主力一度"失胆，潜藏于旅顺口、威海卫、山海关各地"，回到军港为保存实力，停业整顿。

北洋海军的主力"失胆"，叶志超有胆了，他决定以叶公好龙为榜样，提前当一回"5·12"中的"范跑跑"，他要带着他的军队和日军赛跑。

叶志超率领的清军从平壤狂奔200公里，在200公里的障碍赛中，自我互相践踏而死者二千余人，创造100米自践杀人的军事纪录（200公里自践踩死2000人，是不是每100米死1个？），渡鸭绿江入国境。

叶志超终于在日军前面逃回了爱新觉罗王朝，结果把北洋海军舰队又给害了。

北洋海军舰队已整顿完毕，由"定远"、"镇远"、"来远"、"靖远"、"超勇"、"扬威"、"经远"、"致远"、"广甲"、"济远"、"平远"、"广丙"组成的精锐舰只，此刻正将刘盛休军十营4000人运到朝鲜增援平壤决战。

他们登陆时，叶志超率领的清军已从平壤溃逃，他们成了孤军。

他们遭到了日本海军的致命打击：

"伦敦9月21日电：'日本电报，中国海军师舰12艘、鱼雷艇2艘在鸭绿江口开仗，中国舰毁者5艘，余舰均受重伤，兵勇死伤枕藉。'"

中日舰队决战，其实是一件很奇怪的事情。

这是历史上第一次蒸汽舰队之间的决战，同时也是两支年轻的海军，两支菜鸟舰队的决战。

两支海军都只有20年左右的历史，后来的人们说，如果日本海军是一支成熟的海军，决不会去挑战大清海军，因为几乎没有胜利的可能；而大清海军如果是一支成熟的海军，也决不会畏惧日本海军的挑战，因为同样几乎没有失败的可能。

但是战争不是理论课，甲午海战的乌龙事一时也说不完。

日本海军倒确实可以骄傲一把，他们这支菜鸟舰队毕竟击败了爱新觉罗王朝精锐的宝贝舰队。

爱新觉罗王朝花了20多年心血的北洋海军主力付诸东流！

不过爱新觉罗王朝有钱，不在乎，关键是慈禧这类核心要开心。

当年建造北洋海军的军费都挪用了，都可以拿去搞了颐和园的旅游地产，北洋海军没了也就没了，也就是少了海军仪仗队而已。

等有钱，爱新觉罗王朝再买个海军就是。

仗打成这样，该处罚一下李鸿章吧。

严重处罚李鸿章：拔去三眼花翎，褫去黄马褂。

靠，没收一根御制孔雀毛，没收一件御制外套。

1894年11月7日，即光绪二十年十月十日，是慈禧六十寿辰。

慈禧不高兴了，她是爱好和平的，马上要举国欢庆自己六十寿辰，打仗怎么行？只要战争在自己六十寿辰前结束，赔点钱给日本就是，就当日本的医药费。

"可是日本这样也太欺负人了，我们要讨还公道吧？"有人嘀咕着。

……

核心的断然决定，没有"可是"！

万寿祝典照常举行，庄严宣布：

"今使我不欢者，我将使他终身不欢。""瑾、珍两妃，降为贵人。"

慈禧核心不想打，可是日本刚开始大打，还打疯了。

日军在旅顺口大开杀戒。

日军攻占旅顺后，滥杀手无寸铁的和平居民约2万人，这就是震惊世界的旅顺大屠杀。关于此次大屠杀，许多欧洲人留下了亲眼目睹的记录。

英国人艾伦在他的《龙旗翻卷之下》中写道：

"日本兵追逐逃难的百姓，用枪杆和刺刀对付所有的人；对跌倒的人更是凶狠地乱刺。在街上行走，脚下到处可踩着死尸。"

"天黑了，屠杀还在继续进行着。枪声、呼喊声、尖叫声和呻吟声，到处回荡。街道上呈现出一幅可怕的景象：地上浸透了血水，遍地躺卧着肢体残缺的尸体；有些小胡同，简直被死尸堵住了。死者大都是城里人。"

"日军用刺刀穿透妇女的胸膛，将不满两岁的幼儿串起来，故意地举向高空，让人观看。"

美国《纽约世界》记者克里曼于11月24日（日军攻占旅顺后第四天）从旅顺发回国内的一篇通讯中说：

"我见一人跪在兵前，叩头求命。兵一手以枪尾刀插入其头于地，一手以剑斩断其身首。有一人缩身于角头，日兵一队放枪弹碎其身。有一老人跪于街中，日兵斩之，几成两段。有一难民在屋脊上，亦被弹打死。有一人由屋脊跌下街心，兵以枪尾刀刺插十余次。"

"战后第三日，天正黎明，我为枪弹之声惊醒，日人又肆屠戮。我出外看见一武弁带兵一队追逐三人，有一人手抱着一无衣服的婴孩，其人急走，将婴孩跌落。一点钟后，我见该孩已死，两人被枪弹打倒。其第三人即孩子之父，失足一蹶，一兵手执枪尾刀者即刻擒住其背。我走上前，示以手臂上所缠白布红十字，欲救之，但不能阻止。兵将刀连插伏地之人颈项三四下，然后去，任其在地延喘待死。"

"次日（11月24日）我与威利阿士至一天井处，看见一具死尸。即见两兵屈身于死尸之旁，甚为诧异。一兵手执一刀，此两人已将尸首剖腹，刳出其心。"

英国法学家胡兰德在他的《关于中日战争的国际公法》中说：

"当时日本官员的行动，确已越出常轨。他们从战后第二天起，一连四天，野蛮地屠杀非战斗人员和妇女儿童。在这次屠杀中，能够幸免于难的中国人，全市中只剩36人。而这36人，完全是为驱使他们掩埋其同胞的尸体而留下的。"

"其中有一个叫鲍绍武的人说：'我们来参加收集尸体时，看到有的人坐在椅子上就被捅死了。更惨的是，有一家炕上，母亲身边围着四五个孩子，小的还在吃奶就被捅死了。'"

……

就是这样，爱新觉罗王朝官兵还是很听话，任打不动气。

是啊，打了白打，对方还不还手，打的越狠，对方的劳务费给的越多，这样的好事日本真想再干500年。

旅顺大屠杀及以后的战斗让日本人形成一种思维定势："支那人是利己的。"

他们认为在中国，统治阶级和下层民众的关系很淡薄，作为国家组织的朝廷，实际是君主和群臣百官结为一体，休戚与共，而他们的"国家"却与下层的民众没有关系。"就好比海水，君与臣是表面的波澜，虽然波浪起伏，但底层却是什么动静也没有。这就是'民'，这就是支那的历史。"

慈禧六十寿辰还是在战争中度过。

等慈禧过完1895年的元宵节，山东、河北（直隶）……都在日军控制下。

好一个"联日拒俄"，日军"勤王"城下，对不起，日本现在要保护费了。

爱新觉罗王朝有钱不在乎，好啊，那就赔3亿两白银，割土台湾、东北、山东，外加大沽、天津、山海关……

当时和约底稿的主要内容是：

1. 清政府承认朝鲜为独立自主的国家，不再是朝鲜之宗主国；
2. 中国将盛京省（今辽宁省）南部地方、台湾全岛及澎湖列岛永远让与日本；
3. 赔款3亿两；
4. 开顺天府、沙市、湘潭、重庆、梧州、苏州、杭州七处为商埠。

……

1895年4月17日上午10时，中日双方在日本马关的春帆楼签订《马关条约》。

签订仪式结束，李鸿章深深叹了一口气，自语道："我解脱了痛苦。"

伊藤博文则洋洋得意地说："大功告成了。"

最后和约文本主要内容：

1. 中国承认朝鲜为独立自主国家，不再是朝鲜之宗主国；
2. 中国割让辽东半岛、台湾全岛及所有附属各岛屿给日本；
3. 中国将库平银2亿两交给日本，作为赔偿军费，该款分八次交清；

4. 日本臣民得在中国通商口岸任便开厂，各项机器进口只交所定的进口税；

5. 开放沙市、重庆、苏州、杭州为商埠。

5月3日，爱新觉罗王朝"钦准"。

5月8日夜10时，中日两方互换条约，《马关条约》正式生效。

"支那佬，拖辫子，打败仗，逃跑了，躲进山里不敢出来。"随着叶志超溃逃业绩的广为人知，这首儿歌在日本儿童中迅速流传，并成为当时的日本爱国歌曲。

随着《马关条约》正式生效，每个日本人都以为自己是奥特曼。

日本摆脱了往日对中国的敬畏，给大清的顺民一个雅号："豕尾奴"。

而叶志超因为政治立场一贯正确，是李鸿章的铁粉，还是保住了性命。

"联日拒俄"如此收场。

"联俄拒日"将隆重登场。

李鸿章依然是导演，因为少赔了1亿两。

因为慈禧核心喜欢用他，更关键的是不得不用。

袁世凯同学回到了北京，他要密切联系领导，朝鲜离爱新觉罗王朝核心太远，影响他进步。

从此，袁世凯同学好好联系领导，天天往上进步。

第三节 "联俄拒日"

清朝当时满汉民族的隔离和区分，不亚于上世纪西方的黑人白人的种族隔离。

爱新觉罗王朝自开国以来，在野蛮的血腥屠杀后根基不稳，统治几十倍于自己的汉人，心中笼罩着不安，似乎一直是生活在随时爆发的火山口上。

有隐忧就有对策，爱新觉罗王朝统治者的对策之一是封禁令。

黑龙江流域的东北地区是爱新觉罗王朝的发源地。

爱新觉罗王朝统治者入关后，为了给本民族留一条进可攻退可守的"后院"，对整个满洲实行了严厉的封禁令，严禁关内汉民迁徙东北。致使尽管乾隆年间中国人口激增，内地人口压力已经空前激化，但广大东北地区特别是黑龙江流域地区却几乎全部是无人区，没有得到应有的开发。

这个看似荒唐的决定，有着爱新觉罗王朝的无奈，也有爱新觉罗王朝的秘密。

当然，我们可以用所谓的风水，编撰出一个故事。

但是，真正的秘密是战马，那里有爱新觉罗王朝的军马养殖场，爱新觉罗王朝不希望汉人得到战马。

爱新觉罗王朝入关时的人口才20多万，为了统治4000万以上的汉人，就需要时刻保持他们的军事优势，而爱新觉罗王朝的军事优势就是骑兵。

汉人在中原和江南养战马是基本不可能的，农家繁殖的马只能拉车，上战场是不行的。

爱新觉罗王朝的整个统治时期，并不是盛世华年，依然是内乱不断，满汉民族矛盾激烈，汉人时刻试图驱除鞑虏。

但是汉人不许出关就没有战马，爱新觉罗王朝骑兵的军事优势才能维系。

由于黑龙江流域过于空旷，缺乏足够的人口占领，从而大大削弱了中国对东北的实际控制力量。

爱新觉罗王朝的这一政策，使得1850年俄罗斯人在侵入黑龙江流域时，根本就遭遇不到任何来自当地居民或军队的抵抗或阻扰，可以名副其实地"如入无人之境"。

沙俄仅用区区上万名武装军人就可以肆意横穿黑龙江流域数千公里，从而轻易占领了中国黑龙江以北、乌苏里江以东100多万平方公里领土，再从本国迁来大批移民，从种族和文化上予以消化，就达成了实际占有的既定事实，最后爱新觉罗王朝不得不签定不平等条约，承认该既定事实。

就是在这种状态下，爱新觉罗王朝对开放东北依然没有放松。

可以以N种方法快速砍倒一棵树，但是培育一棵参天大树需要N年。

因为民族的仇恨在人类的内心不容易平复，而民族和解是极其宝贵的。

如果无法用汉族居民来构筑血肉长城，营造人民战争的海洋，那么除了依靠爱新觉罗王朝现有的军队，就是寻找外援。

爱新觉罗王朝现有的军队虽然骑兵勇猛，但是血肉之躯已挡不住洋枪，躲不过子弹。

寻找外援就成为唯一的选择。用老百姓的话，就是花钱雇个保镖。按现代语言说，就是找支雇佣军。这支雇佣军就是日本。

如果说日本真像中国足球，他们最多也就踢几场"黑球"，还是很好管理的。

在李鸿章看来，日本虽然干过倭寇，但主要是为钱财而来，自然也可以用钱财雇佣，踢"黑球"是可以在爱新觉罗王朝的严格管理下杜绝的。此外，日本历史上曾非常景仰中华文化，又同样是黄色人种，有一种"同文同种"的文化观认同。

李鸿章的想法是中华文化长期固有的族天下潜规则的反映，不算标新立异。

李鸿章的想法，不是放之四海都玩得转的真理。

日本更相信"真理是赤裸裸的"，它要站在强势的那边。

1853年，日本遭遇美国"黑船来袭"，被迫开国。

"数年后，日本在1862、1864、1865、1867年，一共还派了4次现代'遣唐使'，到上海去考察，希冀从中学习跟西方人的交涉手段。其中1862年'千岁丸'访沪，随舰人员中就有一个叫高杉晋作的年轻武士，从他遗留下来的著作，可知他的眼光从上海看到整个中国。

高杉晋作（1839~1867）原本是日本'攘夷派'人士，即鼓吹排斥西方人。日本在与西方诸国的较量中吃了大亏，于是此番派舰到上海，目的是要参考中国与西方诸国的交涉，获取一些西方国家的资料，同时要探寻有没有可能跟中国搞合作，一同对付西方人。

高杉有幸成了此行的一个小随员。他带回大量书籍，同时也是同行诸人中对此行著文最多的一个。

在看到晚清政府的没落后，高杉本人从'攘夷派'转换成'倒幕派'。

因为高杉晋作看到中国跟日本类似的毛病：原来的政府机构已经腐朽瘫痪，根本不能应付这个新时代带来的变化，需要推倒重来。至于说要依靠它来抵御外人，在这么一个垂死的体制内，一味抵制外国人，根本就没用，纯粹是有心无力。最重要的是自己要做好面对这个时代的准备。

高杉的著述中对中国民间感情深刻，自认为中日人民是同文同种的远亲。但是对于中国的落后贫穷，制度上的缺陷，却也印象深刻。

日本人本来是来'取经'的，结果反而在他们的'中国之行'看到了很多问题，并断言昔日的亚洲老大已经不行了。虽然'彼可取而代之'的想法当时还只是很模糊很遥远的幻想，毕竟双方差距过大，不过'清国靠不住'，这已经是板上钉钉的事实，日本也只能靠自己。"

跟着领导走，有饭也有酒，这就是日本对真理的理解。

日本的历史智慧表现在侍奉大国的本事很高。

那时大英帝国是最强的，那日本就开始全面向大英帝国学习。

就如当年的遣唐使一样，日本上下马上与英国打得火热，大量的"遣英使"到英国学习了，很多日本国民也以穿英服（西服）剃英发（短发）为荣。

此时的日本毫不迟疑地搭上大英帝国的时代火车，伊藤博文任大藏省少辅，第一件事就是力排众议，向英商借款100万镑（时值白银约400万~500万两），修筑东京至横滨间的铁路。

到甲午时期日本借款约5000万两白银，主要投入在军事方面，日本军力确实已令人刮目相看。

而当时整个北洋舰队的军舰造价才2000万两，这样的日本，确实有作为雇佣军的本钱。

所以尽管事后我们发现错误很巨大，后果很严重，爱新觉罗王朝当时并无其他更好的选择。

爱新觉罗王朝选择日本，可惜日本不是这样的选择。他们不是为爱新觉罗王朝添砖加瓦的，当时他们已是大英帝国的铁杆粉丝。

日本借款约5000万两白银，这对于刚开始维新的小国穷国，勒紧裤带、节衣缩食搞建设还债是很痛苦的。

当合格的雇佣军，作为与时俱进的工业社会的新一代镖师，用自己的鲜血和生命赚取生活费，也算是现实的选择。

不过这并不是唯一的选择。

同样用自己的鲜血和生命，赚取爱新觉罗王朝生活费与赚取爱新觉罗王朝江山，付出的相差不大，然而收益就是天壤之别。

"王侯将相宁有种乎？"试试才知道。

日本认为，中国历史上北方那么多民族，其实大致可以分为两类：一类是以蒙古族为代表的草原游牧民族，可比之为狼族；一类是满族、高句丽族为代表的森林民族，可比之为虎族。

所以日本人必须要占领朝鲜这个战略要点，作为大陆战略的桥头堡，东北必然是下一个目标。

以赚取生活费为幌子应聘工作，以赚取江山为目标苦心经营，成为日本的最佳选择。

而从爱新觉罗王朝看来，总公司远比朝鲜分公司重要，为了总公司的长远发展和生存，朝鲜乃至本土台湾都是次要目标，要让雇佣军"拒俄"，就要让日本人上岸，否则，"联日拒俄"就是纸面作业。

"联日拒俄"以中日甲午战争的失败而收场。

"联俄拒日"也以中日甲午战争的失败而登场。

因为爱新觉罗王朝没有想明白的，列强们已玩弄得滚瓜烂熟：不分种族、信仰、恩仇、社会制度，没有永远的盟友，只有永远的国家利益。

前面提到，在日本马关红石山下草拟的《马关条约》初稿中，爱新觉罗王朝要将盛京省（今辽宁省）南部地方割让给日本，赔款3亿两等。

但是实际上赔款2亿两，因盛京省（今辽宁省）南部地方没有割让，追加赔款3千万两，共赔2亿3千万两。

表面上，这是因李鸿章日本遇刺，日本因内疚而让步，其实在这样巨大的国家利益面前，就是伊藤博文粉身碎骨，日本也不可能轻易让步。

一亿两换一个伊藤博文干不干？没准伊藤博文自己就愿为一亿两"玉碎"，那要多少外出创汇的日本女人的皮肉钱？

何况在日本看来，伊藤博文远比李鸿章有价值，至少他没给天皇献出"联华据英"、"联俄抗英"、"联俄华美扛英"等国策。

说到底，李鸿章的性命不值一亿两。

日本是不可能轻易让步的，让它让步的是俄、英、德三国。

当就停战问题听取日本朝野群臣意见时，除陆军大臣山县有朋以外，大多数反对停战。

大藏大臣松方正义、海军大臣西乡从道、海军军令部长桦山资纪、参谋本部次长川上操六等联合复电说:"且下实行停战,对我国不利,请再加以考虑。"

当李鸿章遇刺后,日本政府陆奥宗光外相担心李鸿章借此回国,谈判中断将给列强们干涉带来宝贵的时间。

陆奥曾表示:"内外形势已不许两国继续交战了。若李鸿章以负伤作借口而中途回国,谈判岂非中断吗?若欧洲某强国乘机干涉,我国对中国的要求将不得不大为让步。因此我认为,如不乘此时机采取善后措施,即有发生不测之危机。"

因为日本不光吃独食,还踩了德、俄、法等列强的红线。

所以,中日《马关条约》签约后,德、俄、法三国干涉随至。

中国当时虽然为弱国,但是有上千年来远远领先世界的物质积累,中国还是世界第一的富国和国土前三、人口第一的大国,随时具备崛起的实力和物质基础。

对于能完全控制中国的国家而言,这不仅是一份太大的蛋糕,还是一个巨大的历史机遇:世界第一的财富(财力),数量充裕的人口(人力),如果再加上工业革命的技术(军力),结果将是什么?

日本猛打爱新觉罗王朝,列强愿意,这将更容易收取软弱的爱新觉罗王朝保护费。

《马关条约》就过分了,爱新觉罗王朝等于捏在日本的手心了,说不定爱新觉罗王朝哪天重组后改成了日本天皇的全资子公司了。

等中日《马关条约》签约后,德、俄、法三国已做好群殴的准备。

于是在德国倡导、俄国响应下,拉拢法国,结成德、俄、法三国联盟,对日本进行干涉,要日本归还辽东半岛。

三国的干涉绝不是出于公义,而是出于私欲。

第四节 兵不血刃

德国要想从中国索取一个港口,借此机会与俄国接近,使俄法的亲密关系松动,以摆脱德国的孤立处境。

俄国早就盯着大连军港了,俄国也想学习英国老大,学英国缺少港口不行。

帝俄直截了当地说:"假如日本占领南满,对我们将是威胁。我们不能容许日本占领南满,假如不履行我们的要求,我们将采取适当的措施。这样,我们就成为中国的救星,中国会尊重我们的效劳,从而会同意用和平方式修改我们的国界。"

法国参加联盟,一面是由于俄法同盟,一面是染指中国东南沿海特别是对台湾的野心还没有放弃。

4月17日《马关条约》签订的当天,俄国首先发难。

俄国外交大臣说:"俄国政府决定,立即以友谊方式,直接向日本政府提出不要永久占领中国本土的请求。我们的计划是,如果日本不接受此项友谊的忠告,俄国正考虑三国对日本在海上采取共同军事行动——切断日军在中国大陆与本国间的一切交通。"

同一天,德国皇帝威廉二世下令,将一艘装甲舰、一艘巡洋舰开赴远东。

德国外交大臣马沙尔表示:"现在日本的和平条约(指《马关条约》)损害了欧洲和德国的利益,尽管后者的范围尚小,我们不得不抗争。日本必须让步,因为对三国斗争是没有希望的。"

4月19日早晨,法国驻华公使蒙得培罗通知俄国外交大臣罗拔诺夫,法国决定参加俄国的计划。

4月23日下午,俄、德、法三国驻日公使联袂至东京外务省送交备忘录。

俄国公使希特罗渥说:"日本永久占领辽东半岛,恐怕会招致冲突。希贵国政府善体此意,采取保全名誉之策。"

德国公使哥特斯米德说:"日本必须让步,因为对三国开仗是没有希望的。"

先礼后兵,然后大军压境,没有实力靠口水那是万万不行的。

帝俄是第一个秀肌肉的,俄国正在向远东边区派遣一支29500人的部队;海参崴已被宣布为临战区,黑龙江北岸一带正在进行战争准备。

日本举行御前会议,经过反复讨论,得出一个基本方案:对三国可以让步,对中国则寸步不让。

有力的才是有理的,谁让爱新觉罗王朝如此喜爱和平呢?

会议决定,向三国提交以下的复文:"日本帝国政府根据俄、德、法三国政府之友谊的忠告,决定放弃辽东半岛之永久占领。"

不久,明治天皇宣布诏书,接受三国忠告,放弃辽东半岛之永久占领。

日本吐出来不是白吐的,问爱新觉罗王朝要动迁费。

之后,日本内阁会议通过决议:"作为永久放弃辽东半岛之补偿,对清国要求之赎金,其数量限额为库平银1亿两。"

爱新觉罗王朝突然发现,旅游地产虽然赏心悦目,账面价值不菲,不过一时变现不了,国库里没有现成的银子。

虽然日本很想索性终结爱新觉罗王朝,可是有俄、德、法三个火枪手看场子,此数先减至5000万两,再减至3000万两。

最后谈妥,爱新觉罗王朝将3000万两赔款全部交清之日起,三个月以内日军实行撤回。

随后《辽南条约》在北京签订。

其主要内容是：

一、中国让与日本国管理的奉天省南部地区及辽东湾东岸、黄海北岸、奉天所属诸岛屿，永远交还中国；

二、中国支付3000万两酬报费，于1895年11月16日交清；

三、酬款交清后，三个月以内，日本军队从该交还地一律撤回。

根据《辽南条约》，中国于1895年11月30日收回海城、凤凰城、岫岩，12月10日收回复州，12月21日收回旅顺，12月24、25日收回金州、大连湾。

至此，日军侵占的辽南诸城全部收回。

甲午战争以这种方式收场，让李鸿章从"联日拒俄"转轨到"联俄拒日"。

之所以写这些细节，其实可以从这些细节来理解和比较民国时期处理中日俄关系时的微妙之处。

阳光下没有太多新玩意，因为江山易改，本性难移，人心难测。

抗日战争绝不是我们看到的拳击赛，有赛前严格的训练，有完善的比赛制度和规则，有公平的裁判等。

中国足球的黑哨都可以让绿茵场上出现各种千奇百怪的八卦，而一场决定国运的国战又哪里可能公平、公正、公开呢？

"联日拒俄"和"联俄拒日"，其实都是弱国外交的产物，都具有丧权辱国的色彩。

但是光靠骨气和口水可以改变吗？

如果光靠骨气和口水可以改变，我和大家一起去苦练气功，猛吐口水。

说到底，拳头硬要靠实力，要靠综合国力，不是GDP的漂亮数据，更不是花团锦簇的旅游地产。

此外，就算弱国无外交，但是并不说明弱国无博弈。

对于中国近代很多的失败，实力不足固然是根本，但是更大的损失在于我们的博弈水平不足，外交水平低下。

对于世界游戏规则不理解、不了解的情况下，就如当年鸦片战争的谈判，中国人对于协定关税还认为占了便宜，对于治外法权更觉得无关紧要，这些失败是不能被弱国无外交所掩盖的！

中国需要的是对于历史的反思，而不是点验战果，回避失误。

而我们的历史上的清流和现代的愤青，希望中国在外交舞台要做到寸步不让。即使是霸权的美国也是不能完全随心所欲地在外交舞台做到寸步不让，更何况中国？

在此意义上的弱国无外交是天朝极度自大和极度自卑的矛盾心态体现。

这一点，当时日本很清楚，它知道自己几斤几两。

甲午战争虽然打趴了爱新觉罗王朝，壮大了日本的国力，不过占了大便宜的是坐山观虎斗的列强们，而占最大便宜的是从没露脸的大佬——大英帝国。

别想不通，这就是老大的好处，不然抢老大的位子干吗？

其他列强也得到不少好处：

俄国修通了西伯利亚铁路，利用中东铁路的建成，将势力渗透到东北全境，并随时可能威胁日本控制下的朝鲜，日本甚至准备将北纬三十八度线以北的朝鲜，作为退让的底线。德国得到了日本撤退后的胶东半岛的数个军港……

日本花了大力气，可是抢到的大块利益成为其他列强的美餐，这就是国际政治现实。

不过最大的冤大头是爱新觉罗王朝。

前面说了，爱新觉罗王朝向日本赔款的两亿两巨额赔款，都是向英、德、法、俄等国银行团借款偿付的。

友谊第一，比赛第二？排在友谊前面的还有更实在的：利益！这份友谊实在不便宜，最后本息总计高达6亿两。

借款偿付的具体情况为：

清政府为了依照条约在三年内还清赔款，1895年7月，中国政府同俄法两国签定了《四厘借款合同》，即"俄法借款"，全部借款4亿法郎，年息四厘，分36年还清，折扣为94.125%。

1896年3月，中国政府同英德两国签定借款合约，即"英德借款"，借款总额1600万英镑，年息五厘，分36年还清，九四折扣。

1898年3月，中国政府再次同英德签定借款合约，即"续英德借款"，全部借款1600万英镑，八三折扣，年息四厘五，分45年还清。

据计算，仅上述三笔借款给中国造成的可以估计的间接损失就达40471万两，同时这些借款还包括了苛刻的附加条件，使中国的主权进一步地丧失，有关条件如下：

1. 偿还期45年内，中国政府不得加速偿还或提前一次还清，也不得变更偿还方式；

2. "此次借款未付还时，中国总理海关事物应照先进办理之法办理"（即海关税务司职位一直由英国人充任）；

3. 借款担保的范围，除以关税外，还有货厘和盐厘（赫德就趁此机会要求中立衙门将有关的各厘局交由总税务司管辖，大大地扩大了总税务司的权力）。

这些条件保障了利息的收取，加强了对于中国收入的控制，这些占赔款近二倍的利息和附带利益都被大英帝国为首的国际金融资本获得，国际金融资本的得利超过了日本的战争财，而日本的战争所得，更多的是偿还了外债给国际资本和再次向列强采购军火，利益大部分还是流入了列强和大鳄的腰包。

有意思么？

中国战败以后，日本是发了横财，但是我们没有想到的是，真正在背后暴赚的也不是德、法、俄等国，而是大英帝国，他们通过金融货币的手段，谋取了超过我们想象的利益。

更大的利益就是随之展开的金融货币战争，威逼中国的白银进行贬值，列强与日本共谋，对于1895年4月从中国得到了2.3亿两的"甲午战争"赔款，强迫要求中国以英镑交付，从而使得中国必须抛售白银来换取英镑。

其实说与日本合谋还抬举了它，大英帝国为首的银行家只有一句话：

与我们交易只收英镑。

必须抛售白银来换取英镑！这意味着什么商机？

原先兑换英镑的汇率是保持每三两白银等价一英镑，而由于是大英帝国的干部担任爱新觉罗王朝海关的公务员，修改调整爱新觉罗王朝汇率也是本职工作。

1896年，爱新觉罗王朝海关总税务司赫德（英国籍）曾向各国提出一个备忘录，指出"白银对英镑的兑价一直不断地贬低，以致目前，必须六至七两才能购得英币一镑"。

一句话等于打赢一场"甲午战争"。中国的白银贬值到原来价值的一半！

如此巨大的贬值必然造成中国更大的损失，立即发生的损失就是我们在马关条约以后向列强和金融资本的借款归还会有巨额汇兑损失。

这个强迫"要求中国以英镑交付"的看似无害条款，通过修改调整汇率这简单一招，等于兵不血刃地再杀了爱新觉罗王朝一回"甲午战争"。

不过没动枪炮，爱新觉罗王朝只当天灾。

这些因中国的白银贬值而多支付的财富，买单的自然是人傻钱多的爱新觉罗王朝，收钱的不是杀气腾腾的日本武士，而是进了温文儒雅的英国绅士荷包。

其实人傻钱多的爱新觉罗王朝付出远远不止这些。

间接金融利益我们撇开不算，就贬值后海关的税收和我们的贸易损失就极大，中国海关在大英帝国公务员治下总税收不断增加，从1865年的830万两增加到1875年的1200万两，而1885年增加到1450万两。1887年洋货进口突破1亿海关两。到1894年，7年间已经迅速上升到1.62亿海关两。

所有这些损失加起来，绝对不是什么2.3亿两白银，也不是带利息的6亿两白银，而是十几亿到几十亿两白银的损失。

知道厉害么？啥叫赚钱不吃力，吃力不赚钱？"甲午战争"中的英国与日本，就是典型案例。

我说的是不是编的？这都是一些经济学硕士博士的学术课题和成果。反正我是没有制造"常凯申"的胆量。

什么叫不战而屈人之兵？从来不靠口水，靠的是实力，靠的是谋略。

作为孙子兵法的后人，至今都很少能理解不战而屈人之兵的含义。面对外交纠纷，不是口出狂言，言必"血洗"、"封杀"，就是号称韬光养晦，视而不见，唯独忘了用智慧寻找"不战而屈人之兵"之路。

这一段与几十年后的抗日战争有关么？有关！全面抗战前的1935年，中国有一次"法币改革"，大英帝国将1896年玩的那一套变换了包装，又上演了一次。

人傻钱多的爱新觉罗王朝给折腾没了，羽翼丰满的日本帝国可没忘记当年背黑锅做嫁衣的一幕。

"法币改革"的推行，等于将日本帝国的在华利益，都要缴纳相当比例或是一半以上给大英帝国。

要阻止"法币改革"的推行，不是要终结大英帝国，就是需要终结那个推行"法币改革"的中国国民政府。

两者必居其一。

打架要找好欺负的，中国国民政府就是好欺负的。

日本从来很坚定很独立：日本的国家利益高于一切。

第二章
国际大势

第一节 昭和军阀

"日本为何要侵略中国?"这个问题不光是我儿子没弄明白,连满清的精英李鸿章同学也没弄明白。

在李鸿章同学看来,日本可以作为大清的铁粉外援。一衣带水,成为友好邻邦,这一直是中国这个"礼仪之邦"的美好理想。

古代中国向以自己是位于"天下"之中,文化最为发达、优越的"华夏之邦"自居,四周都是文化、制度远不如中国的"蛮、狄、夷、戎",中国是"天下共主",而周边各国都是中国的"藩属"。

在这种"宗藩"关系中,在鸦片战争之前的中国,是没有近代意义上的外交观念的。

由于地理和文化的关系,中日一衣带水。

在日本明治维新之初,中日两国的民众并不互为敌视,政界也有不少互动。

在西方列强打开中国、日本大门前,中日两国都实行锁国政策。

但中日两国大门在近代被西方列强打开后,尤其是日本自1868年明治维新以后,决心要"开拓万里波涛,布国威于四方"的日本政府,便开始试图努力与中国建立官方关系。

而日本此时积极打开对华关系,除了想"均沾"西方列强在华利益外,另一个直接目的是为打开、进而征服朝鲜做准备。

位于中日之间的朝鲜,当时当然是独立国家,但按传统"宗藩"体制,又是中国的"藩属"或曰"属邦"。

"藩属"绝不是中国北方常见的红薯这类粗粮。

"藩属"是皇恩的产物，就是朝鲜国王即位时要接受清朝皇帝的册封，并要定期派官员前来中国向清朝皇帝朝贡；而清朝皇帝则有义务维护朝鲜国王的统治，帮助其平定内乱，抵御外来威胁侵略。

这些是官话，按老百姓的大白话来说，其实就像公司注册那样，就是朝鲜国王只有到清朝注册登记拿到工商执照后，才进入营业有效期，可以合法营业，朝鲜国王定期还要按时上缴一些营业税收；清朝按照工商法规，派综合执法队（武警、城管等）保护朝鲜国王的正常营业，防止假冒伪劣。

而按照日本的战略设想，征服朝鲜是实现其征服中国、统治亚洲，进而争霸世界的第一步。因此，它首先想与朝鲜建立邦交，插进立足点。

不过他们日本不是老实人，他们没有向满清汇报，也没有广而告知，最主要的是当时满清瞧不上东夷，没认真弄明白这个邻居在想啥。

日本没在满清领过工商执照，而朝鲜领过。合法经营的朝鲜自然看不起无照经营的日本，沐浴在皇恩浩荡的爱新觉罗阳光下的朝鲜虽然穷点，但是犯不着和有过"倭寇"前科的无照经营户搅在一起。

无照经营的日本的要求没有悬念地被领过满清工商执照的朝鲜拒绝。

于是日本转而实行"日清交涉先行"方针，想先打开与中国关系，再利用中国对朝鲜的"宗主国"的巨大影响压服朝鲜。

日本这个无照经营户搞经营还是有一套的。

日本开始密切联系朝鲜的领导：满清。

日本摸不上朝鲜的小手，就先抱满清的大腿。

被日本抱上了大腿的满清高层感觉很有救世主的滋味，初略了解一番这个原本以为野蛮的邻居后，反而对日本明治维新后的实力之强和发展之快颇为震惊。

看看满清重臣、精英台柱李鸿章如何赞扬日本："鸿章前闻日本与英法通商立约，简严特甚。海关不再用西人，传教不许开禁，即此二节，已杜许多后患。又购求泰西机器兵船，仿制精利枪炮，不惜工本，勿谓小国无人。"

李大人说好，就是"说你好，不好也好"。

于是，经精英们根据N种理论的可行性论证，本着"说你行，不行也行"的官场传统，最后有了结论。

不过得出的结论，事实证明很傻很天真：日本可以作为大清的外援。

因此李鸿章更为得意，对中日联合颇为赞赏："与之深谈西事，似有大不获已之苦衷。日本距苏浙仅三日程，精通华文，其兵甲较东岛各国差强，正可联为外援，勿使西人倚为外府。"

1871年9月13日，李鸿章与伊达宗城（日本任命大藏卿伊达宗城为全权大臣）正式签订中日《修好条约》和《通商条约》。

《修好条约》第一条规定："嗣后大清国、大日本国倍敦和谊，与天壤无穷。

即两国所属邦土，亦各以礼相待，不可稍有侵越，俾获永久安全。"

"所属邦土"，指中国藩属国，实指朝鲜。

因为在列强的侵蚀下，安南（今越南）、暹罗（今泰国）等藩属国已不到满清搞工商年检了。

也就是说，其实除了朝鲜，当时满清已经没啥藩属国了。

而另一条则隐含李鸿章的另一意图，这一条规定："两国既经通商友好，自必互相关切。若他国偶有不公及轻藐之事，一经知照，必须彼此相助，或从中善为调处，以敦友谊。"

估计这就是友谊第一，比赛第二的源头。

这是划时代的条约，按官方说法，这是中日两国世代友好的纲领性文件，里面的规定都是孙悟空的紧箍咒。

最大的意思，就是满清与日本搞合资，准备建设独具特色的爱新觉罗社会。

李鸿章有与日本"联为外援，勿使西人倚为外府"的想法，不过日本只当是权宜之计。日本不爱玩合资，它更喜欢玩独资，而且是日本天皇牌的独资。

李鸿章认为立下条约即可保证日本不侵朝鲜，更不可能进犯中国，因此在谈判尚未结束时就乐观地写道："总之束约铁案已定，纵欲倚西人为声援，断不能转白为黑。"

但事实几乎立即无情地证明李鸿章过于乐观、过于相信日本、过于依赖条约的约束力。

日本是有过"倭寇"前科的无照经营户，在它看来，摸着石头过了河，再摸石头就有点傻了。

日本都与大清搞合资了，自然成了朝鲜的半个领导，自然不甘只是摸朝鲜的小手，还盯上了满清的另一个藩属国：琉球。

实际上，双方签约墨迹未干，日本就"转白为黑"，要求修改条约，开始了紧锣密鼓地侵略琉球、侵略中国台湾、侵略朝鲜的活动。

事实证明，李鸿章们对形势的判断显然完全错误。

满清的工商执照和商务合同，对日本而言，是解释权归日本。

"倭寇"有过前科，无照经营也很拿手，自然日本该出手时就出狠手。《修好条约》和《通商条约》实际反而成了中日战争的起源。

对日本野心之大的认识远远不够，从根本上说仍是满清对国际形势缺乏深刻的洞察。

无情的事实，终于使李鸿章们"联合日本"对抗西方的梦想破灭，认识到日本是比几万里外的西方列强更危险、对中国威胁更大的敌人。

这是李鸿章的不幸和悲剧，但更是清王朝的不幸和悲剧。

真正不幸的是无辜的清王朝全体国民。李鸿章们的不幸和悲剧是全体国民买单了。

日本的战利品除台湾、朝鲜外，仅舰艇等战利品价值也有一亿多日元。

当然还有白花花的银子：清王朝支付日本战争赔款二亿三千万两库平银。

当时的日本外务大臣高兴地说："在这笔赔款以前，根本没有料到会有好几亿元，全部收入只有八千万日元。所以，一想到现在有三亿五千万元（日元）滚滚而来，无论政府还是私人都顿觉无比的富裕。"

甲午一战，日本成为亚洲的暴发户。甲午一战，也让日本军界牢牢地占据了政治舞台，成为决定这个岛国政治走向的决定性力量。而满清的国民好事没轮到，赔钱一个也没漏。

从李鸿章"很傻很天真"，其实就已看出清王朝统治者确无能力对世界形势做出具有前瞻性、预见性的正确把握和判断。

没有前瞻性、预见性，构建国际战略则无从谈起，自然又赔钱又赔地还赔脸面。

其实说白了就是两个字：脑残。

清王朝统治者没有能力，那么民国的精英们是不是进步了呢？

侵略并战胜中国，是近代日本的既定国策。

早在1855年，日本的改革派政治家吉田松阴就主张："一旦军舰大炮稍微充实，便当开拓虾夷。晓喻琉球，使之会同朝觐；责难朝鲜，使之纳币进贡；割南满之地，收台湾、吕宋（菲律宾）之岛，占领整个中国，君临印度。"

这是日本"大东亚圣战"的最初构想，不过在日本的广告中，它有个很光鲜的概念：建立大东亚经济共荣圈。

吉田的这一思想，对他的弟子，后来成为日本政要的伊藤博文（内阁总理大臣）、山县有朋（参议院议长）等产生了深刻的影响，成为日本政治家的主流思想。

日本政要田中义一（内阁总理大臣）说过："明治大帝遗策是第一期征服台湾，第二期征服朝鲜，第三期征服满蒙，第四期征服支那，第五期征服世界。"

在日本，这一既定国策一直延续着。甲午战争让日本第一次尝到了侵略的甜头，随后1900年日本充当八国联军侵华主力，1905年日俄战争取得胜利，第一次世界大战中从德国手中抢占山东的战略要地……这些都极大地刺激了日本扩张侵略领土的欲望。

同时，战胜后的战利品也进一步强化了日本的战争狂热：要想富，快打仗！

战争已成为这个岛国的国家致富手段，并屡试不爽。日本军人成了日本的创汇大户。

而从大清变为民国后，脱下大清官服进化成民国精英的大佬们，当时还没有精力把握和判断世界形势，他们在忙。

忙啥？争当老大的国内大事。

虽说推翻满清的辛亥革命是国民党的功绩，不过在20世纪初期，当时的国民党实在算不上老大，有当老大的雄心，没当老大的本钱。

救国与革命，是20世纪最激动人心、最具号召力的口号。

在这个口号影响下，20世纪初期，一群优秀的中国青年聚集在上海成立了中国共产党。

在当时，中国共产党只是中国众多政党和社团之一，谁也没有想到他们会成为中国的中坚力量。

就在中国共产党成立前的1919年，日本大正天皇因脑血栓不能亲政，权力落到皇太子裕仁和宫廷皇族手中。

1920年7月，日本《战争呼声》杂志发表了法学博士大川周明等人的"集体信条"："日本人民必须成为解放人类的旋风中心，日本民族注定要完成对世界的革命化。这一理想的实现以及对日本的军事改组，就是我们这一代人的精神产品。我们认为我们的任务是：不仅仅以日本的革命或改革而告终的，但我们必须满意地首先进行我们的改革，因为我们对日本解放全世界的使命抱有坚定的信心。"

大川周明的"集体信条"不久成为日本官方的理论，大川周明也成为日本军阀的学术教父。

这要从1921年3月裕仁出访欧洲说起，皇太子原本只是出国旅游，没有外交使命。

裕仁在访欧旅途，不经意中做下两件事对后来影响巨大。一是皇室长辈、明治天皇的女婿东久弥宫带领一大批日本驻欧洲和观察员前来晋见皇太子裕仁，裕仁特地为这批少壮军官举行了宴会，这批少壮军官是一伙不缺乏野心和献身精神、只缺乏思想的青年军官；二是在法国，裕仁第一次也是唯一一次微服出游中，亲手购买了一尊拿破仑半身像。

拿破仑半身像则一直放在裕仁书房，一遍又一遍地强化着裕仁对武力征服的印象。

宴会过后，几个日本驻外武官开始折腾。不过折腾得很有特色：一边桑拿，一边开会，娱乐工作两不误。

1921年10月底，日本政府内阁的原敬首相被刺前一周，德国莱茵河上游的黑森林贵族城堡区，一个叫巴登巴登的矿泉疗养地举行了一个秘密集会。

青年军官东条英机站在蒸气浴室门口放哨，蒸气浴室里3个军衔皆为少佐的日本驻外武官赤裸裸地坦诚相见，聚集在一起纵论时政，目的：结束国内的腐败。

这三人：永田铁山、小畑敏四郎、冈村宁次，他们都是日本陆军的骄子，虽然职位不高，但是有皇太子裕仁罩着做后台，前途自然不是曲折的。

这三人后来被称为"三羽乌"，日语"三只乌鸦"之意。

国内腐败在他们眼里首先是政治腐败。政治腐败又首先表现在陆军的人事腐败。日本历来藩阀门第气息极重。

明治维新后海军由萨摩藩把持，陆军则由长州藩把持。

这一天他们3人对于日本如何解放全世界倒是没有多说废话，这事儿由裕仁老板说了算。

秘密集会是要选他们的"自己人"，萨摩藩派系和长州藩派系的都不在考虑之中。

在晋见皇太子裕仁的少壮军官中，除了在巴登巴登这儿一起桑拿的4人外，"三羽乌"从不属于长州藩及萨摩藩且才华出众的同事中又选出7人。

11人的"巴登巴登集团"形成了，史称"昭和军阀"：

巡回武官永田铁山、驻莫斯科武官小畑敏四郎、巡回武官冈村宁次、驻瑞士武官东条英机、驻柏林武官梅津美治郎、驻伯尔尼武官山下奉文、驻哥本哈根武官中村小太郎、驻巴黎武官中岛今朝吾、驻科隆武官下村定、驻北京武官松井石根和矶谷廉介。

11人的"巴登巴登集团"都是曾晋谒裕仁的驻欧洲武官和观察员。

还未上台的裕仁已获得这伙日本少壮军官的鼎力支持。

裕仁也决定让大川周明将这伙少壮军官培养成"有觉悟"的"昭和军阀"。

这些昭和军阀集团骨干成员很快成为日本政坛及军界的风云人物，并深得裕仁赏识：

永田铁山被刺前是日本陆军军务局长，裕仁天皇直到最后决定无条件投降的时刻，在地下室里还挂着永田铁山的遗像；

小畑敏四郎当过陆军省次官；

冈村宁次为侵华日军总司令；

东条英机被当做日本头号战犯，战时内阁首相；

梅津美治郎后来成为日军参谋总长；

山下奉文任驻菲律宾日军司令，率军横扫东南亚，被称为"马来之虎"；

中村小太郎出任过陆军大臣；

中岛今朝吾任日本陆军第十六师团师团长，南京大屠杀中最惨无人道的刽子手；

下村定为侵华日军华北方面军司令官，后接任陆军大臣；

矶谷廉介是后来与中国军队在台儿庄血战的日本陆军第十师团师团长；

松井石根因是公认的"中国通"，担任上海派遣军司令，也是南京大屠杀元凶。

这11人就是日本赖以发动第二次世界大战的昭和军阀集团的核心骨干。

与当时中国国内的"莫谈国是"氛围不同，日本国内对"改造国家"有着种种设想。

裕仁不是阿斗，他深知匹夫之勇不足为谋，他要效忠于他的这伙少壮军官成为智勇双全的日本国家栋梁。

要对日本国家未来作出框架设计，日本皇室就需要一种理论。

北一辉在上海撰写的《国家改造案原理大纲》，被裕仁的弟弟佚父宫选中了。此书一出，影响巨大。日本青年军官纷纷把它作为策动法西斯活动的理论依据。

年轻时曾是早稻田大学听讲生的北一辉，当初是以自由撰稿人的身份走上社会。北一辉眼看日本走上命运的交叉路口，落入内忧外患的激流旋涡，产生"改造日本"的理念萌芽。1906年，24岁的北一辉"忧国"振笔，自费出版第一本著作。

这就是给当时日本带来震动的《国体论与纯正社会主义》。这本书仅发行5天，就遭到查禁的命运，然而思想已经播扬。

北一辉自认是社会主义者，他同情中国革命，并与众多国民党（同盟会）元老既有战斗情谊，又有私下友情。

对于现实中的日本，北一辉认为明治维新的元老背弃了革命的初衷，使大资本家、大地主等上层阶级控制了国家政权。而占人口大多数的无产阶级却陷入了工资奴隶或农业奴隶的状态，使得社会发生分裂，让日本成为一个阶级国家。

因此，北一辉主张打倒大资本家和大地主，进行第二次维新革命以恢复社会的本来面貌，从而实现社会主义。

北一辉披露日本社会底层的悲惨遭遇，寄予同情与希望；他揭示财阀官僚的奸邪罪恶，投以鄙夷与愤怒。

北一辉高呼：底层在呼号，日本在遇难，千钧一发的内外交加之危机，有待"社会主义"的挽救。

然而历史就是这样诡异，就是这个青年人会在此后的日子里，发出轰然巨响，成为日本现代史上法西斯的"魔王"，而这个魔王舞动"魔爪"的第一招，起因竟是出于对"底层"命运的慈悲"关怀"。

"魔爪"的一招就是《国家改造案原理大纲》。

《国家改造案原理大纲》是北一辉目睹中国辛亥革命后，出于对日本国家体制的思考，而提出"改造国家"的设想。

北一辉的"改造国家"的设想分为八个部分，在日本青年军官中很有影响力。

第一部分题为国民的天皇，提出改造日本的第一步，发动天皇大权，在全国实行戒严令，三年停止宪法，解散国会。

第二、三、四部分是关于所有制问题。在实行政变的基础上，国家对社会进行全面改造，经济方面限制私有的数量，超过部分无偿交给国家。

第五、六部分是劳动者的权利和国民的生活权利，提出国家设立劳动省保护一切劳动者的权利，仲裁劳动纠纷。在私人企业中，劳动者参与经营和分配，纯利的一半分配给劳动者，实行八小时工作制，废除童工。国家绝对禁止罢工。政治方面实行男子普选制，废除治安警察法等镇压法令，恢复国民的自由。社会方面由国家保护和赡养孤儿、老人和残疾人，国民有受教育的权利，为15岁以下的学龄儿童免费提供教科书和午餐，国家保护国民的人权，保护私有财产。

第七部分是朝鲜以及将来的新领土的方针。朝鲜应采用与日本本土同样的法令和原则，逐渐给予当地人参政权和各项权利，把国内改造扩展到朝鲜。以后日本取得的新领土也按照这些原则办理。

第八部分是国家的权利。国家除了防卫以外，有为被不义之强力压迫的其他国家和民族开战的权利，当前为了印度独立和保全中国而开战是国家的权利。国家还有因为国家自身发达的结果，对其他独占不法的大领土，无视人类共存之天道者开战的权利，当前为了取得澳洲和远东西伯利亚，向其领有者开战是国家的权利。

北一辉声称，日本是国际上的无产阶级，俄国是世界上的大地主，英国是世界上的大富豪，向它们开战是正义的。

通过战争，建立以日本为中心的亚洲帝国，进而废除国界，实现世界和平。

北一辉的理论后来竟然引发了1937年的二二六兵变，他也因此被日本政府以教唆二二六政变的思想主导犯正式起诉，而遭枪决。

不过北一辉的理论中崇尚暴力，鼓吹战争万能，宣扬国土狭小的国家对外扩张的合理性，给了大川周明机会。

能够阅读汉语、梵语、阿拉伯语、希腊语、德语、法语和英语的37岁的法学博士大川周明非常聪明。

大川周明削去了北一辉理论中皇室不能接受的部分。经过日本皇室的"嫁接"，北一辉的理论成为日本军国主义的理论体系的基石，大川周明也成为昭和军阀的思想理论教父。

裕仁自1921年11月代替患病的大正天皇摄政后，大川周明受命当任了"宫内学监"。

裕仁办的第一件要紧事，就是把以巴登巴登集团为基础的"为理想献身的年轻人"集中到皇宫东面围有城墙和壕沟的幽静的宫廷气象台，听大川周明讲课。

陈旧的气象台是裕仁小时候放学回家的经常去处。

现在裕仁给它起了一个新名字："大学寮"——大学生寄宿处之意。

后来昭和军阀集团几乎全部的骨干成员，都在这里听过法学博士大川周明讲述大和民族主义、大亚洲主义、法西斯主义。

1922年1月开张的"大学寮"，实际立即成为日本皇室培养法西斯高级军官的教导中心。

"大学寮"成为中日全面战争的策源地，日本后来企图征服世界的那些庞大计划的草图，几乎都是在这里提出最初构想的。

皇室权贵的支持，使法西斯主义在日本获得了得天独厚的条件。

一头法西斯怪物在世界的东方出笼了。

第一个目标便是中国。

此刻日本占领朝鲜、台湾多年后,对朝鲜、台湾的"皇民化"已初步见效,朝鲜、台湾在战略上对东北、华东构成了直接威胁,成为进攻中国大陆的跳板。

对日本来说,中日战争已无悬念。

悬念只是何时何地、何种规模的战争。

当然,限于中国方面军队的战斗力,日本不屑用"战争"的字眼,而选用了"和谐"的字眼:进入。

在战后漫长的60多年里,日本国内仍然有一部分人否认当年战争的侵略性质,鼓吹日本的侵略战争是解放亚洲的"自卫"战争,是领导亚洲与西方列强斗争的"大东亚战争"。此类意识不断地改头换面,被再生与再编。

洗脑,不是臆测,而是现实。

第二节 "感冒"与黑死病

美国堪萨斯州的芬斯顿(Funston)军营。

1918年3月11日午餐前,这个军营的一位士兵感到发烧、嗓子疼和头疼,就去部队的医院看病,医生认为他患了普通的感冒。

然而,接下来的情况出人意料:到了中午,100多名士兵都出现了相似的症状。几天之后,这个军营里已经有了500名以上的"感冒"病人。

在随后的几个月里,美国全国各地都出现了这种"感冒"的踪影。

与往年相比,这次流感造成的死亡率高不了多少。

很快,"感冒"被别的更重要更有趣的话题所代替。

当这场世界大战尚未结束时,美国军方很少有人注意到这次流感的爆发——尽管它几乎传遍了整个美国的军营。

随后,灾难来了。

随着战争中美军的调动,流感传到了西班牙。

流感大爆发,总共造成800万西班牙人死亡,这次流感也就得名"西班牙流感"。

9月,流感重新出现在波士顿,这是"西班牙流感"最严重阶段的开始。

10月,美国国内流感的死亡率达到了创纪录的5%。战争中军队大规模的调动为流感的传播火上浇油。

有人开始怀疑这场疾病是德国人的细菌战,或者是芥子气引起的。

因为这次流感呈现出了一个相当奇怪的特征。

以往的流感总是容易杀死年老体衰的人和儿童,这次的死亡曲线却呈现出一种"W"型——20岁到40岁的青壮年人也成为了死神追逐的对象。

到了1919年的2月份,"西班牙流感"迎来了它相对温和的第三阶段。

数月后,"西班牙流感"在地球上销声匿迹了。

在1918~1919年,这场小小的感冒居然曾经造成全世界约10亿人感染,2500万到4000万人死亡,而当时世界人口约17亿人,感冒的全球平均致死率约为2.5%~5%。

当时西方医学界只以为是细菌感染,但是没有确切的证据说明病源。

惩罚该死的德国人!

政治家为自己制造了证据。

相比之下,第一次世界大战造成的1000万人死亡才只有它的1/2到1/4。

大众愤怒了!

在经历了4年之久的惨烈战争后,人们盼望着和平宁静的生活。

法军几次冲进了德国的鲁尔工业区,惩罚该死的德国人!

国际争端!战争的阴云又要来了。

如何化解呢?

政治家们聚集在日内瓦,"和平解决国际争端"成为他们开始讨论的话题,不久在1924年的第五届国联大会上,出台了"和平解决国际争端议定书"。

和平似乎越来越成为主流。

然而,随着"西班牙流感"在地球上销声匿迹,对它的研究依然没有进展。

"西班牙流感"的阴影和迷雾让越来越多的人疑惧重重。

人们想起了另一种可怕的致命疾病:黑死病。

650年前,黑死病在整个欧洲蔓延,这是欧洲历史上最为恐怖的瘟疫。

黑死病的一种症状,就是患者的皮肤上会出现许多黑斑,所以这种特殊瘟疫被人们叫做"黑死病"。

对于那些感染上该病的患者来说,痛苦的死去几乎是无法避免的,没有任何治愈的可能。

通常认为,黑死病是蒙古军队带来的。

黑死病从中亚地区向西扩散,并在1346年出现在黑海地区。

1346年,在蒙古军队进攻黑海港口城市卡法(又译克法,现乌克兰城市费奥多西亚)时,用抛石机将患鼠疫而死的人的尸体抛进城内,这是人类历史上第一次细菌战。

黑死病同时向西南方向传播到地中海,然后就在北太平洋沿岸流行,并传至波罗的海。

1347年,黑死病肆虐的铁蹄最先踏过君士坦丁堡——拜占庭最大的贸易城市。

到1348年，西班牙、希腊、意大利、法国、叙利亚、埃及和巴勒斯坦都爆发了黑死病。

1352年，黑死病袭击了莫斯科，连莫斯科大公和东正教的教主都相继死去。

黑死病的魔爪伸向了各个社会阶层，没有人能逃避死亡的现实。

没过多久，这种残酷的现象在欧洲已经比比皆是：法国的马赛有56000人死于鼠疫的传染；在佩皮尼昂，全城仅有的8名医生只有一位从鼠疫的魔掌中幸存下来；阿维尼翁的情况更糟，城中有7000所住宅被疫病弄得人死屋空；在比利时，主教大人成了鼠疫的第一个受害者。从此以后，送葬的钟声就不停地为新的死者哀鸣。

甚至历史上著名的英法百年战争也曾由于爆发了鼠疫被迫暂时停顿下来。

1348年底，鼠疫传播到了德国和奥地利腹地，瘟神走到哪里，哪里就有成千上万的人被鼠疫吞噬。

维也纳也曾经在一天当中死亡960人，德国的神职人员当中也有三分之一被鼠疫夺去了生命，许多教堂和修道院因此无法维持。

根据估算，当时在欧洲、中东、北非和印度地区，大约有三分之一到二分之一之间的人口因而死亡。

黑死病给当时社会的各个方面都带来沉重的打击和深远的影响。

黑死病登陆英国土地的同一年，英国土地上的牲畜也难以幸免。一个牧场有5000头羊突然死亡，它们尸体散发出恶臭，连野兽和鸟都不愿意碰一下。

在英格兰瘟疫肆虐时，有着历史恩怨的苏格兰人也跑来趁火打劫。

当他们听说英格兰人中间正在流行着瘟疫时，以为他们的诅咒终于应验了，因为他们一直在诅咒："让英格兰人遭瘟疫吧！"现在一定是上帝在惩罚英格兰人了。

于是，苏格兰人在塞尔克森林聚集起来，准备协助上帝彻底地消灭英格兰人。

但这个时候，死神也攫住了他们，在几天的时间里就死了5000个苏格兰人。

剩下的人准备返回自己的家园，却遭到英格兰人的反击，死伤又过大半。

黑死病改变了历史。

失去近1/3人口的欧洲元气大伤，庞大的蒙元帝国也由盛而衰，因为黑死病不分种族。

蒙元帝国的"上帝之鞭"突然失去了威力，而蒙元帝国统治下的各民族重新开始复兴。

由于地理的原因，中原大地的汉民族没有受到黑死病的影响，不满压迫统治的刘福通红巾军起义来了，最后朱元璋的大明帝国建立。

而在欧洲，莫斯科大公争取东正教的支持，挑战蒙元帝国下的金帐汗国，打破了蒙古军队不可战胜的神话，开始了建立庞大沙俄帝国的第一步。

……

越来越多的黑死病的传说，随着"西班牙流感"突然销声匿迹的神秘，而更有一种诡异的色彩。

黑死病源自西伯利亚的说法不胫而走，在西伯利亚的外国干涉军中流传，恐慌也在人们心底蔓延。

1920年，美国带头，各协约国先后从西伯利亚撤兵，苏联远东地区从困境中走出来了。

这个传说也给日本军人震撼。

原来蒙古军队的黑死病，还是蒙古军队所向无敌的秘密武器和此后消亡的转折点。

一个刚从京都帝国大学医学部毕业的军医注意到这一点："日本没有充分的五金矿藏制造武器所必需的原料，所以日本务必寻求新式武器，而细菌武器的第一特点是威力大，钢铁制造的炮弹只能杀伤其周围一定数量的人，细菌战剂具有传染性，可以从人再传染给人，从农村传播到城市，其杀伤力不仅远比炮弹为广，死亡率非常高。第二个特点是使用少量经费即可制成，这对钢铁较少的日本尤为适合。"

他的想法得到了军方实权人物的支持，其中就有日本陆军省军务局长（当时是课长）永田铁山的赞赏和日军参谋本部战略第一课课长铃木大佐和尾冢隆二等人的支持。

此前我们已介绍过永田铁山，他是日本昭和军阀的创始人。

1932年东京陆军军医学校成立了细菌武器研究室。从此，一支魔鬼的部队——日本731细菌部队注定诞生，它的总部将设在东北哈尔滨。而它有一个很卫生的名字：关东军防疫给水部。

在蒙古部落的最初的发源地寻找并实验黑死病，将是731细菌部队的主要业务之一。

顺便插一句，这个京都帝国大学医学部毕业的军医就是石井四郎。

二战在欧洲战场结束后，日本依旧强硬地对抗盟国，直至挨原子弹后才投降，原因之一就是731细菌部队的存在。

1945年3月1日，重新调回哈尔滨第731部队任部队长的石井四郎，晋升为中将，准备大生产，孤注一掷进行最后一战。

当时日本发动细菌战的准备已接近完成。

石井在多次集会上说："是细菌部队拯救了日本国家。"战败后，石井向盟军司令部人员诡称"创建731部队是为了保卫日本，研究细菌战是为了自卫"。

731细菌部队的研究成果战后成为日本与美国讨价还价的筹码。

在任何时候，实力都是一个国家命运的决定基础。

1947年，石井向美军要求，把731部队的情报资料数据全部提供给美国，作为交换条件，免除其全体人员的战犯罪。

美国同意了他的请求。

731细菌部队的一项研究成果后来在越战中被使用。

越战中的落叶剂就是731细菌部队的研究成果，给越南带来巨大的生态灾难。

在现实世界，国家间的正义是"大炮射程内的真理"。

黑死病的传说，也依然影响了一个民族的命运。

在欧洲，找出"西班牙流感"的传播者成为大众的狂热。

人们回顾历史，发现黑死病与犹太人有关系。

在欧洲特别是西欧，人们普遍信仰基督教。

基督教称出卖耶稣的人是犹太人即犹大的后代，是犹太人将耶稣钉死在十字架上，这就造成了基督徒们在情感上对犹太人的仇视。

所以信奉基督教的欧洲人在宗教感情上很难接纳犹太人。

宗教与神秘是不可分的。

当时的科学无法解释黑死病的发生，而宗教是无所不知的。

宗教将矛头指向了犹太人。

于是民众把盲目的仇恨宣泄到犹太人身上。

历史上，黑死病流行期，在德国的梅因兹，曾有1.2万犹太人被当做瘟疫的传播者被活活烧死，斯特拉堡则有1.6万犹太人被杀。

"西班牙流感"的传播让民众把目光再次集中到犹太人身上。

他们突然发现，尽管饱受宗教歧视，然而犹太人的生活普遍好于平民。

犹太人凭借聪明、坚强的特性，以及迎接各种挑战考验的能力，在经济上取得了引人注目的成就，早已逐渐富有起来。

一面是战后满目疮痍背景下，茫然失落、饥寒交迫的平民；一面是在忙忙碌碌寻找战后商机的衣食无忧、油光满面、气质优雅的犹太人。

法国反犹分子爱德华·阿道夫·德律蒙在《法国犹太人》一书中提出：法国的经济萧条和社会贫困是犹太人的罪过。

他认为犹太人在法国人口中虽然只占0.25%，可是他们却掌握着法国一半以上的财富，所以要征收犹太人"显然用非法手段牟取的财产"。

这本书在出版的当年就售出了10万册，在社会上起到了极大的蛊惑作用。

内心的宿仇被可怕地激发，欧洲排犹浪潮就这样突然发生。

直到1933年，英国科学家史密斯才首次从人体分离出病毒，证明"西班牙流感"与犹太人没有关系。

"西班牙流感"的病毒就是H1N1甲型流感病毒。

然而已形成的欧洲反犹浪潮是出了笼的巨兽，谁也无法阻挡。

苦难的犹太人注定将要面临最残酷的磨难。

十多年后，希特勒的德意志帝国横扫欧洲时，许多犹太人的商店被抢劫，犹太人遭到无情的围攻，街头上的暴徒们喊着"灭绝犹太人"的口号，有人甚至请愿屠杀犹太人。

法西斯纳粹政权建立集中营，一举屠杀了居住在欧洲的600万犹太人。

它的起源之一竟然是一次流感。

犹太民族的编年史几乎全部是被征服杀戮迁徙奴役、逃亡复国、再被征服杀戮迁徙奴役、再逃亡复国的血泪史。

苦难可以毁灭，苦难也可以造就愿景。

建立犹太民族自己的家园，建立犹太民族自己的国家，成为每一个犹太人内心最大的愿望。

第三节 "我的奋斗"

1922年1月，日本"大学寮"开张，实际立即成为日本皇室培养法西斯高级军官的教导中心。

在此时，一个德国陆军下士还在慕尼黑的街头闲逛，脑子里尽是愤青的想法，为着未知的德国的明天奋斗。

当时战败的德国只有无尽的债务和屈辱，看不到明天的曙光。

1923年1月11日，法国联合比利时，以德国不履行《凡尔赛和约》赔款义务为借口，出动10万军队占领德国的鲁尔工业区，酿成"鲁尔危机"。

第一次世界大战后被解除武装的德国，当时没有大规模杀伤性武器，只能实行"消极抵抗"的政策。

德国出现了企业停工，工业生产下降，资金大量外流，失业工人激增，通货膨胀达到天文数字。柏林工人举行罢工，德国政局动荡不安。

在那样一个时代，愤青没想法是不可能的。

在任何时代，愤青有系统的想法是很少的。

而有系统的想法又敢于实践的愤青是极少数的一伙，而且他们若不是开天辟地的伟人，就是遗臭万年的罪人。

这个德国陆军下士两者兼而有之。他从拯救德国的开天辟地伟人起始，以毁灭德国的遗臭万年罪人而终结自己的人生。这个德国陆军下士就是阿道夫·希特勒。

1923年11月8日晚，巴伐利亚邦长官卡尔在慕尼黑一家名叫贝格布劳凯勒的啤酒店发表施政演说，其他巴伐利亚领导人也要参加。

当卡尔登上讲台正在讲话时，几百名希特勒的冲锋队队员迅速包围了大厅，希特勒命令一个机枪班守住大门，严禁任何人出入。

阿道夫·希特勒爬上一张桌子，掏出手枪朝天棚打了一枪，然后大声对所有的人宣布：

"国民革命已经开始。"

"如果日耳曼民族不再强大到可以浴血保卫它自己的存在的话，它就应当灭亡。"

"没有人可以夺走我们的荣誉。为了德国人民，我们必须战斗15～20年。"

"我们的斗争只可能有两种结果：要么敌人踏着我们的尸体过去，要么我们踏着敌人的尸体过去。"

"一个民族正经历着动荡，我们，在被幸运之神垂青。"

"德国的明天就指望你们了，德国的青年们！"

"我们必须咬紧牙关，全力以赴去做一件事情；否则，我们将一事无成。"

"你们必须跟着我庄严地宣誓：我们需要的是和平，我们需要的是献身于我们的事业。"

……

希特勒大谈他对德国未来的蓝图，听完他的煽动性演说后，人们四散走开。

其实希特勒此刻除了罗姆和希姆莱率领冲锋队占领了慕尼黑陆军司令部外，没做任何计划。

有系统想法又敢于实践的愤青已是凤毛麟角了，还要有完整的行动方案？

这就难为他了，此刻他还不是高级干部呢。

愤青演讲不干警察鸟事，愤青动枪，警察不干你才是鸟事。

在希特勒率冲锋队和手下罗姆会合的途中，纳粹党徒与警察真刀真枪地玩了一把，16名纳粹党徒当场彻底挂了。

暴动失败，希特勒逃跑，另外两个手下戈林负伤，鲁登道夫被当场逮捕。

11日，希特勒被捕归案。

希特勒和其余9名被告以发动叛乱的罪名被捕。

审判进行了24天，希特勒不但不服罪，反而在法庭表现神勇。

24天的法庭审理，给希特勒更多演讲的机会，并让更多的人认识、接受，并进而成为他的信徒。

1924年2月，希特勒被判5年徒刑。

然而就在4月1日这个愚人节，德国妇女们集会过了一个大众情人节，这个大众情人就是阿道夫·希特勒。

德国妇女们集会抗议判决希特勒有罪，并别出心裁地要求在希特勒的澡盆里洗澡。

此后，希特勒的国家社会主义工人党声望日高，在德国议会中夺得12个席位。而在服刑的希特勒依然在牢房里不厌其烦地演讲。

于是在狱中，由希特勒口授，他的信徒打字记录，《我的奋斗》诞生了。

《我的奋斗》系统地阐述了希特勒的"理想"，"创建第三帝国和征服欧洲"。全书充满了民族主义狂热和对马克思主义、犹太人的仇恨。

他认为日耳曼人是上帝选定的"主宰民族"，宣称"新帝国必须再一次沿着古代条顿武士的道路进军，用德国的剑为德国的犁取得土地，为德国人民取得每天的面包"，夺取新的"生存空间"。

希特勒在书中竭力宣扬沙文主义、复仇主义、种族主义和"民族复兴"，号召打破《凡尔赛和约》桎梏、"争取生存空间"，鼓动德国特别是青年，走向对外侵略扩张的道路。

书中提出吞并奥地利，将苏联从欧洲国家的名单中"划掉"，同"不共戴天的死敌"法国算账。

希特勒在书中还提出，德国应做"地球的主人"，并为德国未来的侵略扩张战略描绘了一个大致的轮廓。

那时的德国陆军没有遗忘这个只是陆军下士的小人物，由于陆军方面的支持，希特勒只服刑9个月。

1924年12月希特勒获释，出狱时获得凯旋英雄般的欢迎。

1925年12月8日，《我的奋斗》第一卷正式出版，1926年又出版了第二卷。

该书1925年出版时发行不足10000册，然而一纸风行。至1933年希特勒上台时，《我的奋斗》发行已达数百万册。后该书又被译成多种文字，在许多国家出版发行。

《我的奋斗》一书，后来成为德国法西斯内外政策的思想基础和纲领，是德国法西斯发动第二次世界大战的思想和行动的纲领，给世界人民带来一场空前的灾难。

这是标准的说法，但是对绝大多数德国人来看，《凡尔赛条约》更可恶。

此刻的德国大众看到的不是灾难，而是日耳曼民族的复兴和光荣，他们已受够了《凡尔赛条约》带来的苦难和屈辱。

《凡尔赛条约》使得德国损失了10%的领土，12.5%的人口，所有的海外殖民地（包括德属东非、德属西南非、喀麦隆、多哥以及德属新几内亚），16%的煤产地及半数的钢铁工业。

看看凡尔赛条约主要条款吧：

1. 领土分配方面

1918年11月11日停战时，就割让阿尔萨斯和洛林给法国，恢复法国在普法战争前的疆界。

北石勒苏益格经过公投，回归丹麦。

承认波兰独立，并给予波兰海岸线。把原属波兰的领土归还，包括西普鲁士、波森省、部分东普鲁士及部分上西里西亚；东上西里西亚予捷克斯洛伐克。

但泽由国际联盟管理，称为但泽自由市。

割让尤本及萨尔梅迪给比利时；克莱佩达地区给立陶宛（1923年）。

萨尔煤矿区由法国代管15年，然后由公民投票决定其归属。

德国承认奥地利独立，永远不得与它合并。

承认卢森堡的独立。

归还在山东的权益给中国；（注：后来因为"二十一条"的关系，则山东的权益转交到日本。这引发了著名的五四运动，中国政府拒签《凡尔赛和约》。中国政府于1919年宣布与德国的战事结束，并于1921年与德国政府另签和约。）

所有海外殖民地被战胜国分配。

2.军事上的限制

莱茵河西岸的领土（莱茵兰）由协约国军队占领15年，东西岸50公里以内德军不得设防。

陆军被限制在100000员以下，并且不得拥有坦克或重型火炮，取消德军总参谋部的设置。

海军员额限制在15000员以下，船舰方面只能有6艘排水量10000吨战列舰、6艘巡洋舰和12艘驱逐舰，并不准拥有潜水艇。

不得组织空军。

不得进出口武器。

不得生产、储存化学武器。

为了限制接受军事训练的人数，废除义务兵役制，士官士兵的役期延长到12年、军官25年。

另外德国还要赔偿2260亿马克（约合113亿英镑），最绝的是考虑到德国货币——马克一定会贬值，这些战争赔偿必须以黄金支付。

如此屈辱的协定，德国人是不会善罢甘休的。

连法国陆军总司令贝当元帅看着《凡尔赛和约》也叹道："这个根本不是和平条约，只是一个20年的停战协定。"

有名的五四运动，让中国政府拒签《凡尔赛和约》，那么德国政府会签下这个和约么？

历史不讲道理，只讲现实。

德国政府全部接受，签了！

谁干的？德意志帝国。

德国的皇帝已经给废了，是新上台的共和国政府，虽然它的国名依旧，不过里面的管理层都不是德国皇帝的班底了。

历史课说过，资本主义社会比封建社会好。

所以按传统的历史课逻辑，我们可以写下这样的判断：

由于德国皇帝的残暴统治，正义的协约国军队推翻了腐朽的德国封建王朝，将生活在水深火热之中的德国人民解放了出来，建立了更为先进的资本主义共和国的国家制度……

可惜这个协约国扶持的德国政府，挂着帝国的狗肉招牌，卖的是资本主义共和国的人血，血不是别人的，是德意志人民的。

有意思吧？德国历史上第一个共和国张扬着自由民主的大旗，出卖的是自己国民的血。

卖国如此具有特色，以致于害怕国民起义的怒火，它将首都定在一个小城市：魏玛。

当民族遇到危机，社会必有紧缩，市民必有忍让，自由必做牺牲。当底层遇到危机，自由社会也必无奈地"倒退"。一个发育不良的市民社会，因民族与底层危机而发生历史倒退，不足为奇。

1923年的德国已经成为市民社会，但当"民族"与"底层"成为最动人醒目的文化符号，德国历史已注定要骤然倒退。

第一次世界大战是德国皇帝的选择，不是德国民众的选择。

为了已经消失的德国皇帝，他们付出的也是鲜血和生命，他们的家园也已破碎，他们的心灵也需要抚慰。

可是代表全世界正义的国联，用《凡尔赛和约》将他们抛弃：

一个民族可以用最权威的法律和最正义的条约随意切割成若干个。

一个国家可以用最权威的法律和最正义的条约被剥去自卫的盔甲。

全体已国残割土，家破人亡，百废待兴的国民还要支付他们难以承受的赔偿，赔偿还必须以黄金支付。

历史是这样奇妙，1900年八国联军强加在满清身上的屈辱协定，在不到20年内，类似的屈辱协定强加在德国身上。

也许只在此刻，德国人才会意识到，当年中华民族的泪水有着怎样的苦痛。

也许正因为《凡尔赛和约》，让那些在国民革命军担任军事顾问的德国人以及因各种原因在华工作生活的德国人，对中国人民在抗日战争中的苦难赋予了更多的同情及帮助。

1900年的屈辱协定，最终注定了满清覆亡的命运。

1919年的《凡尔赛和约》，也最终注定了德国的命运。

"如果日耳曼民族不再强大到可以浴血保卫它自己的存在的话，它就应当灭亡。"

"我们的斗争只可能有两种结果：要么敌人踏着我们的尸体过去，要么我们踏着敌人的尸体过去。"

希特勒的口号点燃了日耳曼民族的热血。

希特勒是神，他们就建设一个神的王国。

希特勒是魔，他们就建设一个魔的地狱。

如果整个世界抛弃了日耳曼民族，日耳曼民族就用鲜血改变整个世界。

"第三帝国"就要崛起了。

不，没有这样简单。

我们疏忽了一个重要的决定希特勒崛起的细节。

在当时的德国，像希特勒这类愤青并不少见，作为陆军下士这样的小人物，要德国陆军支持他，并施加压力，让他只服刑9个月，这可能么？事实如此。

其实德国陆军当时支持和关注的不是希特勒，而是与希特勒一起疯狂的老人。

这位老人早已过了愤青的年龄，他此刻56岁。

他就是鲁登道夫，前德军副总参谋长，德国步兵上将，军事家。

1914年第一次世界大战爆发，鲁登道夫于战争初期任德国第2集团军参谋处长，在夺取比利时列日要塞中初露锋芒，升任该集团军军需总监。当年8月临危受命，出任东线第8集团军参谋长，协助集团军新任司令兴登堡指挥对俄作战。9月任第9集团军参谋长，11月升任东线德军参谋长。

1914年8月至1916年8月，成功地组织实施了东普鲁士、罗兹、华沙—伊万哥罗德、奥古斯图夫和戈尔利采等战役，迫使俄军全线退却。

1916年8月任德军第1军需总监，协助兴登堡组织指挥东、西两线作战。同年晋升为步兵上将。

1917年，极力主张在海上开展无限制潜艇战，一度陷英军于被动之中。1918年3月至7月，德军在西线连续发动5次突击受挫后，10月被解除职务。

这个被解除职务的德国步兵上将，在德国军界享有极高的声誉和极其广泛的影响力。

鲁登道夫对希特勒的力挺，等于军方提前为希特勒投了重磅炸弹级别（当时没原子弹）的信任票。

看，名人效应多重要！就是退休的名人也一样很重要。

有人说希特勒绝不是愤青。

我同意一半。

当代愤青大多一腔热血，但思绪跳跃，心有大志，胸无点墨，脑装糨糊；扯着天下一家的大旗，想着三千宠爱于一身，喊的是天下为公，干的是宁负天下；前一分钟还壮志凌云胸怀天下，后一分钟就网游泡妞八卦开骂。

希特勒对照以上标准，有些相符，更多不符。

他不是一般的愤青，希特勒是有理想、有后台、有行动、有毅力的精品愤青，是愤青中的战斗机。如果穿越到现在，他估计是是愤青中的航天飞机：挑战者号。

看来，"第三帝国"的崛起真的就是时间问题。

不，我们还是漏了一个非常非常重要的细节：人民！

对，就是德国人民！德国人民站在希特勒一边，这就是为何会出现上万德国妇女们集会，抗议判决希特勒有罪的原因。

希特勒一点不帅，为何如此受欢迎呢？这个谜底暂时不揭开。

写到这里，"第三帝国"的崛起似乎与中国没有直接关系，但是一个在贝格布劳凯勒的啤酒店与希特勒一起疯狂的德国人走入了中国，他对中国政局的变化起着微妙的作用。

不过关于这个人的公开资料并不多，也有意给忽略。

但是我有理由肯定，在1927～1938年之间中德关系突然全面升温的阶段，他是关键人物。

他就是赫尔曼·克里拜尔。

赫尔曼·克里拜尔是老牌纳粹，他是啤酒馆暴动的9名骨干，与希特勒一起被捕判刑。

在一张纪念啤酒馆暴动的德国历史照片上，鲁登道夫居中，赫尔曼·克里拜尔与希特勒分列鲁登道夫左右，而罗姆则排在边上。

大名鼎鼎的罗姆是德国冲锋队的组织者，还排在边上，可见克里拜尔在德国政界的地位。

这位希特勒酒馆政变的共同参与者和一起入狱者赫尔曼·克里拜尔，还是个资历很老的职业军人。

在八国联军侵华时，他就是进军北京的德军中尉。

在1919年一战结束时，作为德军代表团成员的赫尔曼·克里拜尔，对其他国家军官的临别赠言就是："20年后再较量！"

1928年5月后，克里拜尔成为当时的国民政府的德国军事顾问。

由于克里拜尔与希特勒的良好私人关系，在希特勒上台后，中德各方面的合作都取得不少进展。

在希特勒挑选在亚洲的德国战略伙伴时，中国与日本一度让他取舍不定。

有段时间，希特勒倾向了中国。重要原因就是，尽管中国积弱已久，但是"瘦死的骆驼比马大"，在抗日战争爆发前的1936年，中国的GDP远高于日本，约为日本的1.9倍至2.8倍，中国的总体国力比日本强；克里拜尔的经历，使他对八国联军里的那些中国士兵的战斗表现留有深刻印象。

有段时间，希特勒倾向了日本。重要原因就是，蒋在1927年以来的施政表现与日本的迅猛发展相比，显得苍白乏力。日军是当年八国联军中的主力。克里拜尔在八国联军时有与日军并肩作战的经历，对日军的战斗力评价颇高。

法币改革最终将中国与当时英美两国的利益捆绑在一起，德国无法与中国有深层次的战略合作，最终使中国纳入英美一方。

克里拜尔对蒋的鄙视，以及八国联军时与日军并肩作战的经历，总体上，让克里拜尔还是偏向日本，这成为希特勒最后决策的一个关键砝码。

希特勒最终选择了日本作为德国在亚洲的盟友。

个人恩怨偶尔也改变了历史的走向。

希特勒的取舍，决定了中国抗战必将历经磨难。

当时的中国积弱已久，被选择是外交常态。

我们无法设想，如果希特勒选择中国作为德国战略伙伴，等待中国的将是什么，世界政治版图将如何变化。

历史没有如果。

第四节　四张面孔

有位哲人说过："考察一个民族的成长，应当追溯它的过去，应当考察它在母亲怀抱中的婴儿时期，应当观察外界投在他还不明亮的心智镜子上的初影，应当考虑他最初目击的事物，应当听一听唤醒他启动沉睡的思维能力的最初话语，最后，还应当看一看显示他顽强性的最初奋斗。只有这样，才能理解支配他一生的偏见、习惯和激情的来源。"

许多民族童年的记忆都已散落阙如，湮没在苍茫的历史长河之中，已经很难考察其原本的面目。今天的人们，只能凭着内生的感知甚或朦胧的臆想，去感受那曾经依稀的存在。

作为一个特例，美国几乎是唯一一个可以很方便地梳理出它的社会成长脉络的国家。虽然严格意义上讲，美国并没有真正意义上的起源或童年，因为它根本就不是遵循历史进程而自然演进的有机政治体，而是域外文化突然进入和快速孵化生长的结果，就像一场大雨之后突然冒出的蘑菇。

抗日战争，也是美国的大事。

了解美国，也可以帮助我们理解抗日战争及以后的历史。

1620年11月，"五月花"号在北美大陆的登陆，是一个标志性的事件：不单具有宗教史上的里程碑意义，更是建立美国政治架构的起源。

当时历经66天漂泊的"五月花号"帆船终于靠岸了,船上的102名乘客终于可以踏上他们梦寐以求的陆地。

"五月花号"的这次航行,原本就是一次商业行为,可是他们登陆时引发了争执和骚乱。

"五月花号"的102名乘客,他们都是"陌生人",尽管有不少基督徒,不过都是在航行中相遇,由于他们并不隶属于任何宗教团体和组织,则显得人心涣散。

登陆的那片土地也是无主的,没有政权,也没有法律;也没有任何其他人可以约束他们的自由或是犯罪。因为除了他们和那片土地,一切都是不确定的,也没有人为他们做事,也没有可以行动的方向。

求生的本能使得大家都明白:如果登陆后各自作鸟兽散,没有结成一个紧密的共同体以共渡难关,他们就无法在严寒、贫瘠的北美大陆生存下来。

于是,经过反复和郑重的讨论协商,他们在船舱中拟定了一份公约。船上的41名男子都参加了签署。由于妇女那时没有政治权利,所以没有让她们签署。此即后人所称的《五月花号公约》。

在这个公约里,签署人立誓创立一个自治团体,这个团体是基于被管理者的同意而形成的,而且将依法而治,为在新大陆上建立自治和法治奠定了基础。

《五月花号公约》很简单:

"以上帝的名义,阿门。我们这些签署人是蒙上帝保佑的大不列颠、法兰西和爱尔兰的国王信仰和捍卫者詹姆斯国王陛下的忠顺臣民。

为了上帝的荣耀,为了增强基督教信仰,为了提高我们国王和国家的荣誉,我们漂洋过海,在弗吉尼亚北部开发第一个殖民地。我们在上帝面前共同立誓签约,自愿结为一民众自治团体。为了使上述目的能得到更好的实施、维护和发展,将来不时依此而制定颁布的被认为是这个殖民地全体人民都最适合、最方便的法律、法规、条令、宪章和公职,我们都保证遵守和服从。

据此于耶稣纪元1620年11月11日,于英格兰、法兰西、爱尔兰第十八世国王暨英格兰第五十四世国王詹姆斯陛下在位之年,我们在科德角签名于右。

（签名）"

与其说契约创设了一种约束,是一种制衡,毋宁说契约是维护团体利益的利器。

一个好的制度设计,往往具有非凡的力量。

此后,《五月花号公约》被看成是美国民主之花盛开的前奏。

这些美国先民来到那里,最初的目的十分单纯,不是为了征服这块大陆,建立一个强大的殖民地,而是为了宗教信仰,他们希望住在一起,在同一个教堂里敬奉上帝,为此创立一个小社会。

不过他们的后裔还是不择手段地血腥地征服这块大陆。

如今,美国大约有3500万"五月花"号乘客的后裔,占总人口的1/10。

对这个移民国家来说，这是个巨大的数字。

美国，也自然烙上了自律民主、自治法治、自强自立的基因，它还有着强烈的基督教基因。如果仅有这种基因，这片神奇的新大陆就算说不上是世外桃源，也是人间乐土。

签署《五月花号公约》上岸的乘客不是圣人，是凡人，他们很幸运地接着土著印第安人伸过来的"友谊之手"。美洲土著不仅给了他们极其珍贵的粮食，而且教会他们种植玉米、汲取和保存淡水，以及防止野兽侵害的方法。美洲土著的帮助让他们度过了最初最难的日子。美洲特有的感恩节，就是包含着对土著印第安人的真诚感激的历史记忆。

然而1845~1849年发生爱尔兰饥荒，大约有100万爱尔兰人不是饿死，便是病死。几十万人逃到北美。

从欧洲来的移民不断增多，他们对土地的需求愈益加大。

"五月花"号乘客的后裔开始用各种方法骗取印第安人的土地，战争于是不可抗拒地降临。

这场血腥的战争几乎将土著印第安人种族灭绝。

此后为了缺乏劳动力的土地，"五月花"号乘客的后裔又开始贩奴，将黑人、华人都作为他们的猎物和奴隶。

美国也自然烙上了血腥残暴、利欲熏心、恩将仇报的基因。如果仅有这种基因，这片神奇的新大陆就是人间地狱。

可惜美国同时具有这两种基因。

1887年、1890年、1899年，美国的钢产量、铁产量、煤产量相继超过了英国，一举成为世界第一。

不仅如此，美国的国内生产总值也在19世纪的最后十年跃居世界首位。

美国时代来了，自由富足的美国吸引着世界的眼球，也在掏空世界的腰包。

随着美国经济的崛起，美国的商品如火车头、煤、丝织品、水果和棉花等大规模涌入欧洲。

1901年，美国历史学家布鲁克斯·亚当斯曾作过一项统计，1897~1901年，美国的贸易顺差高达5.1亿美元，而且还在不断增长。

亚当斯当时预测，随着时间的推移，美国将逐渐把欧洲竞争对手挤出各主要市场，如果美国再加把劲，其商品还将凭借欧洲国家无法竞争的低价充斥欧洲。

这种状况让许多欧洲人感到欧洲正在遭受美国的经济入侵。正如法国学者埃米尔·巴比埃在谈到美国的出口潮时惊呼："美国产品将淹没老欧洲。"

另一位法国经济学家保罗·德·卢西埃则在1892年出版了一本名为《美国生活》的书，生动地描述了美国产品大肆涌入欧洲的场景，就连"法国士兵的背包里装的都是芝加哥生产的牛肉罐头"，毫无疑问，"美国已从一个令人好奇的东西变成了一个令人恐惧的东西"。

1898年，美国与老牌殖民者西班牙之间爆发了战争。战后，西班牙被迫放弃了古巴，并将菲律宾、波多黎各和加勒比海地区的其他岛屿以及太平洋上的关岛割让给美国。

美西战争在欧洲引起了一场轩然大波，出现了"美国威胁论"。

在当时的欧洲政治家看来，美国踏上古巴的土地，就意味着它跨越了大西洋的一半，而美国入侵菲律宾则意味着它可以在任何地方不请自来。

这种担忧在当时的欧洲有非常直观的体现。

美国身上血腥残暴、利欲熏心、恩将仇报的基因，让人胆寒。

1899年1月，欧洲评论家奥克塔夫·诺埃尔发表了一篇题为《美国祸害》的文章。文章指出美国不仅进入了一个武力侵略阶段，而且这种使欧洲人措手不及的进攻是早有预谋的。他认为美国从"门罗主义"时期开始，就对欧洲旧大陆怀有很深的敌意，这种敌意通过美西战争终于爆发出来了。

美西战争标志着美国朝着全球干涉主义迈出了新的一步。按老百姓的说法，这回是强盗要出来了，该大家想法一起对付强盗了。

诺埃尔进一步预测："不久，在地球的各个地方，美国必将与欧洲发生冲突"，并且"在欧洲和美国之间为了生存、为了经济霸权而展开的争斗，将前所未有的激烈和尖锐"。总的来说，诺埃尔认为美国已经成为世界的一个"祸害"，这一观点也成为当时流行于欧洲的"美国威胁论"的主要内容。

为了对付"美国祸害"，有些欧洲人甚至呼吁所有欧洲国家联合起来，共同抵抗美国。法国人皮埃尔·洛蒂在媒体上公开宣称，美西战争是对欧洲的挑战，是对欧洲意志和抵抗能力的检验："但愿欧洲能明白这一点！能从中吸取教训，别把剑放在鞘里！欧洲国家能联手对付共同的敌人！"

美西战争后，美国的经济和军事实力进一步增长。

西奥多·罗斯福入主白宫后，为打造一支强大的海军舰队更是不惜重金。

到1908年，美国已建成一支实力居世界第二的海军舰队，这支庞大的舰队拥有29艘当时威力最大的新型战列舰。

美国的军费增长速度也同样惊人，以至于法国记者儒勒·于莱惊呼："作为一个军队人数不过五万来人的国家，美国的军事预算竟高达10.5亿法郎！比法国的还要高。"

面对这种情形，欧洲人对美国的担忧有增无减。记者于莱说法颇具代表性："当美国耗巨资建成了一支庞大的海军之后，美国人的实用精神是不会同意把他们的军舰当做游船的。"

这一时期，"美国危险"一词常常出现在欧洲各国议会的争论中。法国历史学家亨利·豪瑟尔在回忆那段时期的法国政坛时，曾这样写道："人们在报纸上、会议上、议会里听到的,除了美国危险外别无他物。"英国也有人担心,如果不与美国进行合作,自己的国家也许会成为美国的殖民地。

很多人相信,也许没有第一次世界大战及时爆发,欧洲或许会与美国开战。

欧洲对美国的担忧一直持续到了第一次世界大战末期。然而在此期间,美国并未对欧洲发动进攻,也没能在经济上将欧洲挤垮。正相反,欧洲内部的矛盾却日益激化,导致第一次世界大战爆发。

有意思的是,是这场欧洲内部的战争而不是美国,将英法德等老牌帝国主义国家从霸权宝座上拉了下来。而随着美国加入协约国集团对德国宣战,以及俄国十月革命,第一次世界大战结束了。

在欧洲流行多年的"美国威胁论"销声匿迹了。不是欧洲各国大家不信,而是美国在他们内心,已成了他们的老大。编派老大的不是,那不是没事找抽吗?

商人般精明,海盗般残忍,绅士般富有,教徒般慈悲,有着翻脸比翻书还快的四张面孔,一只手拿胡萝卜,一只手拿狼牙棒的那个大家伙,就是美国。

此时此刻,美国的心思不在东亚。

美国在排华,驱除在美国的华工,展现出海盗般残忍。但是它以商人般的精明看好吴佩孚,因为他貌似最强。不过美国对孙逸仙博士也有好感,因为他是基督徒。

但是它绅士般富有,也没使孙逸仙博士富起来。

美西战争引起的反响,也让美国调整了外交策略,它在中国开办了一大批教会学校,包括清华、北大、复旦等目前国内一流的高等学府。

说到这里,我要提起一个美国人:燕京大学(现已合并进北京大学)校长司徒雷登。

司徒雷登有一个很地道的中文名字,但从血统上讲,他是一个纯粹的美国人。司徒雷登1876年出生于杭州,11岁被送回美国上学,借住在亲戚家。受父母影响,司徒雷登及其两个弟弟在美国读完大学后,都先后来到中国当了传教士。

司徒雷登先生在28岁那年,带着新婚妻子重回中国传教。

前上海市长徐匡迪回忆往事时,记得小时候曾听过一位叫司徒的外国人传教,那位司徒的中文非常好,给他留下深刻的印象。可见司徒雷登的传教人数之多。

1908年,金陵神学院成立,司徒雷登被教会推荐到那里任教,他在那里生活了11年,自此由一个纯粹的基督教传教士转变为一名教育工作者。

司徒雷登到金陵神学院担任教师的第三年,正好赶上辛亥革命爆发。美联社那时还特别聘请司徒雷登先生担任他们的战地通讯记者,负责报道中国政局。

1912年4月1日,孙中山先生发表演说,宣布辞去大总统职务,让位于袁世凯,司徒雷登先生是在场的唯一外国记者,也是唯一的外国人。

正因为司徒雷登对中国政局以及中国社会的了解，1915年回国时，当时的美国总统威尔逊在白宫召见了他，向司徒雷登了解中国及中日关系等情况。

那时候，美国基督教会决定将几所教会大学合并成燕京大学，司徒雷登被推举为校长，1919年1月赴京上任。

1923年，司徒雷登一行到东北拜访张作霖，张作霖和张学良父子对他们都很友好。

20世纪二三十年代，司徒雷登拜访过很多名人：段祺瑞、孙传芳、韩复榘以及宋哲元、冯玉祥等。

司徒雷登不仅使这些官僚或军阀为燕京大学捐了款，也与之建立了比较好的关系，甚至还使一部分官僚或军阀成为了基督徒。

少帅张学良摆脱日本人控制，"东北易帜"，承认国民党南京政权，司徒雷登的私人助理傅斯年做了大量秘密的沟通工作。

抗战期间，司徒雷登与协和医院的另外两位美国人被日本关押近4年之久。

再插一段抗战之后的。这个"司徒"就是《别了，司徒雷登》里的那个"司徒"。

抗战之后，1945年9月16日，司徒雷登去重庆参加抗战胜利大会。在那里，司徒雷登见到了毛泽东。

1946年7月，经马歇尔特使推荐，美国政府决定任命司徒雷登为驻华大使，那时司徒雷登已近70岁。

美国政府希望能利用司徒雷登对中国的了解以及与中国各政党之间良好的人际关系，达到他们所期望的国共调停。

但是，单凭一个司徒雷登，已不可扭转当时的大局。1949年4月23日，解放军攻占南京。

当时有一个很奇怪的现象：包括苏联在内的许多国家使馆人员都撤到了广州，而一直被视为暗中支持国民党打内战的美国大使却一直坚持留在南京未走。

司徒雷登期待与中国共产党接触的机会。

美国最终还是以意识形态作为标准，要求司徒雷登须于7月25日以前直接赶回华盛顿，中途不要停留，暂时不要去北平。

司徒雷登，始终变化而又没有本质变化。

这就是美国，始终变化而又没有本质变化的美国，时至今日，你依然可以看到这四张面孔。

无论你是否喜欢，后面的时代其实就是美国时代。

自我定型、自我促进、自我发展的美国性格注定要改变这个世界。

关于美国其实可以说很多，不过，此刻它还远没有做好老大的准备。

第五节　日不落帝国

当时的世界，得到公认的老大并不是美国，而是那个飘扬着"米"字旗的帝国。太阳时刻都会照耀"米"字旗，它号称"日不落帝国"，正式的名称很长很长。

当日本昭和军阀集团还在接受上岗培训，准备被塑造成又皇又专的一代军国主义接班人时，这样一个强大的帝国是无法回避的。

英国当时是世界的当然老大，直到二战结束，老美才顶替上岗。

谁分析当今的国际政治，忽略美国的影响，一定是脑子不够用，耳朵没管用，眼睛没睁开。因为不管你是否喜欢，世界的当然老大现在还是美国。

所以分析历史，一定不能忽略当时谁是世界老大。分析那段历史，忽略英国简直就是闭门造车。

坐井观天的历史观，李鸿章就是代表，他尽自己盘算着如何使用日本这个外国农民工，没想到日本想的是"王侯将相宁有种乎"，内心从没想只当大清的外国农民工。

日本是想当大清的CEO。

如果你很难理解美国在二战前期的表现，想一下在官场，具有挑战老大实力的二把手，该如何生存，当时老美就如何表现。

我们还是看看英国吧。这是世界上第一个工业化国家，也是19世纪和20世纪早期世界上最强大的国家。1922年的时候，"日不落帝国"达到了巅峰。它拥有了全世界四分之一的陆地，是有史以来世界上第二大的帝国（有史以来最大的帝国则为蒙古帝国），它就是大英帝国，中国人称为英国。

人家自己简称联合王国（The United Kingdom），一般自称不列颠（Britain），它的本土位于欧洲大陆西北面的不列颠群岛，被北海、英吉利海峡、凯尔特海、爱尔兰海和大西洋包围。

目前由大不列颠岛上的英格兰、苏格兰和威尔士，以及爱尔兰岛东北部的北爱尔兰以及一系列附属岛屿共同组成的一个西欧岛国。

它的"米"字旗，其实说明了这个国家的核心构成。产生于1801年的"米"字旗，由深蓝底色和红、白色"米"字组成。它的原型是由原英格兰的白底红色正十字旗、苏格兰的蓝底白色交叉十字旗和爱尔兰的白底红色交叉十字旗重叠而成。旗中带白边的红色正十字代表英格兰守护神圣乔治，白色交叉十字代表苏格兰守护神圣安德鲁，红色交叉十字代表爱尔兰守护神圣帕特里克。

大英帝国强大海军的大炮，不是放烟火的礼炮，它是生产工具，为大英帝国赚来了不少无主的土地（就是原本有主人的，也成了炮灰，自然无主了）。

于是除了英国本土之外，大英帝国有着覆盖了地球所有经度，太阳时刻都会照耀的海外领地，面积达全世界四分之一的陆地，所以大英帝国正式名称老变化。这也自然，资产不停增加，头衔也不停增加，以致它的正式名称有了公式：大不列颠＋N个海外领地名称＋联合王国。

满清高管哪有空跟着大英帝国去背很长很长，就是郭德纲也说不利索的正式国名，于是找出了关键字"英格兰"，就叫英国吧。

这个正式名称很长很长的国家，确实起源于1000年前的英格兰，最初的英格兰只有13.04万平方公里。

13.04万平方公里大概有多大？面积与安徽差不多。

一个面积与安徽差不多的岛国，经过N代人200年的努力，当上世界的老大，控制了全世界四分之一的陆地及其人口，这让同样是岛国的日本，看到前进的方向和奋斗的动力。

榜样的力量是无穷的。

苏格兰、威尔士、爱尔兰等大英帝国的核心构成，居然也都是英格兰国王用各种合法或不法手段收服的。

发现大英帝国起家秘密的日本，也有样学样、没样自创地学习大英的领土扩张。号称"开拓万里波涛，布国威于四方"的日本，其实是要赶超大英帝国。

琉球、台湾、朝鲜都是这样干的，很快就要轮到满洲（东三省）了。

日本昭和军阀集团有空磨刀，接受上岗培训，大英帝国非但没空，还在实弹射击。

对，实弹射击，绝不是演习。这次大英帝国麻烦大了，本土核心部分的爱尔兰造反了！林子大了，什么造反的鸟都有，不过本土核心部分的鸟会造反，是大英帝国没遇到的。爱尔兰归顺大英帝国很久了，大英帝国看来，700年前的老账也拿出来翻，实在有些过分。

原来第一次世界大战结束后，爱尔兰新芬党在都柏林召开国民议会，发表独立宣言，宣布成立共和国，并开展游击战争。实弹射击后，1921年夏，英国自由党政府被迫与爱尔兰签订停战协定。

美国人插手了，确切说是美国的爱尔兰裔移民插手了。

1840年大英帝国对满清的战争，让它赢得巨大的利益。可是巨大的利益没有让爱尔兰分享。1845～1849年发生爱尔兰饥荒，大约有100万爱尔兰人不是饿死，便是病死。还有几十万人逃到北美。在这场爱尔兰饥荒中，爱尔兰人失去了四分之一的人口。

爱尔兰的内心怒火由此点燃，爱尔兰独立成为一颗种子种在每个爱尔兰人的心田。

美国的爱尔兰裔移民也日夜期待着出现一个美国式的爱尔兰共和国。

1921年12月签订《英爱条约》。1922年4月12日，《英爱条约》生效，爱尔兰南部脱离其统治，成立爱尔兰自由邦；爱尔兰自由邦成立后，这种过渡状态，让爱尔兰的居民也分成两大阵营，力挺独立的和想回到大英帝国的，于是爱尔兰内战爆发了。

爱尔兰内战把大英帝国的军队也卷了进去，直到今天，还时不时有爱尔兰的政治组织，搞几个炸弹消遣一下大英帝国的军队。

爱尔兰内战还真是麻烦，大英帝国的军队镇压轻了，安分守纪的平民没有安全感；镇压重了，安分守纪的平民又要谴责军队的血腥残暴，都曾是大英帝国的子民，都是同胞，能这样干吗？

大英帝国很麻烦。

大英帝国麻烦还没完，它在享受麻烦的同时，还在给世界制造更大的麻烦。

第一次世界大战结束，奥斯曼土耳其帝国瓦解，英国控制了这一地区。

英国地方太多太大，连爱尔兰人都不再是自己人了，这英国纯自己人就实在太少了。

大英帝国就连在中国的几块不大的殖民地都抽不出太多人手，只好雇了一批印度人在香港、上海等租界当警察（巡捕）。

这些印度警察往往头上缠着红布，很好认，他们因此也被中国人称为"红头阿三"。意思就是头上缠着红布的低贱下等人。

"红头阿三"为啥变成这意思？

我需要啰嗦几句，红头很好理解，头上缠着红布嘛。

"阿三"就不太好理解，这绝对不是指排名"第三"的意思，它来自上海话的骂人话："十三点。"

"阿三"就是指"十三点"中也属于3/13的最次的那种。

"十三点"最早是骂英国人的。

不列颠（Britain）中的"B"就是指英国人，我们的先祖在和英国人的战争中没赢，在平时就要口头上占足便宜，用"B"的发音来代替女性的特殊器官，以此宣泄对英国人的仇恨，同时勉励自己促生产时，千万不忘阶级斗争。

但是文明人老是"B"来"B"去的，实在有些不雅。海纳百川的上海人，将"B"分拆成阿拉伯数字13，这样就可以不露痕迹地说脏话了。

好，就此打住，也不许外传，这是国家秘密。

连印度人都用上了，英国人实在没有找到太多人手，那些可以马上帮助他们控制奥斯曼土耳其帝国的人手。

奥斯曼土耳其帝国太大了。巴勒斯坦也曾是奥斯曼土耳其帝国的一部分。

1516年，巴勒斯坦沦为奥斯曼帝国的领地，属沙姆行省的总督管辖，土耳其人统治了巴勒斯坦400年。

巴勒斯坦曾成为英、法、俄、德等帝国争夺的目标。

1917年，英军占领巴勒斯坦，土耳其对巴勒斯坦的统治结束。

占领是统治的开始。

异族的土地从来不是容易控制的，而这里还满目疮痍。

英国人想到了没有国家的犹太人。

犹太人的富有和顺从，都是大英帝国喜欢的。

上古时代，巴勒斯坦曾存在着以色列国和犹太国两个犹太人国家，分别于公元前8世纪和前6世纪被亚述和巴比伦所灭。

公元135年犹太人起义失败后，犹太人即被逐出耶路撒冷以至整个巴勒斯坦，流落到世界各地。

流落到世界各地的犹太民族，虽然靠他们的智慧，积累了巨大的财富，但是从来没有得到其他民族的尊敬，而是每当各国民族主义的大旗飘起，饱受歧视和迫害的族群中，总有犹太人的身影。

一个没有家园的民族，它的命运就像浮萍，散居世界各地的已经富裕起来的犹太人要求回到古代故乡巴勒斯坦，重建犹太国。

重建犹太国，没啥不对的，任何民族都该拥有自己的家园。

可是大英帝国很不地道，搞了一女两嫁。

英国人的决定，既忽悠和利用一把这个没有家园的民族，又把另一个上千年来居住在这片土地的另一个民族给折腾得鸡飞狗跳，至今不得安生。

外交大臣贝尔福代表政府发表《贝尔福宣言》，声称"英王陛下政府赞成在巴勒斯坦为犹太人建立一个民族之家，并为达到此目的而竭尽努力"。

于是在英国政府的准许下，犹太人向该地区移民加速，此时主要是来自东欧，尤其是处在内战中的苏联的移民。

犹太人不顾阿拉伯人的强烈反对，采用政治、外交、财政以及军事手段，强行组织犹太人向阿拉伯人聚居的巴勒斯坦西部地区移民。

老辣的英国殖民统治者，为了防止犹太人真的搞起犹太国，又玩了一把阴的。

英国人告诉阿拉伯人一个理论，一个"五十年不变"的理论："当一个民族拥有一块土地超过五十年，他就拥有了这块土地。"

阿拉伯人没弄明白，说的啥意思？我们都住了几千年了。

英国人来点化阿拉伯人：犹太人占领巴勒斯坦的理由是犹太人的祖先在巴勒斯坦生活过，可是这不是犹太人拥有巴勒斯坦的理由。按大英帝国的法律，当一个民族拥有一块土地超过50年，他就拥有了这块土地，而你们阿拉伯人在巴勒斯坦生活了几千年，犹太人的主体已经离开了巴勒斯坦，他们已经不是巴勒斯坦的主体民族了。

阿拉伯人似乎明白了，原来巴勒斯坦是我们的，不能让犹太人住上50年，咱再穷，再流血，也得和犹太人死磕。

犹太人似乎也明白了，从现在开始，怎么都要拼上50年，和阿拉伯人死磕就死磕吧，为了子孙不受苦，流血牺牲值了。

于是，从那一刻起，原本和谐的两个民族，被大英帝国打了鸡血后，都玩命死磕对方。

其实他们都没整明白，英国人最明白。

"五十年不变"的理论，把以后50年的麻烦（中东战争）都设计好了。

"五十年不变"的理论，是大英帝国的法律，到头来还不是听大英帝国的？

颇有讽刺意味的是，二战期间在纳粹德国、维希法国和法西斯意大利所属的北非和中东土地上，当时居住了50多万名犹太人，这里也同样发生了由欧洲宗主国传来的"排犹潮"，这里的犹太人被剥夺了公民权、没收了财产，被带到撒哈拉沙漠中的集中营服劳役，并没有出现像奥斯维辛那样的死亡集中营。

在二战结束后，巴勒斯坦土地上的犹太人和阿拉伯人，按着大英帝国的游戏规则，都玩命死磕对方。

玩阴的，大英帝国就是拿手。

其实英国人也没忘记远东，在英国人的计划里，犹太国复国还有一个地点作为备选，那就是满洲，中国的东北。

犹太人、中国人、日本人、俄国人一起死磕，一定很精彩，四国大战啊。

不过两个方案最后的赢家都是大英帝国。

大英帝国让犹太人和阿拉伯人死磕的损招，让喜欢走极端的日本学到了。

日本用的这一招，也很毒。至今中国愤青和韩国愤青在网上死磕，就是中了日本这一招。

日本用的这一招，我以后专门描述，暂且不提。

大英帝国的有一招，本不想提，因为实在不堪回首。

这招就是：用中国人打中国人，为英国赚钱。

当时在中国土地上组建了一支由中国人为主体效忠于异国的军队，特别是在必要时，让其为异国的利益而与自己的同胞作战。

英军在中国进行了尝试。

当时的英军指挥官称"中国军团远征作战次数比任何部队都多"。

中国军团在历次战斗中的表现，令英国殖民者兴奋不已，正如威海卫殖民官员在谈及威海卫时称："如果不提及中国军团，便不可能全面描述威海卫，它的建立与成功，证明了英国官员在对付亚洲佬方面的天才。"

"中国军团在战斗中毫不逊色地承担了自己的责任，他们为和自己的威海老乡对抗感到骄傲，这无疑证明他们完全可以值得信赖。"

更重要的是："他们守纪律，听从指挥，勇敢，吃苦耐劳，射击水平很高，吃饭不挑食物，只要数量充足就行。"

1900年，在八国联军攻入北京之后，中国军团曾作为一支单独的作战单位参与。

1900年8月28日早7点，八国联军部队在故宫举行了占领仪式。

关于这次不寻常的典礼，一位叫做兰达的外国人在他《中国与联军》一书中做了这样独特的描述：

"管乐队留在院子里……直到……最后是威海卫兵团。部队所过之处皆有雷鸣般的欢呼声响起，到了中国兵团这儿多少有些减弱——因为这似乎与联军格格不入，中国人也可以被派去打中国人。作为一个优秀军团，人们对他们目前的处境感到悲哀。"

后人难以想象的是，当年站在自己祖国心脏的这批中国青年，彼时的心头流淌的究竟是何等的情感。

每次提起这件事，我的心很痛。

我不愿相信这是真的，但是他们存在过。

有朋友问，抗战与英国有关么？日本与英国有关么？是不是扯太远？

跟日本很有关系，英国则是日本的榜样。

英国与日本都是岛国。英国是君主立宪，日本也学。

英国先合并苏格兰、威尔士、爱尔兰，所以日本先吃掉台湾、朝鲜，再想吞并满洲。

英国与欧洲大陆法国百年大战，赢得胜利，才开始成为全球老大。日本将中国当做亚洲的法国，从学英国起，中国就是它百年之敌。

以往的中日战争研究，太关注战争细节，而忽视了起源。

不从源头理解，中日依旧还将一战。

当年没有英国的动作，中日可能是盟国。

制造一群没有灵魂的人，更应该说是没有灵魂的杀人机器，这是日本从大英帝国学的最狠的一招：组织华人的汉奸军事武装对付中国政府的正规军和维持占领区的地方治安。

没有人数庞大的汉奸军事武装，日本军队不可能对华全面战争达8年之久，日本军队也不可能还能抽调精锐部队再开辟太平洋战场；此外，日本军队在东南亚也建立大量傀儡军事武装，在二战结束时，在越南，中国远征军还曾与日本当时扶持的军事武装多次激战。

从另一角度看，抗战中，英美对中国远征军指挥权的争夺，其实是试图打造一支类似八国联军中的中国军团那样的雇佣军。

读者有耐心读到这里，可能就找到了"日本为何要侵略中国"这个答案。

第六节 世界革命

"阿芙乐尔"号巡洋舰的炮声宣告了一个全新国家的诞生，苏俄这个国家将注定在以后的一个世纪里改变世界历史的进程。

作为人类历史上第一个社会主义政权，苏维埃俄国在成立之初，遭到了来自国内外敌人的仇视和打击。

1918年2月，苏维埃政权建立不到3个月，美国驻俄大使弗兰西斯即建议本国进行武装干涉。3月，英国外交大臣寇松在国会呼吁对俄国采取行动。

3月15日，协约国以俄国与德国签订《布列斯特和约》为借口，纠合各种势力，向襁褓中的苏维埃举起了屠刀。

面临严峻形势，在1918年的时候，列宁也要求建立一支300万人的军队，"以成为世界无产阶级革命未来胜利的保证"。

英、法、美等国最初希望通过扶植俄境内的捷克军团（主要由叛乱的捷克战俘组成）和高尔察克、邓尼金等部来打败苏俄红军。

仅美国一国，在1919年的夏秋两季就向邓尼金提供了10万支步枪、300万发子弹、20万发炮弹和数不清的被服。

白军依靠雄厚的补给，一度占领了苏维埃俄国四分之三的土地，并控制了俄国南部主要产粮区，对红军形成了东、南、北和高加索数条战线，不断发起凌厉攻势。

年轻的工农红军没有被击垮，在近两年几乎不间断的作战中越战越强，先后于1919年和1920年彻底击败了高尔察克和邓尼金的主力，保卫并巩固了新生的苏维埃。

协约国集团于1920年初提出了新的干涉计划，这回他们把宝押在了波兰身上。

帝俄时代的版图是巨大的，波兰也是其中之一。

1917年俄国十月革命的胜利，带来了红色苏维埃政权，同时也使波兰脱离了帝俄的残酷统治，重新成为一个国家。

波兰人民在经历了123年的亡国之痛后，终于在一片废墟上重建了自己的国家。在品尝到久违的自由的甘美的同时，波兰人心中也孕育着狂热和梦想。

昔日的侵略者和压迫者——俄国，现在已伤痕遍体、自顾不暇，而且面临着来自几乎全世界的敌视和攻击，波兰人想当然地认为恢复祖先荣耀的千载难逢的机会到了。

波兰临时政府首脑——皮尔苏茨基提出了"从海到海"的口号，即从波罗的海到里海，全面占领乌克兰第聂伯河地区和白俄罗斯，恢复1772年波兰全盛时曾经拥有的版图。

1918年秋天，皮尔苏茨基就开始从东部边界着手，联合乌克兰和白俄罗斯反苏维埃的"白俄"力量，试图将波兰的东部边界向东推移。

对于波兰政府和波兰民族来讲，这是一种爱国主义的表现与迸发。

在第一次世界大战后，欧洲的社会党左派都怀有重建国家的"故国情结"，而皮尔苏茨基恰恰是波兰社会党左派，他领导的政府也打着"社会主义"、"工农政府"的旗号。

在皮尔苏茨基身上出现这样的"故国情结"有着深厚的社会和政治基础。重建波兰甚至是"大波兰"，就成了印有皮尔苏茨基符号的"波兰爱国主义"。

起初，苏维埃俄国对于一个邻国的"工农政府"还是保持克制的。

苏维埃政府保证，不与第三方缔结反波兰的任何协议，并通过和平方式解决俄波间的一切问题。第七届全俄中央执行委员会第一次会议通过了《全俄中央执行委员会告波兰人民书》。列宁在讲话中再次极力驳斥了红军要打波兰的说法。

历史证明，开会其实很不管用，远不如枪炮管用。

皮尔苏茨基还是于1920年4月12日下令进攻基辅，开始了向苏维埃俄国索要"被俄国占领的土地"的军事行动。

波兰皮尔苏茨基政府此举，大大触犯了苏维埃俄国的爱国主义，也同样伤害了苏维埃俄国几乎所有领导人都怀有的"世界革命"的激情和向往。

一个被苏维埃俄国领导人视为应是世界革命"红色桥梁"的波兰怎么能成为反对苏维埃俄国的"通途"呢？

于是，波兰的爱国主义就与苏维埃俄国的爱国主义相碰撞了。

苏波战争爆发。

1920年4月25日，在协约国集团的支持下，皮尔苏茨基率军突然向苏俄发动了直接进攻。英、法、美等国对波兰的这次进攻寄予厚望。美国为波兰政府提供了1.1亿美元的军用物资和粮食，法国提供了大量的武器装备，并派遣以魏刚将军为首的军事代表团，年轻的戴高乐就是成员之一。在这场战争中，当年年仅29岁的戴高乐亲身体会了民族主义压倒意识形态的力量。

面对严峻的战场态势，1920年5月4日，图哈切夫斯基被俄共（布）中央委员会政治局正式任命为西方面军总指挥。

第一次世界大战时，图哈切夫斯基中尉被德军俘虏。囚禁期间，图哈切夫斯基策划了五次逃跑，直到第五次才成功逃脱。这期间，他还帮助了战俘营中的朋友、一位法国大尉成功逃脱，这位法国军官就是日后大名鼎鼎的戴高乐。

图哈切夫斯基逃跑后，取道巴黎回到家乡，不久就发生了十月革命。

经过短暂的观望和思想斗争，图哈切夫斯基跟从托洛茨基站到了红军的一边。

在激烈的内战中，图哈切夫斯基先后指挥红军第1、第8和第5集团军，并出任高加索方面军代理总指挥，在消灭高尔察克和邓尼金白军的战役中做出了重要贡献，获得列宁和托洛茨基的高度评价和信任。

苏波战争开战之际，苏维埃俄国的国内战争正处于一种十分微妙的阶段。

这种微妙集中反映在托洛茨基、列宁和斯大林等领导人对国内各条战线战况的认识、战线的重要性和各条战线指挥员的任命上。

1918年秋至1919年间，托洛茨基和斯大林之间有关组建红军和利用旧俄军官的争斗进一步激烈。

斯大林和托洛茨基的冲突曾几乎发展到了不可调和的地步。

图哈切夫斯基转战东线，屡建战功，后被托洛茨基调至西南方战线，其目的也是试图对斯大林进行牵制。不过西南方战线依然是斯大林的地盘，"我的地盘我做主"。

起初西方面军还不是一支能作战的部队。

5月9日，红军总政治委员（类似军委主席）托洛茨基在致中央的信中提及西方面军的管理问题："西方面军管理得很糟。共产党员工作久了，染上了市侩的心理。工作拖沓，完全是官僚主义的效率。"

这样的指责其实就是等于羞辱斯大林，想必斯大林绝对不会同意这样的看法。

在残酷的战争面前，坚硬的斯大林屈服了，图哈切夫斯基全面掌控西方面军。

图哈切夫斯基临危受命，没有辜负政治局对他的期望。

在西方面军军队中的许多指挥员，都是图哈切夫斯基重新启用的沙皇军队的旧军官。沙皇军队的旧军官虽然阶级成分不纯，可是作为职业军人的良好军事素养，让西方面军脱胎换骨了。在经过全力整顿后，图哈切夫斯基统领的西方面军战斗力大增。

图哈切夫斯基很快在战斗中表现出快速、凶狠、粉碎性打击的军事作风，在西线取得节节胜利。6月12日，西方面军收复了基辅，迅即抵达边界并准备越界进攻波兰。

这种迅雷不及掩耳的军事行动令波兰军队溃败。波兰军队溃败，而苏俄红军强大起来，到1920年8月15日为止，图哈切夫斯基统领的西方面军的人数也壮大到了314180人。

西方面军收复了基辅，抵达苏波边界时，并不是苏波战争的终点。

当时列宁在全俄农村工作干部第二次会议上，号召要把对波兰的战争进行到底。一句话，波兰必须成为从俄国通向欧洲、从十月革命通向世界革命的"红色桥梁"。至此，战争的性质开始发生了微妙的变化。

红军的西进，在进入波兰境内后，出乎意料地遭到了波兰军队和民众的顽强抵抗。

在集结了大量兵力、完成了必要的物资保障后,图哈切夫斯基发动了7月战役。

从7月4日到7月23日,红军攻势如虹,先后收复基辅、布里斯特里托夫斯克、明斯克、维尔纽斯、格罗德诺等重镇,冲垮了波兰军队所有坚固的战略防线,给予波军第1、第4集团军歼灭性的打击。

7月战役,实际上是图哈切夫斯基日后大纵深作战理论的预演。

在这场战役中,红军强悍的战斗力和图哈切夫斯基本人机敏果敢的指挥艺术得到了淋漓尽致的表现。整个欧洲都惊恐地关注着图哈切夫斯基的攻势,人们惊呼:拿破仑复活了。

红军兵临华沙城下,波兰的失败近在咫尺。

在这个阳光灿烂的夏天,列宁、托洛茨基、斯大林,苏维埃俄国都在等待对波兰作战的最后伟大胜利。

华沙在等待。

波兰在等待。

整个欧洲都在等待。

即将开始的华沙之战,相对而言是一场规模并不算很大的战役。但这场战争却改变了欧洲的颜色,在以后十几年甚至几十年的时间里重新划分欧洲的政治版图,并在相当意义上影响了历史的进程。

随着苏维埃政权在俄国日益巩固和红军势如破竹的攻势,整个欧洲就像铺满了干柴:

德国的工人已经组织起来,准备像俄国工人一样发动起义;

英国工党宣布英国工人决不参加以波兰为同盟国的战争;

法国民众抗议本国政府支持波兰的作战;

奥地利、捷克斯洛伐克和德国的运输工人们拒绝运送前往波兰的军火;

……

一旦波军失利,整个欧洲立刻就会熊熊燃烧。

正如丘吉尔所说:"在后退的波兰战线后面,每个城镇的共产主义的生殖细胞和组织都从隐蔽处出现,准备欢迎新苏维埃共和国的诞生。"

但是以皮尔苏茨基为首的波兰政府拒绝了。

皮尔苏茨基知道这样的条件对他代表的地主和资产阶级政府而言,就意味着死亡。

由于斯大林和托洛茨基的矛盾,西方面军和西南方面军将在难以有效地互相支援的情况下,去进攻各自的目标。斯大林担心图哈切夫斯基独享占领华沙的胜利成果,决定根据共产国际第二次代表大会的最新精神,将战火从匈牙利烧到罗马尼亚,从而将自己进化成为"世界革命"的一等元勋。

在一般情况下,两个方面军之间的空档也许会令人不安,但此时苏军认为,已成惊弓之鸟的波军看不到这一点，即使看到，也是无能为力。

皮尔苏茨基发现了破绽，并且毫不犹豫地展开反击。

8月15日，正在向华沙进攻的红军第4集团军和第15集团军之间，忽然揳入了波兰骑兵师，波兰骑兵师以迅雷不及掩耳之势切断了两个集团军之间的联系。

与此同时，向华沙进攻的第3、第15集团军遭到以波军第5集团军为主守军的顽强抵抗，进展甚微。

8月16日，波军全线反击。

以骑兵为主力的波军第3、第4集团军在强行突破60～80公里之后，突然出现在红军第16集团军后方。

正在进攻中的红军第16集团军丝毫没有准备，迅速溃退，红军第3、第15集团军的侧后随之暴露。

与此同时，防守华沙的波兰第1、第2、第5集团军也全力出击。

皮尔苏茨基的奇兵终于收到了超乎预想的效果，在皮尔苏茨基最需要的时候，协约国的援助物资冲破各国工人的重重阻挠运抵了华沙前线。

波军坚决迅猛的进攻很快造成雪崩效应，苏俄红军的左翼、中路、右翼依次遭到席卷，第16、第3、第15、第4集团军先后遭到严重打击。

由于通信不畅，苏俄高层并不知道战局的逆转。

落后的通讯条件、战场指挥官的判断错误和反应迟钝使红军失去了宝贵的时间，波军对红军各部队的分割包围已经形成。

红军第16集团军最先丧失战斗力，第3、第15集团军在经过短暂而激烈的战斗后被迫撤退，难以完成对第4集团军的掩护任务。红军第4集团军起初没有认识到战局的严重性，还在按预定计划向敌军进攻。

接到撤退命令后，在波军重兵围困之下进行了顽强的突围作战。红军战士们砸碎电台、烧毁文件、向敌人射出最后一颗子弹后，高擎马刀，在《国际歌》歌声中冲向敌阵。

皮尔苏茨基后来在他的著作中对第4集团军的战斗意志充满了敬意，形容他们"像狮子"一样勇敢。

经过苦战，红军第4集团军最终未能突破重围，大部伤亡。余部和红军第15集团军的部分兵力被迫退入东普鲁士境内，在那里被解除武装。

8月25日，皮尔苏茨基下令停止追击。

苏俄红军损失惨重，据战后波兰官方公布，苏军共计损失15万人，有6.6万人被俘，3万多人在普鲁士境内被解除武装，波军缴获230余门大炮、1000余挺机枪和大量弹药。

10月，波兰和苏俄达成了停战协议，次年3月双方签定了《里加条约》。

根据该条约，波兰人的东部边界线比华沙之战前英国人寇松所提出的边界线向西了一些，但西乌克兰和西白俄罗斯仍划归波兰。

整个欧洲的政府官僚和上流社会都在弹冠相庆，魏刚将军兴高采烈地把华沙之战称为"维斯瓦河的奇迹"。

英国驻柏林大使戴艾贝尔仑勋爵在会战后不久指出："在现代文明中，没有比1920年华沙会战更为重要的事件。"

干涉者和卫国者可以瞬间变换位置，入侵行动和革命战争也可以错位，苏波战争留给后人诸多的思考。

苏波战争为什么失败？这成了1920年9月22日开幕的俄共（布）第九次代表会议的中心议题。

军事上惨败，政治上获胜，这是列宁对俄波战争的总的结论。

列宁不想追究苏波战争失败的原因是不希望布尔什维克党内出现严重分歧，尤其不希望党的最高领导层因此而分裂。而斯大林却坚持要彻底弄清苏波战争失败的原因，尤其是指挥层的原因，并追究个人的责任。

作为红军总司令（时任红军总政治委员）的托洛茨基，并不是一个老资格的布尔什维克，他于1917年5月才加入布尔什维克，但是因为其政治及军事才能，马上进入决策核心，还承担了领导重任。

斯大林深知托洛茨基在十月革命中的功绩是他人难以逾越的，他与托洛茨基的矛盾也是在党内政治生活中难以调和的，苏波战争的失败是他扳倒托洛茨基的难得良机。

此后，托洛茨基开始逐渐失去权力，而斯大林则在列宁去世后成为苏俄的老大，苏俄一系列国内外政策调整和人事变动自然也不可避免。

斯大林在1924年接替列宁后调走了有关这次战争的所有高层决定文件，从此再没有归还。

华沙之战，终止了苏俄向欧洲大陆传播世界革命的梦想，于是苏俄将目光投向了东方。

第三章
中国力量

第一节 少年中国学会

"少年强，则中国强。"此"少年"就是少年中国学会。

中国的命运，原本可以由中国年轻的知识分子所改变，这就是少年中国学会。爱国家争主权的五四运动，其实就是少年中国学会的成员在全国发起的，可见当时其能量之大。

国共合作的开始，让少年中国学会开始淡出人们视野。

但是，少年中国学会的成员们对中国社会产生了重大的影响，以至于上世纪40年代就有人称："当今中国，已经成少年中国学会的天下了。"

少年中国学会起源于上海同济大学，是王光祈、周太玄、李大钊等人模仿意大利革命家马志尼"少年意大利"社团设立的，故成立后起名"少年中国学会"。

用王光祈的话说，这个学会就是要把思想启蒙和文化事业作为重点，"联合同辈，杀出一条道路，把这个古老腐朽、呻吟垂绝的被压迫被剥削的国家，改变成为一个青春年少、独立富强的国家"。

当时，中国最具理想的一群青年才俊都聚集在少年中国学会，国共两党的很多重要人物均出自于其中。北大校长蔡元培曾评价说："现在各种集会中，我觉得最有希望的是少年中国学会。因为他的言论，他的行动，都质实的很，没有一点浮动与夸张的态度。"

少年中国学会会员成分复杂，有共产主义者、无政府主义者及国家主义者，是五四时期人数最多、影响最大、分布最广、时间最长的全国性青年社团。

少年中国学会可谓精英荟萃，名士云集。在它的会员中，为国人所熟悉的，有后来成为共产党人的毛泽东、李大钊、恽代英、邓中夏、杨贤江、沈泽民、高君宇、刘仁静、赵世炎、张闻天、黄日葵；成为青年党的有曾琦、左舜生、李璜、余家菊、陈启天、何鲁之、张梦九；也有成为国民党要员的周佛海、杨亮功（曾做考试院院长）、吴宝丰（曾任教育部次长）、沈怡（曾任南京市市长）；还有科学、教育、文化界的名流：杨钟健、舒新城、朱自清、宗白华、田汉、张申府、许德珩、易君左、郑伯奇、李初梨、李劼人、方东美、周炳林、康白情、恽震等人，甚至还有40年代的中国"船王"卢作孚。

少年中国学会，目前不为今人所知，不是因为它不重要，而是在它组建之初，就没有统一的政治色彩。

少年中国学会最初的四项宗旨，即"振作少年精神，研究真实学术，发展社会事业，转移末世风气"。少年中国学会本着纯洁科学精神的原则，规定凡是有宗教信仰的人、纳妾的人、做官的人均不能成为会员，已经成为会员出现上述情况，也要清退出会。

谈到为何没有一个统一的主义时，王光祈说，一战之后世界潮流变迁剧烈，青年人的思想也随之产生很大变化，就少年中国会会员而言，有偏重国家主义的，有偏重无政府主义的，并不一致，也没必要强求一致，所谓主义不过是细枝末节的问题。

少年中国学会成立之后，由于李大钊的参与发起和领导，由于文化界其他著名领袖陈独秀、蔡元培的支持，同时由于学会所持的兼容并包方针得到了各阶层知识分子的欢迎，前期呈现了蓬勃发展的兴旺景象，会员迅速增加，分会组织遍布国内十多个省市，在巴黎、纽约和德国、南洋等地也建立分会，在社会上产生了巨大影响。

正是在这种情况下，李大钊希望通过少年中国学会团结更多的进步青年，并把他们引向革命的道路。

1921年7月，中国共产党第一次全国代表大会召开的时候，"李大钊同志正在北京召开少年中国学会的会议"，没有参加大会。由此可见，当时李大钊对少年中国学会的重视程度。

少年中国学会的思想激荡，并没有让会员们汇聚成一股合力。

五四时期新知识界的社团都起于爱国或者救国，少年中国学会也不例外。一方面是现实的爱国或救国，一方面是非现实的学术研究诉求，彼此之间的层面交错，已经为少年中国学会后来的分裂和解体埋下了引线。

少年中国学会筹备初期所提出的学会宗旨充满了理想主义。而学会的目标，用王光祈的话说，就是"集合全国青年，为中国创造新生命，为东亚辟一新纪元"。

少年中国学会成员对此并非没有自觉，相反，努力在追求着这个境界。

他们理想中的学会是砥砺品德、研究学术的团体，而不是政党性质的组织，就连少年中国学会中政治意识最强，后来成为青年党党魁的曾琦在1919年10月留法之前也发表公开信，提醒同仁要"严防政党的利用"。

少年中国学会的成员虽然相当复杂，思想也极不相同，但是在当时会员中有许多共产主义者，并且担负着少年中国学会的领导任务。

少年中国学会成立以后，"很快就出现分裂现象。基本上形成三派：一派倾向共产主义，由守常先生（即李大钊）领导；另一小撮是国家主义，有曾琦、李璜等人；还有一些人是既不赞成共产主义，也不赞成国家主义。后来倾向共产主义的人和国家主义派针锋相对，互相斗争，最后分裂。"

名为三派，实为两派，即共产主义派和国家主义派。从1921年7月在南京举行的年会开始，两派就以是否规定主义和进行政治活动进行公开斗争。

以曾琦、李璜为首的国家主义派主张效法意大利，建立一个法西斯主义的国家。

李大钊意识到随着少年中国学会内部分化的日益加剧，它已经不能完成团结广大革命青年发展革命统一战线的任务了。这也是李大钊后来不再重视少年中国学会的重要原因。

国共合作后，李大钊的主要精力转移到领导中国北方革命运动，和少年中国学会没有多少关系了。

1923年底，旨在对抗共产主义的中国青年党在巴黎成立。主要发起人则是同为少年中国学会会员的曾琦、李璜、左舜生等人。他们掀起了一场席卷全国的"醒狮"运动，在短短一年时间里，就在十几个省份、几十个城市蔓延开来，并拥有内外围成员一万余人。遏制共产党，与中共各支部争夺成员，正是中国青年党持之以恒的组织方略。

1925年，三位少年中国学会会员恽代英、邓中夏、杨贤江到上海拜访了三位同样也是少年中国学会会员的中国青年党首脑曾琦、左舜生、陈启天。

恽代英、邓中夏、杨贤江、曾琦、左舜生、陈启天六个人"从早晨起，辩争至深夜……逐于深夜不欢而散"。

临别前，邓中夏与曾琪等人握别，告以"与诸君再见于战场"。

至此，少年中国学会自动解散，退出了历史舞台。

少年中国学会解体的原因是多重的，既有自身的思想差异、社会选择的不同，也与外部环境的刺激有关，同时，会员所处的地理位置也决定了他们的行为取向。

1920年4月1日，王光祈和部分少年中国学会的会员同于上海乘法国轮船远赴欧洲。王光祈赴德国留学，是第一位在西方获得博士学位荣誉的中国音乐家。

在国内，面对一个急骤变化的时代以及强烈的政治逼迫感，中国知识分子内心深处经世致用的传统很容易被激活。

李大钊在初步接受社会主义和马克思主义之后，受托洛茨基《战争和社会主义》英译本《布尔什维克与世界平和》一书的影响，为布尔什维克领导人的国际主义精神和对世界革命即将到来的期望所激动。

在共产国际的帮助和现实政治的推动下，李大钊迅速向一个完全的马克思主义者转变，1921年3月发表《团体的训练与革新的事业》一文，表明他不再寄希望于五四运动以来的学生团体，公开提出要组织平民的、劳动家的政党，以领导民众运动，谋求中国的彻底改革。并且相信，社会主义的目的是建立无产阶级专政，抛弃了过去人道、自由、博爱的一般理想。

少年中国学会的创始人王光祈远在海外，另一创始人李大钊，也摆脱了少年中国学会的宗旨和信条。

失去舵手并分裂的少年中国学会，终于在历史洪流中迅速边缘化，并最后解体。

第二节　中国革命

正因为苏维埃俄罗斯向西推行布尔什维克主义铩羽而归，他们不得不专注于东方。

1920年4月，一位中文名为吴廷康的俄国犹太人（俄文名为维京斯基或维金斯基）来到北京，见到李大钊；然后南下上海见到陈独秀，将"世界革命"和马克思主义的思想传播给他们。

陈独秀在吴廷康建议下召开了相关会议，《共产党宣言》的第一个中译本也于同年问世。

那时，李汉俊是陈独秀家的常客。

李汉俊又将戴季陶、沈玄庐介绍给陈独秀。

陈独秀和戴季陶彼此心仪已久，两人相见恨晚。

戴季陶将自己租住的楼让出来给陈独秀一家住。这里成了陈独秀的家，成了《新青年》编辑部的所在地和中国共产党发起组织的诞生地。

在上海的那段时光，陈、戴朝夕相处，关系极为紧密。

戴季陶正是陈想到的在上海方面要找的几个重要人物之一。

经陈独秀介绍，戴季陶还与吴廷康建立了联系。

中国社会主义青年团在上海成立时，戴季陶的住址即团址，对外挂"外国语学校"，团务由袁振英、施存统、俞秀松等主持，总务由杨明斋负责。它实际上是准共产党小组，所以，戴季陶的家，实际上也是共产党建党前，上海共产主义小组所在地。

戴季陶经常参加由陈独秀主持、吴廷康参加的在《新青年》杂志社举行的座谈会，讨论有关社会主义和中国社会改造等问题。

共产党建党要有个党纲，于是大家把这事就交给戴季陶负责起草。

党纲也是边讨论边修改边起草，戴季陶起草完《中国共产党党纲》，一细读，发现内中有一条："共产党员不做资产阶级政府的官吏，不加入资产阶级的政治团体。"

这让戴季陶大失所望。

1920年，毛泽东是一个刚走出校门不久的学生，胸怀拯救祖国、改造世界的大志。当时社会上流行着各种主义，如无政府主义、新村主义、基尔特社会主义、马克思主义等。

究竟信仰哪一种主义，毛泽东曾经倾向过无政府主义，但不坚定，尚在比较选择当中，通俗地讲，就是还一时拿不定主意。

这年春天毛泽东因宣传驱张运动（驱逐湖南反动军阀张敬尧）和欢送新民学会会员赴法勤工俭学去了上海，拜访了陈独秀。

这个时候的陈独秀已经转变成马克思主义者，开始酝酿在中国成立共产党的事情。

毛泽东和陈独秀讨论了马克思主义和湖南自治的计划。

毛泽东说："陈独秀谈他自己信仰的那些话，在我一生中可能是最关键的这个时期，对我产生了深刻的影响。"

从陈独秀来讲，这一段他的确也是光彩照人：发动中国近代启蒙运动——新文化运动，传播马克思主义，组织中国共产党，是关键时刻推动历史前进的巨人形象。

所以，这是毛泽东推崇陈独秀的时期。

1920年6月间，马克思主义研究会正式成立，并明确它是共产党组织。

那天，陈独秀、李汉俊、沈玄庐、施存统、俞秀松、邵力子等人在陈独秀家开会，商量名正言顺地挂出共产党的旗帜。

戴季陶有事晚了一步，当他推门进来，这些人已经将组织共产党的事完成了，他要做的事就是点头同意。

但他说，他不能参加，只要孙中山在世一天，他就决不可能参加其他的政党。

大家本来以为谁不参加都有可能，唯有戴季陶不可能不参加，见戴季陶竟然也是好龙的叶公，气氛顿时凝结。

戴季陶为中共的创建做了不少前期准备工作，但他最终没有参加中共。

由于世界观的不同，戴季陶终于渐渐与马克思主义分道扬镳了。

在中共一大召开的三年之后，戴季陶逐渐成了国民党右派的旗帜性人物，扬言要把中国共产党人斩尽杀绝，绝不养虎遗患。

1920年夏，陈公博从北大毕业回到了广州，他在母校广东法政专门学校任教，谭平山、谭植棠则在广东师范专门学校任教。

陈公博、谭平山、谭植棠三人常常聚在一起，商议办一份报纸来推行自己的政治主张。他们决定模仿《每周评论》，给报纸命名《广东群报》，陈公博除主编《广东群报》外，还参加了其他进步报刊的出版与发行。

在广州进步思潮的影响下，陈公博开始接触马克思主义。

1921年3月，接到陈独秀的来信，要他们成立广州共产党早期组织，陈公博与谭平山、谭植棠等人一道，先成立了广州社会主义青年团，后成立了广州共产党支部，由谭平山任书记，谭植棠分管宣传，陈公博分管组织。

1921年6月，上海共产主义小组通知各地共产主义小组派代表到上海参加第一次全国代表大会。

在广州的陈独秀接到通知后，召集党员开会。

按理说，陈独秀是当然代表，而上海方面也点名要他参加，但他公务缠身，无法出席。

其时，陈独秀在广州政府担任教育委员长兼广东大学预科校长。

据一大代表包惠僧回忆说："有一天，陈独秀召集我们开会，说接到上海李汉俊的来信，信上说第三国际派了两个代表到上海，要召开中国共产党的发起会，要陈独秀回上海……陈说他不能去，因为他兼大学校长，正在争取一笔款子修建校舍，他一走款子就不好办了。"

如果陈独秀不能出席一大，另一人选就应该是谭平山，因为谭是广州支部的负责人。但陈独秀并不认为一大特别重要，起码不比筹款更重要，因此，他不仅自己不去上海，也不让谭平山去，留他在广州协助筹款。

由于同样的原因，尽管上海方面要求每地派两名代表，而陈独秀却决定只派一人。于是，经陈独秀提名，支部大会通过，由陈公博代表广东党组织出席党的一大。

在此之前，广东方面的代表，特别是陈独秀迟迟不来，上海方面十分着急。

张国焘回忆说："大会预定举行的日期逐渐接近，但陈独秀先生仍未赶到。我们函电交驰，催促他和广州的代表速来出席。这样等了好几天，作为广州代表的陈公博携着陈先生及致各代表的信件终于赶到了。陈先生的信中除了说明他辞职未获准不能抽身出席外，并向大会提出关于组织与政策的四点意见，要求大会在讨论党纲党章时予以注意。"

陈公博是最后一位报到的代表。

7月14日，他带着新婚的妻子李励庄经香港转乘轮船，于7月21日才来到上海。

1921年7月23日晚，中国共产党第一次全国代表大会在上海法租界李汉俊的哥哥李书城家里正式召开，来自各地共产主义小组的13名代表，加上马林、尼科尔斯基两位共产国际代表，总共15人出席了会议。会议由张国焘主持，毛泽东和周佛海担任记录。

张国焘报告了大会筹备的经过及议题，然后念了由陈公博带来的陈独秀的信及他的四点意见。

接着，马林、尼科尔斯基两位共产国际代表致辞。

会议开到子夜才结束。

第一次会议后，24、27、28、29日又继续开了4次会（25、26日休会）。

在第二次会议上就出现了争论，张国焘认为共产党员不能在政府里任职，陈公博与李汉俊提出强烈的反对，后来陈公博回忆此事时写道："上海俨然分为两派，互相摩擦，互相倾轧"，他感到"参加大会的热情，顿时冷到冰点，不由得起了待机而退的心事"。

7月30日晚，会议继续在李公馆召开。

8点多时，马林刚想讲话，忽然间，一个不速之客鬼头鬼脑地撞了进来，看到满屋子的人，忙说："对不起，我走错地方了。"

马林不愧是老革命家，警惕性很高，他立即让大家停止开会，所有的人分头迅速离开，只有李汉俊与陈公博留了下来。

他们上了二楼，在书房刚刚坐下，一群法国巡捕就蜂拥而至。

此后的情景，唯有在场的李汉俊和陈公博亲历。

李汉俊死得早，没有留下任何回忆，陈公博倒是写了《十日旅行中的春申浦》，发表在1921年8月的《新青年》第九卷第三号上，使后人能够了解事情的经过。

这篇文章因为是公开发表，不得不采取一些隐语。

陈公博写道："暑假期前我感了点暑，心里很想转地疗养，去年我在上海结合了一个学社，也想趁这个时期结束我未完的手续，而且我去年结婚正在戎马倥偬之时，没有度蜜月的机会，正想在暑假期中补度蜜月。因这三层原因，我于是在七月十四日起程赴沪。"

那"感了点暑，心里很想转地疗养"之类，纯属遮眼掩耳之语，而"去年我在上海结合了一个学社"，那"学社"是指上海共产主义小组。那句"结束我未完的手续"，分明是指他赴沪参加中国共产党一大！

陈公博在文章中回忆了法国巡捕搜查的经过：

"马上便来了一个法国总巡，两个法国侦探，两个中国侦探，一个法兵，三个翻译，那个法兵更是全副武装，两个中国侦探，也是睁眉怒目，要马上拿人的样子。

那个总巡先问我们，为什么开会？我们答他不是开会，只是寻常的叙谈。他更问我们那两个教授是那（哪）一国人？我答他说是英国人。

那个总巡很是狐疑，即下命令，严密搜检，于是翻箱搜箧，骚扰了足足两个钟头。

他们更把我和我朋友隔开，施行他侦查的职务。

那个法侦探首先问我懂英语不懂？我说略懂。

他问我从那（哪）里来？我说是由广州来。

他问我懂北京话不懂？我说了懂。

那个侦探更问我在什么时候来中国？他的发问，我知道这位先生是神经过敏，有点误会，我于是老实告诉他：我是中国人，并且是广州人，这次携眷来游西湖，路经上海，少不免要邀游几日，并且问他为什么要来搜查，这样严重的（地）搜查。

那个侦探才告诉我，他实在误认我是日本人，误认那两个教授是俄国的共产党，所以才来搜检。

是时他们也搜查完了，但最是凑巧的，刚刚我的朋友李先生是很好研究学问的专家，家里藏书很是不少，也有外国的文学科学，也有中国的经史子籍（集）；但这几位外国先生仅认得英文的马克斯（思）经济各书，而不认得中国孔孟的经典，他搜查之后，微笑着对着我们说：'看你们的藏书可以确认你们是社会主义者；但我以为社会主义或者将来对于中国很有利益，但今日教育尚未普及，鼓吹社会主义，就未免发生危险。今日本来可以封房子，捕你们，然而看你们还是有知识身分（份）的人，所以我也只好通融办理。'"

大概这一事件给陈公博留下的印象太深了，所以在他1944年所写的回忆文章《我与中国共产党》（收于《寒风集》中），非常详尽地描述了这一事件。

不过，内容基本上跟他在《十日旅行中的春申浦》差不多。其中补充了一个重要的情节：

"（密探）什么都看过，唯有摆在抽屉一张共产党组织大纲草案，却始终没有注意，或者他们注意在军械罢，或者他们注意在隐秘地方而不注意公开地方罢，或者因为那张大纲写在一张薄纸上而又改得一塌糊涂，故认为是一张无关重要的碎纸罢，连看也不看。"

密探们仔仔细细搜查李公馆，陈公博在一旁不停地抽烟，竟把整整一听长城牌48支烟卷全部吸光！

幸亏马林富有地下工作的经验，他的当机立断，避免了中国共产党在初创时的一场大劫。

《十日旅行中的春申浦》的成文时间距一大结束只有十来天，记忆应该是相当准确的。该文详细记载了法国巡捕搜查一大会址的情况，这对于后来党史的研究者推断一大召开的时间、日程安排等有着重要的帮助。

经过这一连串的惊吓,陈公博再也无心参加会议了,于是请假,带着妻子去了杭州,连最后的一次会议,也是最重要的会议(选举、表决)都未参加。

为了保证会议安全,一大代表们决定转移到嘉兴南湖的游船上继续开会。

张国焘回忆说:"代表中只有陈公博未来,他早一天坦率的(地)向我和李达表示请假不出席,因为他太太对于在李家所发生的事尤有余悸。其他的代表却不将这件事放在心上,身当其冲的李汉俊也满不在乎,大家仍然兴高采烈地继续工作,并笑陈公博是个弱不禁风的花花公子。"

当陈公博携太太返回到上海,方知中共一大会议早已结束。

陈公博跟张国焘、李达、周佛海晤面,把大会文件抄了一份,带往广州,交给了新当选的中央局书记陈独秀,陈公博自己也抄留一份——这也就是3年后,他在美国所写的论文《共产主义在中国》附录中的中共一大文件的由来。

回到广州后,陈公博曾在相关的会议上传达过一大的情况。

回到广州后,陈公博的政治热情开始下降,对共产主义产生了怀疑,萌生了出国留学的念头。

1922年,陈炯明在广州发动叛乱,陈公博公然写文章支持陈炯明,他的行为遭到中共中央的严厉批评。中共中央为了挽救陈公博,特派张太雷去广东,要求陈立即去上海向党组织作出解释。

陈公博不但断然拒绝,还在给陈独秀的信中说:"今后独立行动,不受党的约束。"

不久,在广州党支部的会议上,陈公博宣布他不再履行党员义务,还扬言"拟离党而另组广东共产党",就此,陈公博脱离中国共产党。

1922年11月,陈公博得到了汪精卫的大力支持与帮助,由香港乘船去日本,随后去了美国。

鉴于陈公博的表现,中共中央于1923年春决定将其开除出党。

1924年,陈公博完成了《共产主义在中国》的硕士论文,获得美国哥伦比亚大学授予的硕士学位。

在这篇论文中,陈公博对马克思主义学说大肆批评,成为地地道道的反马克思主义者。不过,陈在论文的附录中,收入了中共中央的6个重要文献,其中有《中国共产党第一个纲领》与《中国共产党关于党的目标的第一个决议案》,这两个中共一大的文件,连中共中央也未曾保存,因此成了研究中共一大的最重要的文献。

中国共产党的第一次党内重大分歧发生在第一次国共合作之前。

列宁有过一个著名的论断:社会主义不可能在一个国家取得成功,必须是国际的社会主义运动才能成功。

俄国十月革命后,俄共主导的共产国际推行世界革命和输出革命的政策,在德国、波兰等欧洲国家的共产主义运动失败后，开始把目光投向东方。

中国共产党正是在李大钊最早与共产国际人员的联系下，共产国际派来特使帮助成立的。

李大钊并没有出现在前台，他实际还有一个共产国际在中国代理人的角色。

在中共一大上，对于中共是否成为共产国际领导下的一个支部，陈独秀和国际代表马林曾发生严重分歧，在翌年的二大上才得以解决。

而李大钊一直是以共产国际的立场努力促成此事的。

苏俄对中国建立红色政权抱有很大期望，一直在寻找合适的亲俄人选。

第三节　军阀们

辛亥革命后，袁世凯主政全国，北洋军有兵13师另17混成旅。

在蒋介石的国民政府走向中国政治舞台的中央之前，北洋军阀是主角。

自袁世凯1916年去世之后开始的北洋军阀时代，一个又一个风云人物跑马灯似的在中国政治舞台上出现，黎元洪、张勋、段祺瑞、徐世昌、曹锟、张作霖、吴佩孚……

当时的中国军阀之多，让人眼花缭乱，在袁世凯逝后的12年里，有1300多名大小军阀先后在全国各地战乱不休。

中国军阀的主要派系有段祺瑞的皖系，冯国璋的直系，张作霖的奉系。

1919年12月28日，冯国璋在北京病逝，由曹锟、吴佩孚继续领导直系，直系与皖系互不买账，从争吵开始，以枪炮结束。

1920年直皖战争后，皖系政权倒台，段祺瑞被逐出北京。

段祺瑞避居天津日本租界寿街，他暂时从军阀变身为寓公，提前下岗了，段祺瑞的军队被并入直系。

1922年1月日本"大学寮"开张之时，中国国内的直、奉系军阀也开始互殴。

1922年4月，直、奉系军阀矛盾日趋激化，受英、美支持的直系军阀吴佩孚，联合六省军阀，与日本支持的奉系军阀张作霖开打。

直、奉两军在长辛店、琉璃河、固安、马厂等地展开激战，奉军大败。

插一段历史背景。

这时的英、美、日支持并不是主仆关系，不是上级支持下级的内部管理，而是奇怪的互利共生关系。

英、美因有大量在华利益，怕中国局面失控，希望亲英、美的弱势中央政权维持，并不希望强势统一的中国出现。

日本为便于在东北的扩张，不希望有统一的中央集权政府。

奉系希望在中央政权谋取更大的话语权。

直系自视是满清转职民国的唯一合法继承人，要武力一统江山。

各省则是根据各省老大的心情自己玩，用各省的资源换各国的军火自保。

各地政党则多如牛毛，多到哪种程度？

密集及规模都和各地兰州拉面馆差不多，混得差的政党就是卖羊肉串的摊，随时开张，随时走人。

达官贵人们自己都不知道是啥党，因为各党的聘书就像收到的请柬一样频繁。

不，还不够妥帖，应该说聘书和每天收到的短信一样多。

当时，虽说国民党是民国第一大党，但是里面都是文人多，赚钱不会，扛枪不行，卖羊肉串不齿，只能办个报纸杂志混点饭吃，穷得不如丐帮。

孙中山虽姓孙，可是与孙悟空扯不上一点关系，没有唐僧的好命，但有唐僧的毅力。

可各国列强更愿意看拳击赛，不愿听唐僧大话西游。

奉系是张作霖一手打造的。

奉系军阀张作霖是一名具有浓厚神秘色彩的历史传奇人物。他由一介粗通文墨的草莽武夫，风云际会，乘势而起，一跃成为地位显赫的中华民国陆海军大元帅。

这是张作霖因为有一个优点：与时俱进。

他擅长跟"领导"保持一致。

他不只会密切联系"领导"，还先"领导"之忧而忧，专干"领导"想干不方便干的事。

所以，无论谁当张作霖的领导，都会爱护他。

张作霖个人没有什么主张和理论。凡是有利于他升官发财的，他就干；反之，他就不干。

一切以对自己升官发财是否有利为出发点。

张作霖祖籍为河北省大成县，因生活无着，其先祖跑到了东北，从事农业开垦。

张作霖的传奇是当时历史的奇怪产物。

中日甲午战争爆发，读过几年私塾的他便抱着一线求生的希望，从军了，当了一名骑兵。

甲午战败，张作霖成了逃兵，并成了家。

八国联军大举犯华前后，张作霖因受过军事训练，当了保安小头目，后因保安业务又被人寻仇追杀，连公子张学良都只能出生在逃亡的马车上，只能投身绿林，落草为寇。

落草为寇的张作霖以水浒宋江为榜样，很快接受招安。

接受招安后的张作霖成了营长（管带），这是他人生的一个重大转折。

从此，依靠这支武装，他便平步青云，扶摇直上了。

张作霖为人机敏，长于计谋。

这个能力表现在残酷的日俄战争中。

1904年2月，爆发了日俄战争。

爱新觉罗的满清是个礼仪之邦，好客地为小日本和老毛子打架腾场地，地点就在我国东北。

满清宣布辽河以东为战区，以西为中立区，然后坐看小日本和老毛子在我国东北展开厮杀。

那些把实战当演习的满清精英的鸟事暂时不想多提，只说张作霖的事。

张作霖的地盘在中立区。

不过战争打响，哪儿还管什么中立区。

日俄军都不是来讲精神文明的，他们照样不分场地互殴，土匪趁机打劫，百姓自然被鱼肉一番。

张作霖倒是很有创意，把日俄战争当成一盘生意。

张作霖除了要剿土匪维护境内的治安外，还在盘算如何增强自己的实力。

张作霖当了一回雇佣军，他的原则是谁给我好处，我就帮助谁。

一开始，俄军强大，他就接受俄军的枪械和金钱，帮助俄军。后曾被日军俘虏，差点处死。

张作霖被释放后，他又同日军签订誓约，立誓援助日本军。

1905年日军赢得日俄战争胜利，他的部队因为最后站队正确，不但没受损失，反而扩编为3个营。

因张作霖地盘的土匪都被他或剿或灭，政声颇佳。1906年张作霖又升官了，部队由3个营扩编为5个营，张作霖当上了团长（统带）。

在1907年荡平辽西最大的悍匪杜立三后，张作霖升为旅长（奉天巡防营前路统领）。

张作霖成为东北旧军5个举足轻重的武装力量之一，其他是中路、左路、右路、后路4路统领。

1908年，满清东三省总督徐世昌把剿匪得力的张作霖调去剿除被沙俄收买的蒙古叛匪。

1909年，扩编后的张作霖打败了蒙古叛匪，追击叛匪800里，一直将叛匪赶到俄国，解除了危害东北边疆多年的蒙患。

1911年的辛亥革命，让长于计谋的张作霖取得了奉天省的军事大权，当上了师长（统制）。

辛亥革命后，张作霖认准抱定袁世凯这条粗腿对他有利，便一再地向袁世凯表忠。张作霖也理所当然地得到了袁世凯应有的回报。

1912年9月，袁世凯下令对东三省的军队进行重点改编。由张作霖任统领的原中路、前路巡防营改编为国家陆军第二十七师，驻扎军政要地奉天。任命张作霖为师长，陆军中将衔。

这一年，张作霖38岁。

陆军第二十七师名义上虽为国家的军队，实质上却是张作霖的私家军。

官官之间、官兵之间、兵兵之间，是用亲戚、乡党、盟友、帮派联系在一起的。他们以帮派利益和兄弟义气为纽带，结成了牢固的封建群体。他们只听命于一个人的指挥，这个人就是他们的恩人张作霖。

1916年4月，张作霖登上了奉天省军政的最高统治者的宝座。

1917年张勋复辟，张勋和张作霖关系非同一般，因为他们是儿女亲家。

但对待张勋复辟，张作霖没有轻举妄动，而是坐山观虎斗。

张作霖看到赞成复辟者极少时，就确定自己必须站在段祺瑞一方，马上发表宣言，反对复辟。

经过一系列政治运作，鲍贵卿，这个既是老乡，又是亲戚儿女（亲家）被北京政府任命为黑龙江督军，暂行兼署省长，加陆军上将衔。

张作霖终于控制了黑龙江省。

1918年9月，刚当上民国总统的徐世昌，就任命张作霖为东三省巡阅使，在老领导（民国总统）的阳光雨露下，张作霖终于茁壮成长为东北王。

成长为东北王的张作霖大肆扩军，先从日方购买军械装备，后来索性全面开放，奉系军阀的军械装备构成了"八国联军"。

在第一次直奉大战中，奉军败于直军，这让直系军总司令吴佩孚成为耀眼的政治明星。

上海英文杂志《密勒氏评论报》的主编、美国人约翰·鲍威尔（John Powell）曾多次采访过吴佩孚，在他的印象中，吴佩孚颇有才干。

他甚至认为，与其他军阀相比，吴佩孚更有可能统一中国。他的《鲍威尔对华回忆录》中写道："从1922年到1928年，蒋委员长建立南京政府之前，是中国的军阀混战时期。在这一混乱阶段，吴佩孚比其他任何人更有可能统一中国，在许多方面，他都是一个能干而有个性的人物。比起别的军阀，他受的教育要好得多，是得过功名的前清秀才。"

看重吴佩孚的能力与实力的，不只鲍威尔一个人。

在1922年，更为重视他的则是来自苏联的特使——越飞。

1922年8月，越飞来到中国，在前往广州与孙中山见面之前，曾率先与吴佩孚接触，试图与之合作。

显然，苏联需要支持一个与他们合作的中国势力。

创刊于1923年的美国《时代》周刊，被誉为当今在全球具有重要影响力的新闻周刊。

它从一开始就以封面人物的创意而形成自己的特色。

1924年9月8日，《时代》封面上首次出现中国人的面孔。

吴佩孚的肖像，出现在美国《时代》杂志的封面上。

照片下面有两行说明：

"GENERAL WU"（吴将军）

"Biggest man in China"（中国最强者）

其时，吴佩孚作为一代枭雄，威名正处于巅峰。他所控制的直系势力，北至山海关，南到上海，影响着大半个中国。

世界关注着中国，也关注着吴佩孚。

对第一次出现的中国封面人物，《时代》没有太多介绍，但仅仅下面这段文字，也足以概括出吴佩孚的特点：

"他是中国最能干的军事家。他统治着除满洲之外的整个中国北方和中原。他任直鲁豫巡阅使，北京属于他的管辖省份。尽管他赞成民主制，但其目的是用武力统一中国。这一政策，使他与满洲的督军以及南方的孙逸仙发生矛盾……他还以'说话柔和、手段强硬'而著称。"

历史上南方孙中山，东北张作霖，都是此时中国叱咤风云的强者。

不过《时代》别具慧眼地将焦点放在实权人物上。

《时代》没有选择民国总统曹锟（吴佩孚的老上司），也没有选择孙中山、张作霖作为封面人物。

这期的《时代》显然只认真大炮，不认"孙大炮"，它没把孙中山当干部。

对张作霖这个干部，《时代》称他是"一位虔诚的帝国拥护者，即拥护君主制的人"。还介绍说："满洲大约有得克萨斯和科罗拉多两个州这么大，在中国北方有如此大的地盘，使张大帅这位军阀无人能取代。"但是尽管这位张大帅"思维敏捷，权力巨大"，"却非吴大帅的对手，曾惨败于吴"。

《时代》没有刊登张大帅的照片，却选登了一幅年轻的张学良的照片，照片说明为：

"MARSHAL ZHANG"（张元帅）

"His title is no empty epithet"（他的头衔不再是闲职）

"张元帅"就是张少帅。

看得出来，《时代》此时已经开始注意到张学良的崛起：

1924年3月，出任东三省空军司令兼"飞鹏队"队长；4月，出任陆军第27师师长；而到了即将爆发的第二次直奉战争，张学良更是一跃而为"镇威军"第3军军长,率领奉军主力与吴佩孚对阵。

不过,在第二次直奉大战即将开始之际,更多的人还是有理由相信,吴大帅获胜的历史将重演。

"吴将军,中国的最强者",《时代》反映出的正是这一判断。

就在蒋介石的"孙逸仙博士代表团"满怀希望地在苏联考察军事政治的旅途中,列强都很现实地对吴佩孚投了肯定票。

吴大帅镇定自若的神态,仿佛透露出这样的信息:一个具有儒将风度的最强者,有可能决定中国未来的政局。

然而,现实很快将证明,这只是假想。

张作霖重整军备时的采购军火都是很大的手笔:与日本人的交易。

据日本《朝日新闻》报道,张作霖特派张宗昌等10人组成奉天代表团,与日本签订两份契约:第一份购买美国1918年制造的俄式五连发步枪31000支,每支附子弹1000发,并附刺刀;第二份契约订购日本三十八年式步枪5000支,"因故而卒至破裂"。

第二次直奉大战期间,张作霖购买日本某兵工厂所产步枪3000支与附属子弹,及日军军械库枪弹1000000粒。还得到日本紧急供给的步机枪子弹40000000发,炮弹100000发。

与白俄残军的交易。1922年10月,苏俄红军攻占海参崴,占据海参崴的白俄"捷克兵团"溃逃。张作霖收购白俄残军手中的步枪30000支,共计22车皮;炮弹626箱,炸弹209箱,共5016枚,电线等物品200箱,还有1架飞机。此外,张作霖还得到系留在海参崴的旧俄军舰数只,以及制造军械之机械数套。

与意大利的交易。1922年,他又从意大利菲亚特公司买到价值40000元的飞机零件和80000元的其他军械。1923年9月,他又购到意大利大小武器及柯蒂斯飞机2架。

与英国交易。执行与维克斯公司签订的飞机合同。张作霖还提出需要英国的教官和其他的飞机设备,但英国以违反"禁运军火协定"为借口而加以拒绝。1923年,张作霖继续努力,争取英国的支持,建设他的军事设备。

与法国的交易。张作霖主要从法国人手里得到空军设备。他直接派代表去巴黎,从事购买防空设备、装甲坦克、飞机以及海军用具的谈判。

其中一份数额巨大的合同,含购买考得隆·布鲁盖等各式各样的飞机105架,均装有炮位,戴姆勒水上飞机35架,以及西特伦履带坦克等。

与德国的交易。张从德国人手中所得的军械,一部分送到沈阳兵工厂,一部分发给奉军部队。

1924~1925年间,张作霖仅通过哈尔滨的德国商人路德维格·宾就购得步枪81000支,还有子弹40000000发。除购买德国军械外,张作霖还聘用德国的军事顾问,在他的兵工厂和毒气制造厂里工作。

此外，张作霖还与捷克、挪威、丹麦、美国、瑞士、荷兰等国的军火商往来，以求购得更多的军械。

这些有据可查的军械种类除了常规装备，还有装甲车、飞艇、巡逻机等。

这样的奉系军队，是当时中国军队装备最好的。

为人机敏、长于计谋的张作霖，照理是比吴佩孚更为强大的军阀。

但是历史将证明，装备重要，但并不是决定性的。

在第二次直奉大战即将开始之际，孙中山的特使徐谦与吴佩孚的大将冯玉祥取得联络。

徐谦向冯玉祥转交了孙中山亲书的《建国大纲》。

一直在军阀中不受欢迎的孙中山，在冯玉祥处得到了积极反响。

因为孙中山的《建国大纲》给了戎马一生的冯玉祥一个理想。

一向不关心政治的冯玉祥也开始为理想而战。

1924年9月15日，第二次直奉战争爆发。

10月23日直系第3军总司令冯玉祥与直系将领胡景翼、孙岳密谋倒戈。

冯玉祥乘直系后方兵力空虚，星夜回师北京，发动"北京政变"，囚禁曹锟，通电主和，宣布成立国民军。

直军后路被断，全线崩溃，奉军大举入关，吴佩孚孤立无援，直军在华北的主力全部覆灭。

当奉军与国民军迫近天津时，吴率残部2000余人自塘沽登船南逃，第二次直奉战争结束。

张作霖、冯玉祥等共同拥戴段祺瑞就任"中华民国临时执政"。

临时联合政府邀请孙中山到北京共商国事，于是孙中山在汪精卫等人的随行下前往北京。

孙中山到达北京后立即病倒，送协和医院诊断为肝癌，从此卧床不起。

1925年3月12日，国民党总理孙中山逝世。

从此，北京政权实际上落入奉系军阀手中。

冯玉祥的理想没有实现，因为孙中山的《建国大纲》还只是书面计划，而孙中山的逝世，也让奉系军阀张作霖更有发言权。

冯玉祥的理想之战，居然为张作霖的奉系军阀做了嫁衣。

也许让"北京政变"时的冯玉祥更想不到的是，他和张作霖都不是接下来中国政治舞台的主角，而即将登台的主角还在苏联考察军事政治的旅途中，当时手里没有一个大头兵。

在数年后，蒋介石的国民政府成立后，有着北洋军直系（陕军）血统的冯玉祥的国民军被改编成西北边防军，而张学良的奉系军队被改编成东北边防军。

第四节　少年共产党

自1921年日本裕仁出访欧洲建立自己的政治及军事班底起，到1923年，日本裕仁的班底已开始变得羽翼丰满。

此时，影响中国今后命运的1921年7月成立的中国共产党还处于少年。

中国共产党的一个重要的分支，是当时的欧洲的一支华人政治力量，它就是旅欧"中国少年共产党"。

五四运动前后，我国广大青年学生也有一波留学热。有的是为了寻求救国理论，以求改造中国，有的是谋求个人前途，纷纷赴海外勤工俭学。

当时，最受中国学生喜爱的留学国家是日本和法国。

选择法国留学的原因是法国大革命很有名，更重要的是因第一次世界大战的破坏，法国劳工十分缺乏，去法国留学可以一边打工一边学习。

当时，留法勤工俭学运动的倡导者和组织者大多是清末民初的留法学生，其中以李石曾、吴稚晖、蔡元培、吴玉章等老同盟会员最为著名。

1912年2月，李石曾与吴稚晖、吴玉章等在北京发起组织留法俭学会，得到当时北洋政府教育总长蔡元培的支持。

1915年夏，李石曾等人在法国巴黎发起组织勤工俭学会，提出以"勤于工作，俭以求学，以进劳动者之智识"为宗旨。

为了统一领导俭学会和勤工俭学会，1916年6月22日，在国内和巴黎分别成立华法教育会，蔡元培和法国大学教授欧乐为会长。

华法教育会成立后创办了里昂中法大学，校长是华法教育会发起人之一、国民党元老吴稚晖。

这所学校从筹办到建成，同留法勤工俭学运动有着密切的关系。

1919年至1920年间，华法教育会以解决勤工俭学生海外求学为名，向社会各界募捐了一笔经费，加上"庚子赔款"余额，利用法国里昂市捐赠出来的一座停用的旧兵营，开办了里昂中法大学。

里昂中法大学让留法勤工俭学达到高潮。

据统计，到1920年前后，最多时达2000人左右。在这支队伍中，著名的有周恩来、赵世炎、蔡和森、邓小平、徐特立、王若飞、陈毅、李维汉、聂荣臻、李富春、李立三、蔡畅、向警予、傅钟等共产主义者，他们后来都成为中共旅欧支部和共青团组织的成员。

赴法后，他们开始学习和研究马克思主义。而一场意想不到的学生运动，将他们迅速催化成共产主义者。

1920年10月以后，法国发生严重经济危机，勤工俭学生纷纷失工而陷于极端困境，处于困境中的勤工俭学生只得依靠华法教育会维持最低生活，无工无钱的学生每人每天借贷5法郎度日。

面对困境，华法教育会、中国驻法公使馆开始推卸责任，甚至某些工作人员竟贪污国内寄来的汇款，扬言要把无工作、无生活费的勤工俭学生遣送回国。

周恩来是天津五四运动著名的领导者，此刻他正在法国。

1920年12月中旬，周恩来等一批勤工俭学生197人去法国各地工厂和学校，实行勤工俭学。

1921年1月，蔡元培到法国后，由于不了解法国勤工俭学真相，就以华法教育会会长的名义，在巴黎两次发布通告，公开宣布华法教育会与勤工俭学生脱离关系，指出今后"华法教育会对于俭学生和勤工俭学生，脱卸一切经济上之责任，只负精神上之援助"。

这在留法勤工俭学生中产生了重大影响，将已经身处困境的勤工俭学生进一步推向深渊，这也是留法勤工俭学出现的重大转折。

自此以后，学生团体接踵成立，如"劳动同盟"、"劳动学会"、"勤工俭学互助团"等。

周恩来在《留法勤工俭学生之大波澜》一文中写道，这些学生团体："有以勤工为集合之起点者，有以储蓄为集合之起点者，有以互相砥砺学业为集合之起点者，亦兼有三项而有之者。'雨后笋生'怒发情状，殆亦'冰川倒后'之好现象。"

身处困境的勤工俭学生多次去中国驻法公使馆和华法教育会上访，要求解决求学和工作问题，但没有结果。

1921年2月27日，"工学世界社"在巴黎召开留法勤工俭学生代表会议，一致通过了"争取吃饭权、工作权、求学权"的口号，决定号召在巴黎及附近工读的学生，第二天去驻法公使馆请愿。

2月28日，400多名勤工俭学生向驻法公使馆请愿，这就是"二八运动"。

通过这次请愿，迫使驻法公使陈箓不得不"忍痛"拨款，以维持勤工俭学生的最低生活费用，不敢执行"遣送回国"的指令。

3月中旬，周恩来将"二八运动"的经过，写成通讯，寄回国内，发表在1921年5月9～15日的天津《益世报》上，强烈呼吁国内人民声援留法勤工俭学生。

周恩来的长篇报道，引起国内广泛关注海外学子的命运，纷纷捐款、捐物。

处境日益困难的勤工俭学生，就有关勤工俭学能否成功以及怎样勤工俭学等重大问题展开激烈的论争，观点尖锐对立。主要有两个派别：蒙达尼派和勤工派。

蒙达尼派认为勤工俭学已行不通，唯一出路是争取政府的经济资助。

勤工派是指坚持勤工俭学能够实现，反对向北洋政府请求资助的一批勤工俭学生。

这场纷争的主要原因是双方主要人物各自按照他们对共产主义的理解而对留法勤工俭学事务做出不同的反应。

针对这种情况，周恩来认为，勤工俭学生只有团结起来，才能取得胜利，而且两派都信仰共产主义，这是团结的思想基础。周恩来在两派之间奔走，促成联合。可以说，年轻的周恩来是勤工俭学生一面团结的旗帜。

蒙达尼派核心人物蔡和森在1920年6月以后基本确定了马克思主义世界观，李维汉在蔡和森的影响下，也很快接受了马克思主义。

勤工派的赵世炎、李立三等人坚定了对共产主义的信仰和从事社会革命的思想。

有了共同的思想基础，在周恩来的努力下，两派领导人之间开始相互交往，为实现团结和共同奋斗铺平了道路。

中国留法勤工俭学生在周恩来等努力下团结了，但是他们这些草民的所作所为触怒了中法两国政府，国家机器要报复勤工俭学学生了。

1921年9月初，法国政府单方面宣布从9月15日起，停止发放留法勤工俭学生维持费，这使700多名既无工作又未入学的青年学生陷入绝境。

正当这绝境之际，里昂中法大学建成就要开学了。

里昂中法大学在校筹建时，华法教育会负责人公开对学生宣布，中法大学如建成可容纳2500多人，留法勤工俭学生可全部进入学校都没有问题。

校长吴稚晖也明确表示："里昂（中法）大学是公开的，普遍的，劳工神圣的。"

但当留学生要求入学时，遭到校长吴稚晖拒绝，并且他从国内新招收一批富家子弟。

教育产业化，吴稚晖当时就有眼光，有行动。

吴稚晖说："华法教育会是李石曾办的，里大是我办的"，"我吴稚辉的里大，与他李石曾的华法教育会是没有丝毫关系的。你们勤工俭学生，要去找华法教育会。将来要进里大，须报名投考"。接下来还坦承："里昂中法大学海外部，不是栖留所，不是大蔽天下寒士的广厦万间。"

吴稚晖的这番话，把中法大学的创办同勤工俭学生的关系，推脱得一干二净，给那些渴望求学的同学，泼了一盆冷水，点上满腔怒火。

勤工俭学生义愤填膺，认为除了直接行动外，没有别的出路："争回"里昂中法大学的斗争爆发了。

周恩来、赵世炎、蔡和森等组织和领导了这次斗争。

在周恩来等的领导下，9月17日在巴黎召开留法勤工俭学生代表大会，一致通过了"以开放里昂大学为唯一目标"的决定，发动"入学运动"，提出"誓死争回里大"的口号。

9月20日清晨，勤工俭学生代表大会发出一个"紧急通告"：

"（一）本会今日移驻里昂中国大学，巴黎方面留驻巴代表五人；

（二）由本会于巴黎、圣日耳曼、枫丹白露、克鲁邹等处同学中组织先发队，随同本会出发，占据里大；

（三）各学校各工厂勤工同学接到这通告后，请即日组织'援里队'，陆续向里昂出发，最迟于通告到后四十八小时内，有代表三人以上赴里昂。"

当晚勤工俭学生代表大会组织了100多人的入校先锋队。由蔡和森、赵世炎、陈毅等率领，从巴黎赶到里昂，浩浩荡荡直奔里昂大学。

按原来计划，周恩来、徐特立、王若飞等留在巴黎组织后援队和负责后方工作，并向公使馆进行交涉。

临行前，周恩来亲自前往车站送行，热情鼓励他们到里昂坚持斗争，为留法同学争取上学的权利。

21日早晨先锋队抵达后，里昂大学看门人不让进去。

勤工俭学生冲了进去，占据里昂大学校舍，结果入学不成反入狱。

法国治安当局可是没空管里面的是非曲直，一律给学生加上"强占校舍，扰乱治安"的罪名，出动大批法国警察把赵世炎、蔡和森、李立三、陈毅等104名勤工俭学生强行押上囚车，关进里昂炮台监狱。

周恩来和徐特立、王若飞等四处奔走，前往监狱看望同学们，同时直接找驻法公使陈箓交涉，要他转告法国政府，立即释放全部被禁学生。

中法当局原本可以平稳解决这一争端，然而中法当局始终坚持敌视并驱逐中国勤工俭学生的立场，而且采用武装押送的手段，所有营救活动均未奏效，只有赵世炎机智脱险。

政府一生气，后果很严重。10月13日晚，法国政府以"过激党"、"在法国宣传共产主义"的罪名，宣布将只是争取"入学权"的这104名同学武装押送回国，而同学们的行李、衣服、书籍、用具等都散落在法国各地，很多人身无分文，沿途生活实在困苦不堪。

被迫回国的勤工俭学生代表共104人，其中有蔡和森等湖南代表43人，陈毅等四川代表35人等。在陈毅的领导下，组织了"被迫归国留法勤工俭学生团"，发表了《被迫回国留法勤工俭学一百零四人通启》，并到报社发表谈话，控诉北洋政府、法帝国主义对勤工俭学生的迫害。

经过上述斗争，许多勤工俭学生抛弃了不切实际的幻想，接受了马克思主义。

令中法当局始料未及的是，"过激"手段将勤工俭学生们推上了革命的道路。

中法当局坚持敌视并驱逐中国勤工俭学生的动作，催生了中国旅欧共产主义组织。1921年底到1922年初，由周恩来、赵世炎等发起，邀请了部分团体代表，在巴黎共同商讨组织旅欧"中国少年共产党"的事宜。

代表们就"中国少年共产党"的组织、纲领、成立时间等问题进行了充分讨论，并达成协议。

会后，赵世炎、李维汉等在法国，聂荣臻、刘伯坚等在比利时，周恩来去德国，分别建立和发展"中国少年共产党"的基层组织，为成立统一组织做准备。

这些"中国少年共产党"成员在国共合作后，绝大部分都成为中国共产党员，并再以个人名义加入了中国国民党。

周恩来在柏林期间，还介绍朱德和孙炳文加入中国共产党，并和旅德的共产党人张申府、刘清扬、张伯简等一起，成立了中国共产党旅德支部。

这批勤工俭学生很多成为了中国共产党最早的党员，并成为影响中国历史的中国共产党的骨干力量。

围绕里昂大学的这一偶然事件，却使李石曾与吴稚晖、蔡元培等国民党元老与蔡和森、赵世炎、陈毅等早期共产党人彼此敌视，也是蔡元培、吴稚晖等人在国共合作后期策划并推动"清党案"的重要因素。

第五节　国共合作序曲

在国际共产主义运动诸领袖中，最早思考"国共合作"问题的是列宁。

1922年1月召开的远东各国共产党及民族革命团体第一次代表大会期间，列宁在接见中共代表张国焘和国民党代表张秋白时询问：中国国民党和中国共产党是否可以合作？

不过列宁并没有为中共提出建立国共合作联盟的具体方式和步骤。被派遣到中国的共产国际代表马林则是最早将列宁的观点具体化并付诸实践的人。

1921年12月，以共产国际代表身份在桂林与国民党领袖孙中山先生会晤的马林，向孙中山提出了"国共合作"的建议。

当时孙中山对于和苏联建立密切的官方联系心存顾忌，对于和不足百人的中国共产党建立平等的合作关系也不予以重视。

马林则对国共合作很看好，在中共党员张太雷（担任翻译）的陪同下，对中国的桂林、广州等南方城市作了一番考察。在考察过程中，通过与国民党领导人张继、陈炯明等人的接触和会谈，马林对作为革命政党的国民党非常满意，得出国民党是一个由知识分子、侨民、士兵和工人四类成员组成的多阶级联盟式政党的结论，这更坚定了他促成中共党员加入国民党以推动中国革命发展的决心。

1922年2月7日，带着考察结论的马林回到了上海，向中共中央正式提出了中共党员加入国民党的建议。

马林的建议引起陈独秀等人感情上的强烈不满，并被毫不犹豫地否决完全是意料之中的事情。

据陈独秀后来回忆："当时中共中央五个委员：李守常（大钊），张特立（国焘），蔡和森，高君宇及我，都一致反对此提议。"张国焘、蔡和森认为和国民党建立党外的联合战线是可以做到的，而加入国民党无疑有与资产阶级混合而丧失中共独立性的危险。

中国共产党的建立，正是出于对当时所有中国政党表现出的软弱、投机和苟且行为的失望和否定，才义无返顾地建党开始独立革命。而如今，马林竟然建议年轻的共产党加入与他们的思想信仰迥然不同的国民党，更何况这是一个在他们眼里已经趋向没落的政党。

陈独秀对国民党的印象是："国民党有很多毛病，如注重上层、勾结土匪、投机取巧、易于妥协、内部分子复杂、明争暗斗等等。"

陈独秀认为，要警惕共产党员加入国民党，会被这个家长制领导味极重的团体束缚住手脚，从而丧失自己的战斗锐气，甚至会在无形中被熔化到了组织涣散的国民党中——那将是得不偿失。

但国共两党之间是否需要建立合作以及以何种方式合作，已经作为一个迫在眉睫的现实问题摆在了共产党人的面前。

1922年4月，陈独秀代表中国共产党向吴延康（维经斯基）写信阐述了对加入国民党这种合作方式的反对意见：

"吴延康先生：

兹特启者，马林君建议中国共产党及社会主义青年团均加入国民党，余等则持反对之理由如左：

（一）共产党与国民党革命之宗旨及所据之基础不同。

（二）国民党联美国，联张作霖、段祺瑞等政策和共产主义太不兼容。

（三）国民党未曾发表党纲，在广东以外之各省人民视之，仍是一争权夺利之政党，共产党倘加入该党，则在社会上信仰全失（尤其青年社会），永无发展之机会。

（四）广东实力派之陈炯明，名为国民党，实则反对孙逸仙派甚烈，我们倘加入国民党，立即受陈派之敌视，即在广东亦不能活动。

（五）国民党孙逸仙派想来对新加入之分子，绝对不能容纳其意见并假以权柄。

（六）广东、北京、上海、长沙、武昌各区同志对于加入国民党一事，均已开会决议绝对不赞成，在事实上亦无加入之可能。

第三国际倘议及此事，望先生代陈上列六条意见为荷。"

在1922年前后，以共产国际代表身份奔波在中国政要之间的马林，对中共还不具有一言九鼎的权威。

被陈独秀否定了建议的马林于4月24日垂头丧气地返回了莫斯科，企图为自己的政治规划的实现寻求更强大更有权威的政治支柱——共产国际。

1922年7月11日，回到莫斯科的马林向共产国际提交了一份关于中国情况的书面报告。

马林在报告中高度评价国民党在工人运动中的领导地位和作用，他认为"孙中山长期和工人有接触……他的党的领导者们在广州支持工会，在罢工中常站在工人一边"，"国民党与罢工工人之间的联系如此紧密，以致在广州、香港、汕头三地竟有一万两千名海员加入国民党"。

在热情颂扬国民党政治上的进步性和强大的实力的同时，马林却极力强调中共思想上的落后及其与实际政治运动的隔膜和微不足道的政治能量。甚至说中国共产党"仍然作为一个宣传团体更好一些"，"由于共产党只能非法地进行工作，所以没有显著的成就"。

这是一份影响深远的报告。

马林的一系列结论，无疑是共产国际制定中国革命策略的主要信息源泉，而马林对中共毫不掩饰的轻视态度，自然也会相当深刻地印在对遥远的中国缺乏了解的共产国际领导人的头脑中。

更为重要的是，马林那份充满考察资料的报告，对共产国际领导人梦寐以求希望尽快在东方引发革命连锁反应的心态产生了强烈的冲击，使得对中国革命有着更深远筹划的共产国际，不敢将完成中国革命的赌注押在微不足道的中国共产党身上。

翘首企盼的中国共产党人从共产国际那里得到的是一个让他们失望但又不得不顺从的结论。

7月18日，共产国际决定采纳马林提出的共产党"到国民党中进行政治活动的"合作方式，尽管同时也强调"党则不需要放弃独立"。

共产国际在决议里向年轻的中国共产党人指示："共产党人为完成他们的任务，必须在国民党内部和工会中组成从属于他们自己的团体，在这些团体之外，建立一个宣传机构，宣传与帝国主义作斗争，创建民族独立的中华民国……这一机构的建立要尽可能得到国民党的同意，当然，它应保持完全的独立性。"

国共实行合作是谁也无法阻碍的趋势，那么，只有变"被动"为"主动"才会为自己的政党在将来的联盟中赢得进退自如的主动权和优势地位。正因为如此，陈独秀开始从积极的方面重新认识并定位国民党在中国政治舞台上的价值。

陈炯明的叛变对孙中山先生打击极大，就在孙中山先生陷入孤立绝望的困境的时候，中国共产党领袖陈独秀、李大钊和共产国际代表马林分别拜访了孙中山先生。

中国共产党在其落难时的真诚支持，让孙先生大为感动，"立即赞成中共党员加入国民党，以实现国共合作的主张。他应允取消打手模和宣誓服从他的原有入党办法，并依照民主化的原则改组国民党"。

公平地讲，虽然陈独秀等中共领袖对"国共合作"有过异议，但是在执行"国共合作"的共产国际决议时，无疑是抱着真诚的态度的。最能表明陈独秀对"国共合作"态度的事件就是他对领导广东党组织的谭平山、陈公博继续支持陈炯明行为的严厉处分。

广东的中共组织在陈独秀的指导下成立以后，就在谭平山、陈公博等人的领导下，一直与陈炯明进行合作，并且建立了不错的私人关系。

因此，当陈独秀以党的名义，发出的反对陈炯明的指示传到了他们面前时，他们无法接受党的政策过于突兀的转变——更何况此时的中共党员还没有形成铁的纪律。

因此，他们继续在所主持的《广东群报》上发表支持陈炯明的文章。

为了贯彻已经确立的与国民党合作的政策以及显示中共对合作的诚意，陈独秀对不顾党纪警告、继续支持陈炯明的谭平山等人立即予以纪律的制裁。陈公博甚至还因此离开了中国共产党。

经过与孙中山等国民党领袖的轮番商讨之后，孙中山先生痛快地表示愿意亲自接纳陈独秀、李大钊等中共党人加入国民党。

此后，孙中山委托张继等人与国民党在上海的负责人商议，并通电国民党相关支部后，国共两党终于就中共党员（以个人身份）加入国民党的问题达成了协议。

1922年9月初，经张继介绍，由孙中山亲自主盟，陈独秀、李大钊等人正式加入了国民党。

随后，根据与马林商定的改组国民党的计划，孙中山指定陈独秀为国民党改进方略起草委员会的九名委员之一，参与国民党的改组工作。

与此同时，孙中山同时还任命与吴佩孚来往较多的李大钊和张继一起担任同吴佩孚联络的代表。

当李大钊坦诚地向孙中山说明自己不能退出共产党的情况时，孙中山明确表示："这不要紧，你尽管一面作第三国际党员，一面加入本党帮助我。"

两位领袖的坦诚相待（尽管不乏政治利害的权衡）为国共两党的合作开创了一个顺遂的局面。

至此，国共两党在共产国际、国民党及中共诸方的努力促成下终于迈入了实质性的合作阶段。

在《关于中国共产党和国民党关系的决议》中，决定全体共产党员以个人名义加入国民党，以建立各民主阶级的统一战线。

当时的中央执行委员会选出陈独秀、毛泽东、蔡和森、谭平山、罗章龙5人组成中央局（后因谭平山调任驻粤代表，9月补入王荷波），并选出陈独秀为委员长、毛泽东为秘书、罗章龙为会计，负责党中央的日常工作。

陈独秀、毛泽东、蔡和森、谭平山、罗章龙5人此后都在国共合作后的国民党中央担任要职。

国共合作后，毛泽东还由于出众的才华，受到了国民党元老汪精卫的大力赏识，不久汪精卫推荐安排毛泽东担任国民党中央的宣传部代理部长。

8月，中国社会主义青年团第二次全国代表大会在南京召开。大会没有悬念地决定社会主义青年团员同共产党员一样，以个人身份加入国民党。

第六节　国民党的崛起

1922年1月，日本"大学寮"开张了，但作为抗战的中国一方的主角之一，国民党当时还没真正登上中国主流的政治舞台，它的政治影响力仅限于广东。

至于国民党的军事影响力和经济影响力更是不值一提。

而当时不仅作为培养未来中国军事精英的"黄埔军校"八字还没一撇，就连国民党内孙中山的的地位和处境也很不乐观。

国民党虽说在广州建立了政权，但不具备足够的军事力量，群众基础薄弱，并不得不与北洋军阀政权进行军事对抗。

在这种形势下，国民党很渴望得到列强军事上的帮助。

为了实现"三民主义"的理想，孙中山给列强开出的赞助条件不错，以致不少后人老拿这些当时他的一些条件来否定他的历史功绩，当然也有他的粉丝们断然否定，认为孙中山这些曾经开出的赞助条件纯属捏造。

虽然作为后人，都把孙先生是否拉过列强的赞助，作为判断阶级立场的依据，但是当时列强们都没把孙中山当回事。

当时的西方列强都已在中国国内找到了各自的代理人，这些代理人个个都是拥兵自重，割据一方的军阀，与这些军阀相比，孙中山无财无权无地盘（广东的实权人物是军阀陈炯明），除了"三民主义"，除了他的忠实追随者，他是一无所有。

西方列强都是很现实的，他们不听孙中山忽悠，因为孙中山们很穷。

尽管孙中山是基督徒，还是一个按照"普世价值"原则而需要西方列强扶助的豪杰，但是一个穷人是无法让列强信任的。

列强很现实。

孙中山因此有个雅号"孙大炮",那时,这个雅号其实就是"皮包公司"的代名词。

孙中山及其他的忠实追随者当时确实混得很惨,在他的忠实追随者中,有廖仲恺、汪精卫、蒋介石、邓演达等人。

作为中国抗战一方的领导人蒋介石,当时地位实在不高。

"日久见人心,患难识忠奸",在孙中山最潦倒的日子一直追随的蒋介石,因此深得孙中山的信任。

如果没有国民党的真正崛起,深得孙中山信任的蒋,一样还是没有机会。

孙中山不是不食人间烟火的神仙,他的忠实追随者也是,可是他们很穷,维系他们生存的资金来自于海外华人对革命的捐助。

而这种捐助是有限的,少得只够维持让孙中山及其忠实追随者艰难地活着,革命要发展,对当时的国民党人来说实在是天方夜谭。

十月革命的一声炮响,给中国带来了马列主义,同时也带来了国民党的真正崛起。

机会来自刚诞生的苏联,来自时任苏联外交副部长的越飞。

越飞全名阿道尔夫·阿卜兰莫维奇·越飞,俄国革命家,布尔什维克政治家,苏联外交家。

越飞是托洛茨基的好友,1908年至1912年于维也纳学习医学期间,他与托洛茨基一同编辑《真理报》。1917年2月革命后,与托洛茨基合编《前进报》。

俄国十月革命后,托洛茨基担任了苏联红军总司令,越飞则从事外交工作,为苏联外交副部长。

1921年7月26日,越飞被任命为苏俄驻华特命全权代表,8月22日抵达北京,与中国当时的北京北洋军阀政府谈判恢复两国外交关系问题。

脱胎于满清袁世凯北洋军的民国精英们,对从沙俄废墟上建立的苏俄深具戒心,双方谈判没有结果。

苏俄与北洋政府谈判没有结果,但与孙中山等国民党势力的交流,让苏俄多了一个选择。

就在东条英机们在日本皇宫听大川周明上系统的大和民族主义理论课时,越飞到上海与孙中山会谈。

在会谈过程中越飞充分阐述苏联的立场,对于有争议的中东铁路和外蒙问题表示苏联绝无侵略意图。

1923年1月26日,上海《大陆报》发表《孙文越飞联合宣言》。

孙中山随后派廖仲恺为代表,与越飞仔细商谈苏联对孙的援助和同苏的合作事宜。

此时的孙中山,不再仅是理论家,他希望有钱有地有地盘,而这一切需要首先有支军队,一支由国民党领导的军队。

孙中山希望苏联能赞助并训练一支军队。

孙中山的希望,给蒋介石一个绝好的机会。

当时的国民党是一个大杂烩,连孙中山这个老板都混得很艰难,人才,尤其是根红苗正的军事人才,实在不容易找。

而蒋介石就是孙中山眼中根红苗正的军事人才。

蒋介石,浙江奉化人。名中正,原名瑞元,谱名周泰,学名志清。1907年入保定全国陆军速成学堂。1908年留学日本。1908年加入同盟会。1910年日本振武学校毕业后,入日本陆军第13师团第19联队为士官候补生。

蒋介石的军事生涯成为加分因素。

1923年,"孙逸仙博士代表团"满怀希望赴苏联考察军事政治。

蒋介石是代表团团长,其实只能算组长,因为经费有限,一共才4个人。

其中有一位是中共党员,他叫张太雷。

蒋介石一行于1923年8月16日从上海出发,乘船和火车于8月25日抵达边境地区的满洲里,其间目睹帝国主义列强统治下的中国现状。

8月19日,蒋介石到大连后外出观光。

8月20日,蒋介石由大连去长春,所见所闻皆日本之势力。

蒋介石目睹了日本势力统治下的东北窘况,再鲜明地对照革命成功后的苏联。

苏联的成功留给他深刻的影响,因为苏联在1922年成立之前,一直处于内战。其间,1920~1922年有14个国家的外国干涉军与白俄军一起对苏俄红军血战。

在访问苏联的三个月中,蒋介石对苏联社会的各个方面进行了考察。

1923年10月29日,蒋介石参观了莫斯科的某电灯工厂和某发电厂,发现为便于工人业余时间的学习,设置了配有专职教师的工人俱乐部、学习和音乐补习室,还建立了消费协会,并备有图书室、报刊阅览室、食堂、剧场等。蒋介石的体会是职工会及少年共产党部为最重要。

蒋介石访问了共产党领导下的各类组织,其规范严密的组织和运作给他留下了强烈的印象。

蒋介石在接触苏联社会和组织运作的过程中,对严密的组织化、共产党活动和城市和农村苏维埃的动态、工人和农民的福利以及新体制下生产力的恢复这几点表现出浓厚的兴趣。

在那一刻,蒋介石也对共产党多了几分戒心,但是此刻的蒋介石,还没有多少反共的念头。

在访问苏联的三个月中,蒋介石拜访了众多苏联领导人,同时也让越飞等苏联领导人对他更抱有希望。

在孙中山提出"联俄，联共，扶助农工"的新三民主义后，中国共产党与中国国民党结成了联盟。

补充了新鲜血液的国民党开始崛起。

蒋介石的军事背景、孙中山的信任、越飞等苏联领导人等的期望，让蒋介石从此不再普通。

1924年，蒋介石回国后任黄埔军校校长。

随着黄埔军校及国民革命军的诞生，蒋介石也开始走向中国政治舞台的中央。

当时严酷的社会政治现实，是弱小的共产党和松散的国民党都无法独立面对的。合则两利。

国共合作初期的国民党，用一盘散沙来形容绝不为过。

为了赢得苏联方面的大力扶持，国民党忽悠了苏联方面。

在苏联的记录中，当时的国民党员有6万以上，就是考虑到有6万党国精英的现实，还没富裕的苏联方面给了国民党8000支步枪。

这8000支步枪后来武装了黄埔军校的学生，后以黄埔军校的学生军为基础，国民党终于建立了国民革命军第1军。

但是有6万以上国民党员，这只是国民党党部花名册上的数字。

苏联是不了解中国特色的数字出成绩。

现实情况是，其中6万以上国民党党员中，只有不到一半的人缴纳党费，能够主动接受国民党党纪约束的实在屈指可数。

在那个年代，"好男不当兵，好铁不打钉！"

愿意当兵，为理想而战的国民党党员更少。

何况当兵，在军阀混战中还可能脑袋搬家。

国民党忽悠苏联的结果是，黄埔军校的苏联教官都到岗了，黄埔军校的学员们一时凑不足8000之数，结果一年连招了三期学员才总算没出洋相。

国共合作初期的共产党，是苏联与国民党政治婚姻的陪嫁丫鬟。

任何一番事业都是需要人的。

为了解决黄埔军校学员人数不足的问题，国共合作找人手。

11月下旬，中国共产党在上海召开三届一中全会。

会议决定按照共产国际指示信的精神和当时国共两党的实际，进一步促进国民党改组，在全国扩大国民党组织。

按老百姓的大白话，就是国民党这个公司严重缺少员工，作为正成为国民党分公司的共产党，需要花大力气为总公司招兵买马。

招兵买马的力度是空前的，总结了一下就是"两个凡是"：凡是有国民党组织的地方，中国共产党党员、社会主义青年团团员"一并加入"；凡是国民党无组织的地方，中国共产党则为之建立。

当然，因为共产党的"先锋队"的性质，在共产党看来，松散的国民党像一个集市，而实在不像一个政党。

会议还决定中国共产党要通过党团性质的秘密小组在国民党内贯彻共产党的纲领和政策，努力争取"站在国民党中心地位"。

按老百姓的大白话，就是并入总公司后，大家努力在总公司好好干，争取早日提干当干部。

有意思的是，"两个凡是"还走出了国门。1923年11月25日，就在蒋介石还在苏联公干时，在中国共产党的帮助下，国民党旅欧支部正式成立。

国民党旅欧支部谁主事呢？

有不少共产党员。

有几个后来都是共和国的元老。

周恩来当选为国民党旅欧支部执行部总务主任，李富春当选为宣传主任。

周恩来还被委任为国民党巴黎通讯处筹备员，聂荣臻、李富春等人也参加筹建国民党巴黎通讯处。

少年的中国共产党成员，基本都是知识分子。

历来，中国的知识分子的骨子里都想"报效祖国"，但是往往都没有"君临天下"的野心。不然何来"秀才造反，十年不成"？

国共合作后的共产党是个老实人，只想怀着报国理想，一门心思在国民党总公司里干业务搏表现，并没有要独立门户的奢想。

黄埔军校的运营，是国共双方精诚合作的经典。

打个不恰当的比喻，黄埔军校是国共双方的夫妻店。

当时的国民党，还满怀希望地期待加入共产国际，成为社会主义阵营的新成员。

少年的中国共产党虽然幼稚天真，但是洋溢着理想，充满着朝气。

1927年的国民党"清党"，虽然使共产党遭受灭顶之灾，但是理想的种子已悄然播撒在黄埔军校的部分学员心底，早期的共产党人用他们的行动和人格魅力赢得了黄埔军校全体学员的尊敬。

历史证明，赢得人心，才能最终赢得天下。

第四章
日本布局

第一节 太平洋会议

第一次世界大战后，美、英、日等帝国主义国家为重新瓜分远东和太平洋地区的殖民地和势力范围，由美国建议召开了国际会议——华盛顿会议，亦称太平洋会议。

1921年11月12日至1922年2月6日在华盛顿举行太平洋会议。有美、英、法、意、日、比、荷、葡和中国北洋政府的代表团参加。

华盛顿会议实质上是巴黎和会（1919年）的继续，其目的是要解决《凡尔赛和约》未能解决的帝国主义列强之间关于海军力量对比和在远东、太平洋地区特别是在中国的利益冲突，完善第一次世界大战后的帝国主义和平体系。

会议标榜废除秘密外交，实际上所有重大问题都由美、英、法、日四国代表团团长会议先行讨论决定，有时法国也被排斥在外。

1921年12月13日，签订了《美、英、法、日关于太平洋区域岛屿属地和领地的条约》，通称《四国条约》。有效期10年。

条约规定：互相尊重它们在太平洋区域内岛屿属地和岛屿领地的权利，缔约国之间发生有关太平洋某一问题的争端，应召开缔约国会议解决。

缔约国在太平洋区域的权利遭受任何国家威胁时，缔约国应协商采取有效措施。还规定1911年7月13日英国和日本在伦敦缔结的协定应予终止。

签约同日，四国共同发表的声明指出，缔结上述条约，不能认为美国同意委任统治条款。此举表明美国不受凡尔赛体系约束。

《五国海军条约》也是太平洋会议的产物。

1922年2月6日，签订《美、英、法、意、日五国关于限制海军军备条约》，通称《五国海军条约》。

条约规定：美、英、日、法、意主力舰总吨位的比例为5∶5∶3∶1.75∶1.75。

第七条规定，美、英、日、法、意航空母舰总吨位比例依次为13.5∶13.5∶8.1∶6.6∶6.6，条约的有效期到1936年为止。

这是美国的又一胜利。

日本原来要求的比例是10∶10∶7，在美国的压力下只得屈从。

英国被迫承认美国与英国海军实力的平等地位。

美、英达到了限制日本海军力量的目的。

作为对日本的让步，规定了美、英、日要维持太平洋西部区域海军基地现状。即英、美不得在这个区域建设新的海军基地。

中国问题是会议中心议题。

中国参加会议的3个全权代表为驻美公使施肇基、驻英公使顾维钧和前司法总长王宠惠。

1921年11月26日，施肇基提出《十项原则》，要求尊重并遵守中国"领土之完整及政治与行政之独立"，却又赞同美国要求中国实行的"门户开放"政策。

12月14日，王宠惠提出废除1915年日本向中国提出的"二十一条要求"的议案。

中国还在会议上提出山东问题。经中日谈判，1922年2月4日签订《中日解决山东悬案条约》和《附约》，日本被迫交还前德国胶州租借地，但仍保留许多特权。同日，日本代表币原喜重郎发表声明，废除"二十一条"的一些条款。

会议期间，顾维钧还提出关税自主、取消在中国的领事裁判权、撤退外国军警、撤销在中国的外国电台和邮局、废止各国在华租借地、取消势力范围、公布秘密条约并由大会决定有疑点的条约的效力等议案。

与会各国只同意将来不划分势力范围，公开秘密条约与契约以及有条件地裁撤外国邮局，其他议案均被否决。

1922年2月6日，签订《九国关于中国事件适用各原则及政策之条约》，通称《九国公约》。

条约规定："尊重中国之主权与独立及领土与行政之完整；给予中国完全无阻碍之机会，以发展并维持一有力之巩固之政府；施用各种之权势，以期切实设立并维持各国在中国全境之商务实业机会均等之原则。"

实质上是要挟中国政府执行"门户开放"、"机会均等"原则。这一原则客观上也暂时限制了各国列强对中国内部的各种反中国中央政府的政治团体的援助和扶持。这就是孙中山等国民党人除了苏俄之外，找不到西方政府赞助的国际环境。

所以，孙中山等国民党人作为当时中国最大的反政府政党，可以选择的政治道路并不多。

华盛顿会议签订的各项条约和通过的决议案构成华盛顿体系。

这一体系是在承认美国占优势的基础上，确定了凡尔赛体系未能包括的远东、太平洋区域的帝国主义国际关系体系，它是凡尔赛体系的补充。

华盛顿会议使中国回复到几个帝国主义国家共同支配的局面。

苏俄是在凡尔赛体系及华盛顿体系之外的，那么苏俄既然要向东方输出世界革命，为何不选择中国的东北及西北地区呢？

这里要说到几乎没有史料提到的大连会议。

1921年8月下旬至1922年4月中旬，日本同远东共和国（当时尚不是苏联的成员国）为协商日本从西伯利亚撤军及两国通商等问题在大连召开会议。

大连会议实际上限制了苏俄在中国东北地区的进一步扩张势力，苏俄要向中国输出世界革命，目光就要转向南方，孙中山的国民党政治势力自然也得到了苏俄的重视。

华盛顿会议关于山东问题的会议，是当时中国北洋政府最关心的，不过这是"边缘会议"。

"山东问题"，是指日本于1914年借对德宣战之机，强占山东胶州湾及胶济铁路的归还问题。

巴黎和会不但没有解决好这一问题，反而作出了让日本继承德国在山东权益的决议，从而激起了全国人民的强烈反对，中国拒签对德和约，此问题遂成为悬案。

在华盛顿会议召开前，中国政府迫切希望得到英美的支持，在会议上解决山东问题，反对与日本直接交涉该问题。

但形势并不有利于中国，日本要求直接与中国谈判，抵制将山东问题列入华盛顿会议。

美国的态度是希望山东问题得到解决，但又不希望这一问题在会议上提出而影响其主要战略的实施。

日本政府获知美国的态度后，于8月30日提出"特定国间问题"，其范围是："一、青岛依当初之宣言还付中国。二、关于辽东租界问题。三、关于南满洲铁道之营业。"

日本将山东问题列为"特定国间问题"，目的就是阻止会内讨论此问题。

9月6日，日本政府又向中国驻日公使表示，山东问题要在会前解决。"如中国不愿商议，欲在会中提出，彼惟有声明理由决然拒绝。"

这样，美国与日本已经一致希望山东问题于会前在会外讨论了。

中国对美日之间的一致，甚为焦急，担心此事可能导致美日妥协，重演巴黎和会之结果，因此积极活动寻求应策，但却不能不受外界的影响，看他人脸色行事。

美国不断地劝说中国会外谈判，认为在会议内讨论的困难是："中国并未参加凡尔赛条约，而列强对于日本则受秘密条约所束缚；在美国亦不欲阻止其双方自行解决，而将此种问题牵入会议。然日本即可借他国为后盾，以极充分之理由反对此案之提出于会议也。"

美国表示："时机未至，美政府不愿处于调停地位。"

美国不愿意调停，实际上是自己也有难言之隐，它担心菲律宾问题，它不愿意将菲律宾也国际化。

与此同时，一些担任中国政府顾问的美国人亦劝告中国接受在华盛顿会外讨论的办法。

兰辛认为："欲山东问题成功，只有移往华盛顿交涉之一法。""在华盛顿交涉，中国人将以为即太平洋会议所允许，其实亦即会议之一部分。"

福开森劝颜惠庆到华盛顿，"在此地会议之外与日本谈判"。

这些无不影响着中国北洋政府的决策。

中国政府在确知美国的态度后，为了不使自己孤立，不得不改变主意，作出退让，原则上接受了美国会外讨论山东问题的主张。

最后，在美国的设计下，对讨论山东问题作了在华盛顿会议的"边缘"进行会谈的安排。

所谓"边缘"会谈，即在海军裁军会议之外，另行组织中日山东问题会谈，达成的协议载入会议记录，作为会议所接受记录的一部分。

在会谈时，美、英两国派观察员列席。观察员的任务是"观察以及必要时出现调解纠纷以弥分歧"。

休斯和贝尔福在11月25日先后与加藤及施肇基会晤，解释了这一安排。

同时，休斯还表示，"倘有某项争点不能妥协，仍可使余及白君（贝尔福）注意或提交大会也"。

对此次"边缘"会谈的安排，中国政府经研究后，表示愿意接受。

中日双方都同意"边缘"会谈的安排后，11月30日，华盛顿会议主席休斯在大会上宣布，"请中、日代表觌面商议，以期解决鲁案"，"英、美首席代表愿任调停"。美国将派远东司司长马慕瑞及代表团秘书贝乐列席每次会议，英国亦派代表朱尔典及远东司司长莱朴生列席，会谈结果须报大会。

这一宣布，使会谈与会议的关系牵得更紧，等于宣布会谈本身就是会议安排的，因此亦可看做会议的组成部分。

尽管如此，这一谈判在实质上仍是各方面相互斗争与妥协的结果，既非中国要求的会内讨论，也非日本所要求的直接交涉。

"边缘"谈判十分艰难。

1921年12月1日，中日两国出席会议的双方全权代表开始谈判山东问题。

美国派出国务院官员马克谟和培尔，英国派出朱尔典与外交官莱朴生列席，休斯和贝尔福出席了第一次会议。

中国代表团发言表示，山东问题是中国存亡的关键，中国国民都希望这次会谈有一个公平圆满的结果，同时宣布了中国政府鲁案交涉的4项先决宗旨，表明中国的坚定立场。

日本代表对此未持异议。

"边缘"谈判第二次会议在进入实质性问题的讨论时，中国代表团提出了铁路问题，要求收回胶济铁路。

日本则提出了胶济铁路由中日合办的主张，双方分歧较大，一时无法统一。

胶济铁路是山东问题中最关键、难度也最大的问题，亦是中日之间长期争执的主要焦点。

中国希望谈判能够抓紧时间，尽快进行，在华盛顿会议正式闭会前能够结束，不希望单独面对日本来解决山东问题，时间对中国尤其珍贵、紧迫。

从推进谈判的策略上考虑，中日双方决定先从较简单的问题着手，再集中讨论铁路问题。在讨论其他诸问题时，进展较为顺利。

12月5日，日本宣布：放弃中德1889年条约中规定的用人、投资、供给物料等优先权；对中国一直坚持的立场予以承认。

在较为复杂的海关问题上，经过坚决的抗争，中国收回了青岛海关。

在讨论官产、公产问题时，在英美的调停下，中国经过再三争执，都基本上得到了解决。

正当中日之间的"边缘"谈判缓慢进行时，中国全国商教联席会议和上海9团体派出的国民代表蒋梦麟、余日章认为局势危急，应全力抗拒。

在蒋梦麟、余日章他们发回国内的电报中表示：

"应速通告全国，死力抗拒。一、电促政府代表取坚决之态度，直陈勿惮；二、鼓吹举行国民示威运动；三、速将吾国民意径电美国人民，并电告示威运动经过以及其他反对情形及结果，刻速举行，坚持到底。"

在中国代表团中，全权代表王宠惠和代表团随员刁作谦也认为代表团太软弱，让步太多。

美国在发现中国代表团的分歧后，不希望中国代表团的行动超出美国设置的框架，遂对中国施加压力，不要受学生示威游行的影响，并表示支持中国最终收回胶济铁路。

中国北洋政府一方面不得不依靠美国，看其脸色办事，另一方面又不希望示威游行事件发生，于是在12月11日，中国政府外交部发表了关于胶澳问题的宣言，述说了中国政府的立场，以及"边缘"谈判开始及至此时为止的大体情况，希望能以此使学生平静下来。

但是，北京四十余所学校的几千名学生还是在12月12日游行示威，并向外交部提出条陈："一、尊重民意。二、鲁案必须提出大会。三、胶澳须无条件归还。

四、上述各条，电代办照办。"

外交部迫于压力，对这四条逐一答复："第一当然尊重；第二已提由大会发端，英、美调停，将来仍由大会公认；第三必期达还我山东，保全主权领土之目的；第四允照电。"

学生们听后表示满意。谈判再次回到原来的轨道上来。

在处理完一些较易解决的问题后，12月13日，开始讨论处理铁路的这一尖锐问题。

此时，因涉及日本的核心利益，日本态度一下蛮横起来了，变得异常强硬，日方表示胶济铁路要由中日合办，只有在其他问题都解决好之后，日本才答应放弃合办。

对这一要求，中国代表严词拒绝，并强硬表示，如日本仍坚持这种态度，就停止讨论。列席会议的英、美代表此时亦对日本的态度表示反感。

日本一开始就处于孤立，只得表示希望第二天再议。14日，日本代表表示，日本政府的训令是要合办，但他们违反政府的意志，提出赎路办法3条。

这三条中，第一、二条是有关核定胶济路财产问题，但在第三条关于赎路办法上，双方意见无法一致。

日本以"不断利益关系"为理由，提出借款赎路的办法："仿照中国近来铁路借款条件，于山东问题议定后六个月内，与日资本家订借款合同。"

日本要求中国向日本银行家筹借一笔长期贷款来赎买铁路，在贷款使用期间应使用由日本金融家推荐的总工程师、车务长和会计师各一人，用意还是要长期控制这条铁路，继续保持日本在山东的经济权益。

这自然遭到了中国代表团的坚决反对，中国提出立即筹集现款赎路或以有价证券分期付款的方案，拒绝日本的借款赎路主张。

中国方面认为，铁路已修好并已运行，根本不需要铁路借款，只存在偿还的问题。

顾维钧在辩论时还表示，"任何国家坚持让别国接受不需要的贷款都是不合理的"，"在中国既不需要借款，也不需要用钱的时候，日本似乎急于让中国充当日本的债务人"；中国愿意自行选用胶济铁路的日籍工程师。同时严正声明，如果日本不及时承认中国的赎路办法，中国宁愿终止交涉，并请求美英居间调停。赎路方法成了胶济铁路问题的焦点。

中日就此展开了激烈的控制与反控制的斗争。

中国首先坚持用现款赎路的主张，但这并不适合中国当时的实际，中国是否具有这一实力，代表团心中自然有数，对现款赎路毫无信心，逐渐倾向于以国库券赎路的办法。

在中国的坚决努力及美英的调停下，日本代表团也一步步地放弃了其借款赎路的主张，逐渐接近中国的主张；但要求在铁路胶济段由中、日各派副车务长、副会计长一人，统归津浦车务长及会计长节制。

12月25日，中国外交部与交通部商量后电告代表团表示："由于副车务长既在必争，似可放松"，日本"要求中、日各派副车务、副会计一人"，"事尚可行"。

至于赎路方法，"用发行债票办法。惟应声明，先尽中国人购买。期限问题，只须有若干年后可一时付清一层，长短请随宜酌定"。

中国为推进谈判，作出了一定的让步。

但日本政府并不甘心，对日本代表接受美国调停，许纳筹款赎路的让步表示不满，这导致了谈判的再度停顿。

于是，日本政府转而向中国政府施加压力，企图否定日本代表团在"边缘"会谈所做的表示，重新回到借款赎路的立场上来。

这立即遭到中国的反对，美国也立即向日本政府施加压力，同时告诫北京政府"宜坚持，勿为所动"；而在人事问题上，又劝中国让步，他们不愿看到由于中日的争执而影响其整个华盛顿会议战略的实施，希望华盛顿会议成功。

正如休斯所强调，"山东问题会谈虽然是在华府会议的'边缘'举行，其实也是会议的一部分，只有解决了山东问题，这个限制军备大会才能圆满结束"。

日本政府在中国政府的坚持下，同时受到中国舆论的坚决反对，美英的压力，不得不表示退让，重新回到筹款赎路的立场上来。

日本代表在12月30日表示："政府复称所拟办法已超出政府原有训令之外，但既已进行，自当照准。"

在此情况下，中国政府态度也更加明朗，日本代表团被迫接受了中国代表团关于赎路问题的建议。

31日，中国外交部与交通部拟定出4条办法，主要内容有：现款赎路，恐难实行；国库券作保证，偿还期十年或十二年，均可允。三年半后提前清偿，亦可通融，以为拒绝用人之交换；车务较会计尤重，倘争议至不得时，可仅允用日人充副会计长，再不得已，可允日人充副车长。

这样，在美英的推动下，1922年1月4日，中日谈判恢复。尽管此后日本仍有反复，但中国认清了日本的本质，未曾表示软弱作出退让。

同时，美英也基于华盛顿会议战略的实施，不断出面斡旋，积极推进谈判的进行。

1月中旬，美英两国分别向中日双方提出了四种调停方案。其中丁种方案为：中国以国库券赎路，期限12年，3年后得一次还清，还清前聘日人为车务长、会计长。

中国代表团认为此种方案较合中国实际，主张在此基础之上作一些调整来解决山东问题。

1月18日，日本代表向贝尔福提出了在丁种方案基础上修改的新方案，同意中国以国库券赎路，期限15年，5年后可先行付清；该路雇中日会计长各一人，职权相同，并雇日人为车务长。

此时华盛顿会议已进入尾声，美英都迫切希望中日会外交涉能取得成果，因此对日本的这一新方案十分满意，认为日本同意中国以国库券赎路已作出重大让步，遂转而对中国施加影响。

1月19日和22日，休斯和贝尔福两次与顾维钧、施肇基等会晤，极力劝说中国接受日本的新方案。

顾维钧等对日本的提案并不完全赞同，提出在用人问题上，应改为日人在华人下充任副车务长、副会计长，也就是回到日本代表在12月提出过的方案。

这两次会晤后，中国代表团立即向北京政府外交部汇报，并提出自己的看法："窃以为所提解决办法，未予中国以完全公道，但可得亦不过如此。大会事项系于本问题之解决者甚多，似应各方兼顾，并于中国对外关系之前途，详为考虑也。"

虽然在会谈中中国代表还希望在用人问题上有所修订，但已十分明了美英的态度，中国根本无力得到更多的东西，因此实际上是在向北京政府建议接受日本的新提案。

在收到中国代表团发回的电报后，北京政府外交部也明白日本的新提案是"最后办法"，"虽不能完全满国人之望，特事势如斯"。

于是在1月26日电示代表团，"如实无商量余地，只可就此决议"，实际上采纳了代表团的建议，授权他们接受美英调停，在美英的"最后办法"上签字。

27日，中国政府正式电令中国代表签字。

经过两个多月，三十多轮的艰难谈判，中国利用较为有利的国际形势及列强之间矛盾，在中国国内人民的配合下，迫使日本在山东问题上做出一定程度的让步，中日双方终于在1922年1月31日达成协议。

2月1日，休斯将协议在华盛顿会议上全文公告。

2月4日，中日双方正式签署《解决山东悬案条约》。

至此，华盛顿会议围绕中国主权问题争执的"边缘"谈判宣告结束。

6月2日，中日双方在北京交换批准书。

该条约正文11节28条，附约及协定条件22条。

其主要内容有：

（1）胶州德国旧租借界地交还中国。

条约规定，"日本应将胶州德国旧租借地交还中国"；"各任命委员三人，共同组织一联合委员会"商订胶州德国旧租界地之行政权、公产及其他事项移交办法；上述移交"至迟不得逾本约实施后六个月"；移交所需文件资料亦应同时交付中国;"胶州德国旧租借地内所有公产","全部移交中国政府,上述公产中为日本官厅所购置、建造或前属德国官厅所有经日本增修者",中国政府应"按日本政府所用之实费"给予补偿,此外移交的公产,"不得向中国政府要求偿价";胶州德国旧租借地的公产中,"为设立青岛日本领事馆所必需者"及"为日本居留民团体公益所必需,如学校、寺院、墓地等",仍归日本保留。条约还规定,中国政府应"将胶州德国旧租借地全部开放为商埠,准外人在该区域内自由居住并经营工商及其它合法职业"。

(2) 日本军队撤出山东。

条约规定,"日本军队,包括宪兵在内,现驻沿青岛、济南铁路及其支线者,应于中国派有警队或军队接防铁路时,立即撤退","至迟不得逾六个月,其中驻青岛之日本守备队,应在交出行政权之日后三十日内撤尽"。条约所附协定条件中还规定,日军按条约规定撤出后,"无论何种日本兵力概不得留于山东境内任何地方"。

(3) 中国赎回胶济铁路。

条约规定,胶济铁路及其支线由中国以5340.6141万金马克赎回,铁路的一切附属产业亦移交中国;中国政府用国库券支付赎金,该国库券以铁路产业及进款作抵押,期限十五年,但中国政府也可决定,从交付国库券满五年之后,在任何时候全数或部分偿清;在国库券未偿清前,中国任用一日本人为车务长,一日本人为会计长。协定条件中规定中国政府遴选日本车务长、会计长人选时,应与日本政府协商;中、日两国政府应各派委员三人组织联合铁路委员会,以评定铁路产业实价并商定铁路移交详细办法。

(4) 其他。

条约规定,自该条约实施起,1915年8月6日中日所订关于重开青岛中国海关之临时协定无效,"青岛海关应即完全为中国海关之一部分";原由日本占有或经营的矿山、盐场、海底电线、无线电台等,均移交中国,移交详细办法由前述中日关于行政权及公产移交的联合委员会商定。

中日《解决山东悬案条约》的签订,是各种矛盾综合的产物,同时也是中国废约斗争史上取得的一个胜利。中日山东问题因欧战而起,抗争前后历时八年,终因华盛顿会议的"边缘"谈判而将"中日民四条约"、中日山东问题换文,以及对德和约中的山东问题的三大条款等不平等条约、条款统统推翻,在法律形式上结束了日本对山东的军事占领和政治控制,中国收回了部分丧失的主权。

但中国也为此付出了一定的代价,不仅要偿付高额的铁路赎金等,更为重要的是日本通过安插日人任车务长及会计长,仍然牢牢控制着胶济铁路。同时,条约中开放胶州为商埠的规定,实际上是使山东敞开大门任由帝国主义各国共同侵略。

此外，由于中国北洋政府在解决山东问题时仰赖美、英的帮助，因而作为妥协，未能在取消治外法权、撤退外国军警、恢复关税自主权、取消势力范围、废止"二十一条"等方面取得实质性成果。相反，却同意列强所提出的"机会均等"、"门户开放"的原则，从而不仅未能真正消除帝国主义加诸中国主权的各项限制，而且使中国山东由日本独占变为几个帝国主义国家共同支配的局面。

这再次表明了弱国无法真正主宰自己命运的事实。

太平洋会议后，日本于1922年12月从青岛撤军，次年1月将胶济铁路移交。

这里需要特别注意的是，《四国条约》（《美、英、法、日关于太平洋区域岛屿属地和领地的条约》）于1921年12月13日签订，有效期10年。

1931年9月18日的九一八事变，正好发生在《四国条约》期满前数月，日本拿捏的时间真是恰到好处。

《五国海军条约》也是太平洋会议的产物，这里需要特别注意的是，条约的有效期到1936年为止。

条约到期后的1937年，日本就开始了全面侵华战争。

第二节　东京大地震

自明治维新以来，日本一直在顺境中发展，经过两次冒险战争（甲午战争和日俄战争）的胜利，日本一举成为世界强国。

而甲午战败后，清人对日本的看法一下子发生了重大转变：东瀛岛国一跃成了足为样板的"老师"。随着八国联军犯华后，当时的爱新觉罗王朝废科举，开始选派海外留学生，重用海归。

从1898年至1911年间，至少有2.5万名中国学生赴日本留学，马里乌斯·詹森认为这"是世界历史上第一次以现代化为定向的真正大规模的知识分子移民潮"。

很多中国人都相信所谓"黄白种争"之论，并因此抱有中日合作的幻想。

章太炎在1897年的《亚洲宜自为唇齿论》里，称中国可以依赖的国家唯有日本，甚至连日本挑起甲午战争也被视为俄国压力下迫不得已的"自救"。

此类观点一度颇为流行，上海《申报》刊登于1899年的一篇评论，还鼓吹与日本结盟，而日本未尝不为发动侵华战争感到忏悔，所以一定会接受中国的建议。

现在读来，大家觉得可笑，不过这就是当时社会精英的主流思潮。

日本人虽也主张"黄白种争"，却只是利用它来"为其征服中国正名"，因败弱的中国要在"黄白种争"中服从日本的领导。

爱新觉罗王朝覆灭后，尽管中华民国成立，但是中国事实上陷于分裂状态，尤其是袁世凯死后军阀混战愈演愈烈，日本在亚洲已无敌手。

因为对台湾的殖民统治颇有成效，日本上下洋溢着乐观的情绪，日本军界对满洲的野心越来越大。

日本天津驻屯军参谋长酒井隆曾表示："支那是一个社会，不是一个国家，或者说是一个土匪的国家更恰当。"

另一名对日本战略决策有过重大影响的关东军参谋石原莞尔在《满蒙问题之我见》中则称："支那人果然能建设近代国家么？对此颇有怀疑。我深信，在我国维持治安之下，谋求汉民族之自然发展，方可为彼等带来幸福。"

但是好战的军人不是随心所欲的土匪，日本军人在满洲的动作依然在可控状态。

这时，一件大事发生了。

1923年9月1日11时58分，一场以东京的相模湾浅海底为震源、震级为7.9级（一说为8.1级）的大地震袭击了东京以及其周边地区，并殃及全国。

大地震又引起火灾、海啸和泥石流，日本全国陷入巨大灾难中。

这是日本明治时代以来伤亡最惨重的一次地震，也是世界历史上伤亡最大的十次地震之一。

日本的关东地区位于日本本州岛中东部，包括东京、横滨等大城市，总面积3万平方公里，该地区一直是日本重要的经济、文化和政治中心。

地震当天，关东地区人来人往，热闹非凡。

突然间，大地发出了一阵阵"嘎嘎"的声响，一向宁静沉稳的大地此时却躁动不安：左右摇摆，上下抖动、起伏。人们被颤抖的大地抛向空中，非死即伤。

一排排房屋经受不住大地剧烈抖动，摇晃、瓦落、墙倒、塌方。

许多勉强挣扎逃出房屋的人也没有摆脱厄运，或被倒塌的房屋砸死，或被埋在废墟中。地震发生的隆隆声、受伤者的呻吟声、逃亡者的呼喊声混在一起，令人毛骨悚然。

地震造成的剧烈地壳运动使山崩地裂，多处出现塌方和泥石流。

一片大森林以时速90多公里的速度从山上滑下山谷，碾过一条铁路，将正在行驶的火车连同车上的乘客、货物统统带进邻近的海湾中。

大地震发生时，恰值中午，东京等地的市民忙着做午饭，许多人家炉火正旺。

地震将煤气管道破坏，煤气四溢，遇火即燃，东京等地顿时变成一片火海。

大火差不多使日本关东地区变成了人间地狱。成千上万的灾民逃到了海滩，纷纷跳进大海，躲避烈火。

可是，几小时后，海滩附近油库发生爆炸，10万多吨石油注入海湾。

大火引燃了水面的石油，海湾瞬间变成了火海。在海水中避难的人全部被大火烧死。

还有一些人逃到大火暂时没有殃及的海滩和港口。但地震造成的海啸掀起滔天巨浪，以每小时750公里的速度扑向海港海湾沿岸，摧毁了所有船舶、港口设施和近岸房屋，卷走、打碎8000艘舰船，淹死5万多人。

东京、横槟、横须贺等大小港口均告瘫痪。

在这次大地震中，东京城内85%的房屋毁于一旦，横滨96%的房屋被夷为平地，整个大东京地区死亡和失踪者人数超过14万人，负伤的超过20万人，财产受损的则超过300多万人。

地震袭击关东地区时，正值日本多病的大正天皇在位。

他的儿子、23岁的皇太子裕仁即将即位（实际已掌握皇室权力），正欲有一番作为。

地震一发生，裕仁就命令日本消防队倾巢出动，与火魔搏斗。

可是，由于地下自来水管道遭到破坏，找不到充足水源。加之倒塌的房屋已将各条街道堵塞，消防车无法通行，消防车进入火场后也寸步难行。

于是，消防队面对大火只能与群众面对地震一样，束手无策，只能任其肆虐。

为了提防有人趁火打劫，裕仁还要求大阪等地派出3.5万军队到受灾城市巡逻。

那些趁灾后混乱之机发不义之财的人很容易被发现。

因为被烧死的死人身上的金银珠宝，会发出一股强烈的刺鼻臭味。

任何趁火打劫的人一旦被抓，都会被当场处死。

为弥补电话线中断、信息不通之不足，裕仁和他的幕僚还放出了500多只信鸽进行联络。

但无论怎样，关东大地震都已造成了巨大的灾难。

据后来勘测发现，关东地区陆地东南方隆升、西北方下沉（最大沉降1.6米）。大岛附近海底沉降百余米，并向北移动4米。

这样突然的大规模地壳活动产生毁灭性打击，使日本陷入毁灭的边缘，人人都惶惶不可终日。

在日本高速发展中，东京及周边地区的这场天灾似乎代表了某种"神意"，给了这个以"神国"自居的岛国一记痛击。

几乎所有人都在想：谁应该对这次大灾难负责任？难道大正天皇选择裕仁当太子是个错误？

地震发生的当天晚上，一个谣言开始流传：日本列岛下面静卧着一条硕大无比的鲇鱼，每当天神对日本子民不满时，鲇鱼就要翻身骚动。

因此，必须把得罪天神的人揪出来，以谢神明，防止后患。

谣言很快就遍及东京和横滨一带。

这种谣言及猜测对裕仁皇太子是非常不利的。

经过短时间策划，日本当政者决定转移群众怪罪于天皇的注意力。

犹太人在欧洲可以背黑锅，朝鲜人也可以背黑锅。

裕仁和首相山本权兵卫宣布实行军事管制，然后，指责朝鲜人冒犯了天神，进而导致了这场大灾难的发生。

9月2日黄昏，也是天灾的次日，在没有经过日本枢密院审议的情况下，内阁向东京都和府辖5郡下达了戒严令。

日本军队和警察以"保护"为名，将大批在日的朝鲜人集中拘捕。

在大天灾中丧失了财产、房屋和亲人性命的日本民众，完全处于一种惶恐和无以名状的报复心态中，他们组织了许多"自警团"，对朝鲜人施以暴力，甚至残忍地将朝鲜人当成劈柴砍了。

实际上，当时在日本的朝鲜人，大部分都是最臣服日本天皇的那一批，他们为自己的选择付出了自己的身家性命。

整个东京市以及周边地区都处于一种恐怖之中。

有史料称，当时大约有6000名朝鲜人在因谣言引发的屠杀中丧生。

除朝鲜人外，部分中国劳工也成了受害者。

东京大地震发生后，中国各界民众曾伸出援助之手，仅当时的北京政府就拨款20万元（当时1元钱能买40斤大米）。

在温州，人们还成立了"日灾救济会"，慷慨解囊，捐往日本的物资价值达45.4万元。当时，温州地区有5000多农民和手工业者东渡日本谋生，形成温州历史上第一次"出国热"。

然而，日本狂热的军国主义者恩将仇报，以谣言为由残忍地屠杀700名中国人（90%是温州人）。

这就是历史上的"东瀛惨案"。

开始杀人了，就不在乎多杀几个持不同政见者。

在残酷杀害朝中劳工的同时，日本军国主义者也不放过本国进步人士。

9月4日，南葛工会领导人川合义虎等被捕，在龟户警察署惨遭军队杀害。

16日，著名社会活动家大杉荣夫妇在宪兵队里被宪兵大尉甘粕正彦杀害。

这里简略说下日共。

当时，在俄国十月革命影响下，日本工人运动已蓬勃发展。

1920年12月9日，日本社会主义同盟创立，吸纳了全国3000多名会员。

1922年7月15日，日本共产党成立并于同年11月取得了共产国际的承认。

共产党的活跃引起了当局的不安。

地震后，日本当局最担忧共产党鼓动群众发难，于是，在地震后第三天就下令逮捕进步人士，并将工人运动领袖平泽计七等8人处死。

这样，朝中劳工和社会主义者就成了东京大地震的无辜牺牲品。

日共成立的开始正好是昭和军阀开始抬头、整个日本现代史上最黑暗的时候，因此在1945年以前一直是处于非法状态之中。

反对日本帝国战争政策的日共虽然在政治上是完全正确的，可是在日本老百姓们看来，那可都是一帮"日奸"，就该被治安警察和特高警察抓去才解恨。

除了远走延安坚持反战的野坂参三等几个人之外，要不然像作家小林多喜二那样惨遭杀害，要不然就像德田球一、宫本显治那样一坐就是十几年的牢。

比如日共的总书记，1922年建党时的元勋德田球一就从1928年开始坐了18年牢，是条硬汉子。

二战后，麦克阿瑟来了，把德田球一从日本大牢里给放了出来。

不仅放了出来，麦克阿瑟还搞"民主化"，日本共产党可以合法存在。

法国的戴高乐有句话对麦克阿瑟特有启发："消除共产党的威胁的最好办法就是使共产党合法化。"

戴高乐就是那么做的，麦克阿瑟一样照做。

1946年日本战后首次选举，日共首次参选就得到了5个席位，德田一开心，就又规定了一条，以后不准叫"美军"或者"占领军"，得叫"世界人民解放军"。

当时看起来一切都很顺利。

日共还自己制定了一个《日本人民共和国宪法草案》，想废除天皇制，虽然后来"世界人民解放军"反对，结果不了了之，可也是了不起的一步。

还是回到东京大地震。

东京地震后，日本没有去追究屠杀肇事者的责任，而更多日本人开始思考防震能力。

日本将9月1日定为日本地震纪念日（或称防灾日），每年的这一天要进行全民的防震演习。

日本政府还进一步鼓励科技创新能力，提高地震预报的准确度，要求与建筑有关的科学技术都要有高标准的防震指标。

这种转型使日本后来的历次地震损失都远远低于此次地震。

可以说，1923年东京大地震成为日本历史上的科技和建筑发展的新起点。

而这次大地震，也使日本政府重新考虑对满洲的战略布局。

在2006年的一次中日战争历史研讨会上，一名参加会议的日本学者提到：东京大地震，对日本朝野震动极大。

日本富士山其实是休眠的活火山，东京大地震意味着，日本富士山可能也会再次活跃并爆发。

由于日本是个岛国，火山、地震、海啸还可能同时降临，日本面临着来自大自然灭族亡国的危险。

此后一系列相应的战略国策发生了重大调整。其中最重大的是，加快了海外殖民和移民的步伐，调整海外殖民地的经济结构。

海外殖民是开始向台湾、朝鲜有计划地安排移民，同时强行驱赶朝鲜人先行进入满洲拓殖；海外移民则是以拉丁美洲地区为主，主要前往巴西、秘鲁。

调整海外殖民地的经济结构，也从工业日本、糖业台湾、稻谷朝鲜的战略，转向开始谋求将台湾工业化，同时将满洲作为未来的亚洲鲁尔工业区这一目标。

一旦日本岛沉，准备将满洲作为日本的复国之地。

正因如此，在中国东北地区代表日本国家利益的关东军和关东州、满铁成为日本政府布局中最重要的三枚棋子。

日本的国策从"驻守东北"向"兼并东北"方向急转。中国的东三省，此时已是日本心中的必得之地。不过，日本的这些最大国策调整，中国并不知晓，连东北王张作霖也是蒙在鼓里。

一个"无政治意味"的日本全亚细亚协会就是在此背景下出现的。

日本全亚细亚协会成立于1924年7月10日，成员包括贵众两院议员、新闻记者、实业家、学者、宗教家等人，其章程规定"本会企图全亚细亚之发达，而以贡献于世界之和平与全人类之福祉为目的"，看似"无政治意味"，实际上却有着较强的政治目的。

日本全亚细亚协会发起人，政友会总务兼众议院议员岩崎勋曾说："吾人趁美国制定人种差别的移民法的机会成立大亚细亚协会，以促进亚细亚民族的觉醒，将未来人种的祸乱防遏于未然，以期贡献全人类之安宁。"

正是出于对美国国会通过的排日移民法的不满，一部分日本朝野人士认为未来日美必有一战，主张联络亚洲各国抵制英、美的威胁，于是组织全亚细亚协会负责其事。

日本全亚细亚协会内部虽然不乏提倡亚洲各国平等合作的有识之士，如田中守平（神户大灵道主干）曾多次请益于孙中山，十分敬重孙的革命精神和人格，但是大部分成员是以本国的利益为第一位的，而将其他亚洲国家视为日本抵制西方国家、称霸亚洲的工具。其中不用说列名顾问的田中义一、床次竹二郎、后滕新平等"大陆政策"的热心者，就负责协会实际工作的理事会而言，理事小寺谦吉（众议院议员）、上杉慎吉（东京帝国大学教授）是当时扩张式的"大亚细亚主义"的著名代表。

理事长岩崎勋据报界透露也主张亚洲以日本为中心来对抗西方国家。

专务理事今里准太郎虽对黄攻素等人说过协会"不受政党左右，力谋中日提携"，其本人也的确在国会临时会上提议过修正对华不平等条约，但还不能证明他就是诚心支持亚洲各民族独立平等的志士，其话语难保不含有拉拢中国代表的动机。

即便他们有心同情中国，且负责亚细亚民族会议的筹备工作，但要让会议"不受政党左右，力谋中日提携"是不可能的。其一，多数成员以本国利益至上，不会诚意谋求中日两国的平等友好关系，帮助中国取消两国间不平等条约；其二，众多成员分属宪政会、政友会、政友本党等党派，难免不卷入政党之争，身为在野党的今里氏在筹备会议时就受到了执政党宪政会的掣肘。

因此，协会及其发起的亚细亚民族会议的主要目标还是联络亚洲各国，抵制英、美的威胁并削弱其在亚洲的利益，确立日本的亚洲盟主地位。

需要指出的是，日方发起会议虽目的不纯，但不会公诸于众，相反打出"谋求亚细亚民族的共存共荣"的旗帜，这对亚洲其他国家的一些人士来说是具有诱惑和吸引力的。

第三节　亚细亚主义

亚细亚主义，又称亚洲主义，是指到战败为止的近代日本围绕着对"东洋"和"西洋"的认识问题而形成的一种政治思想和运动的总称。它在日本的近代思想史与中日关系史上具有重要的影响。

亚细亚民族会议由中国的亚细亚民族大同盟和日本的全亚细亚协会共同发起，直接起因则是1925年的五卅运动。

1926年7月和1927年11月在日本长崎、中国上海先后召开了两次亚细亚民族会议。根据美国学者顾德曼、日本学者水野直树的相关资料，我们还原梳理一下整个亚细亚民族会议的历史面貌。

众所周知，五卅运动缘自日本纱厂枪杀工人顾正红，继而英国巡捕枪击为此抗议游行的学生群众，因此日本和英国起初被并列为中国人民"反帝"的重点对象。不过随着日本表态愿意和平解决纱厂罢工事件，而英国又酿成"汉口惨案"和"沙基惨案"，中国群众的反英情绪迅速高涨，逐渐将运动的对象集中于英帝国主义。人们或抵制英货、举行三罢（罢工、罢市、罢课），或发表宣言和通电，表达自己对沪案交涉的意见等。

这也是北伐战争时期的重大历史背景。

在此历史背景下，一些人如前众议院议员黄攻素、李肇甫等则青睐于类似"亚细亚主义"的思想，认为中国要发展，"非先打破英人在华势力不可"，应该联合一切亚洲民族以抵抗英国等西方国家。

1925年8月3日，黄、李联系京兆尹公署总务科长马鹤天、华北大学教授王文俊、天津益智通信社社长涂培源等人在北京成立了亚细亚民族大同盟，其章程规定："本会以反抗在亚洲实行帝国主义之国家，期达亚洲民族平等自由为宗旨"，"设总会于北京，设分会于各省及亚洲各国"。

亚细亚民族大同盟吸纳了一些其他亚洲国家的人士，如印度十狮子、满恩，高丽金弘善、柳长生、郑焕善，日本德光衣域、山濑悟一（新闻记者）、佐佐木健儿等。

日本成员还特别声明："日本政府是帝国主义者，本人是反对帝国主义者，与本会宗旨并无不合。"

可见亚细亚民族大同盟成立之初，是以反对英、美及日本等帝国主义国家、实现亚洲民族平等自由为旗帜的，并团结了一部分亚洲各国的反帝人士。

与此同时，中国高涨的反英运动引起了大洋彼岸日本全亚细亚协会的注意，该会派遣专务理事兼政友会众议员今里准太郎赴华宣传、联络亚细亚民族提携事宜。

经亚细亚民族大同盟会员山濑悟一引荐，今里氏会晤黄攻素等人，称：中日为亚洲的两大国，应对亚细亚问题谋一致妥协，互相扶助，有必要发起全亚细亚会议以讨论解决亚洲各问题；中方应该相信日方的诚意，"全亚细亚协会为一种民族的结合，不受政党左右，力谋中日提携，进而使亚洲民族大团结"；他本人还在去年国会临时会上建议修正对华不平等条约，"群以予为胆大妄为"。黄攻素等人认为，召开全亚细亚会议为"双方国民外交接近之机会，未尝不可与之合作"。

北京亚细亚民族大同盟与日本全亚细亚协会遂联名发布榜文，宣称：全人类的共荣是我们人类的终极理想，但其实现首先须确保近邻的相扶、相进和善邻的共存共荣，亚细亚民族会议的目的就在于谋求全亚细亚民族的共存共荣，"本着人种平等的大义为实现世界的和平、全人类共存共荣的理想做出贡献"。

会议的筹备细则规定，中日双方代表分别由两团体推选，其他代表由各亚洲民族自由推荐，参加于1926年8月在日本长崎举行的亚细亚民族会议。

7月20日，上海学生联合会率先发难，致函虞洽卿，反对其支持亚细亚民族会议，理由是：如果日本"对全亚民族大会果具诚意，自当先行放弃其对于各弱小国家之侵略政策，以谋互相提携"，否则其用心难测，"日人历年来深知我民众对其野蛮行为侵略政策之反对，安知其不将藉此以缓和我民族反抗之气焰耶。倘日本苟别具心肠，则亚细亚民族大会开会之日，即日本帝国主义的门罗主义实行之时"。

中方代表们仍按期赴日开会，在他们看来，真理似乎是站在自己这一边的。以中方代表而言，多数人为大学教授等知识分子，很容易认同亚洲各国为独立自由联合一致，抵抗西方列强的思想，而不像全亚细亚协会某些人士那样另有政治企图。

印度代表也希望会议有助于本国摆脱英国的殖民统治，实现民族的独立。其中婆斯（Bose）为甘地驻日代表，曾于1912年谋刺印度总督哈定，是印度独立运动的积极分子。另一因从事独立运动被英印当局驱逐的贵族不拉达蒲（Bratap），则打算以阿富汗代表的名义出席会议。正因如此，会议引起了西方国家的密切注意。

1926年7月17日，美国《纽约时报》忧心忡忡地指出，亚细亚民族会议对于美国和英国来说是一个危险的信号，其主要目的是刺激弱小不满民族的代表们的革命思想，反对白人权威。这不利于日本将来与英、美合作实现太平洋和平的利益。

英国政府则要求日本政府阻止不拉达蒲参加会议。

当时，日本由若槻礼次郎的宪政会内阁执政，奉行与英美协调的外交政策。

为防止与英美关系的恶化，日本当局宣称与会议无关，内务省以不拉达蒲遗失了护照为由，禁止其登陆。宪政会议员降旗元太郎、田中善立考虑到会议可能提及"二十一条"问题和朝鲜、台湾独立问题而带来的立场困难，取消了出席会议的原定计划。长崎市长锦织干借口先前接待中国实业代表团耗费较多，拒绝提供会议资金。就连会场也遭到长崎商业会议所的谢绝，改在条件较差的基督教青年会馆。

亚细亚民族会议的正式会期为8月1日至3日，预备会则定于7月15日举行。

中方代表自始谋求国家的独立平等，日本代表则考虑如何确立本国的亚洲盟主地位，双方的目的迥然不同，冲突不断。

7月15日，先期抵达长崎的北京代表黄攻素、林可彝、王世甯三人与日方代表今里准太郎、西泽四郎（全亚细亚协会嘱托），印度代表婆斯等人商讨议事日程。

当林可彝表示中国方面拟提出取消中日间不平等条约案时，今里准太郎惊诧地问道："此中国政府请君等提出耶？"

黄攻素指出，这是大家的公共主张，"与中国政府毫无关系"。

日方又表示该案不能在亚洲会议上提出，应由中日会议解决。

中方坚持"非提出通过不可"，双方互不相让，相持不决。

8月1日下午2时，各国代表先举行秘密会，继续协调中日双方的意见，保证正式会议的顺利进行。

当今里准太郎宣示中方代表将提交取消中日间不平等条约案后，立即遭到日本代表政友本党系议员则元由庸、森肇、永峰与一和明治大学教授佐伯好郎等人的强烈反对，中方代表见对方无可通融，便一致退出会场。后由婆斯、田中守平等人极力调解，并决定认可中方的提案，才避免了会议的中途夭折。

中方代表提交的取消中日间不平等条约案，部分原文如下：

"全亚细亚民族会议之召集，为谋求全亚细亚民族平等之实现，以达全亚细亚民族共存共荣之目的。然中日间之不平等条约不先取消，是亚洲民族自身间已失其平等，复何辞向白色人种要求平等与解放，故现在亚细亚民族间不平等条约自应取消，尤以日本对华一切不平等条约，及一切不平等条件，为亚细亚民族共存共荣目的起见，应互相表示诚意，努力于撤消运动。"

从中可看出，中方要求日本自动取消不平等条约的理由主要是：只有亚洲民族间平等了，才能向欧美国家求平等与解放，实现亚洲各民族的共存共荣；而没有列举和斥责中日间不平等条约的内容及其弊端，语气相当委婉。

但即便如此，仍遭到了多数日本代表的反对，其所谓"中日亲善"的虚伪性可见一斑。

下午约5时30分，亚细亚民族会议正式开幕，出席代表34人。其中，中国代表12人，日本12人，印度7人，朝鲜2人，菲律宾1人。

会议除通过秘密会就已确定的取消中日间不平等条约案外，重点审议《全亚细亚联盟暂定规约》。该约由日方起草，黄攻素、婆斯等人略加修改而成，规定：全亚细亚联盟"以平等正义为基础，而图实现世界恒久和平，并将一切阶级的、人种的以及宗教的差别撤废，以确保全人类之自由平等"为宗旨。

规约向人们展示了一个抽象的美好的亚洲联盟蓝图，代表们自然是一致通过。

8月2日，会议专门审议提案。当日本代表提出建设亚细亚横断铁路、创办金融机关、创办亚细亚兴业机关等案时，又引起了一场轩然大波。

中方代表认为，建设亚细亚横断铁路、创办金融机关将损害中国的铁道权、金融权，提出："须俟有详细调查与办法，向国人公开而得谅解时，始可议之。"而创办亚洲兴业机关，必须先撤销"二十一条"，"不平等条约不取消，是案即不能通过"。日方代表反对，双方争辩激烈，后经婆斯、菲律宾代表威尔沙调解，将3提案予以保留。

此后，中方代表提出日本应取消对华商、华工一切苛例案和支持印度独立案，但遭到日方代表的反对。

本来朝鲜代表姜世馨（新朝鲜社社长）准备出席会议提交高丽独立案，也为今里准太郎所阻止，其理由是：如果姜发表激烈演说，大会将被警察干涉解散。

由此可见，日方倡立全亚细亚联盟的目的并非像《规约》所显示的那样美好，他们关心的是如何在亚洲各国修建铁路，创办银行，扩展日本的贸易，确立日本在亚洲的盟主地位，以与欧美列强争胜。

至于印度、朝鲜等国的独立平等，是根本不值一顾的。

8月3日，是会议的最后一天。会议决定1927年在中国举行第二次全亚细亚民族会议，还接受婆斯关于表彰亚细亚运动有功者的提议，推荐了各自国家的人选。

印度代表推举的是圣·甘地、尼尔、泰戈尔三人，中方推荐的是已逝世的孙中山，而日方推荐的是犬养毅和头山满。

这也反映出各国代表对"亚细亚运动"的不同理解。

甘地等人致力于印度的独立运动，以摆脱英国的殖民统治。

孙中山曾在1924年11月到达北京前，前往日本对日本神户商业会议所等团体演讲"大亚洲主义"，倡导亚洲各民族和各国家以固有的注重仁义道德的王道文化为基础，平等合作，反抗欧美的殖民主义；并忠告日本不要继续做主张功利强权的西方霸道文化的鹰犬，而应做"东方王道的干城"。

犬养毅、头山满所信奉的"大亚洲主义"与孙中山的明显不同，其核心是：亚洲各国首先是中国、朝鲜等国须在日本的统领下，"戮力攘夷"，排除欧美在亚洲的势力，"布皇道于全世界"。

可见印度和中国代表所理解的"亚细亚运动"是求本国的独立及亚洲各国的平等合作，反抗帝国主义的压迫；而日本代表的理解则是由日本领导亚洲各国，称霸世界。

当会议的消息传到国内后，各界的反对之声顿时高涨。

第四节 亚洲盟主

人们认为，日本代表关于建立亚细亚横断铁路、创办金融机关和兴业公司的提案是为了控制"全亚各弱小民族之命脉"；其提倡的全亚细亚联盟是日本帝国主义窃掠和残暴的工具；其对于取消中日间不平等条约案的不情愿态度反映了他们所谓"中日亲善"、"平等正义"的虚伪性。

国内舆论普遍认为，会议是日本推行"亚洲门罗主义"或"大亚细亚主义"，欺骗亚洲弱小国家，以树立日本的亚洲盟主地位，与欧美列强争胜的工具。中国不应该派代表出席会议，赴会者纯属私人资格，是"日本帝国主义的走狗"等。仅《现代评论》指出其有反抗欧美侵略的一面，大多数批评者将它看做是日本侵略亚洲的代名词。

实际上，"大亚细亚主义"具有双重性质，一方面主张以日本为盟主，以日本一国的利益为中心，与西方"协调"对亚洲的扩张侵略政策；另一方面又主张亚洲各国联合，一致抵抗西方的入侵。

但是，20年代的日本，强调扩张领土的"大亚细亚主义"成为亚细亚主义者的主流思想，并指导了这次亚细亚民族会议。会议的经过及结果很容易让人们对"大亚细亚主义"一概嗤之以鼻。

从日本各界对该案的反应来看，不仅大邱市的14个右翼团体通电表示反对，而且各报对该案的报道多含糊其辞，"对此议案全文登载者甚鲜"；甚至批评日方主办者对于中方的提案没有充分准备，通过该案是"不负责任"。

由此可见，日本民间并没有形成取消中日间不平等条约的有力舆论，更遑论其政府会改善对华政策了。

第二次亚细亚民族会议原定于1927年秋在北京举行，后因北伐战争的中国政局激变，黄攻素等人认为会议应该取得南京国民政府的谅解和援助，加之上海交通方便，便改在11月于上海举行。

与第一次会议相似，中日两国代表之间有着较大的意见分歧和对立，一度使会议陷入决裂的境地。

上海的大韩民国临时政府准备派代表与会，但日本代表担心会议涉及朝鲜独立问题，称"若许朝鲜人加入，即当退出会议"，从而将朝鲜代表拒之门外。

中方代表要求日方取消设立中央银行、敷设中央铁路的提案，而接受本方的4项议案：日本须放弃对满蒙之积极政策；须撤废中日间之一切不平等条约，于六个月内订结对等条约；要求撤退在中国各地之外国军舰军队；日本须撤废对于朝鲜之种种压迫。

印度代表则明确表示支持中方的第2、3项议案，并提议"同情俄国的无产运动"。

日本多数代表对此颇为气恼，认为中、印代表无视会议的性质，乱提议案，日方没有必要再出席会议，不如归国期待其反省。

4日，经抵沪的不拉达蒲撮合，各国代表举行预备会，继续就提案问题交换意见。

中方代表提出修改后的5项议案：援助中国关税自主及收回一切治外法权；实行去年所通过之取消中日间及全亚细亚一切不平等条约；停止侵略满蒙；努力解放亚细亚各弱小民族之种种压迫；反抗英国侵略中国领土等。

这里中方取消了原提案中要求日本六个月内订结新约和停止压迫朝鲜的条款，态度有所缓和，而"停止侵略满蒙"案是针对当时日本欲修建的"满蒙五路"，但遭到日方代表的极力反对。

双方争辩达1小时之久，仍无结果。

7日，正式会议召开。中方代表所提"停止侵略满蒙"一案修改为"因日本之对华政策有伤中国之感情，日本对满蒙政策务须加以改革，日本以承认之"，与其他4项议案一并通过。日本代表不再提及设立中央银行、敷设中央铁路等案，而是提出撤废人种之不平等待遇、撤回新加坡及珍珠湾之防备等新议案，后又将"及珍珠湾"四字削除，予以通过。

会议还批准了不拉达蒲提出的十条"全亚民族之共通提案"，包括：亚细亚各民族绝对自由，不能有任何压迫；推派代表分赴欧美各国宣传宗教；亚细亚各民族须彻底合作反对侵略之国家；亚细亚各重要都会应设商业机关等。

其中，第九条议案为"解放中国问题"，下分3项建议：联合中国各实力派取缔杂色军队；中央政府应派若干人研究外交问题，组织完美之行政机关；促进中国取消治外法权、撤废租界、关税自主。

第十条议案为"欲救济中国必须诚意地与日本合作，同情于美俄两国"。

此后随着会议的进行，日本代表否认"停止侵略满蒙"案的消息公诸报端，人们压抑的怒火像火山一样迸发出来。

上海海宁路、虹口六路、十一路等数十商界联合会和对日外交市民大会等团体先后发表宣言，批评日本的侵略野心，呼吁国人抵制该会。

人们普遍认为中国人根本不应该出席该会，它不过是日本诱骗、麻醉亚洲各民族，以实现其全亚细亚洲大盟主的工具。

这种认识基于如下事实：日本代表拒绝朝鲜代表与会，抵制中方关于满蒙的提案；虽然长崎之会通过了取消中日间一切不平等条约案，但日政府反加紧侵略满蒙，出兵胶鲁，资助中国军阀内争。

在胜于雄辩的事实面前，人们不会因为日本代表高唱"全亚细亚各民族联合起来"而鼓掌欢呼，相反只会痛骂一番了。对于本次会议的巨大反对呼声，足以震醒某些迷信日本的大亚细亚主义能拯救中国、振兴亚洲的人。

综观两次亚细亚民族会议的过程及中国各界的反应，似可提出如下看法：

第一，亚细亚民族会议由日本全亚细亚协会和中国亚细亚民族大同盟共同发起，并得到了上海亚洲民族协会、亚细亚和平研究会、亚洲文化共进会、亚细亚问题讨论会的响应，这说明在中国民间的确有一部分人具有联合亚洲各民族包括日本，抵抗英美国家压迫的思想。他们对日本的大亚细亚主义并不反感，相反希望它有助于中国取消中日间不平等条约，实现民族的独立自由。

虽然事实证明他们的期望只是一相情愿，且遭到多数国人的反对，但不容忽视他们的存在，忽略他们的思想及其行为。因为，正是他们促成了轰动一时的亚细亚民族会议的召开。

第二，亚细亚民族会议之所以吸引了一些中、印人士的参加，也在于日本的大亚细亚主义具有相当的迷惑性。

日本的大亚细亚主义虽然蕴涵了日本称霸亚洲的扩张意识，但以对抗西洋的侵略为旗帜，以所谓追求普遍的亚洲文明为口号。不明其中奥秘者，自然举手赞成了。

不过，毕竟中、日等国代表之间对会议的理解各不相同，冲突频起也就在所难免。

如果只从会议的结果来看，既通过了取消中日间不平等条约等案，又建立了"以平等正义为基础"的全亚细亚联盟，而不看日本代表抛出建设亚细亚横断铁路等案，并极力抵制中方提案的过程，就很容易认为与会者是追求"由亚洲人统治的非殖民地亚洲"的先驱。

美国学者顾德曼将这一光环放在中、印代表身上或许成立，但要套在日本代表的脖子上，则会黯然失色的。

第三，就中国各界对亚细亚民族会议的批评而言，其中虽有意气用事、不够准确之处，如斥责中方代表为日本帝国主义的走狗，没有看到他们维护国权的一面；又如将今里准太郎等日方代表视为日政府推行帝国主义政策的代言人，没有看到他们和日政府的区别等。

但总体上来说，人们如实地揭露了日本代表名为谋求"全亚细亚民族的共存共荣"，实则扩张日本的亚洲利益的虚假面具，打破了某些人对于日本大亚细亚主义的幻想，表现了中国人民维护国家主权和民族利益的决心。

然而，日本对于中国的反对运动并未予以足够的重视，相关的舆论报导寥若晨星，即使谈到了，也视之为"妄言"，而没有反省它产生的原因和自己应付的责任，其后果在水野直树先生看来，"导致了30年代日本借'解放亚洲'、'共存共荣'的名义发动了侵略亚洲的战争"。

时至今日，日本一些朝野人士试图抛开历史问题，提倡以本国为主导的"东亚共同体"，这不禁让中国人民怀疑它是"大亚细亚主义"和"大东亚共荣圈"的复活，因而反应冷淡、支持者寥寥。

第五节　拓殖东北

东北是爱新觉罗王朝的"龙兴之地"，为爱新觉罗王朝"千秋万代"的基业，自爱新觉罗王朝建立后，东北执行针对汉人封禁令达200多年，大部分地区保持着近乎无人区的状态，成为爱新觉罗王朝的自然生态保护区。

1644年清兵入关后，满族人口几乎全部从东北迁入关内，原来汉人相对集中的辽东也变得人口稀少。

直到顺治十八年（1661年），辽东一带还是"有土无人"，"自沈阳至卜奎（今齐齐哈尔），中间数百里无居民"。为了限制蒙古人内迁和汉民外迁，划分游牧地和农业区，爱新觉罗王朝于顺治年间沿明朝辽东边墙旧址筑了约900里长的"柳条边"，康熙年间又加筑了新边墙。边墙设20座边门，每门常驻数十名官兵，稽查出入，禁止边内居民越过篱笆打猎，采人参，放牧。

顺治十一年（1654年）规定，凡出入山海关者都须凭印票，禁止挟带人参入关。但对出关于"柳条边"之内垦殖依然允许。

至康熙七年（1668年），关外之地都被列为封禁范围。

康熙十六年（1677年），爱新觉罗王朝政府派大臣探求鸭绿江源头，寻访长白山清朝发祥圣地。根据大臣的回报，康熙帝认为长白山与清朝的龙脉相连，因而将长白山周围地区都列为封禁范围。

尽管有封禁的规定，但遇有灾害，关内百姓往往强闯或偷渡出关。一方面由于"柳条边"长逾千里，常驻官兵人数有限，难以阻拦。另一方面，为减少关内灾民的压力，不止一次变通规定，允许灾民出关，或者采取默许态度。但在多数情况下，出关是被禁止的、非法的，因此只能"闯"。

面对俄国的步步进逼，对东北招民垦荒、移民实边的建议终于为清政府采纳。1860年清政府下令开放今哈尔滨以北的呼兰河平原，次年又开放吉林西北草原，从此开始了大规模移民。"闯关东"不仅不再是非法，而且经常得到政府的鼓励和资助，移民获得土地和定居也比较顺利。

甲午战争后，俄国加紧了对东北的渗透，1897年在东北修建中东铁路，也开始实施移民计划。

1900年八国联军入侵中国，与此同时，俄罗斯单独出动17万大军，企图一举吞并东北，而由于当时东北人烟极其稀少，因而整个东三省的中国驻军不过9万余人，根本无力组织像样的抵御。

明末抗清名将袁崇焕八世孙、黑龙江将军寿山战败自杀殉国，在临死前，寿山对部下留下遗言，大意是："江省之事非垦荒无从下手，垦荒之事则非招民无从下手，以江省之大，土地之沃，若招民而垦之，则不出十年必能自立。"

寿山死后，军不能敌，俄军迅速占领了东北全境，大肆屠杀抢掠，为此东北人民蒙受了深重的民族苦难，流淌了太多的血和泪。

《辛丑条约》签订后，爱新觉罗王朝每年要支付大量赔款，财政困难。爱新觉罗王朝终于意识到人烟稀少对东北边疆防卫的巨大不利影响，由于移民放垦既能充实边疆，又能增加政府财政收入，光绪三十年（1904年）全面开放东北各边荒地，正式彻底废除了延续200多年的封禁令。

事实上，这时爱新觉罗王朝即使不让汉人占据东北，东北也早晚会被日俄两国给瓜分掉，所以爱新觉罗王朝最后废除针对汉人的封禁令，也是非常不情愿的不得已之举。

不过，爱新觉罗王朝此前的民族政策，致使黑龙江以北、乌苏里江以东的100多万平方公里富饶领土都被俄罗斯给蚕食了，更使得中国从此彻底丧失了通往日本海的出海口，给后世中国的发展造成了极大消极影响。

在封禁令被废除后，大批关内缺地少地的汉族农民立刻蜂拥进入东北，迅速占领了广大东北无人区，他们在东北各个角落定居垦荒种地，在东北扎下根，从而彻底控制了东北地区。

这股巨大移民潮一直绵延到1931年九一八事变，此时东北中国居民已经猛增到3000万人，形成了一股根深蒂固的防卫力量，从而大大加强了中国对这一地区的实际控制力，从此彻底绝断了任何殖民者蚕食东北的图谋，这就是近代历史上著名的"闯关东"。

"闯关东"浪潮，有力地促进了民族间的文化交流与融合。

关东的开放，意味着爱新觉罗王朝政府保守满族固有文化的初衷呈不可逆转之势逐渐走向它的反面。

作为文化、信息的载体，流民大规模入关，意味着中原文化向关东地区大规模挺进。

在关东，有许多山东村，就是齐鲁文化平面移植的突出表现。

中原文化"喧宾夺主"，这样势必造成中原文化对以满族文化为主体的关东文化的同化局面。

关东文化在中原文化的包围之下，不断进行自我调适，向中原文化看齐，所谓"渐效华风"是也。

"到了今日，旅行满洲者，从辽河口岸直达黑龙江，至多只能看见从前游牧人民的一点行将消灭的残遗物迹而已，他们昔日跨峙塞北的雄威，已经荡然无存了。现在满人几与汉人完全同化；他们的言语，也渐归消灭，转用汉语了。"（W.Young：《美报之华人满洲移民运动观》，《东方杂志》第25卷）

原有的关东文化丧失了独立存在的价值。但大面积"复制"到关东的中原文化，由于脱离"母体"和环境的改变，也不能不发生"异变"。

一个明显的事实是，流民到了关东，不能不改吃高粱米、棒子面，为了对付严寒，也不能不学着关东人的样子烧炕睡炕，如此等等，不一而足，这就使"复制"到关东的中原文化与"母体文化"逐渐拉开距离。

这样，一种脱胎于中原文化和关东文化而不尽同于中原文化和关东文化的新型的区域文化——新型关东文化逐渐形成，即"满汉旧俗不同，久经同化，多已相类，现有习俗，或源于满，或移植于汉"。

日本自明治天皇时代起，面对国内各种混乱和矛盾，选择了一条"将希冀内乱之心转移于外，行兴国之远略"的扩张侵略路线。

当时，日本国内各种侵略思想盛极一时。

早在1890年3月，大军阀山县有朋在呈给天皇的奏折中就曾露骨地说："国家独立自卫之道有二：一曰捍卫主权线，不容他人侵害；二曰防护利益线，不失自己的有利地势。何谓'主权线'？国家之疆域是也。何谓'利益线'？即同我主权的安全紧密相关之邻近区域是也。"

这里的邻近区域，无疑包含着与日本毗邻的辽阔的中国疆域，而所谓"防护利益线"就是要防护作为日本国防生命线的中国大陆，即把整个中国置于日本的统治之下。

1894年，伊藤博文参与策划了日本对朝鲜的战争和中日甲午海战，战后与中国签订《马关条约》。

通过甲午战争，日本不仅强占了台湾、澎湖列岛，而且获得了2.3亿两白银的巨额赔款，单是来自中国的赔款即相当于日本4年多的财政收入。

正是利用清政府支付的赔款，日本一跃成为富国，更将其中1亿多元用于陆海军备扩张，极大程度上增强了军力。

尤为重要的是，日本通过强占台湾，极大地刺激了其扩张领土的欲望。

从此，日本走上继续侵略中国和亚洲的军国主义道路。

此外，这场战争也将日本人对中国人的意识扭转了180度。

在此之前，中国是日本的老师，日本人学汉字，写汉文，模仿中国各种文化方式，但凡外国过来的新鲜玩意儿都加个"唐"字，以示先进文明。忽然一夜之间，他们发现心目中神圣的尊师竟然不堪一击，惊讶之余狮子大开口，且通通得到满足，从此拉开了对中国巧取豪夺的序幕。

尽管在明治维新后的数十年间，日本已逐渐摆脱了往日对中国的敬畏，但还没有露骨地表现出来。当甲午战争结束后，日本国内迅速弥漫起一种自大而又鄙视中国的空气。

当时日本的各大报刊纷纷主张通过这次战争进一步征服中国，由天皇来统治中国。日本《时事新报》刊登社论说"日本开战是为了文明开化的进步"，内村鉴三甚至以英语发文说"中国是进步的大敌"。

从此，在日本的一般国民中就产生了战争有理、亚洲落后、蔑视中国的心理，为日本进行侵略打下了民意基础。就连当时日本小孩都唱起"支那佬，拖辫子，打败仗，逃跑了，躲进山里不敢出来"这样轻侮中国人的歌谣。

当时许多日本人甚至公然以"豕尾奴"之类的字眼直接辱骂首批中国留学生，使后者因无法忍受此种侮辱而愤然。

日俄战争后，日本试图营造一种以天皇为中心的"家族国家"体制，强调天皇与臣民的紧密结合，以统合全体国民。

在这种体制下，日本乃是以"家族制度"为基础，举国成为一个"大家族"，皇室即为"宗家"。国民必须以"对父母敬爱之情"来崇敬天皇。换言之，即为"忠孝一致"的国体。并且基于此意识形态来推动身份法制的修正。

尝到殖民台湾好处的日本，将目光聚焦在中国东北。

事实上，割据满蒙（东北和内蒙古东部）是日本明治时代以来的既定战略。

在1921年的内阁会议上，日本决定，满蒙与日本（此时日本已经把朝鲜并入本国的领土）接壤，是日本国防和经济的重要物质基础，因此要在维护既得利益的基础上，继续扩张在这块土地上的势力。

对中国东北的移民侵略是日本的国策，是其"大陆"政策的重要组成部分。

日本对中国东北长达40年的移民侵略活动，可以分为三个时期：第一个时期是"移民试点"时期（1906~1931年）；第二个时期是"武装移民"时期（1932~1936年）；第三个时期是"国策移民"时期（1937~1945年）。

在移民侵略活动中，满铁株式会社起到了独特的作用。

日俄战争后，为接管中东铁路南段，日本在中国东北成立了一家特殊的企业：满铁株式会社。满铁本应是一个经济机构，但它自1906年成立之日起，其活动很快就超出铁路及经济的范围。

担任日本满铁株式会社首任总裁的是后藤新平。

后藤新平之前担任过日本驻台湾总督，一个"台湾王"屈尊担任一家企业总裁，实在是只能说明这家企业太不简单，也说明了东北在日本眼中的战略地位。

满铁株式会社调查部出于拓殖东北战略需要，曾着手于东北地区的民事旧惯调查。

满铁首任总裁后藤新平，认为满铁要以"文装的武备"方式担任日本经略满洲的先锋，必须对满洲的政治、风俗、工商状况进行深入了解，于是在满铁之内成立了"调查部"。

后藤新平任日本驻台湾总督任内时，曾邀日本京都帝国大学的冈松参太郎，主持自1901年成立的"临时台湾旧惯调查会"，进行台湾旧惯调查，颇有助于日本对台湾的殖民统治。后藤将此一"台湾经验"移植到同为华人地区的中国东北，因而令满铁调查部对中国东北进行旧惯调查。

满铁株式会社调查部于1913~1915年间逐次刊行《满洲旧惯调查报告书》，共得9卷。

1905年日俄战争后，日本加紧对中国东北渗透拓殖的步伐。其中向中国东北移民，是日本向中国扩张的一项重要措施。

1906年，日本设立南满铁道株式会社和关东都督府时，日本陆军大将、前日本驻台湾总督儿玉源太郎就曾讲过"战争不可能常胜不败，永久的胜利是与人口的增减有关联的"，让更多的日本人移居东北，"那么这个地区自然而然会成为日本强大势力范围"。儿玉源太郎竭力提倡向"满洲移民"的必要。

第一任"满铁"总裁后藤新平也在其就职书中说："经营满蒙的诀窍，在于实现满洲移民集中主义"，"我们在满洲应占有以主制客、以逸待劳的地位"。

后藤新平是这样总结的："第一，经营铁路；第二，开发煤矿；第三，移民；第四，畜牧，其中以移民为最"；"以经营铁路为基础，不出十年，则将有五十万国民移居满洲，俄国虽强，也不敢轻易与我挑起战端。和战缓急的大权，居然掌握于我之手中"。

1908年6月，后藤新平在向日本内阁总理大臣提出的备忘录中再次鼓吹"满洲移民论"，"进临满洲之我国移民，以今后10年为期至少为50万人，若有可能则应达到100万人以上……如随年积月累得以移入大量人口，满洲则在事实上成为帝国领土。不仅在以后归还之场合我之利益确定不动，而且或许出现最终不必归还之情况。"

日本外务大臣小村寿太郎在1909年召开的第25届帝国议会上也积极鼓吹所谓"移民满韩"，高唱"满洲中心论"。

不久，日本在"满铁附属地"安置了满铁铁道预备队退伍兵从事农业。

1912年，"关东州"都督福岛安正在大连市金县大魏家屯海岸地带组织了日本向我国东北进行移民侵略的最早试验村——"爱川村"。

这次移民共19户，48人。"爱川村"移民是日本国家机关致力于向我国东北进行移民侵略活动的开端，是一次真正的试验移民，因此，被日本统治阶级视为向我国东北移民的"先驱"。

1928年，"满铁"建立了"大连农事株式会社"，在公主岭、熊岳城两地建立所谓"农事试验所"，以此作为基地训练移民骨干，收集各种农业情报，探求继续移民的可能性。

1929年，日本政府设立"专管满蒙进取之事务"的拓务省，加强对移民的管理和指导，推行移民侵略政策。

1930~1931年，大连农事株式会社在夹信子、李家屯、赞子河、杨树房、金厂沟、三十里堡、小莲泡、旅顺等8个农区共移入日本移民74户。

在"移民试点"时期，日本对东北的移民数量少，规模小，移民区域也仅限于当时日本直接统治的"满铁附属地域"或"关东州"地区。

当时虽然日本本岛对东北的移民数量少，规模小，但是日本迫使朝鲜人向中国移民，并把其纳入日本的"满蒙政策"。

朝鲜农民向中国东北迁移开始于19世纪中叶。当初，春耕秋归者居多，而正式迁移则是从日本帝国主义将朝鲜作为殖民地加以合并的1910年前后开始的。

时至1931年，迁入中国东北的朝鲜人总数已达约100万人，其中有60万人集中在间岛地区，40万人分散在其他各地。

这些迁移者大多数从事农业，有一部分从事独立运动，还有极少数的人成为日本人的走狗。

朝鲜农民向中国东北迁移，原本是由于中朝之间的历史关系所形成的。但是中日甲午战争以后，这个朝鲜移民的问题逐渐成为日本对朝鲜实行殖民统治和侵略中国的一个重要环节。

日本的大财团和殖民机构，在朝鲜疯狂地掠夺和兼并朝鲜农民的土地。因此，大批的朝鲜农民破产，失去土地的佃农越来越多，为了生存和获得土地，他们只好离开世代居住的故土，越过中朝边境，迁移到中国东北。

但是，日本随后就把它作为向中国实施侵略的一种手段，利用朝鲜移民在东北扩大势力,将其纳入到日本的"满蒙政策"。

趁着第一次世界大战的"契机",日本在中国的东北攫取了巨大的利益空间,满洲成为为日本提供粮食、能源的殖民地。

1914~1924年期间,在以满洲铁路为中心推进的殖民地经营中,日本获得了2.5亿日元的丰厚利润。

与此同时,日本加紧向东北三省移民,到了30年代,向中国东北移民一度成为日本的一项国策。

日本有历史学家认为,日本从江户幕府的末期开国时起,"就蕴含着经历废弃封建制度→产业革命→对后进国的侵略→与先进国的冲突这一几乎是逻辑上的必然性"。

正是在这一思维逻辑指导下,中日战争的战火又将燃起。

第五章 混沌时局

第一节　孙陈决裂

由于和孙中山的决裂，长期以来，陈炯明一直以十恶不赦的形象出现。

然而，陈炯明真是十恶不赦么？

"惟英雄能活人杀人，功罪是非，自有千秋青史在；与故交曾一战再战，公仇私谊，全凭一寸赤心知。"这是孙中山去世后，陈炯明亲拟的悼孙中山的挽联。

从这幅挽联看，实在有太多说不清、道不明的恩怨。

前文提到苏俄对中国建立红色政权抱有很大期望，一直在寻找合适的亲俄人选。

陈炯明一度就是苏俄心目中的人选。

1918年8月，遵照孙中山的旨意，肩负"维护约法，再造共和"使命的援闽粤军在总司令陈炯明的率领下进驻漳州，创建以漳州为中心的闽南护法区。

孙中山抵押在上海的房子就是作为支付闽南的军费；孙中山派遣朱执信、戴季陶等有理论修养的学者型革命家到闽南去协助陈炯明；孙中山尽很大力量在海外华侨中募捐，用来支援陈炯明的军费用度……陈炯明的援闽粤军在漳州进行了为期两年的政治、经济、文化建设，取得了丰硕的成果。

林森、胡汉民、汪精卫、居正、吴稚晖等国民党名流都先后造访。

闽南护法区的巨大成功，不仅赢得了国内舆论很高的评价，而且还引起了国际上的瞩目。

这一时期的陈炯明也在不同的场合倡言"全人类社会主义"，但他的"社会主义"与苏俄所施行的"社会主义"却有着天壤之别。

当时，包括陈炯明在内的大部分中国知识分子，在以同情的目光关注着受压迫的俄国人民与"帝国主义"的斗争，并不清楚这场斗争的实质和目的。

漳州护法区的巨大成功和陈炯明的社会主义倾向，引起了英美国家的关注，自然逃不过苏俄政府的注意。

1920年4月下旬，列宁密派波特波夫将军赴漳州访问。

对此，上海公共租界警察局长麦休恩（Mc Euen）曾函告美驻沪领事称：

苏联著名的布尔什维克者——波特波夫将军在上海逗留了四个多月（由一九一九年十二月十七日至一九二零年四月廿二日）。在这段时期内，他与中国的过激分子有密切的联络。而且有理由相信他离开上海后，曾去福建漳州访晤陈炯明将军。

关于苏俄代表最初是如何和陈炯明接触的，有两个版本。

一说早在苏俄代表访问之前，苏俄党人布罗威氏通过闽南教育局职员姜某，进言陈炯明，说有"列宁至友波氏，将向亚洲诸国进行其推动革命任务，同时也为苏俄取得助力，方能挣破欧洲封锁难关。布氏愿保证波氏善意，请华南有地盘有凭藉的革命集团，接纳他的使命，共图发展，若表同意，波氏即南来"。

陈炯明回答说："闽南，这中华民国的一个角落，刚巧由我在此看家，你们，在这里工作的同志，认为要干甚么，只要商量过，最后经我同意，那便甚么都不妨干去。比方这苏俄朋友，请他先来看看我们这里是否算得个地盘，这么个小局面是否算得有凭藉，一切谈谈也好。"

另一个版本，据亲自参与整个接待活动的陈其尤60年代在北京的口述回忆，事先是由上海的孙中山通知陈炯明，说苏俄代表要来漳州访问，陈炯明同朱执信、廖仲恺商量后表示欢迎。

波氏和随员一行共六人，其中有一个担任翻译的赵姓朝鲜人，还有一瑞士籍的妇女。

他们由"社会主义者同盟"华北区代表黄超海陪同，从上海乘轮到厦门，然后转乘小船抵漳州。

为了保密，避免外间谣传，先行通知厦门当局李厚基，假称是外籍工程师，特请来帮助筹划开发龙岩大煤矿的。波氏还脱下了苏俄海军中将的制服，改穿便服。

时任司令部机要秘书的陈其尤负责整个接待工作。

出于保密考虑，他把公园内刚建成的环境幽雅的教育局作为招待所，司厨及其他勤务人员均是科长级以上的进步分子。

"客人"白天的活动相当轻松，不是游览便是聚会，晚上的谈话才涉及到实质性的问题。

波氏带来列宁给陈炯明的亲笔信、亲笔题名的照片。

在信中，列宁对中国革命表示深切的关怀，对陈炯明的行动表示敬佩和鼓励。

在谈话中，波氏希望陈炯明注意发动群众，多做农民运动。并承诺如果漳州需要，可以将储存海参崴的军械提供给粤军使用。

在5月8日给列宁的回信中,陈炯明明确地指出:"人类所有的灾难都来自资本主义的国家制度。只有消灭国界,我们才能制止世界战争,只有消灭资本主义,我们才能考虑实现人类的平等。"

陈炯明对列宁派代表前来表示感谢,并介绍了中国当时的政治局势。

对于提供军械问题,则答以现时漳州无港口可以接收而婉拒。

关于军事援助问题,陈炯明认为国内革命应赖自力,不应求助于国外势力。

这封信由朱执信起英文稿,廖仲恺打字,曾于1921年3月刊载于苏俄的《外交部公报》。

在同《闽星日报》和《闽星周刊》举行的座谈会上,报社同仁敬佩苏俄的革命,却也明显可以看出陈炯明所主张的社会主义和苏俄社会主义存在本质区别。

在谈话中,陈其尤他们也把陈炯明关于"闽南护法"区的建设设想向波氏一行做了介绍。闽南将成为一个独立的武装自治区,抵御任何势力的侵入。区内集中全力于教育和生产,从而引导民众涤除旧染,逐步转向较合理的生活,而且训练大家参与实际政治。全国尽管动乱纷纭,一个角落如果弄得好,相信对全国没有不生影响之理。简而言之,就是以闽南的成功,推动全国的发展。这就是陈炯明"联省自治"思想的具体实践。

为了实现这个目标,须将现有的约六万人的军队汰弱留强到一半,约为三万人。两年之内再训练新兵七万人。这样,部队总人数达十万人。为了提高军队素质,一年内须由军事教育机关培养一大批干部和指挥官。此外,为了克服军械纯靠外界采购的缺陷,拟在区内建置一小型兵工厂。

针对这些要求,波氏制定了建立一所军校和一军需工厂的计划及预算,几度磋商,大致作为定议。依据这个计划,他答应安排苏俄籍军校学科教官、部队编练官、兵工厂技师到闽南,并提供制枪炮子弹机器、原材料等。由他随员中一人开列清单,很熟练迅捷,非外行所能如此。

波氏和随员等在漳州逗留了两个星期左右。总司令部赠给他们港币二千元,并派秘书李瑞珍陪同送他们经厦门往香港,由香港再转乘轮船,取道海参崴回苏联。

由于政治主张的径庭,孙中山和陈炯明反目。孙中山主张"中央集权",要以武力"北伐"来统一中国;陈炯明主张"联省自治",企图建立与欧美民主国家相仿的联邦制,以和平妥协的手段来谋求中国永久统一。

其实也不全然。

陈炯明在闽南时期,其权力欲望已经初露,你要他做到大公无私也不可能。

当然,首要的是绝对控制军队,所以陈炯明所控制的粤军第一军,完全是宗法性质的领导,所有重要干部都是陈炯明的亲戚、朋友、老部下,孙中山派来的人都被安置在许崇智领导的第2军中;各个县的知事由他一人钦定,政府的各处长、局长、法院院长,完全由他的亲信组成。

看看陈炯明是在何种情况下与孙中山决裂的。

1922年4月20日，孙中山和陈炯明反目，在广西梧州的孙中山，以大总统名义批准陈炯明辞去粤军总司令暨广东省长职务，但仍任陆军部长。

当晚，陈炯明率幕僚离开广州，赴石龙，转赴惠州，其亲信部队，亦悉数退出广州。4月23日下午，回到广州的孙中山在越秀山总统府召开全体幕僚会议，决定行止。大本营内，有两种意见：一是主张暂缓北伐，先清内患，解决"陈家军"；二是立即转道北伐，避免与陈炯明直接冲突，双方仍留转圜余地。大多数人包括孙中山赞成第二种意见，"竞存叛迹未彰，在桂粤军数年奋斗，犹欲保存"，因此，他决定亲自督师北伐，"两广仍交竞存办理，给以殊恩，当能感奋"。

只有一个人始终坚持主张暂缓北伐，先清内患，解决"陈家军"，他就是当时人微言轻的蒋介石，那时还是许崇智的幕僚，并无实际权力。

因意见不被采纳，蒋介石一气之下挂冠而去。

1922年5月28日，澳门葡军当街调戏中国妇女，理发店周苏师徒仗义相救，却被警察署关了起来，由此激起华人公愤，包围警署，彻夜不散。29日澳葡当局出动大批军警进行镇压，打死华人47人，伤130多人，史称"五二九"大血案。

澳门60多个公团号召华人罢工罢市罢课抗议。

疯狂的澳葡当局继续采取高压政策，宣布澳门全境戒严，禁止华人离开澳门，又封闭了参与抗暴及"三罢"的68个公团，胁逼华人复工、复市。

公团领袖义正词严地要求取消戒严令，开放关闸，恢复公团活动之自由，严惩凶手，赔偿损失，并且慷慨宣称：坚持到底，不达目的决不终止！

澳门同胞的行动，得到祖国各地人民群众的广泛支持，广州、上海、南京、汉口、香港等地各界团体，纷纷集会声明，声讨澳葡当局的罪行，抗议信函和电报，如雪片般飞往澳门总督府及葡萄牙首都里斯本。

澳门各公团联名致电广东军政府及广东外交后援会，请求支持。澳门总工会代表陈根生、梁二侠一行专程前往广州，求见广东军政府非常大总统孙中山，要求派军队开赴澳门，保护同胞。

孙中山慨然应承：澳葡当局倒行逆施，视我同胞生命如草芥，激起天怒人怨，政府绝不袖手旁观，日内必有行动。

孙中山言出行随，军政府在军事和外交上双管齐下。6月1日，照会葡萄牙驻广州领事馆：所有事件经过及结果，应由澳门督府完全负责，本政府除因必要便宜处置外，特提严正警告。

同时，海军部派出巡洋舰"广元"号开赴香山海面，停泊前山。广州卫戍司令魏邦平调派陆军一个营驻防前山，与海军互为呼应，作为对澳葡当局的示威警告。两日后，又加派"江汉"、"雷兑"两舰前去助阵。

葡萄牙领事依然无礼而又狂妄，竟然宣称葡军枪击华人系为镇压乱党，属内部事务，中国政府无权干涉。

葡萄牙的横蛮无理，激起我社会各界新一轮抗议声浪，同声呼吁收回澳门。

孙中山义正词严地向葡国领事馆提出赔偿、道歉、禁绝鸦片三项严正要求。

军政府外交部长伍廷芳严正声明："政府决以强硬态度办理此案，绝不退步，直至采取最后必要之手段。"海军部又调"广贞"、"广亨"、"永翔"3舰，巡弋于银坑、马骝洲、湾仔一线，向澳葡示威警告。6月10日，军政府再向葡国领事馆发出照会，重提五项严正要求。

社会上纷纷传扬，广东军政府已向澳葡当局发出最后通牒，限3日内答复，不然将以武力收回澳门，保护我同胞。

澳葡当局赶忙增加关闸驻军，在青州山顶紧急构筑炮台，急电由上海调来澳门的军舰"毕地利亚"号加速前进。上海公共租界万国商团中的葡萄牙团练队，也急忙整理行装，随时准备奉调开赴澳门。

6月13日，澳葡当局派出一群武装葡兵乘坐多艘汽艇侵入湾仔并登陆。广东军政府守军发出警告，葡军置若罔闻，并开枪挑衅。严阵以待的中国陆海军官兵奋起反击，将葡军赶下海去。

6月15日，葡军又出动飞机越界侦察，我军猛烈开火，敌机仓皇逃遁。

正当澳葡当局惶惶不安，眼看中国收回澳门已成定势时，孰料风云突变。

6月16日凌晨，早有反意的广东军政府陆军部长陈炯明的部属，发动武装叛乱，包围总统府，炮轰孙中山住所。

孙中山先生化装脱离险境，登上"永丰舰"指挥战斗，与叛军鏖战50余日后，北去上海组织讨逆军。

陈炯明部属的叛变，使澳葡当局逃过了一劫，也使得中国正式收回澳门晚了一个甲子还长。

孙中山和陈炯明决裂，其实是各国政党政治常见的，但是国民党党内的政治分歧，竟然要动用军队，用枪杆子说话，陈炯明开了一个不好的先例；外敌当前，理当枪口一致对外，但是陈炯明在最需要党内团结时，为个人野心叛乱，也注定了他在北伐前必然被剿灭的命运。

陈炯明事件的发生，也让蒋介石著名的"攘外必先安内"的想法变成他的政治处世风格。

蒋介石领导的第二次东征陈炯明的军事行动，虽然在军事上取得了成功，但是由于讨伐对象陈炯明具有粤籍老同盟会资格，在政治上，实际起到了进一步分化瓦解国民党的离心作用，粤系与非粤系、老同盟会与国民党新兴势力的众多分歧并未解决。

这次军事行动不仅强化了蒋介石的权力，也使国民党内部党争用枪杆子说话，成为不成文的惯例。

以后发生的四一二清党、中原大战、闽变等重大历史事件，都是国民党内部党争用枪杆子说话的范例。

这种国民党内部党争用枪杆子说话的方式，直到西安事变后才发生改变。

其实这还并非是孙中山埋下的不幸之种，更大的不幸之种是同盟会的最初纲领。

正是对于同盟会的最初纲领的片面理解，汪精卫等一批国民党精英走上了汉奸的不归之路。

第二节　"联省自治"

北洋军阀统治时期，湖南等省地方势力为维护地盘和统治权而提出了"联省自治"政治主张。最早提出这个口号的是湖南军阀谭延闿（国民党元老）、赵恒惕。

湖南民众在南北战争中，饱尝兵祸的痛苦，厌恶外省军阀统治本省，1919年12月发动了驱逐皖系军阀张敬尧的运动。

1920年7月湖南督军谭延闿通电全国，表示要"顺应民情"，实行民治，"采民选省长制，以维湘局"。

名流熊希龄、梁启超进一步主张仿照美国联邦制，由各省自制省宪法，实行自制，并号召召开联省会议，成立联省自制政府。

11月赵恒惕取代谭延闿主持湘政，继续推行"自治"和"制宪"活动，并发表"联省自治"通电，派人到四川等地联络。

1922年1月公布了《湖南省宪法》，企图在北京政府和广州国民政府之外，再建一个全国性的联省自治政府。

谭延闿、赵恒惕提出的"省自治"和"联省自治"先后得到四川、云南、贵州、广东、广西、浙江和奉天等省地方军阀的响应，形成一个规模很大的要求省自治和联省自治的高潮。

在直系军阀吴佩孚推行以武力统一的局势下，西南各省军阀都高唱"自治"，以图割据自保。

广东的陈炯明也赞同"联省自治"，因与孙中山的北伐战略有根本分歧，最后发动反对孙中山的军事政变，而这场军事政变实际上是国民党党争的第一次"兵谏"。

当时，南方六省的"联省自治"运动有两个特点：一是所有倡导者都是军人；二是这些南方军阀都谋求建立地方封建割据政权。

千年的帝制才过去大约十年，那时候大权在握的军人没有帝王思想才是怪事，中法里昂大学可以化公为私，大好河山又岂能例外。

中国的民主靠各个省份的军人施舍，可能吗？

孙中山在《建国大纲》中，是从县一级开始，自下而上："第九条：完全自治之县，其国民有直接选举官员之权；有直接罢免官员之权；有直接创制法律之权；有直接复决法律之权。"

南方军阀的联省自治是从省一级开始，也就是说，省里的头面人物们相互协商就可以决定一切。陈炯明的"宪法"的要害就是要加强军人专权。

《北洋军阀史》中，对"联省自治"的意义说道："但是在军阀势力统治之下，除湖南实行省宪两三年外，其他各省军未发生实效，只是徒具形式而已。在直系军阀吴佩孚推行以武力统一全国的局势下，各省军阀高唱'自治'实际上是为维护地盘和统治权而提出的一种政治主张，以图割据自保。比如广东军阀陈炯明标榜'联省自治'，是为了阻扰北伐，并蓄谋发动反对孙中山的军事政变，以建立地方封建割据政权；江西陈光远，则利用'联省自治'的口号以脱离困境，以便于与陈炯明建立秘密的联防；浙江督军卢永祥原属皖系，直皖战后，他深感势孤力单，为巩固他在浙江的统治，用自制省宪等办法，抵制直系的侵入，以图自保。"

湘菜是中国八大菜系之一，盛名远扬，湘菜具有重要影响的就是"谭家菜"。

"谭家"就是指谭延闿府上的私房菜。

谭延闿于做官与书法之外，另有一大雅好，便是精擅美食。

据传闻，谭延闿好食鱼翅，每餐必进，非鱼翅不饱，几至成癖。

某日赴某君宴，席间主人大谈鱼翅之不足食，喻为味同嚼蜡，谭氏唯唯。酒至半酣，鱼翅未见上席，而主人遍请宾客随意点菜，询及谭延闿，便莞尔以答曰："如蒙不弃，请赐嚼蜡如何？"

当时有位名厨曹荩臣，因排行第四，人称曹四。原本在清朝衙门里当官厨，被谭相中，纳为私人厨师。曹四虚心好学，而谭延闿只要味美，而花费从不吝惜，曹所做鱼翅最为谭延闿所赞赏，且花样不断翻新，极尽筹划。

曹四除擅长湘菜之外，且旁通粤菜，后又研习江浙菜，集多个菜系之大成之精华，使谭家菜为当地名流所称道，有口皆碑，因称曹四为谭厨，谭家菜为"祖庵大菜"。

由于谭延闿在当时当地的影响，谭家菜逐渐在湘菜中得以独树一帜。

谭延闿去世后，曹四等谭府名厨被谭家以"伙食太贵，无力留之"为由，次年"遣之还乡"。

后曹四等人在长沙经营餐厅，将谭延闿平时所称道之菜谱，皆以"祖庵"二字冠之，如"祖庵鱼翅"、"祖庵豆腐"等，大肆渲染，生意兴旺，后逐渐扩展到全国各地，如南京曲园、北京曲园、长沙潇湘酒家等一大批大型湘菜馆先后开业，湘菜逐渐兴旺起来。

可以说，祖庵菜的形成与流传，对正宗湘菜的发展产生过很大影响。

这位仁兄也是说一套做一套的高人。

民国初年，湖南省立第一师范学校学生因伙食不好，每天进餐时经常大吵大闹，弄得杯盘狼藉，秩序紊乱。学校当局无法制止，只得请时任湖南都督的谭延闿莅校训话。

谭延闿并未批评学生，而是作一长联贴于食堂，其联云："君试观世界何如乎，横流沧海，频起大风潮，江山带砺属谁家，愿诸生尝胆卧薪，每饭不忘天下事；士多为境遇所累耳，咬得菜根，方是奇男子，王侯将相原无种，想古人断齑划粥，立身端在秀才时。"

据说学生阅读后，深为感动，嗣后进餐则井然有序，寂寂无声。

学生们却不知"谭延闿好食鱼翅，每餐必进，非鱼翅不饱，几至成癖"。

在民国时期，谭延闿可是一个响当当的人物，尽管现在人们一提起谭延闿，首先想到的是"军阀"二字，但其实他是民国的"政坛不倒翁"。

毛泽东在《战争和战略问题》一文中指出："谭延闿是一个聪明的官僚，他在湖南几起几覆，从来不做寡头省长，要做督军兼省长。他后来做了广东和武汉的国民政府主席还兼了第2军的军长。中国有很多这样的军阀，他们都懂得中国的特点。"

谭延闿的确是湘系军阀（湘军中派系林立，谭延闿、赵恒惕、程潜三派力量最大）的头领，但他可不是一般的军阀。

谭延闿是清朝最后一次科举考试的会元（即会试第一名），由于在他之前湖南已260年没出过会元，其声名和影响力甚至盖过了那一科的状元刘春霖；随后，他积极推动保路运动、立宪运动，俨然又成为清廷的对立面。

辛亥革命爆发，谭延闿任湖南军政府法制院长，兼民政部长。10月底，立宪派杀害正副都督焦达峰、陈作新后，谭延闿被咨议局推举为湖南都督。1912年加入国民党，任湖南支部长。

1913年春，孙中山、黄兴等在上海号召南方各省力量联合反袁，即为"二次革命"。谭延闿奋起响应，宣布湖南独立，并在《长沙日报》上发表《讨袁檄文》，并遣军北伐，失败后，遂被袁世凯撤去都督之职。

袁世凯命谭延闿入京听候处置，陆军部判处其有期徒刑四年，后经黎元洪疏通，袁世凯宣布对其予以特赦，但褫夺陆军上将军衔。

遭此闷棍，谭延闿只得离京先后避居青岛、上海。其间有暇研读孙中山之"三民主义"学说与《建国方略》，大为钦服，认为强国大业之所系，非孙中山莫属。由周震鳞介绍，谭延闿加入国民党，站到三民主义旗帜之下。

1915年，袁世凯称帝，谭延闿、程潜参与护国运动。

1915年12月25日,蔡锷、唐继尧、李烈钧等向全国发出通电,反对帝制,组织护国军武力讨伐袁世凯,正式拉开了护国战争序幕。

1916年2月1日,护国军政府委任程潜为护国军湖南招抚使,并拨一营部队由他率领回湘招集旧部,策动湖南反袁起义。

程潜军所向披靡,他召集旧部,编成3个旅。4月26日,护国军湖南人民讨袁大会在靖县召开,程潜被48县的代表推举为护国军湘军总司令。

6月30日,程潜通电宣布湖南督军汤芗铭的罪状,并于次日率部队由宁乡道林进逼长沙,在道林附近大败汤部,汤芗铭闻讯仓皇逃走。

7月6日,程潜率护国军进入长沙,湖南局势稳定下来。

讨袁驱汤之役的胜利,使程潜颇负盛名,被授予中将衔。

不过胜利果实却让谭延闿摘了,程潜愤然辞职离开湖南。

1916年8月,谭延闿复职为湖南省长兼督军。

谭延闿赶走汤芗铭,重新回到自己在辛亥光复时获得的湘督位置上,他深恐段祺瑞的武力统一政策使北洋势力再度侵入湖南,乃与北京的湘籍要人熊希龄、范源濂等共唱"湘人治湘"的论调。

结果被段祺瑞以其人之道还治其人之身,任命湘人傅良佐(段祺瑞内弟)为湖南都督,谭延闿也被迫去位。

1917年8月,为恢复《临时约法》和国会,孙中山任大元帅,在广州成立护法军政府,宣布讨段,拉开了护法战争的序幕。9月,孙中山委派程潜到湖南活动,推动护法战争。程潜回湖南后,被拥护护法的湘军将领们推举为湖南护法军总司令。

9月底,程潜率领的湘军与北洋军在湘潭、衡阳间展开遭遇战,由于双方兵力悬殊,护法军作战失利,被迫后撤。

程潜迅速赶往前线,激励官兵奋勇前进,并于萱州河一带山地布防,构筑壕坑,与占领衡山后乘势南进的北洋军顽强激战八昼夜,终于击败北洋军。

虽然护法战争前期取得了局部胜利,但广州非常国会改组护法军政府,取消大元帅制,孙中山实际权利被剥夺,孙中山领导的第一次护法运动以毫无结果而告终。

1918年春,皖系军阀张敬尧攻入湖南,并被北京北洋政府任命为新的湖南督军。

张敬尧在湖南期间可以说是坏事干尽,据当时的《民国日报》记载,大兵过处"大半烧残,十室九空,不忍目睹"。

他的部队也因此被人们称为"披着军衣的活强盗"。当上湘督以后,他又大肆搜刮民财。张敬尧的倒行逆施激起湖南各界的强烈愤慨。

此时的谭延闿已经在桂系军阀陆荣廷的支持下回到湖南了,只是湘军旧部并不是很买他的账,特别是程潜,根本不把谭延闿放在眼里。

1919年6月，谭延闿设计赶走了程潜，总算重新成为湘军的总司令，并挂起了督军兼省长的招牌。但他的这些头衔尚无法坐实，因为北京政府认的还是张敬尧，而不是谭延闿；而且，他当时的势力仅限于湘南，顶多还包括一部分湘西。

1919年冬，在五四运动的感召下，湖南也掀起了声势浩大的驱逐军阀张敬尧的活动。

谭延闿是喜上眉梢。

他马上和当时尚盘踞于湖南的吴佩孚联系，找陆荣廷借了60万元的撤军费给吴佩孚，先送走了这位尊神。

接着，谭延闿步步为营，收复失地。

吴佩孚撤了，但张敬尧还想赖着不走。只可惜，张敬尧皖系的战斗力实在太差，几仗打下来，节节败退。

1920年6月11日晚，张敬尧一把火烧了军火库，仓皇逃出长沙城。

但第三次坐上"湘督"宝座的谭延闿日子并不好过，在任湘督的半年里，不说是如坐针毡，也可以说是"内忧外患"。

所谓"内忧"，说的是由于权力分配不均而引发的他和赵恒惕之间的矛盾。

赵恒惕原是谭延闿第一次任湘督时截调回湘的，湖南反袁独立失败后，赵恒惕被汤芗铭五花大绑押送到北京治罪，经过谭延闿托黎元洪、熊希龄向袁世凯说情，免于处死，改判三年有期徒刑。

这期间，谭延闿对赵恒惕在湖南的家属常常给予物质上的接济，谭对赵家犹如再生父母，赵恒惕的父亲临终时，曾拉着赵恒惕的手，对他说："谭都督的恩德千万不可忘记。"

因此赵恒惕对谭延闿特别恭顺。

此次回任湘督，赵恒惕更是功不可没。

因为谭延闿毕竟是一个书生，对军事并不在行，打仗他主要依赖赵恒惕。

因此，在蜗居湘南之时，谭延闿曾承诺："将来打完仗，军事交赵（恒惕）负责，民事交林（支宇）负责，本人决不贪图权位。"

在进入长沙城的庆功宴上，谭延闿还信誓旦旦："那是赵总指挥躬冒矢石之功，是诸将士奋勇杀敌之功。"

那些在湘南战场上出生入死的将领被他雄辩而富有感情的演说感动得痛哭流涕。

但是，谭延闿回到长沙后却大权独揽，身兼督军、省长和湘军总司令三职。

身处于军阀混战旋涡之中的谭延闿深知军权的重要，不论是被逐外乡，改换门庭，或是高居政坛，谭延闿都不敢忘记控制军队，即使后来离开军职而从政，仍没有放松对军队的影响，他时常笼络军界要人，为己所用。

不仅自己一身三职，而且谭延闿"马嘶团"的那群幕僚，也以护驾有功，得到了肥缺美差。

所谓的"马嘶团"是因衡阳的马嘶巷而得名,当年蜗居湘南时,吴佩孚招待湖南代表住在这个巷子里,而充当代表的都是谭的一些心腹。

"马嘶团"又有"马头"、"马身"、"马肾"、"马尾"、"马蹄"等称号,包括有湖南督军署秘书长吕苾筹、政务厅厅长刘岳峙、矿务局局长萧仲祁、榷运局局长唐支厦等,被称为"马头"的就是谭的幕僚长吕苾筹。

而跟随赵恒惕出生入死的军人,自恃在湘南饱尝过枪林弹雨的洗礼,忍受过失败的屈辱,一朝获得抬头的机会,自然也想身居高位,享受美差。

但是,这些美差肥缺都被谭派文人占据,他们因此深感怨愤。

况且,谭延闿有言在先,他们希望谭延闿实践诺言,让赵恒惕上升一级,大家也可以"水涨船高"。

赵恒惕对此更是甚为不快,多次请求谭延闿解除其有名无实的湘军总指挥兼职,谭、赵矛盾已露端倪。

所谓"外患",说的是南北政府均对湖南虎视眈眈。

湘军驱张敬尧之后,虽然一时拥有全湘,却并无足够力量保全湘境,假如北军卷土重来,后果将不堪设想。

这一次张敬尧败走后,北京政府徐世昌一派虽然乐意将湖南问题解释为仅仅针对张敬尧个人的问题,皖系则将其看做又一次南北战争,一定要下令讨伐湘军,将湖南的"失地"夺回来。

更令人不安的是,皖系与南方国民党已有合作的迹象,张敬尧业已加入国民党,且曾有与程潜联合倒谭的意图,而湘军素来倚重的桂系已自身难保。

因此,谭延闿此时既不愿回到日益解体的南方阵营;也不便改变方向投奔北方宿敌;更何况无论附南附北,湘军都将为人驱使,要么成为南方北伐之先锋,要么成为北方南侵之堡垒。

正是在这种内忧外患之中,谭延闿想起了"联省自治"这招险棋。

第三节 "湘人治湘"

当时一些名流学者看到继护法运动而起的纷乱以及全国政治、军事更加四分五裂的局面,对武力中心主义和中央集权制失去信心,纷纷主张起联邦制来。

当时各省团体力争自治的通电和各省代表请愿实施自治的新闻,充满了报纸篇幅。

各省自治团体还在北京、上海、天津成立了"各省区自治联合会"、"自治运动同志会"、"旅沪各省区自治联合会"、"自治运动联合办事处"等机构。

至于湖南省内，各种各样的自治团体更是层出不穷。

在此形势下，谭延闿审时度势，权衡利弊，他很清楚地看到南北两个政府都是徒拥虚名，于是作出了一个大胆举动——通电全国，宣布湖南实行自治。

1920年7月22日，谭延闿以湘军总司令兼湖南督军名义发表了关于湘省自治的"祃电"，称："民国之实际，纯在民治之实行，民治之实际，尤在各省人民组织地方政府，施行地方自治，而后权分事举，和平进步，治安乃有可期……闿及全体人民，久罹锋镝，难困备尝，欲为桑梓久安之谋，须有根本建设之计。"这个"根本建设之计"就是"当以各省人民确立地方政府，方为民治切实办法"，具体办法就是"本湘人救湘、湘人治湘之精神，拟即采行民选省长制，以维湘局"。最后，谭延闿还呼吁"望我护法各省，一致争先，实行此举，则一切纠纷可息，永久和平可期"。

这个祃电被称为各省自治运动的榜样，也就是后来湖南制定省宪法的"经典文件"。

此电一发，西南各省军阀为之喝彩，投机政客更把它作为时髦的政治口号。

在京的研究系政客熊希龄、范源濂等人，于8月下旬以旅京湘绅的名义致电谭延闿，谓"祃电为根本之言，洞中肯要，非此不足以救湘救国救各省"。他们还请研究系理论家梁启超起草《湖南省自治大纲》和《湖南自治根本法》，于8月28日邮寄到湘，"以备采择"。并建议湘省秉"湘人自决"精神，在南北未统一之前办成自治。具体做法上可由省教育会、商会等动议，举出代表，起草宪法，再照欧美各国先例，交由全国各省人民总投票表决。据熊希龄估计，"湖南提倡自治于前，各省必将热烈响应于后，由此不难达成联治立国"。

旅沪湘人也组成了"湖南改造促进会"，此时亦号召湘民"奋起自主"，提出"以湖南地域之文明，湖南应自负其创造之责任"的自治宣言，并要求谭延闿和赵恒惕等诸湘军领袖做到："第一，能遵守自治主义，不引狼入室；第二，能遵守民治，往后举措，一以三千万平民之公意为从违；最重要者，废督裁兵，钱不浪用，教育力图普及，三千万人都有言论出版之自由，此国人之所最希望也。"主张"湘事湘人自决"，宣称"以后南北武人一律退出湖南境地以外，永毋再入湖南境地与湖南人为敌"。

一时间，热闹非凡，这当然是谭延闿所愿意看到的局面。

但是，历史并不总是能按照人的主观意图发展，当谭延闿的"祃电"引来一帮湘籍社会名流的喝彩之时，也引发了普通知识青年广泛的参与热情。

一群刚出校门的年轻人，借自治的名目，要求实行民主，主张人民自治。他们借着自治的东风，又是大游行，又是办报纸，又是办学会，又是办书社，把湖南弄得天翻地覆。

其间还发生了一件很有趣的事情。

青年时代的毛泽东，最大的志愿是当一名教师，其次是记者。

1921年初，毛泽东在新民学会讨论"会员个人生活方法"时说："我可愿做的工作：一教书，一新闻记者，将来多半要赖这两项工作的月薪来生活。"

当时毛泽东要创办一个"文化书社"，找谭延闿来为书社题写招牌。

论官职，谭延闿是湖南督军，一省之长，湘军总司令；论功名，是前清的进士、翰林；论书法，被公认为"民国四大书法家之首"。真是再合适不过的人选。

但打心里讲，谭延闿不想给这个不沾亲不带故，甚至都不认识的年轻人题字。且不说他谭延闿的字有多值钱，单就是前一阵毛泽东这个年轻人在《大公报》上写文章把他的"湖南自治"骂了一通，就够让他生气的。

但"谭婆婆"毕竟是"谭婆婆"，他不仅把字题了，而且，9月9日文化书社开张时，谭延闿还大驾光临，亲自为书社开业剪彩贺喜。

令谭延闿始料未及的是，这个文化书社后来成了湖南共产主义小组对内对外的秘密联络机关，走上了谭延闿所期望的反面。

可以说，刚刚经过了"驱张运动"洗礼的湖南知识界觉悟了，他们并未将希望寄托于这批新来的武人，而是寄望于民众的力量和社会的自救。

《大公报》还开设了"湖南建设问题"专栏，让各种意见和主张的人士畅所欲言。这些讨论和建言的重点是：

第一，"湘人治湘"的正确解释是"湘人自治"，是要打破军阀专制，建设民治政府。

第二，为了实现湘人自治，首先要尽早制定独立的适应湖南环境的省宪法，然后依据省宪民选省长，筹办城镇乡地方自治，民选县长，民选乡长；与此同时，要建立各类自治团体并组织各界联合会，在省宪完成前致力于推进制宪运动，省宪完成后负责监督政府；另外，要大力发展平民教育，建设民治基础；等等。

人们相信，只要根据这些步骤进行省自治和城乡地方自治，那么军阀的乱政、官僚的横行，便失去了基础，一切政治的、社会的难题便可迎刃而解。

这年9月，谭延闿担心呼声日高的自治运动发展下去后，会控制不住局势，决定召集官绅会议来主导湖南的自治运动。

9月13日，他邀集在省官绅30多人，召开自治会议，决定由省政府委派委员10人，省议会派议员11人组成"湖南省制起草委员会"或"湖南省自治法起草委员会"，共同起草《湖南自治法》。

谭延闿本想借湘人自治旗帜，拒南抗北，使自己由被动变主动，超脱南北战争之外，好使自己集中精力，稳固在湖南的统治地位。

谭延闿何曾想到"联省自治"的逻辑会进一步向下延伸出"人民自治"的主张来，这岂不是搬起石头砸自己的脚吗？

谭延闿这种通过官绅包办湖南自治的做法，引起了湖南广大群众的不满，10月10日，长沙万余市民举行国庆纪念，并冒雨游行示威，要求谭延闿迅速召开湖南人民宪法会议，反对省议会和少数人包办制宪。

10月12日，谭延闿邀集长沙各校校长、各报馆经理、各界人士及请愿代表在省府开会，表示愿由各公团推举代表，共同起草宪法会议组织法。

自是，湖南社会由上而下充满了自治的空气；而民治主义的声浪，也由知识阶层开始，很快播散到广阔的市民阶层，成为一股强大而不可逆转的民意。

人民自发起来的自治是谭延闿所不愿意看到的，但还有他更不愿意看到的局面：他的拒南抗北变成了为南北所拒。

谭延闿的"祃电"得到西南各省军阀的附和，四川、贵州等省军阀纷纷采取一致行动——一致不服从北方，也一致不服从广东军政府。

这不仅使孙中山团结西南重振军政府的计划严重受挫，也让北京政府颇为不安。

因此，南北政府都曾一度试图争取谭延闿。

1920年9月1日，徐世昌授意范源濂，劝告谭延闿赞助和平统一，谭以"反对局部谋和、赞成公开议和"作为应付北方的手段。

9月，孙中山在上海两次致信谭延闿，"嘱出兵广西，平桂乱以纾两广之患"，并先后派国民党的湘籍旧国会议员李执中、周震麟、李汉承、陈嘉会等回湘活动，争取谭延闿出兵夹击陆荣廷，赞成北伐，但是，谭延闿对他们采取了"敬而远之"的态度。

这让孙中山对谭延闿大失所望。10月，孙中山又派黄一欧协助周震麟等人做争取湖南参加北伐的工作。

周震麟、黄一欧回到湖南以后，就召集各军的军官和士兵开会，"宣布中山先生的北伐大计"，当时驻守省城的军官鲁涤平、陈嘉祐，驻醴陵第6区司令李仲麟，都积极拥护孙中山先生北伐，各自调遣所属的部队，集结在省城等待命令。

但是，谭延闿却沉醉于"湘省自治"的美梦中，对孙中山的北伐态度冷淡，不但不肯出兵，还发出通电，提出"以武力勘祸乱，不如以民治固国基"，反对孙中山的武力北伐。

在这种情况下，周震麟、黄一欧等人决定策动湘军将领联合倒谭。

堡垒最容易从内部被攻破，周震麟等人首先想到的是被谭延闿排挤走的湘军将领程潜。

程潜虽然离开了湖南，但湖南仍留有他的派系势力，湘军中的李仲麟、廖家栋和林修梅都拥程反谭。

10月上旬，曾被谭延闿骗往广东的湖南起义将领林修梅，突然出现于湘西，自称湘西靖国军总司令，要求假道"援粤"。

林修梅是1917年9月在湘南首先"起义"的人物，由于受到谭延闿的排斥，离开军队到广东，对谭延闿怀恨很深。

这一军事行动破坏了湘军对粤桂战争的中立地位，掀起湖南内部的政潮。

谭延闿不敢怠慢，急忙电请孙中山召回林修梅，孙中山则劝谭与林采取一致行动，共同讨伐"桂贼"。

10月15日，林修梅军进攻常澧。常德守军刘叙彝和澧县守军李韫珩迎战失利，谭延闿十分惊恐，急调心腹第1师第1旅旅长宋鹤庚带兵"讨伐"。

尽管讨伐是成功了，但却中了国民党的调虎离山之计。

11月13日，程派军人第6区守备司令李仲麟等又在平江策动兵变，军官于应祥等以兵士闹饷为名，枪杀谭延闿的另一名心腹第12区司令萧昌炽。

谭延闿派鲁涤平、李仲麟带兵前去讨伐变兵。

鲁涤平却按兵不动，李仲麟则联合于应祥和鲁部团长郭步高、张振武，以"除宵小，清君侧"为借口进兵长沙，与程潜旧部第二旅旅长廖家栋里应外合，迫谭延闿下台。

事情发展到这一步，谭延闿只得用缓兵之计，他授意省议会于18日议决废除督军一职，自任省长，推赵恒惕继任湘军总司令，实行军民分治，"俾得一心民政，促成自治"。

与此同时，谭延闿密电第一旅由湘西兼程回省，并电召驻衡阳的谢国光带兵到长沙，以解除危机。

在同一天召开的军事会议上，谭延闿请赵恒惕担任湘军总司令，廖家栋兼任戒严总司令，企图借此来缓和湘军内部的矛盾，取得赵恒惕等高级将领的同情，使他们能自告奋勇地帮其出兵平乱。

但是，事与愿违，赵恒惕对于总司令一职不肯接受。

更要命的是，对手并不给谭延闿缓冲的时间，11月22日，李仲麟、第3旅第5团团长张振武、第7团团长郭步高、代理第12区司令于应祥发出"兵谏"通电，迫谭延闿下野；原驻平江的游击司令张伟民部，也移驻到长沙东乡大桥，离省城仅30里。

而身为第1师师长的赵恒惕对湘军各部的行动始终"不声不响"，作壁上观，但暗地里他派亲信要张振武、郭步高两团再进一步，开到小吴门外。

至此，谭延闿只得于23日召集军政各界和各团体代表在湘军总部举行联席会议，宣布"本人即日离职，去沪养病，湖南事另举贤能继任；省城秩序重要，请赵师长维持"，并声言"还政于民"。

谭延闿本来希望赵恒惕或鲁涤平能挽留他一下，但众人默然。

谭延闿看到形势对他不利，表示请赵继任湘军总司令，但赵恒惕坚辞不受，他说："现在在省军官，尚属少数，在外者尚多，复电未到，不识意见若何，倘私相授受，将来何以对各军官？……至于省城秩序，我愿极力担负，如有叛兵来省，我必痛击。"

联席会议后，谭延闿向省议会提交正式辞职咨文，并由总司令部搬回私宅。

省议会则称省长并非由该会选举而产生，此时也不应由该会批准辞职，因此拒不接受。接下来，几乎所有湘军将领都发出拥戴赵恒惕任总司令的通电，其中只有蔡钜猷、宋鹤庚的联名通电在表示拥赵以外，建议在省宪尚未制定以前，仍请谭留任省长。

谭延闿本人亦不愿离省，但程系军人恐中他缓兵之计，扬言要将军队开到省城为畏公（即谭延闿）送行。

谭延闿借口料理夫人丧事，请求赵恒惕允许他稍缓几天动身，因为谭延闿的夫人因难产死于上海，谭派人迎柩回湘安葬，此时正在途中。但他最后的这个请求没有得到允许。

不得已，谭延闿只得于11月27日登轮离开长沙赴上海。28日，谭所乘轮船在城陵矶附近与运送其夫人灵柩的轮船相遇，无法相靠。

后来，谭延闿每次想到此事，都会悲从中来，在给朋友的信中，他自叹"相逢不相见，存殁两难安"，言下不胜凄然。

11月25日，赵恒惕在"三推三让"之后接受湘军总司令的职务。

这一轮派系之争以谭延闿出局而落幕。

至于"联省自治"运动轰闹了一场，却没有什么实际的效果。

谭延闿出局，只是他政治生涯的一个过渡。

谭延闿一生最英明的一步棋就是在陈炯明叛变时，他坚决支持孙中山，这让他积累了足够的政治资本，后得以一路扶摇直上。

1922年陈炯明叛变后，谭延闿先是变卖家产，将穷途末路的孙中山迎往上海，随后他又聚湘军万余人，讨伐陈炯明。

孙中山返粤，需巨额资金，谭延闿卖掉在上海唐山路之住宅，并发电长沙，请亲友代筹，凑足大洋5万，悉数捐作军饷。

1923年3月，孙中山在广州成立大元帅府，谭延闿被任命为内务部长，5月调建设部兼任大本营秘书长。

此后，谭延闿的政治地位日渐提高，连任国民党第一、二届中央执行委员。

1925年7月，任广州国民政府委员，所部湘军改编为国民革命军第2军，兼任军长。

1926年4月任国民党中央政治委员会主席。

1927年四一二事变后，蒋介石在南京另立国民政府，宁汉分裂，谭延闿代理武汉国民政府主席，暗中派人与蒋介石联络。

1927年7月15日后，国民党宁、汉、沪三派在上海成立特别委员会，由谭延闿担任会议主席，决定联合反共，逼蒋下台。

1928年1月，蒋介石再上台，任国民革命军总司令等职，掌握实权。

谭延闿表示拥蒋，一度担任国民政府主席，后改任行政院长。

后新军阀混战，谭延闿支持蒋介石直至逝世。

第四节　国民军

1924年10月24日，冯玉祥及胡景翼、孙岳在北京政变后，他们的军队组成了国民军。

国民军虽然仅存在两年多的时间，但在1925～1927年间对中国政局产生了举足轻重的影响。

冯玉祥及国民军代表了当时摇摆于中间状态的军政力量，其向背对北伐有不可忽视的影响。

北伐战争的胜利，还得益于冯玉祥的国民军的参与和支持。

冯玉祥的人生辉煌人们并不陌生，他曾被美国《时代》周刊于1928年7月2日选为封面人物。

这期《时代》周刊关于封面人物冯玉祥的报道的开场白是这样的：

"他站起来足有6英尺高。他不是纤弱的黄种人，而是个头魁梧、古铜色皮肤、很和蔼，《圣经》拿在手上或者放在口袋里的虔诚的基督徒，神枪手，世界上最大的私人军队——19.5万人——的主人。在今天，这样的人就是中国的一个最强者：冯玉祥元帅。"

冯玉祥聪明绝顶，练兵的招数很实用。

他的做法是土法上马，练兵而不练官。军官就从行伍中提拔，这样的结果更能团结士兵，同时易于管理。

冯没有什么政治纲领，按照他的"真爱国，真爱民"原则，就是强调两点，一个是"爱民"，一个是"官兵待遇平等"，这是很朴实也很容易为普通百姓和士兵所接受的简单道理。

国民军的力量迅速扩大，其主要干部队伍，也在此时形成。

国民军成为一支具有鲜明特色的军队。宣布北伐胜利后，国民军后整编成西北边防军，简称西北军。

如果看当时国民军的照片，你会发现其高级将领都是粗衣陋食，大多以廉洁奉公的形象示人，像宋哲元、赵登禹，和一般士兵难以区别，冯玉祥本人不穿将军服，从来就是一套二等兵的服装，其朴素不亚于朱德。

看看北京时代的国民军上层，可谓将星云集，群英荟萃。

国民军的主要力量是国民军第1、2、3军，三个军长冯玉祥、胡景翼、孙岳号称三巨头，冯成为西北军的灵魂，也有一些巧合。

冯玉祥的国民军第一军是以后西北军的核心，源出第十六混成旅，他的部下多有后来成名的武将，比如鹿钟麟、宋哲元、孙连仲、冯安邦、韩复榘、石友三、佟麟阁、刘汝明、孙良诚、梁冠英等等，有趣的是，这些人多半是冯玉祥的亲兵出身，比如韩复榘是他的卫士出身，冯安邦是冯玉祥当营长时候招的兵。

从大字不识的行伍中提拔将官，冯可谓慧眼独具，还很少有他看走眼的，这些人后来都是封疆大吏，虽然文化不高，但是治理起地方政治来，一点儿都不含糊。

后来西北军主流的将领，多半来自第一军。

胡景翼的第2军仅次于冯，是护国战争中反陆建章起家的，和冯玉祥（陆建章与冯玉祥有亲戚关系）有很深的矛盾。

胡景翼的干部班底，来自于早年胡在自己家里搞的"华山聚义"。华山聚义派的人物后来也有不少名将，比如井勿幕、邓宝珊、续范亭、岳维峻、董振堂、高桂滋等。

胡本人是老同盟会会员，胆大心细，政治手腕高超，要说西北军中能媲美冯玉祥的，也就是他了。

孙岳的第3军实力也不弱，在后来的西北军中却默默无闻，这和孙岳本人的性格有关。孙的祖先是抗清名将孙承宗，那是袁崇焕的师傅呢，名字又有一个"岳"字，部下皆视他为岳飞岳鹏举之流，这些奇怪的联系给他平白增加了不少威望。

但孙岳本人与其说是一个政治人物，不如说更像是一个武林豪侠。

孙岳做事有点极端，他少年时看一老者受欺压，不由分说就提刀来打抱不平，并声言如果拒绝他拔刀相助，就把这老者杀掉。

结果他飞檐走壁干掉了老者的仇人，人家对他这个恩人却避之犹恐不及。

冯玉祥称孙岳为"孙二哥"——孙是山东人，山东出了个武二郎，故此乐于被称为二哥，孙岳对这个称呼十分满意。

孙岳因为"三一八"惨案（记得刘和珍君么？）感到国势渺茫，愤而辞职下野，后来虽然还因为义气跟随冯玉祥到西北，但是已经不愿与闻国事，不久就借口治病，到上海去了，据说是开武馆。

孙岳的主要干部是徐永昌，这是一个长袖善舞的老将，后来成为蒋介石政府的军令部长、国防部长，一度比冯玉祥的知名度还高。日本投降时代表中国签字的，就是这位徐永昌将军。

再有，就是庞炳勋了。

关于孙岳，有一段时间因为他号召杀富济贫，被怀疑是共产党，冯玉祥一句话就给他解了围："有一天抽二两大烟土的共产党么？"

　　国民军序列里还有一支短命的东北国民军，就是郭松龄的部队，他在冯的支持下倒奉失败，所以这支国民军很快消失。

　　只有魏益三部算是他的遗产，魏这个人没有什么名气，但是继承他的两个人就有名了，一个是"郝拼命"郝梦龄，一个是"刘抓瞎"刘家麒，1937年，两位将军同时战死在忻口和日军的恶战中。

　　他们虽然不是西北军，但是和西北军也有这一点儿特殊的关系。

　　当时西北军幕中还有蒋介石的义兄——亲日派头子黄郛，中国两个半军事家之一的"杨大炮"杨杰，这都是南方派来的。

　　北京政变后，冯玉祥因"倒戈"行动为北洋人物所不容，在政治上非常孤立。

　　国民军第一军控制着北京，由此为奉系所嫉忌而承受巨大的军事压力。

　　该部所占据的地盘大多土地贫瘠，故经济十分困难，且因直隶保大地区为李景林所占据而与国民军第2军地盘隔绝，在战略上处于不利的地位。

　　此外，国民军缺少一个对外的港口，无法从海上补充急需的军火。

　　所以，冯玉祥为与张作霖逐鹿中原，同时出于对孙中山《建国大纲》的粗浅认识，冯玉祥只能向国民党势力靠拢，以摆脱自己在政治上的被动地位。

　　北伐战争之所以势如破竹，固然是国共两党的军民浴血奋战的结果，但与国民军在北方的配合作战也有很大的关系。北洋集团的分化给北伐提供了一定的有利的条件。

　　国民军地处西北内陆，没有从海上补给武器的来源，从地缘政治考虑，只能从与之相邻的苏联想办法。

　　冯玉祥对苏联有一定的看法，对沙俄曾侵占中国领土及外蒙古受其控制不满。

　　所以，冯玉祥在此接近苏联的目的并不是完全出于意识形态的原因。

　　而冯玉祥也早在1925年就开始聘请苏联军事顾问帮助教练他的部下了。

　　5月初，第一批苏联教官组就到了张家口，在国民军第一军工作。一个月后，另一组顾问被派到国民军第2军工作。

　　鉴于冯玉祥的国民军将要与奉系军阀展开决战，苏联政府甚至特别派遣在苏联国内战争中担任过西南战线司令员，有着突出战绩，战后就任苏联红军总参谋长的叶戈罗夫来华担任驻华武官，以便就近协助冯玉祥的国民军。

第六章
国共合作

第一节 黄埔军校

国共合作，从一开始就是充满矛盾的，共产党内有不同看法，国民党内也有不同看法。

不过国共两党的主要领导人还是看好彼此的合作。

1924年1月20日，国民党"一全"大会在广州市广东高等师范学校开幕。

开幕式这天，165位代表和6位国民党临时中央执行委员会委员出席大会。

39号席上坐着湖南代表毛泽东，蒋介石以"列席"的身份参加此次会议。

这是毛泽东和蒋介石人生轨道上的头一回见面，国共两党的大旗则分别由孙中山、李大钊高擎着。

孙中山在开幕式上发表了长篇演讲，然后大会就按议事日程，讨论组织主席团。140号席上的廖仲恺站起来说："提议主席团人数五人，由总理指派。"这一建议得到众多代表的附议，孙中山便宣布："现由本席指定胡君汉民、汪君精卫、林君森、谢君持、李君守常为主席团主席。"

大会的高潮是在1月30日选举国民党中央执行委员和中央候补执行委员。毛泽东名列于中央候补执行委员之中，进入了国民党高层；而"蒋介石"三字却不见踪影。

国民党中央执行委员共24人，有3名中共党员：谭平山、李守常、于树德。

国民党中央候补执行委员17人，中共党员达7名：沈定一、林祖涵、毛泽东、于方舟、瞿秋白、韩麟符、张国焘。

蒋介石当时在国民党内的地位远不如"跨党分子"毛泽东。

那时的毛泽东既是中共中央执行委员，又是国民党中央候补执行委员。

1963年，蒋介石回首那段在党内没有地位的日子时，曾这么说："我是21岁入党的，直到27岁，总理（孙中山）才对我单独召见。虽然以后总理即不断地对我加以训诲，亦叫我担任若干重要的工作，但我并不曾向总理要求过任何职位，而总理亦不曾特别派我任何公开而高级的职位；一直到我40岁的时候，我才被推选为中央委员。"

黄埔陆军军官学校，是1924年孙中山在苏联帮助下和中国共产党共同创办的新型军事政治学校，因校址始设于广州黄埔长洲岛，所以通称为黄埔军校。

黄埔陆军军官学校筹建之初，军校设立了党代表和政治部。

政治部主任是党代表的参谋长，特殊情况下可行党代表职权。

黄埔军校政治部从1924年5月25日成立到1927年4月15日国共决裂止，存在近三年，前后有戴季陶、邵元冲、周恩来、卜士奇、包惠僧、邵力子、熊雄等七人任政治部主任。

1924年6月16日，黄埔陆军军官学校举行开学典礼。

廖仲恺任党代表，戴季陶任政治部主任，蒋介石任校长，构成三驾马车。

这是很有意思的权力架构，党代表是老大，校长是老二，政治部主任是老三，但是平时主要由校长负责具体工作，政治部主任辅助；而政治部主任，在特殊情况下又可行党代表职权，可以当临时的老大。

廖仲恺、戴季陶都是国民党大佬了，而蒋介石当时还不算是。

廖仲恺是国民党元老，左派领袖，1903年9月结识孙中山，成为孙中山的积极追随者，后协助孙确立"联俄、联共、扶助农工"的三大政策。

1921年5月，广东革命政府成立，廖仲恺任财政部次长、广东省财政厅长，协助孙中山北伐。

因积极筹款支持孙中山的北伐计划，廖仲恺遭到反对北伐的粤军总司令陈炯明的囚禁，经夫人何香凝等人的积极营救获释。

此后，廖仲恺全力辅佐孙中山改组国民党，并极力促成第一次国共合作。1923年，廖仲恺任广东省长和国民党临时中央委员，积极协助孙中山改组国民党和筹建黄埔军校。

1924年1月，廖仲恺任海陆军大元帅大本营秘书长、国民党一大中央执行委员、中央常委、工人部长，并积极筹备建立黄埔军校，任党代表。

一句话，此刻的廖仲恺在国民党中位高权重，绝对是核心人物。

戴季陶，又名传贤。早年曾追随孙中山，投身反清革命运动。

辛亥起义时，为保卫汉口，戴季陶奋不顾身，冲锋在前；为光复上海，他又积极策划，勇打前锋，并在以后的护法斗争中因口诛笔伐袁世凯而被捕下狱，一时名噪江南。

可以说，在推翻封建帝制的资产阶级民主斗争中，戴季陶是一员革命的干将、马前卒，因而深得孙中山的赏识和信任。

戴季陶常追随孙中山左右，因将孙中山的一些重要讲话记录下来，进行精心整理，辑成《民国政治纲领》、《国民革命要义》两本书。

五四时期，戴季陶在上海主编《星期评论》时，曾参与由陈独秀倡导成立的马克思主义研究会。

戴季陶尝试用马克思主义说明中国伦理问题，称赞马克思和恩格斯是"天才"，称马克思是"近代经济学的大家"、"近代社会运动的先觉"，翻译出版了一些关于马克思主义经济理论方面的著作，在介绍苏俄政治制度和传播马克思主义与社会主义理论方面起过一定的积极作用，还曾代为起草了最初的中国共产党党纲草案。

戴季陶年轻时到过日本留学，在日本大学（前身是日本法律学校）读法科，在那里认识了蒋介石，从此成为莫逆之交。

一般相信，蒋纬国是戴季陶之子，戴季陶留学日本时与日本女子所生。

蒋纬国晚年公开承认戴季陶才是他真正的亲生父亲，可见戴季陶与蒋介石的关系是多么铁。

由于戴季陶对日本颇有研究，在那些年的十余万留日学生中，能够达到在民族性格、文化深层结构的层面上剖析阐述日本的，恐怕只有戴季陶一人。

戴季陶在《日本论》开篇曾说道："你们试跑到日本书店里去看，日本所做关于中国的书籍有多少？哲学、文学、艺术、政治、经济、社会、地理、历史各种方面，分门别类的，有几千种。每一个月杂志上所登载讲中国问题的文章，有几百篇。参谋部、陆军省、海军军令部、海军省、农商务省、外务省、各团体、各公司，派来中国长住调查或是旅行视察的人员，每年有几千个。单是近年出版的丛书，每册在五百页以上，每部在十册以上的，总有好几种，一千页以上的大著，也有百余卷。中国这个题目，日本人也不晓得放在解剖台上，解剖了几千百次，装在试验管里化验了几千百次。"

戴季陶研究日本后得出的结论很有意思："中国强，日本就是妾；中国弱，日本就是贼！"

戴季陶1917年由上海赴广州任大元帅府秘书长，1924年在中国国民党第一次全国代表大会上当选为中央执行委员，任中央宣传部长。

戴季陶虽然是起草了最初的中国共产党党纲草案，但是他是国民党右派领袖和理论家。

戴季陶对孙中山联俄、联共、扶助农工三大政策持有不同意见。

廖仲恺任党代表，戴季陶任政治部主任，是众望所归，也是各自政治势力的平衡。

而蒋不是校长的必然人选，当时至少还有三个人可以取代他：许崇智、邓演达和何应钦。

邓演达是"中华民国国父"孙中山的忠诚将领，他从小就对广东籍的孙中山极为崇拜，14岁考入广东陆军小学，不久加入同盟会，后又考入保定陆军军官学校，1919年毕业后不久，被孙中山任命为新创建的粤军第一师少校编练参谋兼步兵独立营营长，负责分批轮训军官。

1922年6月，陈炯明在广州叛变，围攻总统府，孙中山在蒋介石等人掩护下脱险到达上海。邓演达及时潜赴上海，向孙中山请示。

1922年冬，孙中山调滇、桂军驱逐陈炯明，邓演达奉命联络第一师的其他各部，配合滇、桂军东下讨陈，自任前锋，重新占领了广州。

1923年春，粤军第一师重新整编，邓演达升任第三团团长。此时孙中山回广州重建大元帅府，乃调邓演达所率部队负责保卫大本营。

从这个角度看，邓演达当上孙中山卫队总指挥官时，他的政治排名远在蒋介石之前。

但是苏联方面不认识他，对他一无所知。

此外邓演达也是国民党左派，和廖仲恺关系也很铁，廖邓组合是除国民党左派外的其他政治派别不能接受的。

结果，邓演达只能安排在黄埔军校次要位置，任训练部副主任兼学生总队长。

不久，邓演达忍受不了政治排挤，离开黄埔军校，前往欧洲，后又前往苏联学习。

何应钦毕业于日本士官学校。1909年加入同盟会。1911年参加辛亥革命。在黔军历任营长、团长、旅长、军参谋长等职。1922年夏任云南讲武堂教务长。1924年春任广州孙中山元帅府参谋。

何应钦的资历也算不差，云南也是同盟会的老根据地，可是他在孙中山身边时间太短，孙中山对他的信任度不够，此外也没人挺他，但是他的无派系背景，还是让蒋介石任用他为总教官，从此他成为蒋介石的心腹。

在孙中山眼中当时还有一个更好的人选：许崇智。

不过作为粤军老大的许崇智，不为苏俄了解。

而江浙大佬张静江对蒋介石的大力举荐，成为蒋当上黄埔军校校长的最后一个关键砝码。

其实蒋成为黄埔军校校长是偶然中的必然：

其一，他有军事背景，但他当时不是军阀，故而具有一般军阀所没有的心胸与眼界。

其二，蒋一直追随孙中山，虽然不属于任何派系，但是长期侍卫孙中山，人脉不少，是各派争取的对象。

其三，蒋对孙中山忠心耿耿，据称1912年1月14日，蒋刺杀光复会领袖陶成章,除掉了孙中山最主要的政敌,做了一件孙中山所不能做、更不能言的大事。

其四,蒋不属于任何派系,但是他的苏俄之行,使他成为共产国际为数不多的可以信任的同志。谁让访苏的代表团才4人呢?

其五,蒋对与日、俄、欧、美的国际关系有自己的看法,比起只讲阶级斗争的张太雷、只懂中国文学的邵元冲更具现代意识。

其中最关键的是,在陈炯明事件中,蒋始终坚持主张暂缓北伐,先清内患,解决"陈家军"的坚定,给众多国民党要员留下了深刻的印象。

共产国际和孙中山都选择了蒋介石作为黄埔军校校长,国民党其他派系也乐见其成。

1924年5月12日,孙中山任命第一批黄埔军校教官,在蒋介石提名的17人中,只有张申府是共产党员。时年32岁、从未接受过军事训练的张申府,成为中国共产党在黄埔军校第一人。

可是"莫逆之交"的戴蒋组合,破坏了国民党内部的政治生态。

开学不到一个月,黄埔军校首任政治部主任戴季陶突然不辞而别。

戴主任戏剧性地失踪,黄埔军校师生甚感莫名。

其实是戴蒋组合不被国民党其他派系接受,或蒋走,或戴走,两者余一。

而廖仲恺与蒋介石的私交不错,蒋介石的校长一职很胜任。

按惯例,资深的比后起之秀更有基础,但是戴季陶够义气,他将机会留给了蒋,离开黄埔军校,去筹办一所新的大学:中山大学。

戴季陶神秘失踪后,黄埔军校政治部主任一职由原政治部副主任邵元冲代理。

邵元冲,浙江绍兴人,1906年加入同盟会,后又赴日本谒见过孙中山。辛亥革命后回国,主编上海《民国新闻》,其后一直追随孙中山,参加反袁斗争,并担任过孙中山大元帅府的机要秘书,深得孙中山的信任。

1923年,受孙中山指派,邵元冲与蒋介石一道代表国民党赴苏俄考察。

邵元冲是旧派文人,他把黄埔军校政治部主任一职真的当成一个教授职位来做,既不接近学生,也不接近教官,和党代表廖仲恺很少打交道。

邵元冲给自己安排的工作任务是每个星期由小汽艇送到岛上来作几次政治演讲,讲完后夹上公文包匆匆离去。

邵元冲所主持的黄埔军校政治部,其实是个空架子,只有两位担任记录工作的书记,成了实实在在聋子的耳朵——摆设。

政治部是不能当空架子的。

失去了邓演达协助的廖仲恺,将希望放到了共产党方面。

廖仲恺经同蒋介石、苏联军事顾问加伦将军会商,决定请共产党方面推荐一位适当人选接任政治部主任。

张申府,这位最早执教黄埔的"红色教官",早年与陈独秀、李大钊来往甚为密切，是陈独秀主办的《新青年》的编委之一。1918年12月，三人还曾联手创办了《每周评论》。后来陈独秀交给张申府一项新的任务，让他到欧洲的中国留学生中发展中共党员。在欧洲的三年里，张申府介绍了后来成为中共核心领导人的周恩来、朱德入党。

张申府进入黄埔军校源于与蒋介石的相识，据张申府回忆："那是1923年的11月，我从德国回国，取道俄国，住在莫斯科赵世炎处。时蒋介石正奉孙中山先生之命，与张太雷等四人在俄国考察，这是为国民党创办军校作准备的政治军事考察。经世炎同志介绍，认识了蒋介石。"

当时国民党在孙中山的主持下，与中共开展党内合作，接受中共党员以个人身份加入国民党。

张申府通晓英语、德语，加上李大钊和陈独秀的推荐，很快成为校长蒋介石的翻译。

为了办好学校、培养自己未来打天下的栋梁之才，蒋介石曾请求留学西欧的黄埔军校学生入学考试面试主考官张申府（共产党员），要他举荐一些国外学习的优秀人才到黄埔执教，蒋介石其实是希望张申府可以接任。

不料，张申府似乎没有理会弦外之音，他爽快地开列了全是共产党人的十五个人的名单，其中第一名就是周恩来，第二是周佛海。此外还有恽代英、赵世炎、高语罕、沈雁冰、欧阳继修等人。

1921年春，张申府在巴黎时，介绍了23岁的周恩来加入中共，成为中共八个发起组织之一的巴黎小组成员。

当廖仲恺提出希望中共方面能推荐一位适当人选接任军校政治部主任一职时，中共广东区委书记陈延年（陈独秀的儿子），也决定派周恩来去黄埔军校接任这一职务，并同时兼任中共广东区委军事部长。

接到张申府的推荐信后，当时还在法国的周恩来很快回信，表示愿意回来。

张申府将此事报告廖仲恺，廖仲恺立即答应寄路费。

说实话，黄埔军校地处广州郊外，实在是个生活艰苦的地方，此外，黄埔军校内部派系林立，大部分共产党的高级干部都不愿去蹚浑水，情愿在国民党中央谋取一官半职。

张申府虽然是黄埔军校第一位中共教官，也介绍了一大批中共人士进去，但他自己在黄埔的时间并不长，任职一个多月就"开小差"了，于1924年6月19日离开黄埔，当时由他举荐的周恩来还没回到广州。

张申府回忆说："等到开学后不久，一因黄埔不在广州城里，由黄埔到广州坐小汽艇也要一两个小时。我在广东大学教课，本已很忙，这样两边来回跑，实在来不及。再则蒋介石表现出来的刚愎自用的作风，我更看不惯。当时学校本规定，凡有布告都要党代表与校长联名才能发表，可是蒋介石却常常不待廖仲恺来校便发布了。还有那种习惯了的反动军人气焰也更使我难耐，另外这时国民党的右派又渐渐抬头了，戴季陶已经不辞而去，我当然更不能干了。"

张申府的出走一方面是对蒋介石不满，另一方面也与此时政治局势的变化有关。1924年5月召开的中共中央执行委员会扩大会议上，中共决定从思想上、组织上加强国民党左派，反对国民党右派。

这个革命化似乎进行得很顺利，当时"差不多一切党部和民众团体的下层组织都充满共产党，尤其军队的党部和政治部更充满共产党"。

这引起国民党右翼的极大不满，甚至联名向孙中山和国民党中央执行委员会提出"弹劾中国共产党人案"，孙中山也同意在8月召开的国民党二中全会讨论"弹劾中国共产党人案"。中共总书记陈独秀对此反应强烈，甚至提议退出国民党。

周恩来来了，开始在政治舞台施展才华。

1924年9月初，周恩来抵达广州，对黄埔军校表现出极大兴趣。

周恩来到黄埔军校任职后，将政治部从广州市迁进军校，并着手建立起一套政治工作制度，使军校政治面貌大为改观。

黄埔一期学生刘天回忆说，周恩来到广东之前，"在共产党内的地位，还只是一个地方干部而不是中央干部。但他是很聪明的，他看到了黄埔军校在革命过程中的重要"。

周恩来接任黄埔军校政治部主任时的"政治部是个空架子，学校也没有多少真正进步的政治工作可言"。周恩来接手后，逐步使之完善。周恩来聘请了不少共产党人任政治教官，如聂荣臻、李富春、恽代英、高语罕、熊雄、萧楚女、张秋人等。

周恩来在黄埔发展中共党团组织，成立了中共黄埔支部。与此同时，他还利用自己政治部主任的身份，在黄埔军校秘密发展了一支完全由中共领导的学生军。在叶挺的协助下，周恩来组织了一支一百多人的铁甲车队，叶剑英则组织了另两支亲共产党的连队。这些武装力量日后成为对抗国民党的骨干。

周恩来建立健全了中共党团组织，成立了"中共黄埔军校特别支部"，积极发展党团员，使中国共产党在黄埔军校的势力有了长足的发展。

随着第二期、第三期学生入校，中共党员人数由占学生总数的8%上升到30%左右，并在自己周围团结了一批左派师生。

为加强黄埔军校的政治工作，周恩来从第一期学生队中选调了李汉藩、杨其纲、蒋先云、李之龙等共产党员到政治部工作。

针对蒋介石在黄埔军校大搞曾国藩、左宗棠治兵那一套，周恩来也搞了一套政治教育计划，加授《社会发展史》、《帝国主义侵略中国史》、《各国革命史》等课程，增加了政治教育的分量，丰富了政治教育的内容，并先后请来恽代英、肖楚女、张秋人、熊雄等中共党员任军校政治教官，还请来罗易、聂荣臻等中共党员任政治部秘书兼教官。

以自身的人格魅力,周恩来赢得了广大师生的敬重与爱戴,潜移默化地为国共分裂后的中共情报网奠定了坚实的基础。

1925年1月下旬,广东国民政府决定将组建起的黄埔学生军投入东江战役,彻底消灭陈炯明军阀部队。

为了保证战役的胜利,协调各方面的关系,周恩来被任命为东征军政治部主任,协助蒋介石、加伦将军在前线指挥作战。

周恩来被任命为东征军政治部主任后,黄埔军校政治部主任一职便由苏联顾问鲍罗廷的翻译卜士奇挂名代理。

卜士奇,湖南人。留俄甚早,留俄同学都称他为"老大"。

卜士奇曾任加伦将军的翻译。

东征陈炯明时,他和加伦将军及邵力子、蒋介石生活在一起。

蒋经国在俄期间曾得到卜士奇的照顾。

卜士奇挂名黄埔军校政治部代理主任期间,由于其他工作繁忙,很少到军校来,军校的右翼孙文主义学会与左翼青年军人联合会对立情绪日趋严重,直到个别人开枪行凶。

在此情况下,中共广东区委应廖仲恺请求,派包惠僧接任黄埔军校政治部主任。

包惠僧在1921年7月曾代表陈独秀出席中共一大,是中共最早的党员之一。包惠僧在接任黄埔军校政治部主任前,曾兼任中国共产党领导的铁甲车队的政治教官。

包惠僧工作一向四平八稳,小心谨慎。

包惠僧把黄埔军校政治课程安排得很紧,每天两次至四次,每次两小时,这样把学生每日的时间掌握得很紧,使他们除了吃饭、睡觉和军事课程以外,其余的时间都在课堂上听政治课。

这样的安排,让对立的学生几乎没有时间打架。

就这样,在包惠僧主任的竭力维持下,黄埔军校内这段时间里,既没有什么新的变化,也没有闹出大的乱子。

随着第二次东征战役的进行,前线急需政治工作人员,包惠僧被调任东征军第3师党代表。从此,包惠僧离开了黄埔军校。

包惠僧调任东征军第3师党代表后,黄埔军校军校政治部主任一职,便由当时军校秘书长邵力子代理。

邵力子的资历也很老,他参与了陈独秀倡导成立的马克思主义研究会,后来成为上海共产主义小组成员,是中国共产党最早的党员之一。

邵力子代理黄埔军校政治部主任时,仍是一名共产党员。

虽然如此,但他与国民党的关系也很深。

邵主任在黄埔军校主持政治工作，除了作一些非讲不可的政治演讲外，其他的一些事情多推给政治部副主任熊雄处理。他处理与黄埔军校师生们的关系时常采用"中庸"之道的方法，但是这个信奉"中庸"的邵力子后来成为了蒋介石的铁杆粉丝。

在任军校政治部主任期间，邵力子录用了一大批朝鲜人。

1926年春，朝鲜人金元凤带领朴孝三、朴建雄等17名朝鲜义烈团员，通过在黄埔军校校长办公厅任副官的朝鲜革命者孙斗焕（化名孙建）的关系，找到当时在上海秘密主持黄埔军校招生的陈果夫。

金元凤一行抵达广州后，带着陈果夫的介绍信，由黄埔军校政治部主任邵力子转呈校长蒋介石。

经过简单的入学考试，金元凤等人全部被录取为军校第四期学员，金元凤化名崔林，被分配到步兵科学习。

在军校学习期间，金元凤表现出了卓越的组织能力和优秀的领导才能。因此在1927年1月军校毕业后，他被留校担任政治部少尉教官。

当时在黄埔军校担任教官的还有金山、金奎光。

金奎光，1898年生。早年在朝鲜参加学生运动，曾被捕判刑两年。1923年到中国，入广州岭南大学学习。1925年加入中国共产党，由党委派至黄埔军校，任第四期入伍生队教官。1926年初起任国民革命军第4军留守广州部队排长、副队长、连指导员。1927年12月率朝鲜人连参加广州起义。起义失败后逃亡日本，组织朝鲜"创一党"。

邵力子随蒋介石北伐后，熊雄接任黄埔军校政治部主任。

熊雄原名祖福，早年参加反袁斗争，失败后逃亡日本，加入孙中山的中华革命党，1919年11月赴法勤工俭学，1922年3月离法赴德留学，并在柏林加入德国共产党，后又与周恩来、刘清扬、萧三等人发起筹建旅欧中国少年共产党（后正式改名为共青团）。1925年6月，熊雄奉命回国，就任黄埔军校政治教官。

在广东革命政府举师东征时，熊雄任东征军总指挥部政治部秘书长，协助主任周恩来工作。东征胜利后，熊雄调任黄埔军校政治部副主任。

虽说主任一职由邵力子代理，实际上，黄埔军校政治部工作是由熊雄主持。

熊雄在主持政治部工作期间，先后邀请了毛泽东、刘少奇、张太雷等到黄埔军校作报告。

毛泽东到黄埔军校作报告时，时任国民党中央宣传部代理部长。

当时的毛泽东与蒋介石，都是国民党新兴势力一文一武的风云人物，彼此相见都有惺惺相惜的敬意。

毛泽东在黄埔军校的初创工作中，曾与恽代英一起秘密负责上海考区的招生工作。他也曾是黄埔军校上海考区的主考官。

在黄埔前四期，当时的蒋介石也频频邀请国民党中央委员、各部部长及来穗的各省省党部书记到黄埔参观讲演，具体操办的就是熊雄。

因正处于第一次国共合作期间，身为共产党人的毛泽东此时代理国民党中央宣传部长，也受邀到黄埔军校讲演。

蒋介石亲自到大门外码头迎接。把毛泽东部长接到校长办公室休息片刻后，又亲自引路陪伴，全体师生起立致敬后坐下，蒋介石也在台下第一排正中端坐恭听。

讲演结束后，蒋介石起立带头鼓掌，全体官生亦起立鼓掌，经久不息。

后来，蒋介石又设宴款待毛泽东，并亲送其至船码头告别。

第二节 黄埔学生

台湾的国民党近期整理史料发现，当年国民党中央还一度积欠毛泽东6个月薪水，共计720大洋（俗称袁大头）。

现任国民党党史馆主任邵铭煌证实，从党内近期解密的文件中发现，中央党部确曾拖欠毛泽东月薪；但在当年动荡时代，最后该笔款项是否如数核拨，当前文件看不出来。

已经泛黄的会计资料仅记载着："毛泽东、120大洋。"

邵铭煌解释，1924年国民党召开第一次全体代表大会，毛泽东出任候补中央委员，随后转往国民党上海执行部担任秘书，负责办理党员入党等文书工作，月薪120大洋；如今国民党党史馆仍保留不少毛泽东的亲笔文件。

而当时光是国民党上海执行部就有毛泽东、邵力子等15名中共人士。

由于国民党积欠薪水并研议全面减薪，引发罢工抗议，国民党上海党部隔年元旦虽核发薪水，但毛泽东已转往国民党广州党部任职。

后来国民党清党，毛泽东于1927年4月与国民党决裂。

有关大洋的实际物价，依照《银元时代生活史》一书记载，当年大学教授月薪80大洋，上海书店店员月薪约6大洋，白米一担约4大洋，可见720大洋十分可观。

毛泽东当时在上海的主要工作之一是为黄埔军校招生。

由于当时中国各省均在军阀势力下，黄埔军校不能公开招生，国民党中央只好乘一大会议之便，委托返籍各省中央委员私下招生，其中最积极者有毛泽东、于右任、戴季陶、居正等。

经过当地考试合格后，约一千三百名考生来广州复试。复试的国文试题为戴季陶拟定，数学试题由王登云负责，张申府除了和几位苏联顾问负责口试外，还负责笔试监考和阅卷工作。第一期招生近五百名，其中包括陈赓、徐向前等。

因为各地军阀并不支持甚至反对这样一个新生的军事学校，招考第1期学生多采用秘密招生方式。

为了保证学生政治质量，每一名学生录取时要有两名担保人。

当时除在广州可以公开进行招生外，其余各省因都在军阀统治下，不能在这些地区公开招生，因之委托出席国民党一大的各省代表回原籍后代为秘密物色选拔考生来校应考。

由于这时国民党在许多地方还没有建立组织，因此，非常重视培训革命军事干部工作的中国共产党，在黄埔军校招生工作中起了突出的作用。

当时正是国共合作时期，中共党组织可以保送初试。

在黄埔军校招生期间，各地共产党组织积极动员和选送符合条件的共产党员、青年团员和青年报考。

共产党人何叔衡在湖南长沙负责办理军校第1期秘密招生事宜，介绍赵自选、陈作为和郭一予等持函到上海见毛泽东。

当时，毛泽东、恽代英负责上海的招生工作。

考试据说是严格的，标准要求也很高，不过比起当下的考公务员，那时的考试标准实在太低。其实也正常，黄埔军校的学生是要走进枪林弹雨，用他们的生命和鲜血书写他们壮丽的人生的，考上公务员是追求衣食无忧的快乐人生，要说黄埔军校标准高，关键是不怕死。

一句话，黄埔军校要的是视死如归，愿为国家抛头颅洒热血的革命青年。

报考者一般要经过3关，第一关是各省区的初试，第二关是大地区范围内的复试，第三关是军校的总考试。

基本程序是，全国19个省区分别先进行招生初试，初试合格后再介绍到上海、重庆等地复试，如当时毛泽东即在上海负责复试工作，复试合格后再送到广州参加总考试。

不过参加第一期考试的学生，全国19个省区一共才1200余人，可以想象一下它实际的影响力并不大。

录取发榜时，经严格考试，第1期共录取正取生350人（还有说360人或372人），备取生120人（黄埔一期生徐向前还有说117人或100余人）。

榜单上，共产党员蒋先云名列第一。

在第1期录取生中，约有共产党员近60人，占学生总数的1/8。

他们以后构成了共产党军事力量的基石。

徐向前投考黄埔军校，是在《新青年》杂志上看到了《招生简章》。这个因为在学堂上大讲雪耻救国故事而被迫辞职的小学教师，从此立下宏愿，要到黄埔军校去做一番救国救民的大事业。

徐向前悄悄约上几个同乡白龙亭、孔昭林、赵荣忠、郭树械等，从山西来到上海，在上海环龙路一号进行了初考，被录取后，又从上海直奔广州。

出身书香门第的杜聿明和他的要好同学阎揆要（阎奎耀）、关麟征、张耀明等，也是从《新青年》杂志上得知黄埔军校招生的，便从陕西匆匆赶来。

然而，考期已过，多亏了陕西同乡、同盟会元老于右任先生的举荐，才获准补考。否则，在后来的中国人民解放军将军方阵里就会少一位阎揆要中将；在后来的长城抗战中，国民革命军里也就少了一位关麟征师长，昆仑关大战则会少了一位杜聿明军长。

陈赓、宋希濂等报考黄埔军校，则是属于现代职场中的"跳槽"行为。

他们原先报考的是广州大元帅府军政部部长程潜主办的"湘军讲武堂"，被录取后于1924年1月到广州入校学习。3月，当黄埔军校招生的布告贴出后，陈赓、宋希濂等在沿珠江长堤散步时看到了《招生简章》，真是喜出望外，他们一面仔细地研读，一面在心中琢磨："革命青年不应分散力量，甚或为私欲者所利用，而应集中黄埔训练。"

他们当即议定：退出讲武学校，报考黄埔。

陈赓、宋希濂在入学考试后被顺利录取。

他们的这一行动，也带动了原讲武学校的其他学生，如左权等坚决要求转学到黄埔军校，由此有了半年后的集体大"跳槽"，原讲武学校停办，却为黄埔军校增加了150多名学生。

在第1期考生中，以后成为著名将领的胡宗南则是哭进黄埔军校的。

胡宗南出生于浙东宁波镇海陈华埔朱家塘村一户小药店主之家，聪慧好学，读小学以全县第二名的成绩毕业，读中学以全校第一名的成绩毕业。

中学毕业后，胡宗南因家庭经济窘迫，失去了继续深造的机会，被迫回到孝丰县立高等小学堂担任国文、历史、地理教员。除教书外，他把大多数时间用来阅读古代史学名著，了解天下大事。1921年暑假，他游历了北京、天津、山海关等地，随后便断言十年后中日必然发生战争，恰好1931年发生了"九一八"事变。

凭胡宗南对事物敏锐的洞察力，他在黄埔军校读书时被公认为"预言家"。

广东黄埔军校在上海秘密招生时，胡宗南决心报名投考。

黄埔军校在华南国民党控制地区是公开招生的，但是在北洋政府控制的地区只能由国民党和共产党在地下秘密主持进行。先是在上海初试，合格者再去广东复试。

上海初试的主考官是毛泽东。胡宗南十分容易地通过了初试，然后发给路费。学生们分期分批被秘密送往广东。

广东的复试比较严格，首先是资格审查，按照黄埔军校《招生简章》第4条第1项规定，投考者"年龄18岁以上，25岁以内"，而胡宗南当时已经是29岁，根本就不符合条件，但可以在报名册上做一下手脚。

接下来便是按照黄埔军校《招生简章》第5条的规定，进行身高、肺活量、视力、听力、体重等项的检查，军校考试委员会把身高放在了体检的第一位。

考官先让考生排成一队，这一下胡宗南的身高弱势十分明显地暴露了出来，在长长的队伍里，他这个不足1.60米的个子差不多比别人矮了一头还多，身体又较弱。

考官当即把胡从队伍里拉了出来，毫不客气地说："你根本不是当兵的材料。"

这也就是说，胡宗南被取消了考试资格。

这一结果对胡宗南简直是致命的打击。

胡宗南看着教官那张严肃的脸，没有一点通融的余地，再想到自己有家不可回，上海的生意又欠债累累，就放声大哭起来。

举目无亲，找不出一个朋友或熟悉的人来帮忙，胡宗南真的是已步入人生的绝境了。

其实绝境有时也是机会。

哭了一会儿后，胡宗南猛然间站了起来，他真是火冒三丈，慷慨陈词，责问把他拎出来的考官："凭什么不让我参加国民革命？革命是每个年轻人的义务！个子矮怎么了？拿破仑的个子也不高，同样驰骋疆场！校总理孙中山先生的个子也只有1.68米，校党代表廖仲恺先生更矮嘛！国民革命怎能以相貌取人呢？"

那个考官见状惊得目瞪口呆，可胡宗南的嗓门越来越大，他大喊了起来："孙中山先生的主张为什么得不到实现，就是因为你们这些人让许多热血青年报国无门！"

考场上这么大的动静，惊动了正在另外一个房间里的廖仲恺。

廖仲恺出门一看，就乐了，他对着胡宗南也大声喊道："这位同学，我批准你参加考试。"接着转身回到房间内，写了一张字条交给胡宗南。

字条上书："国民革命，急需大批人才。只要成绩好，身体健康，个子矮一点也是应该录取的。"

凭着廖仲恺的字条，胡宗南被特许参加了接下来的文化考试。

旁边排队报名的同学纷纷议论：这个姓胡的嘴巴可比个子大多了。

整一个月后，黄埔一期学生入学考试发榜，胡宗南被列在备取生一栏中。

那时的廖仲恺当然不会想到，这个姓胡的小个子后来成了肩扛3颗金星的上将。

孙中山在这时急于抓军队，急需办军校培养人才，来广州报考军校的又多是热血青年，所以，能录取的尽量录取。

这第1期来报考的青年以南方人居多，从北方来的青年较少。

为此，军校在招生中特别注意招收来自北方的青年，从山西来的徐向前等十多名考生，还有从陕西来的阎揆要、关麟徵、张耀明、杜聿明等十多名考生在于右任的保荐下，都被录取了。

招收的黄埔军校第1期学生，陆续到黄埔长洲岛入校报到。

原旧军校校址因年久失修，荒草遍地，军校组织力量进行大扫除，维修校舍，披荆斩棘，除秽去污，使这片从前草木丛生的废墟，"一变而为跃马谈兵之地"。

1924年5月5日至7日，经过考试选拔的400多名第1期学生正式入校上课。

学生编为4个队接受新兵训练。正取生编为第1、第2、第3队，备取生编为第4队，分别以吕梦熊、茅延桢、金佛庄、李伟章为各队队长（其中茅、金是共产党员）。

民国军界俗语说，保定的课堂、云南的操场、黄埔的战场，也是指三校学生打群架的多发地点。

保定军校南北学生群殴是有传统的。

1912年第一期开学，南方革命政府学生军插班入军校。因学生军未经陆军小学、陆军中学养成教育，先期在读生看不起这些南方佬，而学生军很多参加过辛亥起义，以革命功臣自许，双方经常在课堂由口角辩论到冲突，当堂打起来。

其结果是外面南北军阀在肉搏，军校里面南北学生在厮打。

保定军校一共九期，除第四、五、七期南北交恶，无广东籍同学外，其余期期有大规模群殴事件，遂成保定传统。

不过学生群殴也成了黄埔军校的传统。

黄埔军校开办后，随着时间的推移，国共两党学生的矛盾不断上升，常常因为政治观点相异，由动口发展到大打出手。

在黄埔军校第一期学生即将毕业之时，"青年军人联合会"（以下简称"青军会"）于1925年2月1日宣告成立。

青军会创立初期，是一个统一战线性质的组织，它的主要领导人既有蒋先云、李之龙、陈赓这些公开的共产党员，也有贺衷寒等国民党员。

然而，随着青军会力量的迅速发展壮大，特别是共产党人又在里面起了主要领导作用，加之教育长王柏龄等国民党右派分子对此深为不满，贺衷寒等国民党右派学生便站到了青军会的对立面上。

此时校长蒋介石也认为青军会过分赤化了。于是在蒋介石默许下，王柏龄另外组建起一个"孙文主义学会"（以下简称"孙文会"）的团体，于是黄埔军校的派系斗争开始了。

"青年军人联合会"成立后，工作开展得十分有成效，在不到一年的时间里，组织已遍于广东各军，会员达两万人。而孙文会则以国民党员为骨干，纠合了一些国民党右派学生，也拥有了5000多会员。

双方的对立情绪日趋严重。

黄埔军取得第一次东征战役胜利后驻扎梅县，"青年军人联合会"为了扩大东征军的影响，在梅县中学广场上举行了一次军民联欢会，当时到会的地方各界群众有数千人之多。

大会由蒋先云主持，李之龙主讲。李之龙的演说博得全场军民的热烈掌声。"孙文主义学会"的学员见"青年军人联合会"大出风头，嫉恨不已，在贺衷寒的率领下跳上台来，硬是把李之龙从演讲台前架走，然后贺衷寒开始演说起来。

"青年军人联合会"没料到"孙文主义学会"的人会来这一手，他们在短时间内集聚了一批骨干分子，发动群众在台下喝起倒彩。

这时李之龙率人突破封锁，冲上了演讲台。贺衷寒恼怒万分，挥拳朝李之龙脸部猛击，把他打倒在地。霎时，会场大乱，两派成员挥拳相助，一场混战展开。

两派斗殴之事很快就传到了蒋介石耳朵里。

蒋介石十分恼火，令人立即把李之龙、贺衷寒两人带来。

他一见到这两人，便劈头盖脸地骂开了："你们这两个混蛋，竟当着几千老百姓打架，给黄埔军脸上抹黑，我要拿你们法办！"

蒋介石听完在场相关证言后，当即作出处理：贺衷寒当众寻衅闹事，破坏国共合作，予以撤职查办；李之龙聚众斗殴，影响黄埔声誉，即令写出检查，调回军校工作。

应该说，此时的蒋介石的处理是一碗水端平。

1925年10月，黄埔军发起了讨伐陈炯明的第二次东征战役。

战役开始前，广州各界在广东大学举行誓师大会，"青年军人联合会"和"孙文主义学会"都应邀参加。

会上，当李之龙代表"青年军人联合会"发表演说讲到一半时，贺衷寒等人又上来抢台。可这一次，"青年军人联合会"早有准备，演讲台四周的"青年军人联合会"成员一拥而上，把贺衷寒等人给拦阻在演讲台外面。

双方手里虽然都没有兵器，但会场上的桌椅凳子、树枝旗杆都成为他们顺手的武器。到会的几万人看着几百黄埔学生群殴，无不惊得瞠目结舌，索性让出操场，看黄埔学生"舞棒习武"。

此事立即轰动了整个广州，紧接着又被报媒推向全国。

"黄埔军不但能打仗，而且也能打架。"

幸运的是，打架归打架，打仗归打仗，这一点两派都还分得清清楚楚。

有仗打时，不分彼此，双方相互支援，协同作战。

久而久之，蒋介石也就懒得再去管打架的事。

也因为蒋介石这种默认态度，军校内"青年军人联合会"与"孙文主义学会"的左右派学生后来简直发展到两派人一见面就要打架的地步，不光平时打，就在东征北伐时期两派学生只要碰到一起，一场群殴是绝对避免不了的。

不过说起来也很奇怪，这种有仗打仗，没仗打架的行为，居然没有对北伐军的战斗力产生多大的影响，这也算近代中国史的一项奇迹。

要知道，北伐时期这些军校学生，大部分都是营连级军官，打起架来少说是百十号人的规模。

如果没有孙中山的逝世，没有列宁的逝世，国共合作之路将会延续，中国的历史也许是另一种全新的写法。

可是孙中山的逝世，给国民党内部的权力制造了巨大的真空，这次内部的权力斗争的激烈延续到全面抗战爆发前。

列宁的逝世，也改变了苏联国内的政治格局，这种政治格局的剧烈变化，影响了世界政治格局，也引发了国共分裂、中苏断交、中东路战争。

第三节　总理之死

1924年10月，正当吴佩孚在山海关前线同奉军激战时，直系第3军总司令冯玉祥与直系援军第二路司令胡景翼，联合京畿警备副司令孙岳秘密计划倒戈。

10月23日，冯玉祥回师南苑，通电停战，发动北京政变，曹锟被囚，第二次直奉战争结束，直系瓦解，奉系取得决定性的胜利。

张作霖、冯玉祥、段祺瑞等人皆致电孙中山，邀其北上，共商国是，并提出召开由各实力派参加的和平会议，产生正式政府。

1924年11月10日，孙中山发表《北上宣言》，重申"北伐之目的，不仅在推翻军阀，尤在推翻军阀所赖以生存之帝国主义"。

《北上宣言》提出："第一步使武力与国民相结合；第二步使武力为国民之武力。"

但就在孙中山北上途中，11月15日，张作霖、卢永祥、冯玉祥、胡景翼、孙岳五人联名推举段祺瑞为中华民国总执政，执行政府职权。

段祺瑞的重新上台与孙中山在《北上宣言》的精神南辕北辙，是对孙中山不小的打击。

段祺瑞的重新上台，是因为他曾是直系大佬。张作霖、卢永祥、冯玉祥、胡景翼、孙岳五人都是军阀出身，他们并没有放弃手中权力的觉悟，此外，直系虽然大败，但吴佩孚还有反攻的本钱，他对北洋军其他小军阀的影响力还很强大，将手中没有兵权的段祺瑞重新扶上台，多少有些招降其他军阀势力的意图。

1924年12月4日，孙中山抵达天津。午后，孙中山前往海河北曹家花园拜访张作霖。张作霖态度冷淡，没有出门迎接，让孙中山在客厅坐了很久，张作霖这才出来会面，径直落上座。

在谈话中，张作霖坦言："我是粗人，坦白言之，我是捧人的，我今天能捧姓段的，就可以捧姓孙的，惟我只反对共产，如果共产实行，虽流血所不辞。"

其实张作霖对共产主义也是似懂非懂，真的坚决反共，也不会在东北边境与苏俄猛做生意，他的表态不过是期望孙中山成为段祺瑞那类的花瓶。

张作霖第二日回访孙中山。在谈话中，张作霖劝告孙中山，不要反对外国人，因为外国人是不好惹的，而各国公使非常反对联俄联共政策，希望孙中山放弃这个政策。

孙中山的联俄联共政策，将使国民党不再是民国政治的花瓶，而是将成为决定中国历史命运的新兴政治力量。

张作霖自然不愿看到这样的竞争对手出现。不过张作霖与孙中山以前的关系倒也不错。

张作霖与孙中山曾密切合作，对当时的南北政局都产生了重大的影响。

1919年夏，曾任北洋政府农商总长、参议院议长的李盛铎派侄子李守冰去广东拜见孙中山，说："吴佩孚欺世盗名，残民肆虐，非廓清之不足以拨乱而反之正。直系军阀拥兵数万，纵横数省，非夹击之断难收廓清之效。"

他希望孙中山能"接洽北方之能击吴佩孚者"。能击吴佩孚者就是张作霖。

曾任段祺瑞北洋政府内阁总理的梁士诒，在组阁前也来到广东见孙中山，提出了一个"合粤皖奉为一炉"的计划。

孙中山表示赞同，派东北籍老同盟会员宁武居中联络。

1920年夏，张作霖正在天津参加巡阅使会议。宁武以华侨资本家代表的身份与张作霖见了面，并会谈了两次。

在第一次会谈中，宁武提到孙中山已经同段祺瑞准备合作，共同对付曹、吴。

张作霖坦率地说："这件事我也知道。我是带兵的，老粗，不懂政治。不过，我很不明白：孙中山是开国元勋，著书立说，革命党怎么能跟这路人（段祺瑞）合到一块？"

宁武回答："不论什么人，只要肯革命，孙先生是都可以合作的。"

此后不久，奉军总司令部秘书长宋文林来转达张作霖的话，拟派少将副官张亚东带着问候信同宁武一起去见孙中山。

这次是孙中山与张作霖初次直接联系，双方都在试探对方，孙中山只写了封回信交给张亚东返奉复命。

1921年2月，宁武到沈阳后，他先与东三省巡阅使署总参议杨宇霆、混成第三旅旅长张学良进行会谈，然后拜会张作霖。

张作霖明确表示："现在国家成了个烂羊头。孙先生是开国元勋，谋国有办法，我想派人去向他请教一切。你可打电报先去联络一下。"

张作霖指派奉军旅长李少白（又名李梦庚）同宁武一路南下，并带去一本密电码。

在桂林大本营，宁武引荐李少白拜见了孙中山。

经过晤谈，孙中山感到和张作霖合作可能性很大，让他们给张作霖带回一封信，在信中提出了联合讨直的问题。

1922年4月，第一次直奉战争爆发，奉系军队退守关外。第一次直奉战争以直系军阀大获全胜而告终，直系军阀从此完全控制了北京的中央政权。

而孙中山此时也遭遇陈炯明叛乱事件，处境困难。

孙中山平安到上海后，张作霖请宁武代表自己探候孙中山，孙中山当时经济很困难，请宁武帮忙向张作霖借款。

9月初，张作霖派李香斋、韩麟春等人赴沪拜见孙中山。韩麟春代表张作霖赠孙中山生活费2万元，张作霖知道后大发雷霆，痛骂了韩麟春一顿："凭我张某人只送孙先生这点钱？不成话，赶快再补8万！"

1922年9月，孙中山派汪精卫、程潜作为代表到奉天拜见张作霖父子，商议讨伐曹锟、吴佩孚大计。

而此时，直系首领曹锟企图破坏孙张同盟，准备与张作霖和谈。曹锟承诺，只要张作霖愿意合作，愿意让张作霖担任副总统。

张作霖对于曹锟抛来的绣球不屑一顾。

1923年5月1日，在沪待命的汪精卫再度衔命赴奉天。在致汪精卫的电报中，孙中山提出了向张作霖借款的要求："唯协和需五十万元，组安需二十万元，此间因战事剧烈，费款至巨，力难兼顾，拟由兄力向雨公商助见复。"

可见，汪精卫此行的主要目的，便是借钱。

同日，孙中山致函张作霖，高度评价张作霖提出的"藉武力以济和平之穷"的意见，同时承认粤方"财政过拙，不能因应咸宜"，并提出借款70万元的请求。

张作霖在借款的问题上很爽快。

5月12日，张作霖派黑吉江防司令公署参谋长沈鸿烈作为代表赴粤拜见孙中山。

沈鸿烈带了一艘货轮前往广东，船上满载60万银元、12门山炮及一些迫击炮弹。

不过此一时，彼一时。

张作霖与孙中山当初的合作是抱团取暖的互惠，当时老张不是中央干部。

此时已当上中央干部的张作霖，他还希望自己成为核心，他可不希望有人限制他的权力或与人分享权力，连与他一起作战的盟友冯玉祥，老张都想踢出局，何况孙中山呢。

天津会谈结束后，张作霖回东北。

由于天津气候严寒，加上旅途劳顿，孙中山渐感不支，发冷发热，不得不滞留天津养病。

在孙中山病重期间，1925年2月10日，张作霖派东三省保安司令部秘书长兼东北交通委员长郑谦代表他前来探望。

3月12日，孙中山在北京病逝。

孙中山在北京病逝时，留下一封致苏联的遗书，全文如下：

"苏维埃社会主义共和国大联合中央执行委员会亲爱的同志：

我在此身患不治之症。我的心念，此时转向于你们，转向于我党及我国的将来。你们是自由的共和国大联合之首领，此自由的共和国大联合，是不朽的列宁遗产与被压迫民族的世界之真遗产。帝国主义下的难民，将藉此以保卫其自由，从以古代奴役战争偏私为基础之国际制度中谋解放。我遗下的是国民党，我希望国民党在完成其由帝国主义制度解放中国及其他被侵略国之历史的工作中，与你们合力共作。命运使我必须放下我未竟之业，移交于彼谨守国民党主义与教训而组织我真正同志之人。故我已嘱咐国民党进行民族革命运动之工作，中国可免帝国主义加诸中国的半殖民地状况之羁缚。为达到此项目的起见，我已命国民党长此继续与你们提携。我深信你们政府亦必继续前此予我国之援助。亲爱的同志！当此与你们诀别之际，我愿表示我热烈的希望，希望不久即将破晓，斯时苏联以良友及盟国而欢迎强盛独立之中国，两国在争为世界被压迫民族自由之大战中，携手并进以取得胜利。谨以兄弟之谊祝你们平安！"

孙中山最后的十来年，完全是在和军阀们的搏斗中度过的。

去世前不久，孙中山在日本有过一次演讲："十三年来，徒有民国之名，没有民国之实。这种名不副实，就是我们革命没有成功。革命之所以没有成功的原因，是由于反革命的力量太大……这种反革命的力量，就是军阀。为什么军阀有这个大力量呢？因为军阀背后，有帝国主义援助。""我们革命党要中国从此以后，不再发生军阀，国民能够自由来解决国事，中国永久是和平统一，根本上便是要使在中国捣乱的帝国主义不能活动，便是要消灭在中国的帝国主义。"

孙中山发现普通老百姓只是关心自己发财，而不是关心民主制度在中国怎样实现，他觉得孤立。他最后的杰作是《建国大纲》，这是他的经历、学识、人格各方面的一次新的汇集，提出了中国的民主道路应该怎样走。

理想是一码事，但现实又是另一码事。

国民党何去何从？谁来领导国民党？

孙中山的去世留下了巨大的疑问。

孙中山去世后，谁来继承他在国民党的领导地位，是引发国民党派系形成的一个重要关键。

孙中山在世时，因为他个人的魅力和威望，没有任何人可以抗衡，一时还没有引起国民党内已逐渐成形的各派系间的公开冲突。

孙中山去世后，党内各派系的冲突立即凸现出来。

中国人最重乡情，在政治上也是如此，往往同一个地方出去的就容易互相帮衬，形成小集团，这种现象古今皆然。

在民国时期，北洋便是以籍贯划分派系，直系多为直隶或周边人士，皖系多为安徽或周边人士，而奉系更是以东北人为主。

乡情之于政治在细节处更是体现得颇为明显。

孙中山关于中国人乡土观念强而国家观念弱的见解，在《三民主义》一书中曾痛切指陈：

"中国人对于国家观念，本是一片散沙，本没有民族团体。"而同它形成鲜明对照的是："中国有很坚固的家族和宗族团体，中国人对于家族和宗族观念是很深的。譬如中国人在路上遇见了，交谈之后，请问尊姓大名，只要彼此知道是同宗，便非常之亲热，便认为同姓的伯叔兄弟……此外还有家乡基础，中国人的家乡观念也是很深的。如果是同省同县同乡村的人，总是特别容易联络。"

这种观念在当时的中国确实普遍存在。

事实上，孙中山自己从开始领导革命时起，便在有意无意间逐步构成一批以广东籍为主的亲信干部，他们长期追随孙氏并为孙氏所信赖。

以中国同盟会成立前的三个主要革命团体来说，孙中山领导的兴中会成员绝大多数是广东人，兴中会会员286人中，271人是广东人，占95%；黄兴、宋教仁等领导的华兴会成员大多是湖南人，宋教仁甚至在日记中把华兴会自称是"湖南团体"；光复会的主要成员蔡元培、徐锡麟、秋瑾、陶成章，以及后来的章太炎等，都是浙江人。

地域观念，在同盟会内部的纠纷冲突中起了相当重要的作用。

甚至在职业军人方面，当孙中山把广东作为革命根据地时，基于现实的考量，也不得不倚重粤籍人士。

比如1923年孙中山命令驻福建各军回师讨伐陈炯明时，鄂籍的黄大伟和粤籍的许崇智论实力和功勋都在伯仲之间，但孙却任命许崇智为总司令，导致黄大伟认为广东人排外一怒而去。

有人以此事质问孙中山时，孙很明确地回答道："现在要打陈炯明不得不用汝为（即许崇智），他是广州高弟街人啊！广东人没有话说。"

特别是自1924年国民党改组后，广东被尊称为"革命策源地"，而有别于国内其他省份。此后，广东人的革命正统意识更是不断得到加强。

粤籍国民党人心中有着强烈的革命正统情结，这正是孙中山去世后，唯有汪精卫、胡汉民、廖仲恺最有资格继承孙中山地位的重要因素之一。

为什么孙中山没有主动提出自己的遗言，为什么孙中山没有指定自己的接班人，仍然是一个不解之谜。

由于孙中山没有指定接班人，结果造成了后来国民党内部长期内斗不断。也由于孙中山没有指定接班人，国民党内没有人敢接任总理之位，只好宣布取消总理制，把总理这一称呼永远让给孙中山。

此后国民党的领导体制开始采用集体领导的委员会制。

孙中山之后的国民党中，汪精卫是呼声最高的接班人。

汪精卫是同盟会中资格最老的一辈，有敢于自我牺牲的英雄光荣史，有革命成功后不谋求当官的君子风度，更有鲜有人能比的文才和口才，这在国民党中都是无人可比的。加之汪精卫的个人生活作风也非常为人称道，不抽烟、不喝酒、不赌博、不近女色，这在当时的国民党高官中，都是鲜有人能够做到的。

在1925年7月1日，孙中山原来的大元帅府改组，改为国民政府，设国民政府主席为最高领导人。在中央政治会议上，汪精卫以全票当选国民政府主席，成为孙中山以后第一位国民党领导人。

广州国民政府采用委员制取代大元帅府的一长制，汪精卫、胡汉民、廖仲恺、张静江等16人为委员。汪精卫、胡汉民、谭延闿、许崇智、林森为常务委员。汪精卫任主席。下设财政、军事、外交等部。广州国民政府聘鲍罗廷为高等顾问。

国民政府宣布它的职责是履行孙中山遗嘱，对外废除不平等条约，消灭帝国主义势力；对内开展国民革命运动，消灭军阀势力。

7月2日，在10万广州军民参加的国民政府成立庆祝仪式上，汪精卫庄重宣布："国民政府当前的首要任务是挥师北伐，统一中国。"

汪精卫的发言得到了在场军民的热烈欢迎，到处响起"拥护汪主席"的口号，这是汪精卫一生中最为辉煌的日子。

汪精卫的国民政府遵守孙中山"联俄、联共、扶助工农"的三大政策，积极任命了一批共产党员位居国民政府的要职。

比如汪精卫任命共产党员谭平山为国民党中央党部的组织部长，毛泽东为国民党中央宣传部长，林伯渠为国民党中央秘书长，帮助国民党中央常务委员会工作，使共产党的势力在国民党中取得了较大的发展。

一时间汪精卫领导的国民政府似乎一切顺利，但一个多月后发生的廖仲恺遭暗杀事件，一下使汪精卫陷入进退两难的窘境。

1925年8月19日，廖仲恺在国民党部大门前，遭5名枪手的枪击身亡。

廖仲恺被刺案惊动了刚刚成立的国民政府，汪精卫亲自组成了特别委员会，调查廖仲恺被刺案的凶手。

汪精卫没有想到，调查的结果却显示出胡汉民是刺杀廖仲恺的幕后策划者。

胡汉民也是一直在国民党内地位很高的人物，曾多次在孙中山不在时，代理孙中山的大元帅职务。

孙中山去世后,胡汉民也是很有希望接任国民党领导人位置的候选人。然而在新成立的国民政府中,胡汉民任外交部长、廖仲恺任财政部长,这使胡汉民非常不满。

原来在东京同盟会时代,胡汉民和汪精卫本是生死之交的密友。在同盟会中汪精卫最要好的朋友是胡汉民。胡汉民比汪精卫大四岁,不仅是和汪一起来日本留学的同乡,也是长年在《民报》一起工作的同事,汪一直把胡当做大哥看待。胡汉民曾为营救汪精卫而披心沥血。

但天下没有不散的宴席,此刻他们之间的友谊开始破裂,胡汉民开始支持党内的右派反对汪精卫。

汪精卫念及当年他们两人在东京时代的旧情,没有公开处分胡汉民,只是将胡汉民以国民政府特使的名义派往苏联考察。

1925年10月,汪精卫以国民政府主席的名义,发布了东征陈炯明的命令,汪精卫亲自任命蒋介石为东征军总指挥。

汪精卫那时还没有想到这个小字辈的蒋介石,居然会在一年后成为掌握国民党的实权人物。

蒋介石东征陈炯明取得胜利后,在国民党中名声大振。

因东征需要,国民革命军第4军独立团成立。

该团的基础是原"建国陆海军大元帅府铁甲车队",又招收黄埔军校和滇军干部学校部分学员,战士多为招募的新兵,全团共2000余人。叶挺任团长,称"叶挺独立团"。

该团干部的任免、调动由共产党决定,不受国民党第4军的约束。干部绝大多数是共产党员。团设党支部,直接由中共两广区委军事部领导。

这是中共第一支可以直接约束的部队。

由于右派的台柱人物胡汉民被迫离职出国,国民党发生分裂,国民党右派在广州政府已无法立足,于是他们跑到北京另立中央。

1925年11月23日,戴季陶、林森等一批国民党中央执行委员和中央监察委员,在北京西山碧云寺孙中山的灵前,召开了自称为"国民党一届四中全会",这就是所谓的"西山会议",与会者也被称为西山会议派。

西山会议以反对联俄联共、反对汪精卫"左倾"为主要议题,通过了一系列反对联俄联共的决议案,并罗列汪精卫"为共产党护符"的九大罪状,宣布开除汪精卫党籍半年,以观后效。

虽然右派的反汪气焰十分嚣张,但由于最为重要的军权仍掌握在左派手里,所以西山会议并没有形成很大气候,他们是非主流。

第四节　五原誓师

1926年是冯玉祥的思想和行动发生重要转变的一年。

由于受共产党人、国民党人的影响，加上同苏联顾问接触，他于此年元旦通电辞职后决定赴苏联访问学习。

在访苏期间和来回途中，冯玉祥与苏联党和国家、军队领导人，以及苏共党员、各界人士进行了广泛接触，使他对革命有了进一步理解，认识到中国进行革命的必要和树立鲜明主义的重要。

访苏期间，冯玉祥正式加入国民党（注意！他是加入国民党，而不是共产党），并宣布国民军全体入党。

国民党中央任命他为国民军党代表、国民政府委员、军事委员会委员。

在苏联逗留三个月后，他便与苏联顾问乌斯马诺夫、中共党员刘伯坚等人一起回国。

9月，抵绥远五原，冯玉祥收拾南口失败后的国民军残军，与于右任、邓宝珊等人组成国民军联军，这就是以后的西北军的基本力量。

17日，举行著名的"五原誓师"，冯玉祥宣誓就任联军总司令。五原誓师，在中国西北部打出了配合北伐、讨伐反动军阀的旗帜。

据近年的一些资料显示，苏联对国民党政府提供了高达数百万美元（当时价格）的军事援助，当然也少不了国民军的。

到1926年7月，苏联向国民军提供的步枪就有55857支，各种炮60门，机枪230挺，迫击炮18门，还有各种子弹炮弹数千万发。

北伐战争开始后，苏联在10月间还向国民军提供了3500支步枪、1150万发子弹和3架飞机、10支火焰喷射器等。（维·马·普里马科夫：《冯玉祥与国民军——一个志愿兵的札记》）

结合了过去的历史教训，冯玉祥认为，只有训练出具有严明军纪、吃苦耐劳精神的部队，才能够称雄天下。

于是，在绥远五原誓师后，冯玉祥重整兵马，主动开办军官学校，整编部队，严明纪律，开始了绥远大练兵。这次大练兵，应该算是西北军脱胎换骨的重要里程碑。

共产党人刘伯坚进入他的部队成为政治部的主要负责人。冯玉祥在国共决裂后提到刘伯坚还是赞不绝口，深为折服。

因此，冯玉祥在军队中安插了不少共产党员作为骨干，邓小平当时就在国民军中任职，政治、党务方面的工作事事与乌斯马诺夫、刘伯坚商量。

这个时候到冯军中的共产党干部，还有一个怪杰宣侠父。

宣侠父是黄埔军校一期生，文武双全，但在老蒋看来则是脑后生反骨不可救药的人物。

蒋介石当时在党内根基不深，黄埔学生是他可以依靠的基础力量，所以对黄埔一期生爱护有加，轻易舍不得处罚，而宣侠父就是唯一被蒋介石开除的黄埔一期生。

宣侠父与蒋军内部很多高级军政人员，比如胡宗南、戴笠都有很好的关系，所以这些人经常向蒋保举宣，蒋也就屡次对宣予以起用，但每次起用他必以反蒋告终。

最后老蒋被他折腾得恼羞成怒，在他担任国民革命军第十八集团军驻西安办事处主任期间，授意戴笠将他骗出杀害，算是抗战中死于国民党手中的共产党最高级将领之一。

冯的基本干部，像韩复榘、宋哲元、方振武、吉鸿昌等，都是这个时候确立了自己在西北军中的地位。

有很多这样的将领都是这时候从最低级提拔的，比如他的卫队连长黄樵松就是这个时候开始提升。后来，他在台儿庄打过鬼子，信阳抬棺大战日军，曾做到蒋军嫡系国民革命军第三十军军长。

说起西北军不得不提杨虎城。

杨虎城乳名杨九娃，大名杨彪。

杨虎城少年的时候是一刀客，《双旗镇刀客》看过没有？

刀客不是一般的能打。

这次国民军起事，杨虎城也在西北遥相呼应，他的老根据地在哪儿？

延安。不过那时延安还不是革命圣地。

这时，北洋军在关中的部队数量不多，1925年7月，杨虎城率部南下，一路势如破竹，将直系部队驱逐至秦岭以南，杨虎城任国民军第3军第3师师长。

就在这个时候，杨虎城开始同共产党人合作，南汉宸、魏野畴等陆续进入他的幕中。

西安事变后，为什么张学良没有被杀，原因很多。

但为什么杨虎城被杀？

因为杨虎城向共产党递交过入党申请书，真的要当共产党人。

吉鸿昌被杀是同样的道理。

1925年在北京起事后，胡景翼率领的国民军第2军没有和老冯同行，而是南下，直取河南。

国民军打张作霖虽然有点儿难拿，对付河南的土包子却游刃有余，如卷席如开山，转眼间对手纷纷投诚，拿下开封、郑州、信阳，包括山东都有投诚的，胡景翼就当上了"中原王"。

胡景翼夺取了中州大地，踌躇满志，确有励精图治的决心，后来生产标准中正式步枪的巩县兵工厂，就是他接管后扩建的。

胡景翼很牛，他同时向国共两党提出要求，帮助他改革自己的国民军第2军。

当然，国共两党对这个请求都相当重视，看看双方派来人员的豪华阵容就可以明白。

国民党派来的是武将杜聿明，还有个文的，是胡景翼在日本的同学，名叫张群（蒋介石的铁哥们之一，曾任国民政府外交部长等要职）。

共产党派来一个满腹经纶的文弱书生，一个沉默寡言的军校学生，名字呢，文的，叫王若飞，武的，叫徐向前。

而接待他们的第2军军官教导团里，有一个刚娶了漂亮媳妇满面春风的帅哥张钟麟，这个未来的军官，北京大学历史系的肄业学生，有个表字灵甫，所以，大家也喊他——张灵甫。不过当时的张灵甫还没有施展拳脚。

如此风云际会，胡景翼本来应该好好地为国民军开拓一个局面，以他的素来表现，也确有此能力。

不幸的是胡将军却忽染疔疮，开始也没当回事，不料越来越重，竟然医治无效，在1926年猝然病逝。

他的死直接导致了国民军第2军的解体，继任胡景翼的是岳维峻。

但是岳不擅带兵，贪污成性，和国共两党派来的工作人员都格格不入。

而且，岳维峻在军中威望不高，制不住下面的骄兵悍将，只好放纵他们横征暴敛。

原来胡景翼的第2军纪律严明，颇有战斗力，到了岳维峻手中不到一年就闹得军纪败坏，政务糜烂。

河南民众无法忍受，纷纷起义驱逐第2军驻军，其中最有规模的组织居然是"刀枪不入"的红枪会。

据说河南红枪会当时在边界设卡，捉拿第2军的逃兵，方法十分简单，在地上画一圆圈，让其说这是什么，如果说"圈圈"，便可以放行。

为什么呢？

国民军第2军兵源陕西，一说便是"区区"，立刻锄头、红缨枪齐下，打死勿论，被误杀的大概也不少。

国民第2军各部就此各奔前程，大部分并入了冯玉祥的系统。

河南这种地方，地方势力根深蒂固，一般的外来户即便兵强马壮也要让他们三分，否则即使一时得手往往后面会被翻盘。

不要说国民军第2军，后来的国民党也制不住，抗战中打得堂堂的汤恩伯化装成伙夫才逃出生天。

看到河南有机可乘，吴佩孚突杀回马枪，他的先锋官是民国名将靳云鹗。

吴佩孚善于用将，他用靳云鹗这招，比他身先士卒更有效。

国民军第2军在河南本来就趋于崩溃，遇到直系部队基本没有抵抗意志。

河南地盘回到了直系手里。

所谓得陇望蜀，吴佩孚也不例外，拿下河南就想吃羊肉泡馍了。

吴大帅还是不自己出马，他想起了这位当过几天陕西省长的刘镇华来，结果就是西安的大围城。

1926年1月，一支十万多人的直系大军突然杀入了渭水平原。

这就是归属直系的"流氓军"刘镇华部，这支部队原来是土匪，一直在豫陕两省活动，号称镇嵩军，乘着国民军在北京失势后颓势，趁火打劫来了。

杨虎城的第3师实际上只有几千人，以一敌十谈何容易，他们如何招架得住，迫不得已撤进了西安城。

好在杨虎城的部队军纪不错，比较深入人心，陕西督办李虎臣和西安的老百姓都拥护杨虎城。刘镇华的土匪部队全无纪律，净是赵麻子、钱老六这类杀人成性的山大王，一路上烧杀抢掠，势如蝗虫。

陕西人也实在怕了这帮流氓军的暴虐。

于是攻守双方就在西安城上城下对峙起来。

杨虎城善于用兵，国民军也哀兵必胜，居然守得滴水不漏。

攻城战不比烧杀抢掠，刘镇华不是杨虎城正规军的对手，强攻爆破挖地道，一连八个月一筹莫展。

可是城里种不出粮食，西安城里八个月已经饿死五万多人了。

杨虎城急得都快要在西安城的鼓楼上吊。

没办法，杨虎城只能向冯玉祥求援，谁让国民军第3军的老大孙岳走人了呢。

冯玉祥派出了一支人数不多的精兵，因为冯玉祥自己也刚缓过气来。

冯玉祥选择的前敌总指挥，是原属国民军第2军的邓宝珊。

邓宝珊的两员副将是孙良诚和吉鸿昌。

这个配置，可谓极有心计。

邓宝珊是国民军中的一块吸铁石、和事佬，最善于在剑拔弩张的时候玩辕门射戟的精彩一幕。

五原誓师后，国民军势力在甘肃急剧膨胀，和当地力量发生激烈冲突，猛将吉鸿昌和马仲英拼大刀片，打得两败俱伤，但总算赶走了马仲英，不过让地方上对国民军也是顾虑重重。

冯玉祥就派出邓宝珊，经过邓宝珊恩威并施的运作，很快稳定了后方的局面。

提起新一军来，大家都想到孙立人的"天下第一军"，可这个番号最初是属于邓宝珊的，他当了军长，看到当地百姓穷苦，不愿扩充实力，一个军只设两个旅，被人笑话为"新半军"，体谅民情，竟至于此。

邓宝珊做总指挥，可以一举三得。第一，邓宝珊是国民军第2军的，这样任命可以表现对于胡景翼的老弟兄决无歧视，第3军的徐永昌投了阎锡山，冯可不愿意第2军走这条路；第二，第2军的部队为了自己的总指挥，在解围战中，必出死力；第三，邓宝珊足智多谋，英勇善战，也确实胜任这个职务。

邓当年帮助冯打河南，曾经给冯印象深刻——他的部队打仗很勇敢，但是不脱以前靖国军的民军习气，双方激战正酣，一声开饭，立刻放下枪，一窝蜂地回来吃饭，战壕里连个哨兵也没有，吃完了回去抄起枪来继续猛冲猛打。

人家老百姓是"民以食为天"，这支部队也是。

孙良诚和吉鸿昌，是一对儿长期搭档的熊虎之将。

孙良诚在甘肃帮助刘郁芬作战的时候堪称孤胆英雄，是国民军北伐中的头号猛将。他还是当时中国最出色的足球运动员之一，这个知道的人就少了，孙曾经领衔西北军足球队在南京和大学生足球队交手，互有胜负，其出色的脚法，到解放后，一些足球前辈还有提及，当然，他们和孙比，又是后辈了。

吉鸿昌，人称"吉大胆"，自己做了一只饭碗，刻上"做官即不许发财"，掷地有声，是西北军中两位最著名的共产党人之一。另一位是张自忠的副手，中国工农红军第5军团军团长董振堂。

这两个人搭档，对敌众我寡，但我强敌弱的这次作战来说，实在是最合适的选择。

还有一个重要的位置，就是援军中的政治部交给谁负责，当然最好是众望所归的刘伯坚出马，但是冯玉祥对刘伯坚太喜爱了，刘伯坚胆大如斗，身先士卒，但是子弹不长眼睛，假如到前线出了问题怎么办？

冯玉祥实在舍不得。

正好共产党又派了人来，看这个人文质彬彬的，就是他了。冯玉祥决定了，就派这个叫邓希贤的到邓宝珊那里负责政治部——冯玉祥这个决定，差点儿断送了共产党的第二代主要领导人，邓希贤，后来的名字，就叫做邓小平。

这一仗，是国民军值得骄傲的一战，刘镇华部加上新招的部队，达到十三万人，而西安城里城外的国民军，加在一起不过三四万。

邓宝珊的援军和杨虎城的守军竟然打得镇嵩军大败，镇嵩军狼狈逃出潼关，11月，西安解围。

刘镇华走投无路，最后只好自缚请降，投入冯玉祥门下，后来被编为冯领导的国民革命军第三集团军第八方面军。

这时，国民军已经站稳了关中，冯玉祥面向河南，出兵潼关。

这一次，不再是军阀混战了，国民军，已经改变了名称，他们有了一个新的响亮的名字：国民革命军。

这一次的出征,被写入了史册,融入中国现代史上一个重要的情节——北伐战争。

在这次战争中,西北军达到了它辉煌的顶峰,也走向了它的衰落。

正是在苏联的大力援助和在苏联顾问的全力帮助下,冯军随后从陕西进占河南,直接威胁奉系军阀所控制的河北和山东,并成为国民革命军最后完成北伐战争目标的一支重要力量。

溃不成军的国民军能得以重建,并顺利平定甘陕,获得节节胜利,冯玉祥是感激中国共产党和苏联共产党的。

不过冯玉祥对共产党领导的工农运动是不理解的。冯玉祥曾斥责农民协会凶横不法。农民抗租抗税也与冯军征发给养产生过矛盾。妇女运动在他眼里成了"她们所会的,就是骂父母,骂丈夫,讨厌儿女,讨厌家庭,动不动就离婚。以这些为自己不落后与真革命的条件,我实在不敢苟同。"(冯玉祥《我的生活》)

说到底,冯玉祥是当时众多军人的缩影,他们对国民党左右翼的错综复杂的党内斗争并不理解,他们是根据自己所接触的国民党、共产党人士平时的表现,来决定他们各自的政治抉择。

第七章 北伐岁月

第一节 汪蒋胡三巨头

1926年1月4日,广州国民党中央召开了"国民党第二次全国代表大会",汪精卫在会上重申坚持孙中山的联俄联共三大政策,汪精卫说:"西山会议派打出反对联俄联共的旗帜,就是打出反对孙中山先生的旗帜,所以成为总理的叛徒,革命的蟊贼。"

汪精卫的左派立场得到了共产党和苏联政府的高度评价,在汪精卫当政期间,共产党的确得到汪精卫很多的关照。

在国民党二大上,汪精卫当选执掌最高权力的中央执行委员会主席,但此时蒋介石却以"流星般的速度上升",成为党内仅次于汪精卫的第二号人物。

廖仲恺遇刺案,胡汉民脱不了干系。

但是胡汉民作为国民党右派的领袖,公开、公平地处置胡汉民,将使原本左右翼对立的国民党发生分裂,这对于将要北伐的国民党将是一个灾难。

和为贵。

胡汉民出国考察,离开国民党政治舞台,前往欧洲。

作为国民党左派领袖的汪精卫,与胡汉民私交不浅,他给了胡汉民一个改正路线的机会。

1925年9月22日,胡汉民带着由汪精卫签署的给联共中央和苏联政府的信匆匆赶往苏联。

胡汉民这次远行,一是作为国民党的代表出席共产国际执委会第六次扩大会议,并借这次机会,代国民党申请加入共产国际。二是因为涉嫌廖仲恺遇刺案被礼送出境，避避风口。

在莫斯科，以国民党右派著称的胡汉民身上，却放射出难以置信的"左"的光芒，因而被苏联政府和共产国际所关注。

共产国际的第二号人物、《真理报》主编布哈林，特意约胡汉民写了《苏联十月革命的感想》的长文，很快在《真理报》上发表。

胡汉民的文笔不错，跟潮流的本事更大，因为他不想被政治边缘化。

胡汉民的文章用了不少溢美之词，对十月革命的评价可以用N个第一表述。比如称"苏俄十月革命是二十世纪第一件大事，是无产阶级的第一声，是宣布资本主义死刑的第一法庭，是全世界被压迫民族的第一福音，是实现马克思主义革命成功的第一幕，是人类真正历史开始的第一篇"。

N个第一的锦绣文章发表后，在苏联引起了很大的轰动效应，因为苏联自己还没总结出这样的高度。

胡汉民成了政治新星，博得了苏共和共产国际的赏识。

胡汉民又应邀在苏联《工人报》上发表了题为《国民党的真解》，极尽赞颂之能事，美化国民党。

在一片赞扬和渲染中，苏联和共产国际领导人，当时并没有引起警觉。

赞扬和渲染，谁不喜欢，何况是国际友人。

苏联和共产国际领导人不断给胡汉民以高规格的礼遇。

11月21日，在苏联东方研究所成立5周年庆祝会上，胡汉民代表中国国民党、国民政府和中国"劳动群众"致贺辞，受到出席会议的人员"暴风雨般的鼓掌欢迎"。

1926年元旦，胡汉民对斯大林主持召开的联共（布）第十四次代表大会表示祝贺，又一次对苏联共产党以礼赞。

1926年2月，在苏联活动并大肆表现了三个月的胡汉民，被任命为赤色农民国际主席团的委员。

可不要小看了这个职位，这可不是村长这个级别的干部，这是全世界革命农民的N个国家的代表的精华。

这个职位同赤色职工国际、青年共产国际一样，都是共产国际领导的国际机构高级干部职位。

2月17日到3月15日，他参加了共产国际执委会第六次扩大会议。

此刻，胡汉民的表演达到了极致。

他作了热情洋溢的致词，说："作为国民党的一个领导人，在这里是第一次与世界革命的领袖们面对面的会晤，我感到你们是战友。"

胡汉民可能感觉说得不够热情洋溢，他又玩了一次振臂高呼："第三国际（即共产国际）是革命的司令部，总参谋部。"

这下热闹了，会场上响起了激昂的口号声和经久不息的掌声。

胡汉民在莫斯科除了抛头露面外，最主要的活动是他先后拜会了斯大林、托洛茨基、季诺维也夫和布哈林等共产国际头面人物。

即使当年蒋介石、冯玉祥访苏时，也没有得到斯大林的接见。可见克里姆林宫对胡汉民的看重。

他们的会见是在秘密中进行的。会谈的内容当时的报刊也没披露过。

但有一点可以肯定，胡汉民与斯大林等会谈的主要内容是国民党尽快以某种形式加入共产国际。

1930年胡汉民的回忆录中说到了会谈的大致情况。

按照胡汉民的说法，国民党加入共产国际这事，共产国际主席季诺维也夫当面就表示赞成，并同意提交共产国际执委会审议。

然而，斯大林却心存疑虑，他认为，如果国民党加入共产国际的话，西方各列强肯定会作出反应。

后来胡汉民又通过其他渠道作了多次努力，最终也没能得到斯大林的同意。

胡汉民出使莫斯科的主要目的没有达到，但是他已是共产国际可以信赖和扶持的人选。

1926年3月13日，胡汉民离开莫斯科，踏上了归国的路途。

原本是国民党右派领袖的胡汉民，再次以共产国际领袖名义，以革命左派形象重新出现在中国政治舞台。

共产国际领导的国际机构有三大部门，赤色职工国际、青年共产国际、赤色农民国际，分管全球范围的工人运动、青年运动、农民运动。

1926年2月，在俄国访问的胡汉民，被任命为赤色农民国际主席团的委员。

这是中国人在共产国际机构中的最高职务（蒋在共产国际的职务是名誉职位，没有实质性的配套权力）。

1926年5月，胡汉民在汪精卫离开中国大陆前后，已回到国民政府，并重新担任要职，但是他原先的政治联盟已分裂为"西山会议派"，并在上海另设国民党中央，胡汉民需要新的政治盟友。

于是作为赤色农民国际主席团的委员，胡汉民将农民运动作为一张新的王牌，而此时在中山舰事件中受到蒋介石打击的国民党左派，成为胡汉民新的政治盟友。

农民运动中，多了一支武装：赤卫队。

历史就是这样复杂。

胡汉民再次以光辉形象回到国内的途中，让时任国民革命军总司令的蒋介石嗅到了危险。

1926年3月18日，国民军最精锐的中山舰，在没有接到命令的情况下，忽然驶入黄埔，中山舰除去炮衣摆出战斗阵势，停靠在黄埔军校旁。

这一举动颇有搞军事政变的嫌疑，虽然后来的史料证明这是阴错阳差的误会，但当时有不少迹象表明可能是苏联顾问季山嘉策划的。

中山舰的行为又让人联想到俄国十月革命时巡洋舰炮击冬宫的历史画面。

中山舰长李之龙是共产党员，而这个李之龙曾是黄埔军校的青年军人联合会的领导人。

青年军人联合会的会员有2万以上，这个背景让一件可以大事化小的事件，变得异常敏感，所以蒋介石认定共产党要搞暴动，借口汪精卫与苏联顾问合谋准备将他绑架到苏联海参崴的流言，在广州宣布戒严，下令包围苏联顾问公馆，收缴工人纠察队的枪械，将第一军中的党代表全体免职，并逮捕了中山舰长李之龙。

事变发生后，当时正在广州的毛泽东和周恩来一起分析了当时的形势，都主张进行反击。

周后来在延安整风期间这样回忆道："三月二十号事变是国共关系的一个关键。这以前广东省委主张进攻，上海中央主张退守。事变打击主要对象是俄顾问、黄埔共产党、省港纠察队。我在富春家遇毛，毛主张反击。""我听了毛的话，找季山嘉（苏联顾问）。"

由于当时作为中共导师的苏联顾问主张退让妥协，在上海的中共中央也只好听命。

这样，中共党员被迫全体退出国民革命军第一军和黄埔军校，周恩来本人则被免去第一军副党代表兼政治部主任的职务。

为了这件事，陈独秀的儿子，当时任中共广东区委书记的陈延年气得大骂其父"老糊涂"、"混蛋"！这实在是冤枉了陈独秀，让他为苏联人背黑锅。

在国共合作的大革命时期的历史里，少不了苏联军事顾问。

事实上，在1923年6月下旬，莫斯科就已经选派了第一批军事顾问来到中国。一年后，苏联军事顾问正式开始在新成立的黄埔军校担任军事教员的工作，从队列训练，到单兵教练，到战术和射击训练，顾问们都亲自演练和教授。

而第二批军事顾问由巴甫洛夫将军率领，多达50多人，因此成立了军事顾问团，来华的政治顾问被陆续分派到广州政府去协助财政、民事等各部门进行工作，军事顾问则被直接派到各支军队里面去。

由于巴甫洛夫到后不久即溺水身亡，苏联方面1924年8月又派布留赫尔（即加伦）将军来华任军事总顾问。

在军事顾问的指导下，黄埔军校及其随后组成的国民革命军，都按照苏联红军的方式，设立了党代表和政治部的机构。

与此同时，根据他们的考察和推荐，国民党还选派部分有培养前途的军事和政工人才前往苏联的军事院校进一步深造。

国民党第一支党军，即国民革命军第一军，就是在黄埔军校和苏联顾问的帮助下，建立和发展起来的。有了这支军队，孙中山和国民党就再也不必像过去那样，依赖于地方军阀了。

不仅如此，在苏联顾问的帮助和指挥下，以黄埔学校学生军为主力的东征作战接连取得成功，国民党的势力范围更是很快从原来的广州一隅之地，逐渐扩大到广东和广西的大部分地区，两省的地方军阀反而都归依到国民党的旗帜之下，随着1925年夏天广州国民政府的成立，逐渐成为其领导下的国民革命军的一部分了。

国民政府的北伐计划，就是在这种情况下由这个时候的苏联军事总顾问加伦将军建议和主持制定出来的。

还在1925年9月，加伦就已经明确提出："为国民革命运动着想，现在重新提出北伐和进军长江的主张，不仅是现实的，而且是必要的。"在他看来，"这次北伐于1926年下半年初即可开始"。

为此他提交了具体的北伐计划书，全面估计了北伐的可能性和胜利的把握性。

按照他的计算：北伐军不仅能够顺利地进抵长江，占领汉口，而且"有可能向东扩展到上海"。总之，成功"无可争议"。（卡尔图诺瓦：《加伦在中国》）

蒋介石的排俄排共政策得到了国民党中相当的支持，但国民党北伐还要依靠苏联的经济军事援助，还没有和苏联摊牌的资本。

所以蒋介石在处理中山舰事件时，提出"对人不对俄"的方针，要求俄国撤回顾问季山嘉，重新派鲍罗廷任国民政府顾问。苏联接受了国民党的要求撤回了季山嘉，苏联和国民党的关系一时得到了缓和。

当时汪精卫是国民政府主席，又是中央军事委员会主席，蒋介石这么大的行动事先不通知汪精卫，显然是以"先斩后奏"的方式和汪精卫对抗。

汪精卫对蒋介石无视合法国民党中央政府而擅自行动的行为非常愤怒，准备召集中央委员处置蒋介石的越权行为，但大部分中央委员却都替蒋介石说话，赞同蒋介石的排俄排共行动。

汪精卫看到他这个最高领导人已被蒋介石架空，如果他和蒋介石搞直接对抗，势必引起国民党内部的严重分裂。既然国民党中央的大部分人都赞成蒋介石，为了维护国民党的整体利益，汪精卫决定以主动辞职的方式，把政权交给蒋介石。

当时汪精卫之所以轻易把政权让给蒋介石，是因为当时汪精卫以为蒋介石和他的对抗只是出于政治观点的不同，没有想到蒋介石上台后会搞个人独裁。

1926年3月22日，汪精卫在临时召开的中央政治会议上说："我是革命政府和党的代表，这件事的发生我也有责任，我只责己不责人，一切均由我不能尽职所造成，我将引咎辞职。此事一切善后工作，均由蒋同志去办。"

1926年5月11日，汪精卫还是离开广州前往法国马赛。

随着蒋介石取得权力，北伐计划重新启动。

1926年5月，鲍罗廷和加伦又都先后回到广州，苏联顾问对北伐的态度自然又变得积极起来了。

汪精卫辞职后，广州国民政府于6月6日推选蒋介石为中央军委主席兼北伐军总司令。后来蒋介石又出任国民党中央常委主席，独揽党政军大权于一身。

蒋介石上台后，立即开始着手北伐。

原来苏联将最高顾问季山嘉换为态度比较谦虚的鲍罗廷后，仍和蒋介石嫌隙很多。

一次鲍罗廷对蒋介石说："你想让众人不说话是不可以的。我告诉你一个故事罢。古时西方有一个国王，极讨厌大臣们说话。有一天，他对大臣们说：'你们说话太多了，我不喜欢。'大臣们说：'只有狗是不会说话的，陛下要我们不说话，只有去找狗。'"

1926年6月，就在胡汉民刚回国不久，中国共产党和国民党同时接到了共产国际从莫斯科发来的通知，要求国共两党各派一名代表参加11月召开的共产国际执委会第七次扩大会议。

国民党中央常务委员会主席、国民革命军总司令蒋介石在几经考虑后，选派了国民党中央监察委员、北伐军总司令部秘书邵力子（中共党员）作为国民党代表前往苏联出席这次盛会。

如果说第一次胡汉民提出国民党加入共产国际是他个人的想法或秉承汪精卫旨意的话，那么这次邵力子出使莫斯科则是代表蒋介石的主张和意愿。

1926年7月12日，广东国民革命军北伐大军捷报连连，第一路军很快就攻占了武昌，第二路军不久也拿下了南昌。

按照在广州出发时许下的"会师九江，饮马长江"的诺言，第一、二路军到达长江时应乘胜北进，但身为国民革命军总司令的蒋介石却在第二路军占领南昌后下令按兵不动。

蒋介石的计划是将总司令部设在南昌。

蒋介石的这一做法遭到国民党内部分高级将领的反对，其中以邓演达的火气最盛。

作为北伐军总政治部主任的邓演达将情况写在信上发给老同学、湖南省主席唐生智，后又转述给了汪精卫。

看到国民党内出现内讧，苏联军事顾问鲍罗廷出面调解。

为此，鲍罗廷邀请蒋介石和邓演达、唐生智前往庐山"谈一谈"，并且约定双方只能带几名高级助手和一个营的士兵作为警卫。

双方同意了这一建议，于是邓演达、唐生智都上了庐山。

在山上，邓演达说服唐生智，抓住千载难逢的机会，兵谏蒋介石，逼他继续北伐。

这天晚上，蒋介石寓所的门外走来两名身挎驳壳枪的军人，说是有秘密情况要报告，哨兵还没来得及问明情况，就被缴了械。

带队的邓演达、唐生智冲进蒋介石的卧室，把他从床上赶了下来。

"兵谏"爆发后，蒋介石视为奇耻大辱，他猜想这次行动定是鲍罗廷所谋。

但鲍罗廷对此计划事前并不知情。

随后，鲍罗廷立即赶赴蒋介石住处，提出"蒋总司令立即恢复自由，但这次行动属部下自发性的，今后概不追究"等妥善处理此事的几点意见。

蒋介石只好接受其主张，和平解决。

事后，蒋介石知道实情后，对发动这次兵谏的邓演达恨之不已。

兵谏蒋介石，其实还是蒋单方面的说法。

邓演达当时是国民革命军总政治部主任，按照当时的军界权力架构，国民革命军总党代表廖仲恺是老大，国民革命军总司令蒋介石是老二，国民革命军总政治部主任邓演达是老三。

但是在特殊情况下，党代表授权，政治部主任可以替代行使党代表权力，成为临时老大。

所以，在邓演达角度看来，他是命令唐生智部逮捕蒋介石，因为蒋背叛总理遗训，背叛三民主义，制造中山舰事件，拒绝北伐革命。只是党的领袖汪精卫不在国内，苏联顾问鲍罗廷又不支持，所以只好中途停止。

廖仲恺死后，国民革命军总党代表本来应是许崇智的，这也是廖仲恺被刺后，许崇智也被作为最大的幕后黑手原因，所以当时国民革命军总党代表一职悬空。按惯例，应是由总政治部主任邓演达递补。

蒋介石却在第二路军占领南昌后下令按兵不动，其实就是担心合兵武汉后，回国后的胡汉民的国民党右翼与邓演达的左翼，以及共产党派别联合起来推选总党代表，要削弱甚至剥夺他的兵权。

为避免重蹈胡汉民覆辙，同时确立蒋介石在国民党中的领导地位，在邵力子出席共产国际执委会第七次扩大会议行前，蒋介石与邵力子作了一番长谈。

蒋介石认为，只有加入共产国际，才能确立国民党在中国革命中的领导地位，也才能求得更多的支持和帮助。

为此，邵力子出使前作了充分的准备。

1926年9月初，邵力子与中共代表谭平山一起抵达莫斯科。

邵力子因要务在身，来不及观光游览，匆匆向共产国际执委会郑重地提交了一份报告，转达了蒋介石的意见。

几天后，邵力子唯恐意不全，情不切，又绞尽脑汁写了补充报告送达到共产国际领导人手中。

苦苦等了近两个月，一直未见答复，邵力子有点坐不住了。

11月25日，他再次致信共产国际执委会。信中内容表达得更加直白且有点咄咄逼人：共产国际与国民党之间互派代表；国民党驻莫斯科的代表应参加国际革命工作。

1927年1月6日，共产国际执委会将邵力子的数次上书提到了议事日程，责成远东局作研究和讨论。

在随后的远东局执委会扩大会议讨论中，中共代表谭平山就此作了态度明朗的发言。他说，当时正是国共合作时期，据自己多方了解和广泛接触，邵力子代国民党申请加入共产国际的问题，只是包括蒋介石在内的几个国民党员提出的，绝大多数国民党员都不知道这件事，更谈不上有这个愿望了。而且国民党中央执行委员会和政治委员会都没有接受这一建议。至于说到此前胡汉民的请求，也要大打折扣。胡汉民以"国民党右派"著称，他的行动只是逢场作戏，捞取政治资本。因此，提请共产国际慎重考虑这么一个严肃而重大的政治问题。

谭平山的发言引起了与会人员的深思。

共产国际东方部主任拉斯科尔尼科夫在会上作了总结性的表态。拉斯科尔尼科夫指出，因为共产国际在每个国家只能有一个支部，在目前情况下，中国共产党是共产国际的支部。现在国民党的第二位正式代表邵力子再次提出这样的要求，合不合适，需要严格把握。我们认为，必须考虑和正视谭平山同志的意见。

后来，远东局将会议讨论情况报告给共产国际执委会作最后裁定。

共产国际执委会明确答复，不采纳邵力子的建议，不批准国民党加入共产国际的请求。

蒋介石认为鲍罗廷有意羞辱他，又要赶鲍罗廷回苏联。

北伐军在军事上的进展虽然顺利，但蒋介石的独裁作风却引起了很多国民党人的反感。尽管中山舰事件发生时，大部分国民党领导人站在蒋介石一边，赞成他排俄排共的"敢行"。但当时大部分国民党领导人站在蒋介石一边，是因为苏联人鲍罗廷为国民党的政治顾问，鲍罗廷在国民党中有极大的发言权，国民党的各项政策行动都要征求苏联代表的同意。

苏联顾问们并不懂尊重中国的礼节和习惯，在国民党军队中以傲慢的太上皇身份出现，对国民党军队的内部事物指手画脚，引起了很大一部分国民党军人的反感，也使很多国民党领导人怀疑苏联有在政治军事上控制国民党的野心。

但是蒋介石当权后表现出来的独裁霸道，又让人们回想起作风民主的汪主席的好处，于是"拥护汪主席，请汪主席回国复职"的呼声四起。

1927年2月，孙科等人组成"迎汪行动委员会"，以国民党临时中央会议的名义，致电汪精卫，敦促他回国复职。蒋介石后来也挡不住"拥汪"的浪潮，只好也打电报请汪精卫归国复职。在法国的汪精卫收到了雪片般飞来的请求他回国复职的电报，最后蒋介石也打来电报说："如果先生再不回国的话，我就要出国了。"

汪精卫看到这些电报后感叹道："看来我不回去不行了。"

1927年2月下旬，汪精卫离开法国，乘火车经苏联归国。

汪精卫向斯大林表示回国后要坚持孙中山的联俄联共政策，并做好蒋介石等右派的工作。

北伐军攻克汉口后，原来在广州的国民政府迁往汉口，而蒋介石的北伐军总司令部却设在南昌。在汉口的国民政府要求蒋介石把北伐军总司令部迁往汉口，而在南昌的蒋介石却要把国民政府迁往南昌，两方进行了激烈的争论。

蒋介石不执行党中央的命令，拒绝把司令部迁往南昌的做法，显然出于私心。在蒋介石看来，驻扎汉口的部队都不是他的嫡系部队，他到汉口必然处于国民政府的控制之下。

蒋介石和武汉国民政府的迁都之争，使人们更加感到蒋介石军事独裁的危险。

1927年3月10日，就在汪精卫回国的途中，国民党中央在武汉召开了二届三中全会。这次会议是一次不折不扣的反蒋会议，与会者们一致认为蒋介石集党政军大权于一身，一意培植私人势力，现在又挟军力与党和政府对抗，制造军事独裁。如果不及早加以抑制，蒋介石必将成为袁世凯第二。

二届三中全会通过了一系列议案，"中央军事委员会组织大纲"，"国民革命军总司令部组织条例"等，均意在提高党权，削弱蒋介石的个人权力。

会议还通过今后中央军事委员会不设主席，由汪精卫为首的7人集体领导。

汪精卫在缺席的情况下，被选为国民政府主席。

第二节　唐生智与第8军

一轮谭延闿、赵恒惕之间的派系之争让唐生智脱颖而出。

1920年，谭延闿、赵恒惕之间的战争爆发时，唐生智已经是旅长了。

谭延闿派人来做他的工作，以孙中山的三民主义来打动他。

可唐生智有他自己的看法：孙中山三民主义虽好，但孙中山只知联合此军阀打击彼军阀，虽有时略能得逞，但自己手中无一兵一卒，到头来还不是被人所卖？

唐生智觉得还是追随赵恒惕搞联省自治，对中国更有长远的好处一些。

与此同时，赵恒惕也派人来说服他，要其坚决地站在自己一边。

来人说话很有技巧，故意以反话激他，说唐生智你应该助谭倒赵：因为你唐生智助谭成功，论功行赏时可稳获第八。

唐生智听完问，我要是助赵驱谭，成了功的话，论功第几呢？

那人说，除了赵恒惕的亲信叶鑫，你得算第二，可你们打不过谭延闿啊！

唐生智一瞪眼，你怎么知道我们打不赢？打跑了谭延闿，我的功劳肯定第一！湘军中的保定军校生都是我的故旧，现在起码都做到了营团一级，我一声喊，谁不听我的？

于是唐生智真的挺身而出，站到了"护宪军"一边，并且屡胜谭延闿的"北伐讨贼军"，当谭回师广东打陈炯明，救孙中山的驾时，唐生智一直追击到了湘南边界才止步。

谭延闿与唐生智就此有极深的仇恨，这种仇恨在北伐战争中表现得淋漓尽致：凡是谭延闿看不惯的，都是唐生智赞同或支持的；凡是唐生智看不惯的，都是谭延闿的政治盟友；如北伐战争中湖南农民运动，谭延闿看不惯，认为是"痞子运动"，唐生智认为是湖南农民运动帮助他取得战斗的胜利；谭延闿看不惯毛泽东，唐生智与毛泽东交朋友；唐生智庐山上"兵谏"蒋介石，四一二后，依然坚持反蒋战争，谭延闿就与蒋介石合作，从武汉跑到南京，成为蒋介石的盟友。唐生智在北伐中战功很大，但是最早的国民革命军的8个军长中，他的军权最早被解除；之后，唐生智一直没有真正掌握军队的实权。

唐生智有何神通呢？这要从唐生智的经历说起。

唐生智家世显赫，祖父唐友耕早年投身湘军，从湖南巡抚骆秉章剿太平军，在金沙江畔擒获翼王石达开，以战功得擢升，最后当到广西提督，还曾得大清皇帝恩赏穿黄马褂。

唐生智从小受祖父培养，胆大敢为，有侠义心，怜贫恤孤。

晚清办新军，各省都办了陆军小学，他入了湖南陆军小学。

1909年，他考入武昌第三陆军中学堂，在那里加入了同盟会。

辛亥年就在革命爆发前夕，他毕业升入保定陆军军官学校，错过了参加武昌起义。

革命使得保定陆军军官学校停课了，唐生智不甘寂寞，邀了几个同学，一起要去上海参加革命。

学生们囊中羞涩，没有路费，唐生智出主意到保定的湖广会馆去要钱。

会馆不给钱，惹得小唐性起，捋胳膊卷袖子就要打人，说家乡人出钱把你们养得又白又胖，现在家乡的学生有事要用钱，你们敢不给？那要你湖广会馆何用？

会馆的人见惹不起这几位小爷，只得掏钱消灾，给了他们从天津到上海的船票钱。

唐生智与同伴在上海没找到可心意的革命工作，据说倒是闲逛时见到公园门口有"华人与狗不得入内"的牌子，一怒之下非进去不可，结果与把门的"红头阿三"大打出手，等人家吹响警笛才跑掉了。

这事对唐生智的刺激很大，觉得上海这地方洋鬼子太欺负中国人，要革命还是回老家湖南去。

湖南的同盟会要人谭人凤，介绍唐生智到山东烟台都督李燮和那儿，当了一个连长。

唐生智初上任一点名，就发现全连一百二十人中，竟有三十多个空额，另有四十余个患花柳病的，哪有什么战斗力可言？

唐生智雷厉风行地整治这支连队，一面招收新兵补足员额，一面请医生为患病的士兵治病。

连队改变了面貌，可唐生智也得罪了长官，因为他把营长吃空额的事直接报告到了李燮和那里，使得营长被撤了职。而营长吃的空额团长也是有份的，团长于是以唐生智不该越级告状为由，将他排挤出来。

这里说几句李燮和。

李燮和也是老资格的同盟会员，同盟会元老，湖南安化县兰田镇（今属涟源市）人。

李燮和早年在长沙求实书院读书，曾加入华兴会，参与黄兴等策划长沙起义。在上海由陶成章介绍加入光复会。后赴日，加入同盟会。

1906年萍浏醴起义，李燮和也是积极分子。失败后，亡命海外，暗中筹措广州起义军饷。

加入同盟会后，李燮和的活动主要在南洋，在他的努力下，数年之内南洋一带就发展了同盟会分部30多处，党势大张。

1910年，陶成章为筹款事对孙中山和同盟会南洋支部产生不满，于是和同盟会分道扬镳，在东京重建光复会总部。

陶希望李燮和与他一道重振光复会，让他负责南洋行总部，于是李又重回光复会，成为会中仅次于陶的实际领导者。

辛亥革命前回国在上海策动吴淞军警。在上海起义前，李燮和就通过同乡关系策反清军军警，掌握了上海、吴淞一带大部分清方武装。

1911年11月3日，李燮和与同盟会的陈其美在上海闸北和市区同时领导了起义，李燮和负责光复闸北和吴淞，陈其美负责市区。

当晚，陈其美进攻沪南清军上海制造局失利，被局内清军所俘。李燮和闻讯后，连夜率闸北起义军警前来助攻，战至拂晓，打垮了固守的清军，救出陈其美。

上海光复后，因受同盟会陈其美排挤，在吴淞另组建光复军，自任总司令，兼领吴淞军政分府。

清帝退位、共和告成之后，李燮和激流勇退。1912年11月，李燮和与黄兴、龙璋联合侨商曾庆连等发起创办中华汽船有限公司，招股200万元，订造商轮6艘，营业于湘汉航线。此外又与于右任等发起组织中华和平会附办国民厚生银行，专为振兴实业及农、工、商贷款。

但李燮和是同盟会的黄兴、陶成章那派的，与孙中山、陈其美一派政见不同。

李燮和与孙中山一派有政见不同，也神奇地延续下来。李燮和的老部下唐生智与孙中山的粉丝谭延闿，也是相互看着很不顺眼。

也许正因为李燮和与陈其美的恩怨，唐生智一直对蒋介石有看法。

请注意，李燮和在上海闸北和吴淞领导了上海起义，这一区域也是1927年共产党周恩来领导的上海起义的区域。

唐生智转了一大圈，"革命"无甚成果，心里实在郁闷，正好保定陆军军官学校重新开学，就回到保定继续学业去了。

这时保定陆军军官学校的校长是蒋方震（字百里），那真正是一个军事战略专家。

蒋百里有过一个著名的预言，说的就是日本终将侵略中国，一旦中日开战，中国必先吃大亏，北方和东南沿海均无险可守，只能退守平汉铁路以西，凭借湘黔边界的崇山峻岭可保西南不失，然后苦撑待变，终有翻盘赢回来的可能。

此处提到蒋百里校长，是因为唐生智竟敢扇了蒋校长两个大嘴巴！

事情完全是个恶作剧：唐生智与同学们打赌，说自己敢打校长耳光，众人当然不信，说你真敢打，我们大家出钱请你吃饭！

其实唐生智早就侦察好了，蒋校长每晚十二点必到学生宿舍查铺，巡视完了，走到寝室外面的便桶前小便。

唐生智那天晚上就趁蒋校长小便时，突然赤脚跑到他身边，挥手就是两记耳光，一边喊道："某某某，你敢穿跑老子的鞋子！"然后再装作刚认出蒋校长，连忙鞠躬道歉，说实在对不起，把校长认成某某某了。

蒋百里真以为唐生智是认错了人，并没怪罪他，倒是同学们对此反应不一，有人说要向校方告唐生智的状。

唐生智赶紧自首，找到蒋校长认错，蒋百里却觉得这学生如此胆大，倒很难得。

唐生智见校长蒋百里如此大度，更加后悔自己的荒唐，从此敬蒋百里如同父兄，而蒋百里也就特别关照他。

这位蒋百里校长此后不久居然当着全校师生拔枪自杀，造成当时一大社会新闻，只因为北洋政府不愿按照他的要求拨出必要款项，认真办好保定军校，使他寒了心，觉得在中国无法建立起一支现代化的国防军以拒外寇。

万幸的是子弹穿胸而过，蒋百里命不该绝。他后来在日本女护士佐藤的精心看护下获得重生，并娶佐藤为妻。

唐生智他们临毕业时，军校要挑选一批优秀生推荐到袁世凯的嫡系部队——

模范团去。这却不对小唐的心思，因为他不想当袁世凯的摆设，而是要重整河山，实现自己的大志。

唐生智琢磨着要想出一个办法躲过这个"美差"。

唐生智听说模范团要的人不光要军事成绩优秀，还得操行分数高才行，就在这上头打主意，故意找一个同学寻衅吵架。结果闹到队长那里去，唐生智又捎带将队长骂了一顿。

这一来，不但模范团没他份了，连北洋六镇（袁世凯的6个嫡系师）全都去不了了。

唐生智就这样如愿以偿地回了湖南老家。

到赵恒惕在湖南搞"速成制宪"的时候，唐生智已经在湘军里当到了团长。

唐生智此时是真心拥护省宪的，尽力为赵恒惕维持选举秩序，所以也特别得赵恒惕的赏识，到1920年谭延闿、赵恒惕之间的战争爆发时，唐生智已经提升为旅长了。

唐生智一直追击谭延闿部，将他赶出湘南边界才止步。

谭延闿走了，但联省自治运动并未结束。

在其后的5年里，赵恒惕采取了十分强硬果断的措施，来推进湖南立宪自治的步伐，在裁减军队、整顿吏治、统一收支等方面也取得了相当的成绩。

唐生智也再次升为湘军第4师师长，还成了家乡的父母官。唐生智的老家东安县属于现在的永州市管辖，这里旧称零陵，本来就地处湘南。此时他占领了自己的桑梓之地，便认真地经营起来了。

谭赵之战后，正赶上湖南连续两年大灾，大批灾民流离失所，赵恒惕反为了重新扩充军队，并不努力救灾，而以掺糠的薄粥应付灾民。

可在唐生智管辖下的湘南却不是这番景象。他搞起了"以工代赈"，组织灾民修筑公路干线，发放工资使灾民得以安全度灾，使救灾和改善交通两全其美，得到湘南人民的交口称赞。

唐生智又严格地整顿所属军队，拿出当时在山东整吃空额的营长的劲头，把一支湘军第4师弄得像模像样。

因为湘南有全中国乃至全世界都少见的有色金属富集矿水口山铅锌矿，所以唐生智不愁军饷来源，很快他的第4师就成了湘军中实力首屈一指的部队，有三万多人。

唐生智势力大了，思想上却有了新的苦闷：他觉得这样拥兵自重当一方的土皇帝，并不是自己从军的初衷，他还要找到救国救民的道路才能心安。

此时南方的孙中山对于如何实现北伐以三民主义统一中国，也有了新的思考，他改变了依靠军阀打军阀的老路子。

1924年国共合作，并建立黄埔军校，孙中山开始培养自己的革命武力。

广东的消息不断地传到紧邻广东的唐生智部队中来，使唐生智既感到新奇，也觉得有一股很强的吸引力。

唐生智将自己的亲弟弟唐生明等人送到广州去入了黄埔军校，目的就是为了能进一步得到来自于孙中山阵营的信息。

当时唐生智结识了一位佛教密宗居士顾伯叙（字子同，法号净缘，俗称顾和尚），已经接受了佛家的教义，认为佛学所谓"众生解脱我解脱"乃与孙中山的"天下为公"，甚至共产党的"人类解放我解放"是一回事，于是唐生智宣称"党化佛化二位一体，唯心唯物两极相通"，以为从此找到了适合于自己的精神支柱。

有意思的是，唐生智竟然推己及人，在顾和尚的协助下，动员了一大批自己的部属皈依佛门，甚至让手下的所有士兵都佩戴上"大慈大悲救人救世"的佛章，连阅兵时都吹响法螺，口呼佛号，使他的湘军第4师成了有名的"佛军"，与北方的"基督将军"冯玉祥的国民军颇有异曲同工之妙。

此时赵恒惕对唐生智的疑忌是越来越强了。

原因就一个：唐生智的部队太强了，强到其他湘军三个师加起来，都抵不上他的第4师。

当然唐生智也越来越不听赵恒惕的指挥，他对赵恒惕的所作所为难以容忍，已经有了取赵自代的想法。

1926年3月9日，湖南省长沙市各界一万多人在教育坪召开市民大会，成立"湖南人民临时委员会"，提出"打倒赵恒惕"、"请国民政府北伐"、"组织代表民意的政府"、"督促湖南军队讨伐吴佩孚"、"启封赵恒惕所封闭的一切团体"及"改良工农待遇"等24项主张，领导湖南各界群众进行反英、讨吴、驱赵活动，请求国民政府出师北伐。

一山不容二虎，唐生智借此机会终于与赵恒惕摊牌。

唐生智部从衡阳出发，向长沙逼近，赵恒惕知道无法与唐生智抗衡，仓皇逃离长沙。

3月11日，统治湖南5年之久的赵恒惕被迫向省议会提出辞职，委唐生智代理省长。

3月13日，赵恒惕离开长沙前往上海。

3月16日，唐生智率兵进驻长沙。

3月25日，唐生智就任代湖南省长职。

唐生智占领了湖南省会长沙，但一时尚未决定是否应该站在广州的北伐阵营一边。

唐生智的恩师蒋百里校长时任吴佩孚的参谋长，还代表吴佩孚来与他接洽过，希望他投向北京政府一方。

广州方面也派来了代表，是赫赫有名的桂系主将白崇禧。

白崇禧告诉唐生智，广州政府北伐的决心是不可动摇的，另外白崇禧为了打消唐生智的顾虑，承诺北伐军中的谭延闿的第2军和程潜的第6军，都将取道江西北上，保证不进入湖南境内。

因为唐生智以前多次在战场与谭延闿、程潜交过手，心中芥蒂自是难免。

唐生智终于下了决心，礼送恩师蒋百里离湘，正式宣布站到广州国民政府一边。

吴佩孚击退了冯玉祥的国民军，转而要解决不识相的湖南唐生智了。

吴佩孚收买了赵恒惕的旧部叶开鑫与唐生智开了战。

唐生智向广州紧急求援，张发奎第4军所属的叶挺独立团开入湖南，于是北伐就此拉开了序幕。

唐生智部被编入北伐军序列，为国民革命军第八军，老唐宣布废除了赵恒惕的《湖南省宪法》，自任湖南省临时省政府的省主席。

第三节　北伐势态

北伐一旦正式开打，唐生智当然就已经无暇顾及湖南的行政治理，他成了北伐军的前敌总指挥，很快打败了叶开鑫部，占领了湖南全境。

北伐战争前的国内势态是这样的：当时北洋军阀直系吴佩孚军约20万人，控制湘、鄂、豫等省和陕、冀部分地区；从直系分化出来自成一派的孙传芳军约20万人，盘踞赣、闽、浙、皖、苏五省；奉系张作霖军约35万人，占据东北各省和京、津等地。吴、张联合在北方，向南口、多伦等地倾向冯玉祥的国民军进攻；在南方，吴佩孚增兵入湘，企图联合西南军阀，进攻广东等地；孙传芳在赣、闽伺机行动。

1926年初，湖南人民掀起讨吴（佩孚）驱赵（恒惕）运动。湖南省防军第4师师长唐生智与两广取得联系后，起兵反赵，占领长沙、岳阳，就任代理省长。

唐生智之举为吴佩孚所不容。

4月，吴佩孚令赵恒惕所部第3师师长叶开鑫为湘军总司令，率3个师另2个旅反攻长沙；同时，命湘鄂边防军司令李倬章率4个师另3个旅增援叶开鑫。

在吴佩孚军重兵压迫下，5月初，唐生智放弃长沙，退守衡阳，急电向广州国民政府求援。

国民政府于5月10日决定派兵援唐，遂命国民革命军第7军（桂系）第7、第8旅先行入湘。

21日，任命唐生智为国民革命军第8军军长、北伐前敌总指挥。

24日，又派国民革命军第4军第10、第12师和叶挺独立团入湘援唐。

第7军第8旅于6月1日在衡阳西北金兰寺地区击退叶开鑫一部的进攻。

叶挺独立团于6月2日到达湖南安仁，在第8军第39团一部配合下，于安仁北面的渌田、龙家湾地区击退直军4个团的进攻。

6月5日，进占攸县。

援唐之战告捷，稳定了湖南战局，打开了北进通道。

1926年7月1日，国民政府军事委员会颁布北伐动员令，9日国民革命军在广州誓师，北伐战争正式开始。

国民革命军8个军10万余人（战争过程中发展到40多个军近百万人），汪精卫任总党代表（汪精卫此时不在国内，等于虚设，失去总党代表制约，总司令成为实权最大的），蒋介石任总司令，李济深任总司令部参谋长，白崇禧任参谋次长代理参谋长，邓演达任总政治部主任，郭沫若任总政治部副主任。

何应钦、谭延闿、朱培德、李济深、李福林、程潜、李宗仁、唐生智分任国民革命军第1军至第8军军长。由于李济深任总司令部参谋长，第4军实际由12师师长张发奎指挥。

缪斌、李富春（共产党员）、朱克靖（共产党员）、廖乾吾（共产党员）、李朗如、林伯渠（共产党员）、黄绍竑、刘文岛分任第1军至第8军党代表或副党代表。

除第8军驻湖南衡山、安仁地区，第7军驻广西外，其余6个军均驻广东。

其实当时唐生智的第8军已有近五万多人枪，一个军就顶国民革命军1~7个军。这个可以从1926年4月3日蒋介石在给国民党中央的电文中看出。

电文谈及北伐准备是这样描述的：

"北伐准备之期，应以三个月内为限，不能复缓，故应急速准备，条述如下：

（一）目的敌：距今一月之前，如能出师北伐，则三万兵数，正可占领武汉。今吴佩孚既占鄂、豫二省，虽其内部未能统一，尚待整理，但归其管辖者，现在确有兵额五万之数，三月之后，其势更厚，可以知矣。故本军出师北伐，至少须准备四万至五万之枪，方得与敌相敌也。

（二）兵数：兵数既定以五万为标准，即宜确定部队，以备整顿与补充也。兹述北伐部队如左。

1. 第一军四师（留第十四师在潮汕），约一万三千枪。
2. 第二军三师（留一部在韶关），约九千枪。
3. 第三军二师，约六千至八千枪。
4. 第四军一师，约三千枪。
5. 第五军二团，约二千枪。

6. 第六军二师，约六千枪。

7. 第七军三师，约九千枪。

（三）军费：枪数既确定五万，全部动员，至少在八万人以上。

今假定每员补充费为三十元，则于此一个月内，必须筹足二百五十万元，交军需部为准备与补充之费，出发时，应备足二个月军费，战时，每员每月以三十元计算，如准备二个月，则须筹足五百万元。

至准备费，如于下个月内筹二百五十万元，以四月十日、廿日、卅日，分三期支足，则准备不致空谈也。"

国民革命军总司令部在以V·K·布柳赫尔（加伦化名）为首的苏联军事顾问建议下，根据敌我双方军事力量对比和军阀之间的矛盾，制定了集中兵力、各个击破的战略方针，首先消灭吴佩孚军，然后歼灭孙传芳军，最后消灭张作霖军。部署以主力进军湘、鄂，另以第1军大部在广东汕头、梅县地区对闽警戒，第1、第4军各一部和第5军大部留守广州。

7月上旬，国民革命军第4、第7军和第8军在安仁、衡阳、永丰（今双峰）地区集结后，分三路向长沙进攻。

左路第8军第2、第4师和第7军第8旅相继克娄底、谷水、潭市，向宁乡推进。

右路第4军第12师指向沈潭（醴陵南），叶挺独立团进击泗汾，第10师在皇图岭策应，迫敌向浏阳退却，不战而下醴陵。

中路第8军第3师、教导师、鄂军第1师连克湘乡、湘潭后，第3师于11日进占长沙，俘敌2000余人。

叶开鑫残部退守汨罗江北岸。

北伐军攻克武汉后，叶开鑫部改编为国民革命军第44军，叶开鑫任军长。1927年，任北伐第3路军1纵队司令。叶开鑫部在皖北、苏北与孙传芳部作战。

8月12日，蒋介石在长沙召开军事会议，决定乘吴佩孚军主力在直隶（约今河北）进攻国民军，湖北兵力薄弱之机，迅速以主力直趋武汉，对江西暂取守势。

由唐生智兼中央军总指挥，率左纵队（第8军）和右纵队（第4、第7军）攻取岳阳、平江，直指武汉；朱培德为右翼军总指挥，率第2、第3军、独立第1师（由赣军第4师改编）和第5军第46团集结醴陵、攸县等地，对江西警戒，掩护中央军侧背安全；袁祖铭为左翼军总指挥，率由黔军改编的第9、第10军从湖南常德地区进取湖北沙市、荆门，相机占领宜昌、襄阳；第6军和第1军第1、第2师为总预备队。

8月19日，向汨罗江北岸发起进攻。

右纵队第4军进攻平江，其右翼第10师从托田渡汨罗江进占肥田，左翼第12师借其掩护，由白雨湖渡汨罗江，一部向天岳山、鲁肃山实施佯攻，一部向平江城东北攻击前进，经过激战，守军由北门退入城内。

叶挺独立团向平江城东门猛攻，击退守军，攻入城内。

平江守军1个旅被缴械。

与此同时，右纵队第7军第1、第2旅分别占领浯口、黄塘后，在将军坪击退顽抗之敌，迅速向张家牌前进。

第8旅猛攻将军山，遭守军反击。

第7军使用预备队从两翼投入战斗，击退守军，攻占张家牌。

左纵队第8军于同日渡过汨罗江后，未遭抵抗，即分别占领长乐街、黄谷市。

之后，左右两个纵队乘胜前进，至8月22日连克岳阳、通城（属湖北）、羊楼司等地，开始进入湖北境内作战。

在此期间，吴佩孚率部协同张作霖军在直隶南口（今属北京）等地将国民军击败后，调兵南下，亲率湖北暂编第4师和陆军第8师于8月25日抵达汉口，令自岳阳、通城败退的湖北暂编第1师和卫兵旅等部共万余人固守湖北咸宁地区汀泗桥，并派中央第25师第13混成旅另1个团增援。另以陆军第8师进至贺胜桥地区设置坚固阵地；武卫军占领纸坊，鄂军第3旅及部分湘军残部在白螺矶、新堤、嘉鱼一带，协同海军阻止国民革命军渡江。

8月25日，国民革命军第4军叶挺独立团作为第12师的前卫，奔袭粤汉铁路（广州——武昌）上的中伙铺车站，歼灭吴军1个团；第10师进占杨泉畈。第7军占领大沙坪、桂口市。第8军占领临湘（今陆城）、羊楼洞、蒲圻等地。

唐生智根据总司令部关于迅速攻占武汉的决定，以第8军攻取汉阳、汉口，第4、第7军沿铁路北进，攻取武昌。

著名的汀泗桥战役是由国民革命军第4军代理军长陈可钰指挥的，他决定乘吴佩孚军主力未到达之机，于8月26日凌晨向汀泗桥发起进攻。

汀泗桥战役不是叶挺独立团的独角戏，它是整个第4军的杰作，张发奎和叶挺功劳最大。

当时第12师第35团在高猪山击退吴军一部的阻击，进至铁路桥头，遭对方火力封锁。

第36团进至汀泗桥东南高地前，遭敌俯射，前进受阻。

第10师第29、第30团分别在第36团两侧展开，激战入夜，仍无进展。

第36团乘夜暗实施中央突破，也未得手。

第12师师长张发奎决心以叶挺独立团和炮兵营向汀泗桥东北的古塘角迂回，从右侧后包围歼敌。

27日凌晨，叶挺独立团从小路隐蔽接近古塘角，配合正面部队的全线攻击。

吴佩孚军遭前后夹击，全线溃败，被俘2400余人，残部向北逃遁。

第4军占领汀泗桥。

叶挺独立团乘胜猛追，当日中午攻占咸宁城。

贺胜桥战役是场硬仗，叶挺独立团此战名扬天下。

汀泗桥一战后，吴佩孚亲率湖北暂编第4师和陆军第8师及在汀泗桥战役中败退的残部共2万余人，在贺胜桥及其以南的杨林塘、桃林铺、王本立地区梯次设防，企图死守。

国民革命军不给吴佩孚军以喘息之机，于8月29日由第4、第7军发起贺胜桥战役。

第7军第8旅在袁家铺附近击退吴军约1个团的抵抗后，向王本立前进，途中遭吴军反击，被迫后撤。

第4军第12师在杨林塘附近与吴军激战后，形成对峙。

8月30日拂晓，第4、第7军继续攻击，叶挺独立团猛打猛冲，在杨林塘突入吴军主阵地，向桃林铺攻击前进。

此时，吴佩孚军一部从侧翼反击，企图对叶挺独立团实施包围。

第10师第28团和第12师第36团适时增援，协力抗敌，突破吴佩孚军桃林铺防线，向贺胜桥发展进攻。

第7军攻占王本立后，迅即向贺胜桥东侧的南桥攻击。

吴军正面失利，侧背受敌，全线动摇，纷纷溃退。

国民革命军于当日上午占领贺胜桥，俘敌3500余人。

由于孙传芳军控制南浔铁路主要干线，便于机动，对江西南昌的三次进攻均告失利。

国民革命军总司令部于是决定集中兵力，先破南浔铁路各要点之敌，尔后再取南昌，并决定从武昌增调战斗力最强的"铁军"第4军入赣作战。

国民革命军入赣部队分三路于11月1日开始总攻。

右翼军右纵队第14军在第2军配合下，先期于10月20日攻占抚州，切断孙军入闽通路，从东南向南昌推进。

左翼军第7军于11月2日攻占德安，第4军在独立第2师（由湘军第1师改编）和第7军一部配合下，于3日攻占马回岭后，第4、第7军主力在德安以南的九仙岭击败孙军2个师，截断南浔铁路，向永修推进。

1927年1月下旬，东路军第1、第26军在第2军配合下，由浙江衢州向杭州方向发起进攻，在龙游附近击溃孙军一部，于2月上旬进占兰溪、金华后，乘胜向淳安、建德（今梅城）、浦江推进。

2月11日，在桐庐、诸暨、富阳地区遭孙军孟昭月等部4个师抵抗，激战五日，俘敌8000余人，于2月18日占领杭州。

在此期间，东路军第14、第17军和第1军一部由闽入浙，相继攻占临海、宁海、宁波、绍兴等地，肃清浙江境内的孙军。

3月上旬，东路军开始进攻淞、沪。

至3月20日，第14、第17、第2军和第1军一部经太湖以西攻克常州、丹阳等地，截断沪宁铁路；第1军主力和第26军克松隐、松江、吴江、苏州，迫近上海。

3月21日，周恩来等领导上海工人举行第三次武装起义，经过30多个小时激战占领上海。不过这个"占领上海"，不包括各国租界。

第三次武装起义前，还有两次起义，共产党和上海工人流了不少血。

1926年7月，在北伐战争开始后，上海工人阶级在中国共产党的领导下，立即行动起来，举行声势浩大的集会、游行和罢工，声援北伐。

9月，当北伐军向江西推进时，中共上海区委就开始准备组织上海工人武装起义。

中共派区委委员兼组织部长赵世炎负责工人武装的组织工作和武装起义的准备工作，区委书记罗亦农、总工会委员长汪寿华也经常深入到工人中去做发动工作，并秘密举办武装训练班和组织起义的工人纠察队。

在北伐军沉重打击下，10月16日，浙江省省长夏超宣布浙江自治，脱离军阀孙传芳的统治，归附广东国民政府，并与国民党上海政治分会主席钮永建取得联系，准备攻取上海。

当时孙传芳的主力部队已西调江西，驻守上海的只有步兵1000余人、警察2000余人、内河小军舰两艘，其中一艘还站在北伐军一边。

中国共产党认为这正是发动起义的良机，尽管时间仓促，准备不够充分，掌握的武装力量不大（200多人的工人武装和2000多人没有武装的战斗队伍），只要夏超向上海进攻，国共两党共同配合，起义胜利是有把握的。

为此，中共上海区委决定以罗亦农、赵世炎为起义总指挥，并与钮永建合作发动武装起义，以配合北伐军进军。

起义时间定在10月23日午夜至24日。

具体行动计划是：先攻占南市和闸北。

南市以攻取高昌庙制造局（就是当时鼎鼎有名的制造枪炮的江南制造局，现为江南造船厂旧址）为目标，以钮永建部为主力，由工人纠察队配合；闸北以攻占北火车站为目标，由工人纠察队负责；其他各区由工人纠察队分途进攻警察署、所。

不料，23日孙传芳部进攻杭州，夏超兵败丧生，起义的组织者对此一无所知，仍按原计划部署待命，直到天亮，只有闸北的几支工人纠察队与警察发生战斗，大部地区均未按时发动。

孙传芳闻讯立即调兵开进上海进行镇压。

中共上海区委于24日晨被迫下令停止行动。工人领袖陶静轩、奚佐尧等10余人阵亡，100余人被捕，500余人失业。

上海工人第一次武装起义遭致失败。

1927年2月22日，上海工人举行第二次武装起义。

上海工商学各界和共产党、国民党代表于22日成立"上海市民临时革命委员会"，当天下午4时，中共上海区委发出特别紧急通告，动员上海市民在傍晚6时暴动。

起义的炮声响后，各区工人纠察队立即袭击军警，与敌人展开巷战，上海工人第二次武装起义达到了高潮，迫切需要北伐部队援助的时候，蒋介石却命令进军嘉兴的白崇禧部停止进攻上海，钮永建方面也按兵不动，袖手旁观，致使工人武装陷于孤军奋战的困境。

无奈之下，"上海市临时革命委员会"决定立即停止第二次武装起义。

在上海工人第二次武装起义失败后，军阀李宝章的大刀队，任意搜捕残杀工人，上海市陷入一片恐怖之中。

上海千百万群众因总同盟罢工而高涨的斗争热情，面临严峻的考验。

就在工人武装起义面临两次失败的危难之际，周恩来担负起领导上海工人第三次武装起义的重任。

为了加强对第三次武装起义的领导，2月23日中央和上海区委联席会议决定组织特别委员会，由陈独秀、罗亦农、赵世炎、汪寿华、尹宽、彭述之、周恩来、萧子璋等8人组成，并在特委下面设军事委员会和宣传委员会，作为起义的最高决策和指挥机关。

针对前两次起义失败的教训，周恩来特别重视起义前的准备工作。

周恩来在被任命为特别军委书记的第二天，就参加了上海区委各部书记联席会议以及召集各区军事专员会议，详细了解了各区工人纠察队的力量配备，研究了敌方军警的据点和力量分布。

1927年3月中旬，北伐军向苏州、常州和松江进军，对上海形成包围圈。

21日，北伐军薛岳第1师进入上海近郊龙华，严重率第21师占领苏州，上海毕庶澄守军军心动摇，工人和民众革命情绪高涨，中共上海区委决定发动第三次上海工人武装起义。

周恩来当时担任中央军委书记兼江浙区委军委书记，他和江浙区委负责人罗亦农、赵世炎以及上海总工会委员长汪寿华一起，为起义做了周密的准备。

他们迅速恢复被打散的组织，出版《平民日报》、《工人快报》、《上总通讯》等刊物，印发传单，在工人中进行广泛的宣传工作，并召开上海临时市民代表会议，推选出由各阶层代表31人组成的执行委员会。

为确保武装起义胜利，中共上海区委组织5000人的纠察队，秘密进行政治、军事训练。派一部分工人打入敌人的"保卫团"，掌握一部分武器，借敌人的训练和装备，扩大工人纠察队的武装和军事素质。又在市民、特别是贫苦市民中进行广泛细致的政治工作。并根据敌人所在地区力量的强弱，划分了七个作战区域，规定了各区工人纠察队的任务，将敌人兵力较强的闸北区作为起义进攻的重点区。

军委制定出起义计划，组织并训练工人纠察队，作为起义的骨干力量。

铁路工人预先举行罢工，切断了敌人对上海军阀部队的援助。

1927年3月20日夜，北伐军占领龙华，进逼上海，起义条件成熟。

3月21日，中共江浙区委发出起义指令。

从中午12点起，全市实行总同盟罢工、罢市、罢课。参加罢工的工人达到80万人。

总罢工实现后便马上转入武装起义。

起义队伍在预定地点集合后，从下午一点起，在南市、虹口、浦东、吴淞、沪东、沪西、闸北等7个区同时向敌人发起进攻。

武装起义以工人纠察队为先锋，按照预定计划攻打各警署和兵营。

起义工人首先进攻市电话局、电报局，占领警察局和兵营。

法商电车公司的500多人的工人纠察队只有5支手枪和40把斧头，他们攻下南市第二警察署并打开南市衙门，释放了被关押的政治犯。

许多政治犯来不及砸断脚镣和手铐，立即带领工人纠察队去武器库取出枪支弹药，得到武器的起义工人，又冲敌人的堡垒。

在战斗中，市民们踊跃参战，主动拿出木板、砖头、布袋，构筑工事；大小饭店的店员赶制食品，供应前线；袖戴红十字的男女济难会员奔跑于前线和后方，救护起义的伤员。

全上海枪炮声四起，喊杀声震天。

经过激烈巷战，除闸北区以外的警察署和兵营都被攻下，电话局和电报局也被占领，电灯熄灭，自来水断流。

到21日晚，除闸北外其余6个地区相继解放。

闸北是敌人防御力量最强的地区，在20个军事据点上，守敌用机关枪、大炮、铁甲车进行顽强抵抗。

22日晚6时，起义工人攻占上海北站，消灭了闸北最后据点。这次武装起义有300多位工人牺牲，1000多人负伤。

起义开始时，中共曾派人到龙华请北伐军东路总指挥白崇禧派部队配合工人起义，希望能内外夹攻，消灭军阀。但白崇禧已接到蒋介石的密令，按兵不动，妄图借军阀之手消灭工人武装。

上海工人第三次武装起义，共消灭3000多名北洋军和2000多名武装警察，收缴枪支5000多支。起义胜利后，上海各界代表举行市民代表会议，准备成立上海市民政府。

此刻，国民革命军第1军一部乘机进入上海市区。

22日，上海市民代表会议召开，宣布上海特别市临时政府成立，推选钮永建等19人担任临时市政府委员，其中共产党员9人，工人代表1人，国民党左派、右派及资产阶级代表共9人。

上海市民代表会议制定了《市政府组织条例（草案）》，规定全市最高权力机关为上海特别市市民代表会议，代表会议产生的政府隶属于国民政府。

以淞沪商埠公署原管区域及原有租界为范围，上海特别市暂分为8个区。

23日，推钮永建、白崇禧、杨杏佛、王晓籁、汪寿华5人为市临时政府常委。

25日，武汉国民政府正式批准任命。

这里要提一下钮永建。钮永建资历很老，1905年加入中国同盟会。

在1911年辛亥革命光复上海时，蒋介石曾是钮永建老部下。

北伐战争开始后，钮永建担任北伐军总参议，旋即派为中央驻沪特派员，策动上海革命，上海三次武装起义后，被国共两党联合推举，并报武汉国民政府批准为上海特别市临时市政府委员、常委、主席。不过钮永建为与胡汉民、蒋中正等人筹组南京政府于翌日登报辞职。

南京国民政府成立后，胡汉民担任国民政府主席，蒋中正为军事委员会委员长，钮永建任南京国民政府秘书长兼江苏省主席。宁汉正式分裂。

一山无二虎，可当时的上海事实上有两个政权，一个是上海市民代表会议推选，武汉国民政府批准的市民政府，一个是北伐军总司令部任命的淞沪卫戍司令部的军政府。

宁汉正式分裂，则是以上海的四一二事件为显著标志。

第四节　分裂之前

国共分裂的先兆是1926年3月的中山舰事件，但是国共决裂是在北伐胜利在望之时的上海四一二事变。

中山舰事件发生后，1926年4月3日蒋介石在给国民党中央的电文中，反映了这段史实：

"今据以上之形势，而定本党应付之策略如左：

（一）联络北方国民军，使其退守西北，保留固有之实力。

（二）联合苏俄，以增进革命之势力。

（三）派员联络川黔，以牵制滇、鄂两军。

（四）联合湘赣，作攻守同盟之势，约其共同出兵之期限，以牵制吴军之南下。

（五）联合孙传芳，使之中立，不为敌用。

（六）两广决于三个月内（即本年六月底）实行出兵北伐，如能于此三个月内北伐准备完毕，则北方之国民军不至消灭，而吴佩孚之势力亦不至十分充足之际，一举而占领武汉，则革命前途尚有可为也。"

当时国内形势与外交形势，让国共两党无暇内斗，但是这种裂痕随着时间推移并未弥合。

对于国共两党的矛盾，蒋介石在相关电文里这样描述：

"本党内部之整理：

共产党为今日革命势力之一部，本党应遵照总理意旨，以后仍当予之合作，唯现在党内纠纷必须解决者，即为纪律问题与分子问题是也。中正提议，应即于一月内召集全体中央执行委员会，整顿纪律，检查分子，对于共产党员之入本党者，须守本党纪律，实行三民主义之工作，更不许对于总理之人格加以诬蔑，对于总理之历史有意抹煞，对于三民主义，尤不准其有批评与怀疑之态度及行动。本党之内不许组织其他小团体，须事事公开，不得有秘密行动，如有运动本党党员加入共产党者，一经检举，则处以严律。至于本党与共产党重要问题，应即以联席会议解决之，而共产党之应秘密之件，可提出于联席会议，本党有代守秘密之义务。其他权限问题、手续问题，亦应详细规定，以免日后纠纷也。

军制之意见：

近日第一军因本党党员与共产党员之裂痕，日深一日，几如水火之不能相容，如不从速解决，则北伐必无胜算之理，又军中党代表制，中正认为革命未成功以前，此制不能取消，惟党代表资格应有相当限制。凡跨党党员，不宜任党代表之职，且须限入党在若干年月以上者，方有任党代表之资格，此党代表之资格，应加审慎也。又军中官长信仰不一，精神必难团结，思想冲突，行动更易差误。我军既以三民主义为主义，惟有以信仰三民主义者为干部，而共产主义及无政府主义分子，应暂退出，以求各军精神之团结，而谋革命之成功。至共产分子退出各军以后，应由本党予其相当工作或授其高等军事学，以备军中之用，不使内部纠纷；而在革命战线上，仍为联合之友军，庶几并驾齐驱，不致有彼此纠纷之弊也。现在所订政治训练部条例，行之有日，形格势禁，益见其难行，非重新订定，对于各军不惟无所补益，而且害之。中正以为政治训练部条例未修正以前，各军党代表应一律调回，加以训练，而留政治部人员在军中实习政治相当工作，宣传三民主义，则军队内部既无思想冲突之虑，政治工作又无中止之忧，其于军队之精神，不致如前日之涣散也。"

"本党以后进行之方针：

二年以来，本党联合苏俄容纳共产党对于革命势力之增厚，革命方法之进步，唤起民众及对敌帝国主义之影响，实非浅鲜。由此观之，应认共产党为革命势力之一种。苏俄有补助中国国民革命之进行，以本党立于中国国民革命之领导地位，对于此二种势力，实有联合团结之必要。唯以后应须注意于根本上之合作。吾党为完成国民革命之责任，非使此二种势力与本党在精神上一致不可。因欲增进精神之团结，以二年来经验之所得，应加注意之点如左：

甲、共产党在本党内应注意之点：

（一）不得诬蔑总理之人格。

（二）尽忠于三民主义之工作。

（三）共产党在国民党内一切秘密团体及一切秘密行动，完全取消（如犯此条者，轻则开除党籍，重则另予制裁）。

（四）共产党对其党员一切之训令及其策略，应通知国民党最高干部。

（五）在国民党之共产党员，其名册应通知国民党最高干部。

（六）国民党与共产党应设联席会议，处置一切困难问题。

（七）共产党员在中央执行委员会内之人数，不得过三分之一，除指明委员为共产党员外，如有跨党不报之委员，应另定条例，处以严刑。

（八）中央党部组织、宣传二部长，其入党年限，须在五年以上。

乙、苏俄顾问之权限：

（一）使共产党员在国民党内之工作，不分界限，注重于精神上之团结。

（二）不宜把持要职，与希图集中权力于顾问之举。

（三）使我中国革命有自动的能力，不限于被动的地位为宗旨。

（四）辞去行政官职权，以顾问之资格，辅助中国革命。

（五）对于国民党及革命军条例，如有贡献，应以中国革命全体之利害为立足点。"

蒋介石的这些想法，成为之后国民党清党相关文件的基础，而所谓"中正以为政治训练部条例未修正以前，各军党代表，应一律调回，加以训练"，其实就是蒋介石的私货了，借调回各军党代表之名，扩张自己的势力，这一举动也自然引起作为总政治部主任邓演达等人的警惕和不满。

北伐开始前，当时国民革命军的第一军到第六军中，除第一军外，对蒋介石似或多或少有所不满。

客籍的第二、第三、第六军有些将领，觉得如果失去了汪精卫的领导，他们更不能获得与第一军平等的待遇。

实力较雄厚的第4军原系粤军系统一脉相传下来的，更有"浙江人外江佬排挤广东人"的反感。

国民革命军八个军中全力北伐的六个军都不是粤军，粤军的两军中只有李济深的第4军出动了一半部队。

尽管李济深担任国民革命军总参谋长之职，却不随军行动，坐镇广东，而第5

军则一兵未出。

第五军留在省内,或许更多的因素是地域观念造成的。

据李宗仁回忆,第4军出兵北伐是在他的鼓动下由李济深主动提出的。

李宗仁动员李济深的言辞相当值得玩味:"第4军乃广东的主人翁,主人且自告奋勇,出省效命疆场,驻粤其他友军系属客人地位,实无不参加北伐而在广东恋栈的道理。"

李济深听后,"毅然不加考虑,脱口而出,连声说赞成此一方法"。

随着军事的突飞猛进,原来隐藏着的矛盾也不断暴露出来。其中最大的冲突就是"迁都之争"。

国民党左派和共产党为了限制蒋介石的权力,积极展开恢复党权运动。

在此期间最活跃的人物"自然以孙哲生(孙科,孙中山之子)和邓择生(演达)是两颗亮晶晶的明星"。

而孙、邓二人又都是广东人。孙科还公开发表文章,指责蒋介石在党内实行专制。

武汉时期的孙科似乎给人一种相当左倾的印象,但孙科的真实心态并非如此。

当时,陈公博为了避免国民党的分裂,特意从江西到武汉找到孙科,开门见山地说:"局面太坏了,我们应该想出一个办法。我现在急于要知道的,这里局面是不是给共产党操纵?"

孙科的回答异常干脆:"哪里干到共产党的事,这是国民党本身的问题。蒋介石这样把持着党,终有一天要做皇帝了。"

孙科的上述言论颇能代表当时国民党内,特别是粤籍党内高层干部对蒋介石不满的普遍心态。一方面是对蒋的专制不满,另一方面是内心的不服。

在他们看来,蒋介石在党内的地位尚浅,难以服众。

正是基于这种"不满"和"不服",才导致孙科在反蒋过程中表现出许多极度左倾的言行。

1927年3月10日,国民党在武汉召开二届三中全会,颁布一系列决议,限制蒋的权力。同时还极力鼓吹"迎汪复职",希望通过在党内历史地位更高的汪精卫来抗衡蒋介石。

就在汪精卫回国的途中,国民党中央在武汉召开了二届三中全会。

这次会议是一次不折不扣的反蒋会议,与会者们一致认为蒋介石集党政军大权于一身,一意培植私人势力,现在又挟军力与党和政府对抗,制造军事独裁。

如果不及早加以抑制,蒋介石必将成为袁世凯第二。

会议通过今后中央军事委员会不设主席,由汪精卫为首的7人集体领导。

汪精卫在缺席的情况下,被选为国民政府主席。

但蒋介石已决心另立门户,随后建立了同武汉国民政府相对立的南京政府。

蒋介石虽然军权在握，但在党内的资望仍然不够，因此又拉出正在上海闲赋的胡汉民担任南京国民政府主席。

此刻的胡汉民已因汪精卫的回国，成为国民政府的备胎，不是当红花旦了。

胡汉民又回到上海，与西山会议派混在一起。

西山会议派曾以反对联俄联共、反对汪精卫"左倾"为主要议题，通过了一系列反对联俄联共的决议案，并罗列汪精卫"为共产党护符"的九大罪状，宣布开除汪精卫党籍半年，以观后效。

以当时汪精卫在国民党内的地位和威望，加入哪个阵营就会大大加重该阵营的砝码。

70年前的交通不比现在这样快捷，1927年4月1日汪精卫乘坐的邮轮到达上海时，上海工人武装起义已成功，北伐军已经攻占了上海。

西山会议派元老吴稚晖，此刻已成为蒋介石的私人代表，他前往码头迎接汪精卫。

在汪精卫抵沪以前，蒋介石向全军发表欢迎汪精卫回国领导的通电："自今以后，所有党政、民政、财政、外交等等，均须在汪主席领导之下，完全统一于中央。中正统帅全军而服从之。"

4月3日，汪精卫到法租界孙中山的故居，和蒋介石以及在沪的国民党高级军政干部会谈。

吴稚晖说："现在共产党以武汉为中心，从城市到农村都在搞暴动，武汉的国民党已被共党所胁持，迟早要被吃掉。"

蒋介石说："目前我党已处于一个危险时期，也是一个转折关头，如果让共党再猖狂下去国民党就要垮台，现在一切党国命运在于汪主席复职。"

汪精卫说："蒋先生要兄弟来究竟要做些什么呢？"

蒋介石说："第一是复职。第二是把苏俄代表鲍罗廷赶走，此人在武汉成了太上皇，非把他赶走不可。第三是分共。这三件事必须坚决做，立即做，请汪主席指示。"

汪精卫回答说："联俄容共的政策为总理手定，不可轻言更改。此事事关重大，须召开四中全会做出决定。党的民主制度、组织原则是必须遵守的。"

吴稚晖站起来激动地说："汪兄弟，现在是什么时候，你还要讲什么组织原则，还要对共党心存幻想。"

接着李宗仁、李曾石等人纷纷发言，反对汪精卫的意见，要求汪精卫不要偏袒中共。

汪精卫一时间成为众矢之的，但他仍然坚持原则，毫不退让。

最后汪精卫说："我是站在工农方面的呀！谁要残害工农，谁就是我的敌人。"

这时吴稚晖忍不住激动，扑通一声跪倒在汪精卫面前，流着眼泪说："汪先生，汪主席，看在党国面上，你就放弃祖共立场，留在上海领导吧！"

汪精卫被此举搞得不知所措，拔腿逃避上楼，口中连声说道："稚老，您是老前辈，这样我受不了，我受不了。"

最后会议就在这样令人啼笑皆非的气氛中结束。

4月4日，汪精卫和蒋介石等人继续开会，这次汪精卫改变了昨天的强硬态度，同蒋介石达成了初步协议。

协议规定：

一、4月15日由汪精卫主持召开国民党中央二届四中全会，在二届四中全会上决定一切；

二、通告共产党暂停在国民政府内的一切活动，听候中央开会决定；

三、工人纠察队等一切武装团体均服从蒋总司令的指挥。

汪精卫知道蒋介石是暂时的妥协，为了从政治上压倒蒋介石，汪精卫私下找中共领导人陈独秀，要求陈独秀发表一个不反对国民党的宣言，堵住蒋介石说共产党要搞暴动的口实。

4月5日，汪精卫、陈独秀两人联名发表了《汪陈联合宣言》，宣布："中国共产党坚决的承认，中国国民党及国民党的三民主义，在中国革命中毫无疑义的重要。只有不愿意中国革命向前进展的人，才想打倒国民党，才想打倒三民主义。"宣言最后表示，国共两党将为中国革命携手到底，绝不受人离间。

《汪陈联合宣言》发表后，激怒了国民党的右派。

本来国民党的右派并不支持蒋介石玩独裁，只是赞成蒋介石的反共政策。

他们原来寄希望于汪精卫回国后带领他们反共，遏制蒋介石的独裁。

可是《汪陈联合宣言》发表后，表明汪精卫坚决容共的态度，使国民党中大部分反共又反蒋的人士，不得不归集于蒋介石之下共同反共，使蒋介石成为反共英雄。

共产党为何要暂停在国民政府内的一切活动？

难道发动武装起义成了犯罪？

这里的关键是蒋介石对南京事件的政治运作。

共产党必须成为政治的替罪羊。

第八章
北伐变局

第一节 南京事件

从1920年起，程潜相继任广东大元帅府陆军次长、非常大总统府陆军总长、广东大本营军政部长兼陆军讲武学校校长，成为孙中山的一名得力助手。

在此期间，程潜曾任讨逆军总司令、攻鄂军总司令、国民革命军第三纵队队长，参与指挥了讨伐军阀陈炯明的东征与平定杨希闵、刘震寰叛乱的战斗，为统一两广、巩固广东革命根据地立下重要战功。

1926年初，程潜当选为国民党第二届中央执行委员、国民政府委员、军事委员会委员，任国民革命军第六军军长，继续执行孙中山确定的联俄、联共、扶助农工三大政策，与担任该军党代表的共产党人林伯渠通力合作，于7月率部北伐，转战湖南、湖北、江西，攻下九江、南昌。

1927年1月，程潜任国民革命军江右军总指挥，率部进攻安徽、江苏，3月首克南京。同年当选为国民党中央执行委员会委员和国民政府军事委员会7人主席团成员，并被武汉国民政府任命为第二方面军总司令，指挥4个军沿津浦路继续北伐。

1927年3月23日，参加北伐战争的国民革命军中央军所属的江右军部队抵达南京，张宗昌指挥的直鲁军退入南京城内，随即在下关渡江北逃。

当晚，未过江的部分直鲁军溃兵在南京城内进行抢劫活动，但除两名正在街上行走的外国人及两座已撤空的外侨住宅外，直鲁军并未袭击其他外国目标。

3月24日凌晨，江右军先头部队开入南京城，沿途鸣枪搜索，并向驻南京的各国领事馆询问有无战犯藏匿其中。得到否定答复后，这些部队即平静离开外国领事馆。

3月24日晨7时许，江右军所属的第2、第6、第40军主力部队未经抵抗即顺利占领南京城及下关。

从上午8时许起，南京城内突然爆发大规模的抢劫外国人的排外风潮，一直持续到下午5时。

南京城内和下关的外国领事馆、教堂、学校、商社、医院、外侨住宅均遭到侵犯和洗劫。金陵大学副校长文怀恩（Dr. J. E. Williams，美国人）和震旦大学预科校长（意大利人）遇害，此外英国侨民死亡2人，日本侨民死亡1人，法国侨民死亡1人。

在袭击中，英国和日本领事馆成为袭击的首要目标，英国驻南京领事Herbert A. Giles被枪击伤，正在生病卧床的日本领事森冈正平也遭到枪击，但是没有受伤。

这是因为当时任国民革命军第6军第2师国民党党代表的共产党人肖劲光，带领一队士兵为避免外交事端，采取了临时保卫日本领馆、驱逐抢劫散兵的强力行动。

下午3时，被围在下关一座小山上的美国领事戴维斯向停泊在长江上的英国和美国军舰发出开火援救的信号，英美军舰开始炮轰南京。

江右军司令程潜一方面制止抢劫，一方面委托红十字会代表同英美军舰联络，请其停止炮击。

英美军舰炮击持续约1小时后结束，抢劫风潮于下午5时左右逐渐平息。

在南京事件中，外国侨民死亡人数为英国2人，美、法、日、意各1人。

美国受伤3人，英、日各2人受伤，另有英舰"绿宝石"号上的一名英国水兵在江右军发炮还击时阵亡。

外国领事馆和侨民财产损失也有若干。

中方死伤人数，根据各方面的调查，为死亡36至39人，伤数十人，一说伤数百人。

关于该事件的记载如下："1927年3月24日，南京发生排外抢劫。停泊在下关江面上的英美军舰以此为借口，违反国际公法，悍然炮轰南京，制造侵略暴行。"

就其事件真相，似乎也是如此，至少当时的国民政府坚持了这一口径，并将"排外抢劫"的罪责推脱在北京政府的直鲁联军身上。

但是，这一指控当时就被在南京的领馆人员和幸存外侨否认，因为根据他们的指认，当时抢劫者身穿国民革命军制服，而他们的口音来自湖南、广东和江西，并不是北洋士兵。

更重要的是，北伐军江右军已经在23日攻入南京，在此之前直鲁联军早已溃散，不可能在24日8点至17点之间形成如此整齐强悍的抢劫规模。

事后，北伐军总司令蒋介石自知不能自圆其说，于是将事件归咎于北伐军第2

军副党代表兼政治部主任李富春和第6军副党代表兼政治部主任林伯渠。

事实上，根据日后解密的日本的外交文件，当时共产党人肖劲光（时任第6军第2师党代表）在保卫日本领馆、驱逐抢劫士兵方面做了严密的工作。

因此，蒋介石对于李富春和林伯渠的通缉未必有事实依据，只可认为是个政治操作而并非法律定论。

抢劫事件是偶然发生的，但也事出有因，因为此前由于北伐军扩张过速，军费严重不足，很多部队已欠饷数月，军纪涣散。抢劫实际是另类的补充军饷。

南京事件之前，已有数起抢劫事件发生，蒋介石的嫡系，第一军北伐初始，军纪涣散就屡见不鲜！

1926年7月26日，蒋介石在给总预备队、第1师、第2师的电文里，就有表述：

"郴州、衡州探送总预备队王俊指挥，第一师王柏龄师长，第二师刘崎师长，并分转各团、营、连长均鉴：迭据报告，此次一、二两师行军纪律，未尽严肃，曷胜骇叹。中正平日与尔等申儆者何事？我革命军北伐之目的何在？行军时不能爱护人民，临阵即能杀贼，亦有何用；况纪律稍弛，作战必无胜理，万不料我最有光荣历史之第一军，阅时未久，即已堕落。须知第一军在精神上，已成为革命政府之模范军队，今不能严振风纪，败坏第一军之名誉，其害非小，而减损人民对于革命之信仰，其害更大。尔等自问能在革命史上负此重咎否？务须各发天良，严约所部，微细事项，概应严密注意，重大过失，更宜切实查惩；倘再不知奋勉，中正惟有执法以绳其后，其政治工作人员，尤须与劳苦群众谋切实之联络，勿稍有傲慢轻蔑之态度。仰各凛遵勿违。总司令蒋，印。"

国民政府虽然高倡联俄容共和打倒列强，但由于孙中山的基督徒政府缘故，列强仍然对于北伐军缺乏戒备，因此南京事件的爆发使得他们猝不及防，只做了有限的威慑，日本军舰甚至一炮未发，以致发生日本少壮派军人愤而自杀抗议的意外。

这一事件，也为日本军人日后的济南事件、南京大屠杀提供了借口。

武汉政府很快就南京事件向英、美、日、法、意驻汉口领事递交答复照会，承认"屠杀友邦人民，为国际公法及文明各国之通例所严禁，而对友邦人民在己国领土内者施屠杀之行为，其情形尤为重大；而轰击友邦城市之行为，亦为严禁……"，并列举五卅惨案和沙面惨案中英法等国水兵枪杀中国人民之事，以示抗议。

在照会的其余部分中，武汉国民政府提出由国际调查委员会调查南京事件元凶，若出于国民革命军之过失，则对侵害外国侨民的行为进行道歉。

此外，照会还允诺保护外人生命财产，并提议取消不平等条约。

南京事件爆发后，由蔡元培、吴稚晖、张静江等组成的国民党中监会所决议的形成清党定案，在3月28日做出部署，决定将共产党作为南京事件的替罪羊。

蔡元培、吴稚晖等在中法里昂大学事件与中共（周恩来等）的恩怨，让他们彼此敌视。

将共产党作为替罪羊是政治势力博弈的必然结果。

当时中国人对西方列强的侵略本来就很痛恨，北伐军在北伐过程中和外国人数次造成了严重摩擦。

1927年1月3日，北伐军进入英国在汉口的租界，和英国的海军陆战队发生了交火，双方各有死伤。

1月6日，北伐军（王天培部队）进入在九江的英国租界。

如果是在一次世界大战前，大英帝国肯定再次纠集八国联军惩罚中国，但一战后英国的国力大大衰退，当时它自己国内和南非殖民地的麻烦不少，只好默认中国军队武力收回汉口和九江租界。

北伐如日中天的声势和中国政局的巨变，使在华列强，尤其是英、美、日等帝国主义国家的对华方针，被迫面临一个大的调整。

在华列强此时都不再以扶持北京军阀政府、敌视南方为唯一政策，而改用其他手段来对付中国革命。

列强在被迫与南方革命阵营打交道时，采取压服和软化双管齐下的手段。

在这一点上英、美两国表现得尤为突出，尽管它们出动炮舰，摆出了不惜用武力对付中国革命的架势，也制造了惨案，但同时他们已开始重视同国民政府的交涉，并做出了一定的让步，有着明显的"软化"特征。

北伐开始后，在两湖首当其冲的列强是英国。

面对汹涌的革命潮流，为摆脱被中国人民视为"头号帝国主义"的不利地位，它在北伐开始后不久即决定迅速调整对华政策，把"改善与国民政府的关系"放在第一位，并以中国专家蓝普森替代钟情于北方军阀的原驻华公使麻克瑞。

英国的目的用英国外交副大臣韦尔斯利的话说就是："我们应做之事就是用同情来俘虏中国革命，努力将其引上正路。"

而这时已迁至武汉的国民政府，在英人的眼中，是交涉的对手，也是软化的重点对象。

尽管列强对南方革命阵营内部的矛盾和左右两派的裂痕均已有所了解，也注意到了蒋介石集团的崛起及其代表的"温和派"立场。由于掌握程度有别，认识也不一，尤其在决策时，必有一审时度势、权衡利弊的过程，因而不能说所有列强对付南方革命的手段从一开始就是"分化瓦解"的。

在北伐高潮时，英、美两国对南方革命所采取的对策，可以说"软化"是其主要特征。"分化"则是有意图之，并未实施或未及实施，因此，蒋与英、美的勾结也当然谈不上。

与英美不同，日本在拟定对付南方革命时则是一开始就倾心于"分化瓦解"之策的。

南京事件的偶然发生，也给了蒋介石一次重新洗牌的好机会。

从1926年7月至1927年3月，北伐一路势如破竹，所向披靡，国民革命军已从8个军10万人急剧膨胀到40个军近百万之众，蒋介石已具备与任何一方势力分庭抗礼的实力；但同时，北伐所需军费也急剧增加，远远超过国民政府的财政实力，这也是南京事件必然发生的原因所在。

要解决国民革命军的财政危机，谈何容易？早在北伐开始才不到3个月的9月20日，国民革命军已陷入财政危机。

蒋介石在江西萍乡叫苦不迭，致宋子文电催发军费："广州宋部长勋鉴：本日抵萍乡，明日即向袁州、南昌前进，经济困难已极，大洋票及公债券，何不整数寄来，以此零星分寄，致不能有计画之使用，且失信用，岂兄至今犹未能深信，而必欲如此迟延耶？如何盼复。"

10月5日再次告急："此间缺乏现款，汉票不通用，请速运现银贰拾万元来赣。所谓欲中央补助九月份一百万元之说，是否仅就湖北而言，不涉江西各军，如此，则须由财会去电声明，否则江西各军在内，十月份战时费，非完全续发，无以为计，如何盼复。以后财会与中央交涉，最好先电得中正同意，以免彼此离异，致中央发款延滞也。"

11月24日蒋介石在南昌求援军费："樟树、吉安、赣州探送财政部宋部长鉴：昨据武昌朱军需处长篠电称：'广州中央银行汇衡州分行十月份经费九十九万九千四百元，衡州尚无小票可兑，等于废纸，又批准服装费二百七十万至今只收到七十万元，请电宋部长救济。'等语。查前方饷糈万急，兼之时已严冬，各军将士，饥寒交迫，衡州既无可拨兑，冬衣待需在即，服装及十月份经费，应如何拨济，兄应负完全责任，祈勿漠然视之为盼。中正，敬印。"

时隔一月，蒋介石在1926年的最后一天催饷："宋部长勋鉴：各军闹饷，皆系伙食不能发足，欠饷又未发清。兄将上月与本月旧欠伙食，概不承认发给，以致各军长为难，此非我政府中人所应言者，殊失威信，请兄勿以对中正个人态度及语意而对各军，惟中正能谅解兄苦衷，而各军官兵决不能相谅也。现在政府移设武汉，吾辈言行态度，均不能如在粤中，专为一部打算，亦不能如昔日作赖，可以度日也，请兄注意之。希将上月与本月欠款，务速发清，以维大局，如何盼复。中正，世。"

但不解决国民革命军的财政危机，北伐就将再次演变成乱战。

当时的国民政府财政部长宋子文，一向是个讲究严格财政预算的人。

财政预算内，宋子文拨给资金，超出预算的？没有！

其实，宋子文也不是印钞机，变不出巨额军费。

为了急剧增加的军费，蒋介石与宋子文早就矛盾重重了。

军费只能靠向外国借款或北伐军新占领地区征收。

北伐军新占领地区就是蒋的故乡江浙两省和唐生智部新占的中原数省，比起连年战乱的中原数省，江浙两省是膏腴之地，却也是西方各国的势力范围。

所以，随着北伐的推进，北伐军的军纪越来越差。

在收复长沙和宜昌之后，新收编的国民革命军第9军、第10军就发生了大肆劫掠市民的事件，国民政府上下都心照不宣地称为"偶然现象"。

这一事件略见蒋介石给王天培的电文："宜昌王总指挥勋鉴：此次收复沙、宜，勋劳可念，惟顷据各方报告：'九、十两军入宜后，大肆劫掠，党军声誉，扫地无遗。'等语。宜昌为长江重镇，中外观瞻所系，究竟劫掠范围程度如何，即使入城后偶然现象，亦应将主使肇事官兵，从严究办，以挽军誉而慰人心，并望将查办及近日实情电复。"

江浙两省是膏腴之地，上海市政府如果一直在共产党主导下，中山舰事件与共产党结下仇恨的蒋介石如何放心？掌握膏腴之地，才能解决国民革命军的财政危机。

只要南京事件的罪责扣在共产党身上，上海武力清共就有借口。

第二节　租界风云

南京事件最有可能的是当时第40军军长贺耀祖。

因为1927年1月，北伐军收回了九江的英租界时，贺耀祖的表现就很说明问题。

1926年11月5日，北伐军攻入九江。

1927年1月1日至3日，武汉各界庆祝国民政府迁汉和北伐胜利，讲演队到各处重要的地段讲演。

3日下午3时，有宣传员数人在一码头江汉关前面中英交界的空场内讲演。英租界当局趁机挑衅，调大批武装水兵登陆。英租界当局的挑衅，引起人民群众的愤怒，双方发生冲突。

4日，武汉工、农、商、学各界举行联席会议，要求政府立即向英提出严重抗议，解除英租界巡捕及英义勇队的武装，由中国政府派军队管理租界。

5日，在共产党人李立三、李国煊等领导下，武汉工人和市民30万人举行了反英示威大会。

大会通电全国全世界，要求"一致声援，与英帝国主义者决一死战"。会后，广大群众英勇地驱逐了英国巡捕，占领了英租界。

九江总工会也收到了全国总工会的通知，组织九江工人及各界群众举行大规模的宣传活动和集会游行，向英国领事馆提抗议，支援武汉工人。

1月6日下午3时许，在九江的江边上，有英人雇华工搬运行李上船，工人纠察队吴宜三发现后，立即上前制止，劝其不要为英人卖力破坏罢工。

被雇人不服，发生口角，英人大怒，呼唤英水兵登岸，与工人纠察队发生冲突，并以大棒殴打纠察队员，吴宜三被打得"当即昏去，受伤甚重"。

此时，在场工人及过路市民纷纷拥上，高呼："不许洋人打中国人！"

英人恼羞成怒，竟招来十几个水兵，围打工人，致重伤工人数名。

工人和市民们愤怒了，高呼"反对英兵在九江杀人！""打倒英帝国主义！"的口号向租界冲去。

这时，租界的铁门已经关闭，军警巡捕倾巢出动，并在各个闸子门口架起机枪，江中的英舰也脱掉炮衣。

群众见此情景，更加怒不可遏，高呼："冲进洋街去！"

英军看到群众来势凶猛，急忙对市区放了两炮，以此来威吓市民和国民革命军。

驻扎在九江的国民革命军独立第二师（后改编为第40军）师长贺耀祖听到炮声，不禁勃然大怒，用手朝桌上一拍，大声怒斥道："军阀害怕洋人，我们革命的北伐军是从来不怕洋人的！要打，就和你们打呗！"

贺耀祖立即带领独立一团冲到江边，准备和英国军舰大干一场。

这时，九江码头工人和市民群众，在贺耀祖部队的掩护支持下，声势更加壮大，力量也更雄厚了，他们手持扁担、棍棒，拆除租界四周密布的铁刺网，撞开租界铁门，纷纷拥进租界。

贺耀祖在出事地点察看了真相，又亲自到医院看望受伤工人。

贺耀祖随即赶到英国领事馆，质问英领事："工人间发生争吵，本是小事，你们为何任意施行舰炮，致犯众怒？！"

英领事回答说："所放之炮系信炮，因见群众聚集攻击租界，因以告警，并非有意挑衅。"英领事还谎称英水兵并未加入殴击。

贺耀祖问英领事："能否维持租界内治安，如不能维持，就将水兵、巡捕一律撤去，由我师派兵入界维持，以免再发生意外的情况。"

英领事回答说："俟必要时再行讨论。"

第二天上午11时，英领事突然派人来到贺耀祖师部，请求派兵入租界维持治安。

贺耀祖当即答应他们的请求，准备派兵入租界值勤。同时，派秘书到英领事馆，与英领事正式进行交涉。贺耀祖秘书向英领事明确提出两点：一、英国水兵一律撤离租界，退回到兵舰上；二、以领事馆名义，发出正式请求函，请我师入租界维持秩序。否则，不负这一责任。

英领事开始仅答应以口头表示，作为暂时请求，贺耀祖秘书见英领事没有恳切的诚意，转身要离开领事馆。可是，英领事面对这难以应付的形势，不得不用笑脸挽留。经过再三谈判交涉，英领事才当面书写请求公函，由秘书带给贺耀祖。

请求函写道："敬启者，兹因风潮日形紧张，大有不可收拾之势，本领事业经定意携外侨退上兵舰，再行将本埠情形报告本国政府。至本租界之屋宇产业，则请师长负完全责任，以后如有何项损失，只得以贵师长是问。因特函恳贵师长，请即饬人前来，将各项屋宇封锁，是所祷盼。"

贺耀祖看后，对英领事提出的无理要求十分气愤，对其包藏的祸心已有洞察，于是立即执笔复函："……此次为劳工问题，发生今日事端，殊属缺憾，贵领事既将率侨民退上兵舰，函请敝师派兵入界，维持秩序，治安所系，义岂容辞，惟屋宇内之器具什物，应请贵领事转饬各该屋宇主，派人看守，倘有人擅自闯入，可报告当地指挥长官，以便惩办，至在敝师未行使维持租界内治安职权以前，所有一切，不能负责，理合声明。"

贺耀祖秘书将其复函带交英领事，当面交涉，经过谈判，当天（7日）下午四时半，独立2师正式接收九江英租界，并派第3团团长龚宪驻扎租界内维持治安。

国民革命军总政治部主任邓演达也率兵一排进入租界巡查。

贺耀祖对英帝国主义在九江的行为十分愤慨，他指示政治部电请国民政府向英国政府严重交涉，并电告汉口《民国日报》社，呼吁各界民众极力声援。电报全文如下："九江罢工纠察吴宜山，在怡和码头趸船跳板上巡视，适水手刘某，挑税务司署洋人行李上船，该纠察以刘某破坏罢工，向前阻止，外人即以手棒乱击，复招水兵围攻，脑后背部，均受重伤，兵舰即举炮示威，时群情愤激，秩序几乱。敝部与贺师长及宋部长一面劝散民众，一面将受伤人送医院诊治。至七日午前十时，英兵及英侨悉撤于英舰上，英界秩序，经已派兵维持。惟是英人杀我人民，辱我国体，汉口之后，继以九江，凡有血气之人，无不痛心，除电请国民政府严重交涉外，特此电达，请极力唤起群众，一致声讨，以达打倒英帝国主义之目的。"

1月8日，贺耀祖与总政治部主任邓演达、九江关监督、各友军长官、地方各团体主事，在独立第二师师部开联席会议，讨论善后办法。

他们共同议决了两项：一、由九江关监督向英领事提出抗议，并函催税务司回署供职；二、组织九江市民对英外交行动委员会，处理租界一切事务。

1月9日，九江民众各团体联合组织的九江市民对英外交行动委员会正式成立，通电全国同胞，表示要代表人民，力争外交胜利，维护租界治安，要求全国同胞，对九江新近发生的惨案群起力争，以彰公理而保国权。

1月10日，国民政府外交部委派赵畸、周雍能组织九江英租界临时管理委员会，周雍能任委员长，在租界旧巡捕房办公视事。

租界内秩序已完全恢复，当时史料称："日、美、法各国在租界人士，均由管理委员会发给护照，在租界自由出入。租界内之各处公共牌示地方，均贴满各种革命口号标语，平素阴森有鬼气之英租界，一时充满革命空气。"

九江英租界临时管理委员会还在租界内贴出中英文布告，说明管理委员会将会同军警，切实保护界内秩序，保护外人生命财产，希望他们安居乐业，毋自惊扰。

不过，武汉国民政府为了避免过度刺激英帝国，还是改派稳健持重的程潜部接防贺耀祖部。

1月12日，程潜率国民革命军第六军抵达九江，接替了独立第二师警备英租界任务。

第六军政治部主任、共产党员林伯渠到英租界内视察，并会见了英租界临时管理委员会赵畸、周雍能，对租界内的房屋进行了仔细查看，并到市民对英外交行动委员会商讨了反英运动有关事宜。

1月13日下午，九江市民在大校场举行反英运动示威大会，到会者一万余人，群情激愤，高呼"打倒英帝国主义！""收回英租界！"等口号。

林伯渠在会上作了演讲，大会还通过了七条议案，会后举行了游行。此后，林伯渠还主持召开了九江国共两党负责干部会议，并多次出席了群众集会，发表演说，号召群众坚持反对帝国主义的斗争，誓作政府后盾。

中共中央还于1月12日发表宣言，支持武汉国民政府，号召全国工人、农民及一切被压迫民众公开表明对国民政府的赞助；要求英国人承认群众所提要求；要求撤退英国驻华海军，取消治外法权，收回英租界；撤退各帝国主义驻华军队；并希望国民政府坚持到底，不要对英帝国主义让步。

这里要特别注意"对国民政府的赞助"的字眼。

取消治外法权，当时对国民政府而言，最关键的是九江海关的相关权力，因为取得九江海关的相关权力，可以马上取得宝贵的军饷。

陈独秀的笔也发挥了作用。

中共中央总书记陈独秀发表《谁杀了谁？》的文章，以充分的事实，揭露批驳了英帝国主义制造的谎言，说明汉浔惨案的真相，指出这两次惨案，都分明是英国兵杀了中国人，而不是中国人杀了英国兵，英国兵在九江杀中国人的时候，英国兵舰还从旁发炮示威，这是何等横暴的事实。

国共两党在各自的岗位上，在各自的组织里，把本党和国民政府的意志、主张、策略及时地用不同的方式向全国传播，引起了强烈的反响。

中国的大地上，反帝浪潮滚滚向前。

九江人民占领、接管英租界，这是收回英租界斗争胜利关键的第一步。

为了进一步从法律上解决收回英租界的问题，以取得国际合法承认，使收回租界这一成果固定化，武汉国民政府，为收回汉口、九江英租界，与英帝国主义开展了谈判，进行了复杂的外交较量。

谈判，停止，再谈判，再停止，反复几次，最后英方表示"英界收回，绝对由华管理，并无中英合组管理局之议"，"承认上海印兵可能陆续撤退"。

此时，外交部长陈友仁部长"认为圆满"。

2月19日下午7时，双方阅看了汉案协定全文，正式签字。

2月20日，国民政府外交部长陈友仁与英国参赞欧玛利签订了"九江英租界协定"，承认"关于汉口租界所订之协定，将即时同样适用于九江租界"。

收回九江英租界协定全文如下：

"关于汉口租界所订之协定，将即时同样适用于九江租界。在最近九江之骚乱中，英国侨民若受有直接损失，凡系出自国民政府官吏之行动，或由其重大之疏忽者，国民政府允担任赔偿，国民政府外交部长陈友仁（签名）英国驻华公使代表欧玛利（签名）1927年2月20日。"

3月初，外交部正式公布浔案协定：

"2月20日所签订之九江英租界协定，九江租界区域将来地位，本当援汉口英租界协定同样办理，现经双方继续讨论之结果，已决定由英国将九江英工部局章程悉行取消，并自3月15日起，将九江租界区域行政事宜无条件移交国民政府，并由国民政府给予银四万元以清偿最近九江骚扰中英人民所受之损失……"

至此，完成了收回九江英租界的手续。

1927年3月15日，九江英租界由中国政府正式收回管理。

1927年3月14日，奉总司令蒋中正令，独立第二师改为第40军，贺耀祖升任军长，这显然是对贺耀祖九江时期工作的肯定。

3月15日拂晓，第40军炮兵发炮三响开始全线向南京出击，经过几昼夜激战，将孙传芳、张宗昌等主力击破。

第40军在前敌指挥毛炳文指挥下，由李英率领的先遣营于3月23日夜，攻占南京。

贺耀祖奉令兼任南京卫戍司令，毛炳文升任副军长。

要知道，南京卫戍司令可是负责管理宪兵的。

之后，南京事件发生。

南京事件的账，蒋介石算在了林伯渠和李富春等共产党人的头上，把这看做武汉国民政府背后的"操纵之手"，也是可以唬唬不了解事件来龙去脉的人的。

林伯渠和李富春等虽然当时权高位重，但他们都不是军事主官，直接控制不了军队的。

贺耀祖是1926年7月由湘军投靠国民政府的，当时北伐军分为三路，以何应钦、蒋中正（白崇禧代）、李宗仁任三路军总指挥。贺耀祖的部队加入第二路战斗系列。

有史料证明贺耀祖与共产党有过交情，在第一次国共合作时期，贺耀祖原任赵恒惕部第一师师长，中共湖南特委特派谢觉哉前往联络，劝说贺耀祖改变立场，参加北伐，改任国民革命军独立第2师师长，开赴江西前线作战。

贺耀祖当年还说服贺龙加入了国民革命军，而贺龙是加入国民革命军之后才认识共产党，并加入共产党阵营的。

以蒋介石自中山舰事件之后的防共心态，贺耀祖真的赤化的话，蒋介石又如何敢将南京这样重要的地方卫戍司令一职交给可能赤化的贺耀祖？南京事件和四一二血案后，贺耀祖依然高官得坐，骏马任骑？

这显然说不通。

但是南京事件的最大可能为贺耀祖。

1928年春，毛炳文奉命率部向济南前进，4月29日，克复济南。

日本帝国主义者却妄图延长北洋军阀势力，以操纵其华北势力范围，公然派遣斋藤旅团等部队，星夜急进，也于四月下旬先后抵达济南，希冀阻扰革命军渡河北伐。

5月3日，贺耀祖第40军刚开进济南不久，正待休息，日寇乘机发动武装挑衅，对我军民进行残酷屠杀，外交特派员蔡公时等十七人也惨遭毒手。

"外间即以为济南惨案中，贺耀祖应负主要责任，而日军尤以贺耀祖为主要目标，实则贺部遭此无辜牺牲，真是有苦说不出。但贺颇识大体，且富于责任心，于惨案发生后，即回党家庄向蒋中正辞职。"（《济南惨案发生真相》，《现代史料》第二集，1934年初版）

在济南，贺部遭此无辜牺牲，可为何贺耀祖应负主要责任，日军还尤以贺耀祖为主要目标？

显然日军是在报复，报复的不是北伐军在济南的行为（否则称不上贺部遭此无辜牺牲），报复的是贺耀祖作为南京卫戍司令，坐视南京事件的发生。

南京事件时，日本军舰被政府下令不得开炮，日本舰队司令驶回上海后自杀谢罪。日本舰队司令在遗书中说他奉命不准开炮，以至海军保护侨民不周，无面目以见国人。

这样，南京事件大致有了轮廓：

国民政府对九江事件的处理和给第40军的激励，让第40军上下认为，反帝有理有利有功，国民政府默许他们在南京再干一回"偶然行为"；已分散驻防休整的第40军的散兵，先开始了排外抢劫；由于城内还有第2军、第6军的部队，他们中的散兵也自发加入其中；由于驻防分散混乱，三支部队主官之间的相互协调不畅通，排外抢劫更趋扩大，而外国军舰的开炮，让局面更难以控制，宪兵难以强行弹压。

当然这些是根据现有资料的一种推测，不能作为史实认定。

第三节　安庆事件

安庆，在民国时期是个著名的工商城市，称得上富甲一方。

安庆是当时安徽的省会所在地。

各种势力都希望安庆是自己的势力范围，国共两党也不例外。

早在北伐之初，国共两党就开始了苦心经营。

1925年春夏之交，成立国民党芜湖市党部执行委员会；到1926年底，安徽全省已有30余县建立了国民党（左派）市、县党部组织。

安徽国民党各级党组织建立后，即领导全省人民支持五卅运动，支持北伐战争，较好地发挥了革命统一战线组织的积极作用。

1927年2月下旬，程潜第6军由九江出发，经秋浦、安庆、贵池、大通，抵芜湖、当涂，向采石前进，直逼南京。

属江右军的贺耀祖第40军从江西出发，经祁门、黟县、太平、石台、泾县、南陵、宣城和第6军会合于芜湖。

谭延闿第2军由江西出发，经过祁门、黟县、旌德、宁国、广德、郎溪向南京进攻。第2军第六师从江西出发，经福建入浙江，再经徽州、绩溪、宁国、芜湖进攻南京。

3月初，江左军出黄梅、宿松进取皖北，中旬到达合肥。

4月中旬，李宗仁第7军由合肥定远向凤阳挺进，一弹未发而克凤阳。

二三月间，第33军第1师由罗田入皖经霍山、六安克正阳关，向寿州进攻。

北伐军进入安徽，推动了全省工农运动的高涨。

1927年3月20日午后，蒋介石亲自带着杨虎、姚觉吾、刘文明等一帮人乘坐"永蜀"轮军舰，在众多国民党士兵和"楚有"、"楚同"、"楚谦"三艘军舰的护卫下到达安庆。

蒋介石一行在安徽省长公署（时为北伐军总司令临时行营）休息了一会，便去参加省内各界欢迎蒋总司令的大会。

会上，蒋介石"慷慨激昂"地发表演说：

"兄弟这次到安庆来，受到各界盛会欢迎，感到很高兴。安庆地方，乃是革命发源地，是徐锡麟刺死恩铭的地方……我这次到安庆来，贡献给安徽三千万民众一点，就是要大家一致团结起来，一致统一起来，加入国民革命军，实行革命。打倒帝国主义！打倒直鲁军阀！完成总理的遗嘱！"

蒋介石在安庆的演说，娓娓动听，充满了"革命激情"。

实际上，蒋介石不是来作秀，是来抢地盘的。

蒋介石要重组国民党安徽省党部。

在大会结束后，蒋介石召集了帮会头子朱规情、张培亭，西山会议派陈紫枫、军阀陈调元等。蒋介石首先要求国民党安徽省党部与陈紫枫、姚觉吾等国民党右派合作，成立"统一"的省党部。

蒋介石希望"杯酒释兵权"，轻松搞定国民党安徽省党部。

21日晚，国民党安庆市党部常委周新民在国民党省、市党部为蒋举行的宴会上致答词时明确表示："我们不能和军阀妥协，不能把西山会议派和帮会头子都吸收到党内来。"

蒋介石自然很生气，不欢而散。

周新民显然是不把蒋介石当干部，蒋介石自然不会让周新民再当干部。

敬酒不吃吃罚酒，接下来就是蒋介石的部下杨虎的工作了。

之前，蒋介石已授意时任北伐军总司令部特务处长杨虎完成了几项秘密使命：2月16日，赣州总工会委员长陈赞贤被杀。次日，杨虎纠合青洪帮兄弟在九江捣毁了左派领导的国民党市党部和市总工会，打死职员和工人4人，重伤多人。

帮会暴徒们在街上狂呼"新军阀万岁！""蒋总司令万岁！""打倒赤化分子！"等口号。当工人组织纠察队准备解除暴徒武装时，蒋介石即派大队卫兵弹压，武装掩护暴徒出市，并以保护为名调兵强占了九江市党部和总工会。

蒋介石为了准备镇压工人的罢工反抗，于2月17日当晚设立了九江戒严司令部。

蒋介石宴会上不欢时，时任北伐军总司令部特务处长杨虎和少将参议刘文明，正在安庆义和园酒馆中宴请省总工会的"工友"。

安庆城内当时有四个总工会：一个由安徽省党部组织成立，由中共主持；两个由省党部的总工会合并；剩下的一个为鲁班阁总工会，完全由士绅潘治然等人用重价收买的帮会人士组成。

与杨虎和刘文明、潘治然等人把酒言欢的就是鲁班阁总工会。

他们议定23日召开"市民大会"欢迎蒋介石，以示他们不承认省、市党部20日召开的欢迎大会为合法，杨虎以每人大洋四元的代价召集了大批"义士"，组成百人敢死队，准备在23日那天举行暴乱，预定在暴乱中受轻伤者赏大洋100元，重伤者500元，丧命者1500元。

陪同蒋介石来安庆的国民革命军总政治部副主任郭沫若闻讯后想先发制人。

22日，郭沫若以北伐军总政治部的名义，根据省党部的命令宣布解散鲁班阁总工会，下令鲁班阁工会停止活动，听候审查。

鲁班阁总工会拒绝接受郭沫若的命令，他们借口说奉了蒋总司令的命令组织的工会，并于当日下午派代表至总司令行营前向蒋介石请愿，蒋介石说他们受了压迫，一定会秉公办理的。

言下之意，蒋总司令对他们的行为表示支持。

22日晚，安庆多个拥蒋团体——安徽省农民协会、安徽省总工会（鲁班阁）、安徽省商民协会、安徽省妇女协会等以筹备处名义，发出请单，定23日上午9时开市民欢迎蒋总司令大会。

欢迎蒋介石的市民大会已经在20号举行过，现在要再次举行，这暗示不承认20日召集的市民大会为合法。

郭沫若预计鲁班阁团体定会有一番大规模的动作，便派人出去调查。据第33军政治部报告，得知鲁班阁组织了100人的敢死队。

郭沫若便派人出去通知市党部及各种其他民众团体先做准备，除此之外，郭沫若也无能为力。

但事情终于还是没有阻止得了。

23日的大会让鲁班阁等组织有了"合法"的代表权。

23日散会后，杨虎领着一帮人大打出手，首先涌进不再具有"合法性"的省党部，捣毁党部中各种财物，并将党部职员薛卓汉、江爱吾、万心斋、严于静、刘剑冰、王昌焕和七军政治部徐帮杰等七人当场打成重伤，将胡法川等数十人打成轻伤。

接着，敢死队涌向安庆女子职业学校，捣毁了设在其中的市党部、省总工会筹备处、省农民协会筹备处、市妇女协会筹备处，打伤了第七军政治部调查人员陶登南。

当天，怀宁县国民党党部也被捣毁，芜湖青帮头目崔由校带领的一批青帮分子积极参与了这一事件。

周新民虽然得到消息不在党部，但也不再是"革命干部"。

同时，蒋介石很快控制了安庆所有的交通机关、电信、邮局，迅速委任了一批28名安徽省的政务委员。

这些政务委员大多为原来的安福系军阀，也有西山会议派，当然还有帮会背景的人士。

这些政务委员不管他们以前干啥，此刻都成了蒋总司令的粉丝。

安徽省从此紧密团结在蒋总司令为核心的北伐军总司令部周围。

蒋介石此刻的所作所为，貌似完全是没有将国民党领导层放在心上。

因为蒋介石此刻得到了强大的秘密政治后援。

早在率军北伐途中到达南昌并驻庐山枯岭的时候，蒋介石曾遇到邓演达、唐生智的"庐山兵谏"。

"庐山兵谏"后，蒋介石就有强烈的危机感，一直在寻找可靠的政治盟友。

蒋介石于危急之中想到了一个人，这就是宋氏家族的大阿姐宋蔼龄。

如果说有"操纵之手"，蒋介石背后的"操纵之手"就是宋蔼龄。

宋蔼龄到底干了什么？让不可一世的北伐军总司令蒋介石俯首帖耳呢？那是

一次秘而不宣的谈话。

大家往往只是知道宋蔼龄是孔祥熙的夫人，对她的了解往往不如她的两个妹妹宋庆龄和宋美龄。

其实，宋蔼龄是国民党内极其资深的元老。

宋蔼龄是国民党的前身同盟会的司库秘书！司库就是财政部。

父亲宋耀如是同盟会元老，同盟会司库。

宋蔼龄不仅协助父亲宋耀如处理同盟会经费的筹措和安排使用，还协助宋耀如处理和各地同盟会以及其他会党的联络工作。

当时宋蔼龄的工作，使她有了与更多的同盟会重要人物接触的机会。

她的精明和富有心计使她与这些人物建立了良好的关系，为她日后在国民党政府各大员之间纵横，奠定了基础。

宋蔼龄与青帮大头目陈其美也颇有交情。

辛亥革命前，宋蔼龄不仅调解过宋教仁、谭人凤与陈其美的矛盾，为陈其美出任同盟会中部总会庶务部长出过力；在辛亥革命光复上海时，宋蔼龄又显示了强大的政治手腕，她不仅将上海滩众多商界大佬拉入了革命党的阵营，还在陈其美率军攻打江南制造局失败被俘后，立即把这一消息通报给起义的各路人马，要求他们务必设法营救陈其美；在陈其美用"炸弹逼宫"的流氓式做法担任沪军都督后，又成功避免了李燮和与陈其美兵戎相见，避免了内乱爆发。

此后孙中山回国后，宋蔼龄又担任时任中华民国临时大总统孙中山的秘书，深得孙中山的器重和信任。孙中山最早的官方简历就是出自宋蔼龄之手，经汪精卫改定，散发给中外记者的。

直到嫁给孔祥熙后，她的孙中山秘书一职才由妹妹宋庆龄接替担任。

作为陈其美的好友的蒋介石，面临危机，自然地也期望宋蔼龄能相助他。

蒋介石秘密派人到汉口送信，邀请宋蔼龄到九江会面磋商要事，以便争取她的相助。

宋蔼龄接信后，当即搭乘中国银行的船赶到九江。但是宋蔼龄并没有下船，而是差人把蒋介石请到船上，并与蒋介石作了24小时的长谈。

蒋介石和宋蔼龄后来都没有公开披露那次会谈的具体内容，但是有一个人倒是记住了那次谈话的内容，因为她就是那一次蒋宋会晤的第一个受害者。

这个人就是蒋介石当时的第三位夫人陈洁如。

她在近年来披露的《陈洁如回忆录》中说：

蒋介石与宋蔼龄会晤后，孔夫人返回汉口，蒋介石则回到他们当时在南昌的临时住宅袁宅，并一五一十地将经过情形全部告诉了陈洁如。

蒋介石说，在那次谈话中，他请求宋蔼龄能对他给予援助。

正如蒋介石事先预料的那样，宋蔼龄是宋家三姐妹中最有办法的，她不但意志坚强、精力充沛，而且是一位醉心权势、灵活机敏且雄心勃勃的女人。

蒋介石深知这个女人最热衷的就是金钱和权势。

为此，蒋把反败为胜的全部赌注与希望完全寄托在这个女人身上，结果并没有使蒋介石失望。

在会谈中，宋蔼龄首先帮助蒋介石分析了他目前所处的危险境地。

宋蔼龄告诉蒋介石：

"你是一颗明日之星。你要让你这颗明星殒落得与升起时一样快吗？今天，鲍罗廷的意旨是要结束你的权力，交给加伦将军。你定会将他们消灭殆尽，只是时间迟早罢了，这点无可置疑。"

说完这番令蒋介石毛骨悚然的话，宋蔼龄接着又帮他剖析：

"难道你怯于斗争，乖乖接受失败吗？我要老实告诉你，你如单枪匹马为国民党的目标奋斗，我可以说，你纵使有此精神，但却无足够的性格足以推动你的工作。但是，精神并非一切。这个解放并重建中国和制定国家宪法的重大责任，需要很大很多影响力、金钱、性格与威望。照目前情形，这些你一样都没有。环绕在你周围的，尽是些无能的懦夫，其兴趣所在无非私利而已。他们所汲汲营求的，无非一己的私利私益，并非你的目的。你当知这些都是真话。"

说到这里，宋蔼龄见蒋介石面色惨白，神情悲哀而凄惨，已知自己的一番说辞击中蒋的痛处，当下话锋一转，开始接触此次会谈的核心问题。

当时孙中山夫人宋庆龄是国民党左翼，蒋介石开始转向国民党右翼。

宋蔼龄注重实干，关注实际利益；而宋庆龄却更具有理想，胸怀博大，目光长远。这是她们姐妹俩不同之处，但是相同之处是她们都不是普通女人，她们都热衷政治。

当年孙中山组织内阁班子时，遇到了旧官僚势力的强力掣肘，结果政府总长中只有三名同盟会员被接受，宋教仁、章太炎等出任总长的提议遭到坚决抵制，多数总长位置被旧官僚所占据。

孙中山有感于宋耀如的特殊贡献和才能，请他出任外交次长和实业次长，宋耀如婉言谢绝，表示回上海继续经营实业，在财力上给革命政府以支持。

宋蔼龄曾私下劝说父亲，父女俩的这次谈话实际上成了就宋家未来发展方向的一次探讨。

那时宋蔼龄劝父亲接受总统的安排，她说依父亲的贡献，出任政府要职当之无愧；同时孙中山现在特别需要忠实可靠的人帮他渡过刚刚执政的混乱难关。这实质上也是一种奉献，并不是谋求什么个人好处。

宋耀如表示，有宋蔼龄在总统身边，也顶个次长位置。宋家的人不能都挤在一条路上。每个人都要有独立的领域，亲属们挤在一起难免磕碰，反而不美。

父亲的话宋蔼龄一半信服，一半反对。

宋蔼龄表示，这样安排有精明的一面，就是可以互为犄角，殊途同归，万一形势不利，不至于全军覆没，符合狡兔三窟的古训。但也未免太胆怯了些。

宋耀如告诫宋蔼龄：年轻人气盛，只知道一往无前，不思量退步抽身，必得经历多了才晓得天有不测风云。政界险恶，宦海浮沉，真为孙大总统出力，应该站开一些，必要时才能帮上忙，否则自己也陷进去，到时想帮忙都帮不上。

宋蔼龄则劝解父亲，自己人知根知底，同心协力，人多势众，更容易成气候。

那次宋蔼龄没有能够说服父亲。

但宋蔼龄多年来一直慢慢体会那次的谈话。

此刻宋蔼龄觉得到她出来帮忙的时候了。

宋蔼龄开出条件：

"不过，局势也并非绝望。我愿与你作成一项交易。是这样的，我不但要如你所愿，怂恿我的弟弟子文脱离汉口政府，而且还要更进一步，他和我并将尽力号召上海具有带头作用的大银行家们，以必要的款项支持你，用以购买你所需要的军火，才得继续北伐。我们的交换条件，首先是你同意娶我的妹妹宋美龄，也要答应一俟南京政府成立，就派我的丈夫孔祥熙担任阁首，我的弟弟宋子文做你的财政部长。"

对于宋蔼龄当时开出的价码，蒋介石没有反对，这或许正是他求之而不得的目标呢。

不过陈洁如有点还是估计错了。

蒋介石其实很早就开始追求宋美龄。

1922年12月，上海莫里哀路的孙中山家中正举行基督教晚会，主持人是宋子文。

晚会开始了，气氛热烈而喧闹。

突然，全场发出一片惊羡的呼叫，一切目光都落在款款走来的宋氏小姐美龄身上，她穿一件紫缎色长袍，系着的绿长腰带紧紧地裹着她那娇媚的腰身，丰满的胸脯平静地起伏着。整个身体，从光泽乌黑的头发至那几乎看不见的鞋尖，全都那么优美迷人。

那天，蒋介石也参加了晚会，这时，他和陈洁如结婚才刚刚一年，新婚的甜蜜还洋溢在心头，但是看见宋美龄，他也禁不住发出了来自肺腑的惊羡的呼叫。

蒋介石初识宋美龄，就决定追求她。

蒋介石首先向孙中山求助。因为宋美龄是孙中山的妻妹。

但是，当他向孙中山提出这门婚事，却遭到了宋庆龄的坚决反对。

为何宋庆龄坚决反对？

原因是宋庆龄知道宋美龄有个初恋男友，她不愿将妹妹宋美龄的婚姻变成政治婚姻，更何况蒋介石当时还是一般干部。

蒋介石追求宋美龄的原因，《大公报》创始人之一的胡霖曾对此做过分析，他说:"蒋介石再婚是一个深谋远虑的政治行动。他希望做他们的妹夫,以便争取孙中山夫人和宋子文。当时蒋介石也开始想到有必要得到西方的支持。以美龄做他的夫人,他便有了同西方人打交道的'嘴巴和耳朵'。另外,他很看重子文这个金融专家。不过,说蒋介石不爱美龄那是不公正的。蒋介石显然认为自己是英雄。在中国历史上,英雄难过美人关。出于政治考虑,蒋介石无所不为。对蒋介石来说,在这种情况下娶一位新夫人似乎是理所当然之举。"

随着蒋介石在党内政治地位的提高,随着北伐战争的打响,宋美龄也开始关注这位明日之星。

不过,宋美龄与蒋介石联姻前景,遭到了宋庆龄、宋子文和宋老夫人的激烈反对。

宋子文对蒋介石很反感,他的性格中有在美国多年教育养成的独立自由、民主博爱、开放自律,与当时独裁武断、任人唯亲的蒋介石格格不入。说白了,他们的气场不对,一个认为对方是土财主式的暴发户,一个认为对方是人模狗样的假洋鬼子。

当然,宋子文还有一个反对的理由:宋美龄的初恋男友,是宋子文的同窗好友,还是他介绍两人认识的。

只有宋蔼龄力排众议,认为蒋介石此人前途无限。

宋家在孙中山之后时代的发扬光大,只有蒋氏可倚。

应该说宋蔼龄之前多年的政治生涯,让她独具慧眼,她已看到了武汉国民政府可能被操纵的前景。

而武汉国民政府如被操纵,无论孔家还是宋家都将黯淡无光,成为历史的过眼烟云。

"环绕在你周围的,尽是些无能的懦夫,其兴趣所在无非私利而已。"

这段话并非是特指蒋介石的周围,其实是指当时的国民政府的整个领导层。

在九江会晤后,蒋介石在向陈洁如转述的时候说:

"我已走投无路。她开出很凶的交换条件,但她说的话却有道理。我不能期望汉口方面再给我任何金钱、军火或补给,所以,如果我要继续贯彻我那统一中国的计划,她的提议乃是唯一解困之道。我现在请你帮助我,恳求你不要反对。真正的爱情,究竟是以一个人甘愿做多大牺牲来衡量的!……避开5年,让我娶宋美龄,或者不理汉口,继续进行北伐需要的协助。这只是一桩政治婚姻。"

九江会晤,无疑是中国现代史上的一件大事。

由此而开始了蒋宋两大家族合作的格局。

蒋宋在九江达成谅解后,宋蔼龄就正式开始在暗中策划倒汪助蒋、灭汉扶宁的一系列活动。

宋蔼龄一方面运筹帷幄,精心设计;一方面将孔祥熙从广州召回汉口,以便夫妻联手共同纵横以助蒋成功。

宋蔼龄与孔祥熙在相互配合的同时，并对各自的工作重点做了分工。宋蔼龄主内，重点做好宋氏家族成员的分化瓦解工作：软化宋庆龄，俘虏宋子文，实现合作体制；孔祥熙主外，重点联络北方的实力派军人冯玉祥助蒋，并协调汪蒋矛盾，促进宁汉合流成功。

当时，宋庆龄与宋子文姐弟俩可以说是武汉国民政府的左膀右臂。

如果说宋庆龄是武汉方面的政治支柱之一的话，那么宋子文则是武汉方面的财政支柱。

早在1927年3月底，宋子文就以武汉国民政府财政部长的身份到上海负责筹款。

国民党在武汉召开二届三中全会后，宋子文断然拒绝了蒋介石要求与他进行合作的请求。

当蒋介石不得不抛弃宋子文，直接向上海金融界"借款"时，宋子文又拒绝为银行家们签发偿还"借款"的保证书。这使蒋介石十分恼火，但一时又无计可施。

不过，心高气傲的宋美龄小姐已终于拜倒在昔日"宁波乡下佬"、今日"中国的拿破仑"的马靴下。

宋美龄接到一封电报："上海美龄小姐芳鉴：请做好准备，3月底接你到南京观光，专列迎候。蒋中正启 2月25日"

蒋介石已快胜券在握。

第四节　四一二血案

都说陈独秀是右倾机会主义者的代表，其实陈独秀很清醒。

他对蒋介石的独裁作风很警惕。

陈独秀在中共中央制定上海武装起义总方针时提出："反对蒋介石个人独裁"，"现时蒋介石已成为反动势力之中心"。

但陈独秀又提出，只能在口头上宣传，文字上不要提蒋介石的名字。

陈独秀在活动分子大会上发表演讲，说："我们看清楚了无产阶级的力量。大资产阶级是不革命的，小资产阶级对革命是赞成的，但自己是不干的，所以中国革命只有无产阶级出来担任……我们要准备继续的争斗，我们要看清这个开始的序幕。在全国我们争斗的目标一是帝国主义，二是军阀右派。我们是革命的政党，所以每个党员要懂政治，懂得谁是敌人、谁是朋友。"

陈独秀提出过反蒋问题，但却没有公开揭露蒋介石，发动群众向蒋介石作坚决斗争。原因就是陈独秀害怕公开反蒋而导致国共联合战线的破裂。

陈独秀显然不是一个工于谋略的政客，他苦思焦虑的结果，除了工人纠察队固守自己的阵地，再也想不出良计妙策。

而当时的中共是共产国际下属的一个支部。

按照组织原则，中共必须绝对听命于共产国际。

在国民党还在积极争取加入共产国际的关键时刻，中共的地位更为卑微。

因此，中共手里的自主权少得可怜，只是一个受气的小媳妇，事事要看共产国际这个婆婆的脸色行事。

问题还并非仅此而已。

共产国际其实此刻也变味了，因为苏联的领导不再是列宁和托洛茨基，而是斯大林了。

此时，共产国际已变得根据苏联的国家利益制定其策略了，且不说这样势必脱离各国革命的实际，而且总是根据联共党内斗争的风向，指令各国共产党开展各种反倾向斗争；也就是说，莫斯科刮什么风，中共党内就下什么雨。

北伐军进城后，工人纠察队的去留，成为一个焦点。

由于工人纠察队的武装是缴获原北洋军和上海警察得到的，这样一支5000多枪支，甚至有几十挺机枪的军事力量，对租界当局，对上海帮会力量而言，威慑力太过强大了，甚至对淞沪警备司令白崇禧而言，也是感到不安。

关于上海工人纠察队的去留及前途，中共请示了共产国际。

共产国际的回复，绝对是正确而乌龙。

针对国民党要收缴工人纠察队的枪支一事，共产国际的回复是这样的：绝不能将武器交给国民政府，工人纠察队必须掌握在共产党手中，枪支采取各种办法藏起来。

共产国际的回复正确吗？

正确，因为没有向"反动派"投降，没有挑动和破坏国共合作。

共产国际的回复乌龙嘛？

绝对乌龙！

全上海、全中国都知道上海工人纠察队有5000支枪，谁能玩穿越？把这5000支枪变没？枪支又不是粮食，过个几天就能吃完了。

如果你不准备造反，你藏5000支枪干吗？

如果你准备造反，你已占领一个中国最大的城市，还有5000支枪的武装，你再把这5000支枪藏起来干吗？

发出共产国际这个指示的人，真是脑子进水了。

上海在1843年开辟为中国五个对外通商口岸之一，英国、美国和法国陆续在上海设立了居留地。

这些居留地就是租界，此外这些居留地是从清朝的地主们手里购买或租用的，严格意义上说，并没有得到清朝官方授予的在居留地上的统治权力。

1854年，居留地成立了自治机构工部局，事实上演变成独立于清朝地方政府行政与司法管辖权之外的租界。

此后，在上海形成了两个租界与中国地方政府分割管理的局面：

今上海市黄浦（不含原南市区）、静安以及虹口、杨浦四个区主要是上海公共租界（以英美为主），长宁区是上海公共租界越界筑路区，卢湾、徐汇两区主要是上海法租界，而闸北区和原南市区两片中国管理的区域（华界）则被租界分割为互不相连的两块。

开埠后的近代上海迅速成为远东最繁荣的港口和经济、金融中心，"是近代亚洲唯一的国际化大都市"，被称为"十里洋场"。

租界的存在使得上海未被战火所波及，并享有实际独立的地位和充分的国际联系，带来了近代上海的繁荣。

1912年中华民国成立前后，清朝的旧势力尚未彻底清除，民国的新势力尚且稚嫩，从中央到地方，军阀当道，政府几近瘫痪，社会呈现出一片无序混乱的状态。

然而就在同时，上海的租界却有如国中之国，独享着一份特别的平和，甚而，租界在经济、人口等各方面都进一步加快了其发展的速度，由1912年开始至1936年可谓上海租界高度繁荣的一个阶段。

民国初年，租界以外的闸北和南市（华界）属江苏省。

1927年，中华民国政府在租界以外地区设上海特别市，归属中华民国行政院直辖。此时，上海从法律上正式脱离江苏管辖，同时并入江苏省上海县、宝山县17市乡。

1930年7月，改称上海市。

设上海特别市，是在四一二血案及4月18日成立南京国民政府后，蒋介石走的一步好棋。

不过上海特别市的政府所在地，不在人民广场（当时是租界的赛马场），而是在现今杨浦区的五角场地区。

因此，五角场地区有几条道路是以"国"、"民"、"政"、"府"等四字分别打头的，如"国定路"、"府民路"。

由于上海租界在法律层面存在缺陷，加上国民革命军已陆续收回九江和汉口租界，上海租界很紧张，如临大敌，租界边界拉起了铁丝网和路障。

同时，工人纠察队将进攻租界、占领租界的流言四起，各国列强紧急动员，据称近万名各国军人聚集在黄浦江的外国军舰上准备随时护侨。

被选入上海临时市政府的钮永建、虞洽卿等人开始捣乱。

钮永建及资产阶级代表6人声明辞去市政府委员职务，其中有杨杏佛那样的进步人士。

此刻的蒋介石和陈独秀一样也处于困境。

不过蒋介石考虑的是，是不是要和武汉政府彻底翻脸，军事摊牌他还没有必胜把握。

因为，蒋介石相信，取道苏俄回来的汪精卫，很可能是带着共产国际的秘密指令，回国"帮助"蒋介石"进步"的。

上海工人武装当时已是中共的武装，已有5000支枪，20多挺机枪，他们在武装起义中的强大战斗力，让蒋介石十分紧张。

共产党的5000支枪，对于蒋介石而言，不能装着视而不见，这等于交通最繁忙的十字路口，站着5000军人，他们虽然没有暴起扰民，但是就是死活不挪窝，这正常的交通秩序还有可能保持吗？

而且，是5000人枪，不是5000烧火棍，不是拿在弱智手里，而是后面可能有5万、50万工友后援，经历过战火考验、熟悉地形的骨干民兵；如与上海工人武装打，绝对将是一场恶战，不打，将绝对是一场噩梦，万一上海工人武装攻入租界，并缴了近万洋鬼子的枪……

除上海工人武装悉数为共产党控制外，国民革命第2、4、6、8军等武装力量均已明确表态站在武汉政府方面，即便是蒋介石的心腹国民革命军第1军中，也出现了严重"动摇"，第1师师长薛岳、第21师师长严重均有"左倾迹象"。

而且，军中不少中下级军官，甚至一些毕业于黄埔的军官，也成群结队来沪向"校长"质询，对发生的反共反工农行为表示不解，对此，蒋介石曾殊感沮丧，吴稚晖、张静江等相对歆歉。

其实，不光是中下级军官不解，高层军官也有想法，薛岳就是一例。3月22日，薛岳曾违抗北伐军前敌总指挥白崇禧命令，率军突破上海外围防线，有力地配合了上海第三次武装起义。

3月底，蒋介石密谋"清党"，就准备将第1师调离上海。

此刻，蒋介石若得不到李宗仁以第7军武力作全力支持，蒋的个人地位也就岌岌可危了。

4月2日，薛岳知第1师要调离上海，便赶到上海中共中央委员会，建议"把蒋介石作为反革命抓起来"，没有得到同意。

因为陈独秀认为他与汪精卫可以挽回局面，也因为陈独秀的实权实际在共产党内已被架空，而共产国际"英明"地认为，工人纠察队保持现状是最合理的。

李宗仁班底的重要成员，包括与其搭档的黄绍竑，家中都是有名的封建大族。

李宗仁要是倾向于共产党，跟穷人站在一起，就会被他的团体成员视为不仁不义。

北伐出征前，国民党中央派到第7军的政治主任是共产党员黄日葵。

李宗仁把黄留在后方，另行推荐了与反共的国民党右派吴稚晖、张静江、李石曾等均有私谊的麦焕章担任第7军前方部队的政治部主任。

李宗仁早有反共的意图，但他单凭自身的力量，没有把握铲除共产党，其政治影响力更不足以单独举起反共的旗帜。

蒋介石在南昌时已频频向李宗仁招手。

为了使李不倒向武汉方面，蒋介石数度请白崇禧打电话给正在"迟疑"的李宗仁："请德邻来！"

蒋介石又从江西大笔一挥，特拨款项20万元给第7军作军饷，这笔厚饷无疑在李宗仁已经向右倾斜的天平上又添上了一个重重的砝码。

为了拉拢李宗仁，蒋介石下了血本，他把刚搞定的安徽省地盘交给李宗仁。

蒋介石允诺李宗仁："做安徽省主席你最适当，你现在不能分身，可以随便找个人暂行代理。"言下之意，安徽地区从此可以由李宗仁任意支配。

如此这般，一笔交易达成。

李宗仁自然要投桃报李，安徽比广西要肥，吃了老蒋的，就要为老蒋干事。

李宗仁于是来到上海，首先前往东路前敌总指挥兼淞沪卫戍司令白崇禧的龙华指挥部。

白崇禧此时已下决心剿共，他早就想当上海王，只因时机尚未成熟，暂且忍耐。

白崇禧见李宗仁到沪，十分欢愉，两人立即交换了对局势的看法，都认为此种发展，如不加抑制，前途不堪设想，两人当即一起去见蒋。

蒋介石急于得到李、白相助的承诺，他一再问李"你看怎么样"。

李对此心照不宣，乃主动献策："以快刀斩乱麻的方式清党。"并当场表示："愿将第七军调一部到南京附近，监视沪宁路上的不稳部队，使其不敢异动，然后大刀阔斧地把第一军刘峙师中不稳的军官全部调职，等刘峙将该师整理就绪，再将其调至沪宁线上，监视其他各师，如法炮制，必要时将薛岳、严重两师长撤换，以固军心。"

蒋介石见李宗仁有如此表示，如释重负，当即照办，并请李、白致电两广，将黄绍竑、李济深邀至上海，共筹对策。

当时因南京事件，英美法意日5国向武汉和南京的国民党政府同时提出了通牒，要求国民政府正式道歉，惩罚责任者，以及对被害者进行赔偿。

通牒的最后答复日期是4月11日，英美法意日5国在租界内及军舰上集结了近万兵力，准备武装"护侨"。

因情况危急，汪精卫回国在即，回国第一站就在上海，4月2日李济深、黄绍竑联袂到沪商议。

同日，蒋介石、吴稚晖、何应钦、李石曾、陈果夫、陈立夫、李济深等加上李宗仁、黄绍竑、白崇禧广西三巨头，一起在白崇禧的东路军前敌总指挥部，召开了"龙华反共会议"，决定了"反共清党"的大政方针。会上通过了吴稚晖、李宗仁等"国民党监察委员"提出"弹劾共产党的议案"。

而4月3日,他们与汪精卫会谈时,其实"弹劾共产党"已势在必行,只不过第1师还没有调出上海。

在4月4日,他们又联名发出反共的"护党救国"通电,为政变大造舆论,与此同时,李宗仁已饬令第7军于3天内赶赴芜湖、江宁,担负阻止武汉容共军队侵扰南京和解除南京附共部队武装的任务。

于是被认为具有"亲共色彩"之第2军被令渡江至浦口,抵御直鲁军。

程潜的第6军第19师被认为是附共部队,被全部缴械。

蒋介石下令将刚由孙传芳方面投降过来的国民革命军第26军周凤岐部调来上海,充当镇压上海工人运动的刀斧手。

上海方面也由白崇禧先与沪上各国公使秘密交涉,以便在动手时,准许白的便衣队通过租界。

4月5日,汪精卫与陈独秀的《汪陈联合宣言》见报,是汪陈两人希望避免国共分裂的徒劳努力。

同日,第1师调离上海,薛岳被免职,只得到广东投靠了李济深。

此刻,数日前一把鼻涕一把泪的吴稚晖突然生猛起来,他当面讽刺汪精卫说:"陈独秀是共产党的党魁,是他们的'家长',他在共产党里领袖身份是无可怀疑的。但是,我们国民党内是否有这样的一个党魁或'家长'呢?现在有人以国民党魁自居,恐怕也不见得罢。"

吴稚晖翻脸比翻书还快,自然说得汪精卫十分难堪,众人不欢而散。

4月6日,汪精卫秘密乘船前往汉口。

到达汉口后,汪精卫受到大量群众的夹道欢迎,使汪精卫非常感动。

在10万民众参加的"迎汪大会"上,汪精卫说:"中国革命到了一个严重的时期,革命的往左边来,不革命的快走开去!"

这表明了汪精卫坚决执行孙中山的联共政策。

正当汪精卫在汉口高呼"反共即是反革命"的时候,在上海的蒋介石却于1927年4月12日发动了武力清共的命令,这就是所谓的"四一二政变"。

汪精卫秘密离沪,让蒋介石最终决定先下手为强。

4月8日,一切准备就绪,蒋介石召集了重要军事会议,会后以上海为后防要地为名,宣布全市戒严,白崇禧、周凤岐任戒严司令部正副司令。

以前方军事吃紧为名,蒋介石于9日乘车前往南京,上海交由白崇禧全权包揽、坐镇指挥。

蓄谋已久的屠杀案正在紧锣密鼓地进行。

新调进上海的周凤岐的国民革命军第26军,对工人表示绝无恶意,局势表面上仿佛松弛下来。

当时，上海总工会的纠察队总数已缩为2700人，分驻在闸北、吴淞、浦东、南市4地。

为了防止上海总工会纠察队的反击，4月11日夜，白崇禧、周凤岐等人先设法控制中共领导人。

杜月笙在公馆设宴"诱杀"上海总工会领导人汪寿华。

与此同时，周恩来被第26军第2师师长斯烈骗去。

斯烈的胞弟斯励是黄埔军校学生，即周恩来的学生。斯烈给周恩来写了一封信，请周去谈一谈，周恩来也想去做第26军的工作，便同副指挥到了斯烈的师部。斯烈的态度仍然很客气，但拖着不让他们再离开。

12日凌晨，罗亦农得知周恩来被扣的消息，立刻要同第26军党代表赵舒保持联络的共产党员黄澄镜找赵舒营救。

黄澄镜同赵舒一起来到第2师司令部，房间的桌椅已被周恩来推翻在地，茶杯、花瓶散碎在地上，被软禁的周恩来非常愤怒。

斯烈只是低头说道："我也是奉命的。"

经过赵舒同斯烈个别谈话后，斯烈改变了主意，向周恩来说道："已过去了，请您来谈谈，并无其他意思。不要误会，我向你表示歉意。"

周恩来根本不理睬他，转身同黄澄镜等坐上汽车，冲过重重关口，回到北四川路东四卡子桥附近罗亦农办公处。

此时各处工人纠察队已被缴械。

原来4月11日深夜至12日凌晨，突然有上海帮会大佬黄金荣、杜月笙、张啸林的大批便衣党徒，臂缠白布黑"工"字标志，手持盒子炮等，从租界冲出，向上海总工会会所湖州会馆、工人纠察队总指挥处、商务印书馆印刷所、华商电车公司等处冲锋放枪，工人纠察队立刻抵抗还击。

正在这时，大批第26军部队开到。

先将前来攻打总工会的流氓完全缴械，有的并用绳索捆绑。

工人纠察队看到这种情形，不再怀疑，开门将第26军迎入。

谁知军队一进门，领队军官变色道："他们的枪械已经缴了，你们的枪械也应该缴下才好。"

其时第26军已把机关枪架起，猝不及防的工人纠察队被迫缴械，其他几处工人纠察队的情况，大同小异。

4月12日清晨，工人们听到纠察队被缴械的消息，纷纷集会抗议。

中午，闸北和南市的群众分别召开数万人参加的市民大会。

会后，闸北数万工人拥往湖州会馆，夺回了被第26军占领的上海总工会会所。

上海总工会派人和白崇禧交涉，但他们吃了个闭门羹。

怒不可遏的总工会当即下令举行总同盟罢工。

下午，20多万民众包围了第26军龙华总部，白崇禧依然不肯露面。

4月13日，大雨倾盆。10万多工人在闸北青云路广场开完大会后举行游行请愿，要求立即释放被拘工友，交还纠察队枪械。游行队伍长达2里，周恩来、赵世炎等同群众一起游行。

当游行队伍行进到宝山路三德里附近时，埋伏在里弄的第26军士兵突然发了疯似的奔出来，向群众开枪，接着又用机关枪向密集的游行群众扫射。

顿时，惊呼声、惨号声、咒骂声响成一片。

宝山路立时变成了血海，人们争向奔逃。

因大队拥挤，无法退避，当场被打死的有100多人，伤者不知其数。

这便是惨绝人寰的上海"四一二"血案。

关于这一场景，有亲眼目睹者这样记载：

"四月十三日午后一时半闸北青云路市民大会散会后，群众排队游行，经由宝山路。当时群众秩序极佳，且杂有妇女童工。工会纠察队于先一日解除武装，足证是日并未携有武器。群众行至鸿兴路口，正欲前进至虬江路，即被鸿兴路口二十六军第二师司令部门前卫兵拦住去路。正在此时，司令部守兵即开放步枪，嗣又用机关枪向密集宝山路之群众，瞄准扫射，历时约十五六分钟，枪弹当有五六百发。群众因大队拥挤，不及退避，伤毙甚众。宝山路一带百余丈之马路，立时变为血海。群众所持青天白日旗，遍染鲜血，弃置满地。据兵士自述，游行群众倒毙路上者五六十人，而兵士则无一伤亡。事后兵士又闯入对面义品里居户，捕得青布短衣之工人，即在路旁枪毙。"

次日，上海总工会被查封，14日下午，上海特别临时市政府被强行解散，军警四处捕杀共产党人。

几天之内，又有共产党人1000多名被拘捕。

随后不久，陈延年、赵世炎等著名共产党员被捕后又被秘密地用排枪杀害。

蒋介石发动"四一二政变"后，汪精卫发表讲话，痛斥蒋介石的武力清党行为。

汪精卫说："蒋介石的反共，只是一种借口。其反革命之行动，丧心病狂之至，自绝于党，自绝于民众，纪律俱在，难逃大戮。"

4月18日，汪精卫又以国民党中央的名义，发表通电说："蒋中正屠杀民众，摧残党部，甘为反动，罪恶昭章。已经中央执行委员会决议，开除党籍，免去本人所兼各职。著全国将士及各革命团体拿解中央，按反革命罪条例惩治。"

为了对抗武汉的正统国民政府，蒋介石干脆在南京也成立一个新的国民政府，以免在名分上输给武汉国民政府。

4月18日，南京的国民政府成立，蒋介石邀请国民党元老胡汉民出任国民政府主席，蒋介石自己任中央军委主席和国民革命军总司令。

国民党公开分裂成"汉"、"宁"两个政府。

第九章
权柄之争

第一节 "宁""汉"合流

唐生智的第8军虽加入北伐的资历最浅,但与号称"铁军"的张发奎第4军并肩作战,由湖南到湖北,直至拿下华中重镇武汉,使这里成了国民政府新的革命根据地。

唐生智的第8军,经两湖的血战后已经扩充成了3个军,为第8军、第35军、第36军,共计6万余人,此时是武汉国民政府最可依靠的武力。

但很快老唐的部队中也发生了不可避免的分裂,老部下夏斗寅、何键,后来在后方发动了针对中共的政变。

此时唐生智是同情中国共产党的,他说:"国父的三民主义,又名共产主义,最后的目的是一样的,就是要造成世界大同。反共产就是反革命。"

他本是个对各种主义不甚了了的人,只有一份救民于水火的侠义心肠,这些似是而非的说辞倒也一时制止了部队中因分裂造成的思想混乱,暂时维持住了北伐军的士气。

唐生智的部队已经打到了河南,因后方的分裂而军粮不继,唐生智这时想到的居然还是要找负责农运的毛泽东先生,发急电请毛泽东为他组织运送军粮。

毛泽东通知各地农民协会,从岳阳起运了一批前方急需的粮食,救了唐生智的燃眉之急。

唐生智回师武汉后,发现周围的部下大多是主张分共的,他觉得越来越闹不清楚了。

唐生智原来就不懂国共两党到底有什么区别,只是认为自己在北伐前方浴血奋战,共产党全力以赴支前,实在很够朋友,不能做过河拆桥的事,令亲者痛仇者快。

可是他手下的何键之流却抗命不遵了。

何键在民国时期是督湘时间最长的一个湖南本省籍人士，自1929年至1937年，长达九年。他能在这个位置上干这么久，就因为他完全与唐生智那种理想主义色彩相反，是个彻头彻尾见风使舵的人。

何键1916年毕业于保定军校第三期步科，回湘到赵恒惕任师长的湘军第1师当见习，接着升少尉排长。

1917年，段祺瑞派自己的小舅子傅良佐任湖南督军，湘军在湘北被北洋军击败，退守湘南，何键此时脱离了部队，回到老家醴陵一带活动。

何键很快拉起了一支队伍，收集了溃兵手里不少的散枪，被当时的湘军总司令程潜收编为"浏醴游击队"，后开赴湘南，又被唐生智收编，当上了唐生智手下的营长。

到赵恒惕开始主政湖南时，何键又得唐生智保举，当上了团长。

之后何键一直追随唐生智，不断得到提升。北伐开始后，唐生智部改编为国民革命军第8军，这时的何键已经是第8军第1师的师长了。

北伐军胜利挺进，第8军越战越壮大，不久就扩充到了6万多人，分编为第8军、第35军、第36军，何键任第35军军长。

这时离何键从保定军校毕业回湘见习不过仅仅十个年头。

"马日事变"促成了国共决裂的不可挽回。

第35军驻汉阳的时候，长沙发生了"马日事变"，这其实是何键主使的。

事情是这样的：马日事变与蒋介石无关，与汪精卫也无关，而与湖南农运有关。

当时湖南的农运声势极大，北伐军中许多军官的家庭都受到了冲击。

这一冲击实际主要是因国民政府征收军粮的战时动员而起，农运不过是形式。

蒋介石北伐时，北伐准备是以5万人枪的规模，军费也就5万人枪的规模三个月所需，而实际北伐时，仅唐生智军就已在5万以上，唐生智军的军费实际上完全需要自收自支，湖南等地的民众的负担大大增加，这些负担也相应分担到湖南籍军官的家庭，让湖南籍军官们情绪很激烈：前方流血，后方家庭负担剧增。

此外，湖南等地的士绅很多都是湘军的后代，保持着尚武的传统，不少士绅手里都有武装家丁甚至民团，武装抗捐军粮也时有发生，这也迫使农民协会组织农民赤卫队强行征粮，彼此的冲突不断。

而当时共产国际指导中国的土地改革政策，已从"打土豪"发展到"分田地"，冲突日益激化。

在征收军粮军饷过程中，部分士绅成为土豪劣绅并不是他们平时的劣迹，而是因为不愿或抗拒缴纳征收军粮军饷。

士绅是不讲主义，只讲利益的。凡是触犯和损害他们既得利益的，就是敌人，就是"痞子"，而当时新建的乡县国民政府及各种机构就是这样的。

随着北伐军的胜利和北伐军人数的急剧膨胀，国民政府缴纳征收军粮军饷的力度也越来越大，当时不少乡县国民政府及各种机构（农会、工会）等采取了一些激进的做法，他们"召集"士绅办"学习班"，等士绅家属缴纳足额的军粮军饷后才放人，士绅们实际成为人质。

相比游街批斗，还有一些更为激进的，就是"公审"枪毙"土豪劣绅"，这就形成了血仇。

其实当时的土改，对北伐军军官家属的土地是保护的，但是由于北伐军扩张得很快，从原来的5万之众发展到近百万之众，很多北伐军都是由原来的敌军"弃暗投明"整建制改制的，造成这个月还是"土豪"的土地刚分给农民，下个月"土豪"成北伐军军官家属了，需要再从农民手中拿回，再发还给北伐军军官家属，"分田地"相对容易，还田地就很难很慢了。你设想一下，上个月老板刚给全体职工发了每人1万元奖金，大家热情高涨；这个月，老板说，会计搞错了，发给大家的1万元奖金都应还回公司，职工当时啥心情？

其实，越来越多的北伐军军官家属心情更差，多缴了军粮不算，答应发还的土地就是迟迟不还，甚至被作为"土豪劣绅"镇压了，而自己的亲人还在前方为这个国民政府在枪林弹雨中卖命，于是纷纷给前方将士写信告状。

由于当时的通讯条件不是很快捷，政令也不是很畅通，这样造成了时间差，使得不少地方国民政府官员（农民协会）根本不知道他们打的土豪已是需要保护的北伐军军属。

因此，唐生智军的湘籍北伐军军官们情绪很激愤，很可能会发动兵变，加上此时蒋介石早已在上海发动了四一二事变，武汉方面上下争论也很激烈，使何键的立场迅速转向了右倾。

但是何键知道总司令唐生智是不同意分共的，不敢公开在武汉发动事变，于是趁唐生智离汉去河南前线之机，派人回湘运动，调许克祥团进长沙，迅速发动了事变。

许克祥部围攻湖南省总工会、省农民协会、国民党省党校，杀害了不少左派人士。

尽管汪精卫竭力主张联共，但武汉政府的国民党官员中的反共情绪越来越明显，"马日事变"后共产党向国民党武汉政府施加压力，要求惩处"不法军官"，但大部分国民党官员却袒护许克祥，使许克祥安然无恙。

此时，共产国际也感到武汉的国民党靠不住，密令武汉的中共中央自己组织"工农革命军"，改组国民党武汉政府，没收地主的土地实行公有制。

共产国际派印度人罗易将此密令，即所谓《五月指示》转交给武汉的中共中央。

1927年6月1日罗易到达武汉后，却在把《五月指示》交给中共以前，先交给了汪精卫。

据称，罗易过分相信汪精卫，认为汪精卫是铁了心站在共产党一边的国民党左派，出示密令以表示对汪精卫的信任，希望汪精卫和共产党共同奋斗。

有文章称，汪精卫看到《五月指示》后大吃一惊，因密令中写道：

一、无视国民党的禁令，实行自下而上的土地革命。

二、在湖南、湖北组织一支由2万共产党员和5万工农组成的工农革命军。

三、改组国民党中央执行委员会，有旧思想的一律驱逐，由各界工农代表取而代之。

四、组织革命法庭审判反革命军官。

从此汪精卫由拥共一百八十度转为反共，成为一个坚决的反共人士。

其实上述说法是不确切的。

"无视国民党的禁令，实行自下而上的土地革命。"这是别有用心的说法。

禁令？不存在所谓国民党的禁令，当时国民党分裂成宁、汉两个阵营，双方都在强调自己的合法性，至少没看到6月10日前，宁汉政府一致对土地革命有禁令。

共产国际给中国共产党发来指示信，只提出三项任务：土地革命；改组国民党；重新编成几个新军，审判蒋介石等反革命军官。

指示信里是这样提出三项任务的：

（一）开展土地革命，发动农民没收地主的土地。"没有土地革命，就不可能胜利，没有土地革命，国民党中央委员会就会变成不可靠的将军们的可怜的玩物"；必须反对过火行为，但不能用军队，而要通过农民协会。

（二）改组国民党。"必须从下面吸收更多的新的工农领袖到国民党中央委员会里去。这些新的工农领袖的大胆的呼声会使老头子们坚定起来，或者使他们变成废物。国民党的现存机构须予以改变，国民党的上层必须加以革新，以土地革命中提拔起来的新领袖来补充它，必须靠工会和农民协会的千百万会员来扩大地方组织。国民党就有脱离实际生活并丧失全部威信的危险。"

（三）"动员2万左右的共产党员，加上湖南、湖北约5万的革命工农编成几个新军，用军官学校的学生来充当指挥人员，组织一支可靠的军队，否则就不能保证不失败。这个工作是困难，但是没有别的办法，组织以有声望的、不是共产党员的国民党人为首的革命军事法庭，惩办和蒋介石保持联系或唆使士兵残害工农的军官。现在是开始行动的时候了……"

我们可以看出，指示的中心思想仍然是依靠国民党和汪精卫的武汉政府推动中国革命，所以，共产国际的指示由罗易抄送给汪精卫，并不是罗易相信汪精卫，而是共产国际依然相信以汪精卫为核心的武汉政府和国民党左翼。

武汉的中共中央，在汪精卫之后才得知消息也是正常的程序。

有文章称，看过《五月指示》后，"从此汪精卫由拥共一百八十度转为反共，成为一个坚决的反共人士"。

"汪精卫随后找苏联最高顾问鲍罗廷,拿出《五月指示》的抄件说:'鲍罗廷先生大概已经看过这个指示了吧?如果共产党执行你们共产国际的指示,我们国民党就完了。可以警告你们,你们打错主意了!'

鲍罗廷急忙解释说:'我不是共产国际的代表,但这个指示我知道。如果中共要执行这个指示,国共合作必将破裂,这是我极不愿意看到的。我将说服陈独秀,希望不会发生这种令人痛心的事态。'

鲍罗廷本人的确也不赞成共产国际的这个极左指示,《五月指示》传达到中共后,很多领导人也十分恼怒。"

这段描述倒是顺溜,不过忽略了几个关键的细节。

忽略的关键细节,等会再说。先顺着看。

"1927年7月4日,在鲍罗廷的主持下,中共在汉口三教街紧急召开了政治局扩大会议。

总书记陈独秀首先发言说:'由于蒋介石发动了四一二政变,革命的形势已转入严重的阶段,资产阶级已经叛变。而武汉的国民党中央和国民政府的领袖汪精卫,乃是中国小资产阶级的代表,其政府即是工农小资产阶级的联盟。虽然汪精卫对工农革命中的过火行动比较反感,对鲍罗廷同志的态度也不十分友好,但这是小资产阶级在革命中动摇性的表现。'

鲍罗廷接着说了汪精卫找他谈话的经过,然后说:'我十分遗憾地接到汪精卫签署的通知我回国的命令,看来他是不想和我们合作了,但我们还是要争取他,希望他能坚持三大政策,扭转当前的局势。'

陈独秀又说:'汪精卫的思想我很了解。他从法国回来后就找我发表共同革命的宣言,说明他是主张三大政策的,昨日如此,今日也如此。至于土地革命,我在五大开会时讲过,政策是正确的,但必须防止过火行动,不要使武汉国民政府走上蒋介石的道路,不要逼汪精卫走分共的道路。'"

陈独秀和鲍罗廷主张对汪精卫进行妥协,暂不执行《五月指示》的命令,放弃激进的土改运动,争取和汪精卫继续合作。

但是陈独秀的妥协主张遭到大部分共产党人的反对。

当时有人主张把自己可以指挥的军队结集起来准备斗争,如恽代英建议把中央独立师、叶挺等部队调动集中,这样至少可以自保。

汪精卫看着形势不对,立刻向共产党表示有商量余地,陈独秀大喜之余却中了汪精卫的缓兵之计,他在党内极力压制其他同志,主张"国共两党合作到底"。张国焘、李立三、周恩来等人均明确反对陈独秀的"右倾投降主义路线",李立三更是提出要陈独秀作检讨检查错误。

汪精卫却在暗地布置反共,随着时间推移,一切都无可挽回。共产党只剩了贺龙、叶挺的小部分人马在江西九江。

不久，中共宣布改组，撤销陈独秀的总书记职务，由张国焘、李立三、周恩来等五人领导小组组成临时中央常委会。

五人领导小组当即起草了一份《宣言》，于1927年7月13日公开发表。《宣言》说："目前，革命已处于危急存亡之时刻，武汉国民党中央和国民党政府最近已公开准备政变……因此，中国共产党决定撤回参加国民政府的共产党员……"

看到中共发表的宣言后，汪精卫于7月15日召开紧急会议，在这次会议上通过了《统一本党政策案》，要求在国民政府和军队中任职的共产党员，于即日声明脱离共产党，否则一律停止职务。

到会的国民党军政要人，纷纷发言支持分共，只有宋庆龄的代表陈友仁反对，声称三大政策是孙总理亲自制定的，违背三大政策就是总理的叛徒。

但陈友仁的发言遭到与会者的一致反对，最后陈友仁不得不退出会场。

不过汪精卫说："我们不像蒋介石那样搞武力清党，而是采用和平的'分共'，这是最稳妥的步骤。"

事已至此，唐生智不得已，同意了汪精卫的分共方针，将一大批中共人物礼送出境，其中有黄克诚、陶铸、陈赓、罗瑞卿等，还派人送物资给毛泽东，让他赶快回湖南去。

这里要略提唐生智的亲弟弟唐生明，因在抗战中，他的戏份很大。

唐生明1926年4月入黄埔军校第四期就读，同年10月毕业，参加北伐。1927年因反对蒋中正的清党，曾送武器给9月发动秋收起义的毛泽东。1930年任国民革命军第8军副军长，1931年任军事参议院中将参议。1935年任军委会中将参谋。

7月29日，汪精卫、张发奎、唐生智、孙科到了庐山，召黄琪翔、朱培德、金汉鼎等到庐山开会，这就是武汉政府的正式的分共会议，会议的决议是：

（一）严令贺龙、叶挺限期将军队撤回九江；（二）封闭九江市党部、九江书店、九江《国民新闻》报馆，并逮捕其负责人；（三）第二方面军实行"清共"，通缉恽代英、高语罕、廖乾吾等四人。

开会的时候叶剑英也在场，会后立即派人下山通风给廖乾吾。廖乾吾又立即转告恽代英、高语罕等。大批共产党人连夜赶赴南昌。

武汉政府分共之后，唐生智仍坚持反蒋立场，发动东征要消灭蒋介石自立的南京国民政府。

然而唐生智所部进占安徽，却陷入了北伐军自己阵营中不同派系的相互猜忌与吞并之中。

其实那时唐生智是有可能走上另一条完全不同的道路的：中共代表李达来找过他，动员他参加即将举行的南昌起义，并希望他当起义军的总司令。

可唐生智犹豫之后拒绝了，他毕竟还没到服膺共产主义的地步。

蒋介石兵败济南后，因汪精卫也举起反共大旗，国民党高层又开始"团结"在汪精卫核心的周围，蒋介石迫于压力，在上海通电下野。随后谭延闿赴南京，实现宁汉合流。

之后，不甘寂寞的谭延闿、李宗仁、白崇禧联合起来，发动了讨伐唐生智之战，幸亏朱培德保持中立，网开一面放唐生智撤回了武汉。

不久之后，重新复出的蒋介石又来争取唐生智，要唐生智与自己捐弃前嫌，共同对抗桂系。

唐生智不愿与蒋介石做兄弟，只好宣布下野，亡命日本去了。从此唐生智失去了军权。唐生智的部队大部被桂系收编，成了李宗仁、白崇禧对抗蒋介石的资本。

唐生智被迫下野后，湘军大部被桂系吞并，第8军军长李品仙、第36军军长廖磊都是广西人，都成了桂系的干将，随白崇禧攻入北洋系的传统领地华北。只有何键的第35军留守两湖地区，仍被桂系李宗仁、白崇禧所猜疑。

何键是个很能保护自己的人，处处对桂系表现出恭顺，所以才能暂时保住自己的地位。

当时湖南的省政府主席是程潜，何键负责清乡，也就是肃清农会及左翼势力。

可桂系对程潜督湘不放心，怕程潜跟桂系不是一条心，断了桂系归路，于是趁成立武汉政治分会，扣押了程潜，让鲁涤平（谭延闿的老部下）继任湖南省主席。

何键仍负责清乡，为了保住官位，大开杀戒不遗余力，高呼"宁可错杀三千，也不放过一个"。

何键杀过几位著名的共产党人，其中有向警予和杨开慧。

何键杀人极其残暴，比如说湖南平江龙门地区，原有六七万人口，清乡时却只准发放3000个良民证，每证须交大洋30元，而没有良民证的则被视为暴徒，可随便杀害。

屠杀开始后，先将村庄包围，通道封锁，进村见人就杀，然后是抢劫、纵火，一次就杀死1300余人，造成震惊省内外的"龙门惨案"。

相比谭延闿、赵恒惕时期，何键执法已基本不按法律条文，而是如同封建时代那样，草菅人命成为屡见不鲜的现象。

全面抗战爆发，何键在离任省主席之前，断了最后一个案子：下令枪毙了一个妇女。理由是她竟然嫁给了日本商人为妾。那日本商人已经撤侨离去，他的中国小妾不但有"通敌罪"，而且贬辱中华女性的民族气节，所以罪不可赦。

何键真正管理湖南省的行政事务，应该是1930年后的事情，那时因为省内已没有敌对势力（全给他杀完了），他得以将注意力转移到建设上。

粤汉铁路的湖南段，就是在这个阶段完成的，湘桂线也开始兴建，湘黔线也在规划之中。

但工业基本上停留在20年代保留下来的水平，南门外的发电厂和湘江河西的裕湘纱厂都已经运转了近十年。

何键留下的标志性建筑应该数"国货陈列馆",顾名思义,他也还是以提倡国货为爱国之标榜的,这个建筑在抗战中竟未烧毁,楼顶置警报器,遇日机空袭时,警报立刻响彻长沙上空,使市民得以及时躲避炸弹的威胁。

到江西"清剿"红军的战争接近尾声时,老蒋更进一步逼迫何键交出全部湖南省的兵权。何键不敢违抗,把湘军4个师和4架飞机都交了出去,从此自己只当文职的湖南省主席。

第二节 政治抉择

1927年4月18日,蒋介石完成组建南京政府。

4月25日,杨虎被蒋介石任命为上海警备司令,成了上海实际的总指挥。

杨虎与国民党清党委员会主任陈群狼狈为奸、沆瀣一气,借清党为名,在上海、杭州、宁波等地逮捕杀害了大批共产党人,其中包括秘密枪杀了中共江苏省委书记、陈独秀的长子陈延年。

因此,上海民众把杨虎、陈群的暴行称为是"养虎成群"。

杨虎爽了,小诸葛白崇禧很不爽,上海特别市一成立,他那淞沪警备司令部就成了可有可无的备胎。

李宗仁呢?他也不爽。

蒋介石、杨虎等已在安徽封官许愿搞了一大批新贵,这些人都不认他老李,李宗仁只能暂时当个被架空的安徽老大,他也很郁闷。

李宗仁、白崇禧一合计,觉得好事都让老蒋的人马占了,他们都吃了暗亏,慢慢有了倒蒋之心。

在一系列漂亮的官场组合拳之后,蒋介石继续抓住"北伐"这面旗帜,力图用军事胜利扩大势力范围,巩固统治地位,乃于1927年5月1日组织军事力量,进行"二期北伐"。

北伐军兵分三路:

第一路由何应钦任总指挥,编有4个军,从镇江攻扬州,直趋淮海;

第二路由蒋介石自任总指挥,以白崇禧代理,编有3个军,沿津浦铁路对敌正面作战;

第三路由李宗仁任总指挥,编有6个军,从安徽芜湖渡江,沿津浦路向北进攻。

战斗的对手主要是以孙传芳、张昌宗为首的直鲁联军。

5月7日，北伐军开始行动，渡江后一路顺利。

5月22日攻克蚌埠。

6月2日占领徐州，6月中旬三路大军胜利到达陇海线。

6月下旬，打败直鲁联军前敌总指挥许琨和马玉师部，占领鲁南重镇临城。

宁汉分裂，南京的蒋介石与武汉的汪精卫都极力拉拢冯玉祥。

孔祥熙为蒋介石赢得了先机，联冯活动进行得很顺利，他重点联络北方的实力派军人冯玉祥助蒋，并协调汪蒋矛盾，以进一步促进宁汉合流成功。

在孔祥熙的穿针引线后，蒋介石发电给冯玉祥要求在开封会晤，冯玉祥回电要蒋介石另约一个地方相会，最后确定在徐州会晤。

冯玉祥于1927年6月19日到达徐州。

蒋、冯正式举行了两次会议，集中讨论了继续北伐、清党和对付武汉政府等问题。

19日晚，蒋介石要求冯玉祥一致行动，向武汉出兵，消灭"反动势力"，遭冯玉祥婉言拒绝，到正式会议时，蒋介石就不再提此要求。

冯玉祥认为："应消除内部隔阂，目下军事胜利，宁汉双方，宜集中势力，乘胜北伐，使敌不得休息。"

但是，蒋介石提出要冯玉祥在军队及其管辖的范围内清党，冯慨然应允，达成了联合清党和继续北伐的协议。

蒋介石另外的心思花在了宋子文身上。整个国民政府的财务系统是宋子文一手建立起来的，他还是中央银行的创办人。

宋子文毕业于美国著名的哈佛大学，观念开放，务实开明，多有主见，而国民党内部很多官员对经济运作非常陌生，所以宋子文虽然在政治上不居于重心，但是却握有武汉国民政府的财政金融大权。

由于宋子文与江浙财团的密切关系，在财政金融方面具有举足轻重的重要作用。

谁争取到了宋子文，也就是争取到了江浙财团的支持，这对南京政府来说也是成败的关键所在。

遗憾的是，当时宋子文也是跟在武汉国民政府的后面跑，不肯与蒋介石合作。

当时，宋庆龄与宋子文姐弟俩可以说是武汉国民政府的左膀右臂。

如果说宋庆龄是武汉方面的政治支柱的话，那么宋子文则是武汉方面的财政支柱。

早在1927年3月底，宋子文就以武汉国民政府财政部长的身份到上海负责筹款。

宁汉对立后，宋子文断然拒绝了蒋介石要求与他进行合作的请求。

当蒋介石不得不抛弃宋子文，直接向上海金融界"借款"时，宋子文又拒绝为银行家们签发偿还"借款"的保证书。这使蒋介石十分恼火，但一时又无计可施。

不久，宋蔼龄也赶回上海，她暗中向蒋分析并献计：宋子文一时难以"转弯子"的原因，一是他一向把武汉政府视为"正统"，而把宁方视为"伪府"；二是宋子文素来自视甚高，对蒋介石这类靠贩卖破枪出身的新军阀更是不屑一顾；三是他与汉口方面的许多人和事毕竟卷入太深，特别是与其三姐宋庆龄感情颇深。现在要他叛汉投宁，无论是从他的一贯性格与气质方面讲，或是从伦理道德上讲，都将是他一向不屑于做的。为今之计，只有采取软硬兼施的办法，一方面对他施压，使他不得不从；一方面让他能在心理上有所解脱，洗掉所谓"叛徒"的罪名。

另外宋蔼龄认为，宋子文虽然上了武汉国民政府的船，但是，他对武汉地区近来出现的阶级斗争亦表示不满，对国民政府亦即武汉政府的前途表示悲观失望，尤其对自己的前途地位与财产深感忧虑。

因此，宋子文不同于宋庆龄，他应属于那种能够争取过来的对象。

蒋介石一听，连称妙计并当即依计而行。

1927年5月，蒋任命特务处杨虎为上海警备区司令，陈群为各军政治部主任兼特别军法处处长。

杨虎、陈群奉蒋介石的命令在宋宅附近布置暗探，窥测动静。宋子文亦不断收到匿名恐吓信。宋子文一时感到十分紧张，以至不敢出法租界与公共租界一步，否则便可能被捕似的。

接着，蒋介石又派人封闭了宋子文在上海的办事处，并成立江浙两省财政委员会，令其没收宋子文在广东银行的所有财产。

在蒋介石动用武力对宋子文蛮干的时候，宋蔼龄则配合默契地对他进行说服动员工作，并发动母亲宋夫人与小妹宋美龄等共同上阵，以群体战术对宋子文实行车轮大战，一起帮助他"洗脑筋"，晓以利害并促其反水，以维护整个家族利益。

当时宋蔼龄与蒋介石联袂实施的软硬两手，确使宋子文感到穷于应付，心情也极其紧张。

当时，宋子文住在位于法租界莫里哀路的宋庆龄寓所内，每天日坐愁城莫知所措。

经过一段时间的对峙、彷徨与动摇，宋子文已知自己别无选择，只好听从大姐的"劝告"与安排，表示与蒋的南京政府合作，并同意替蒋携带一封信，返回汉口交给宋庆龄，进一步动员宋庆龄脱离武汉政府站到蒋介石一方来。

当宋子文于同年7月12日离沪返汉时，宋蔼龄另叫宋子文给宋庆龄带去一个口信，恐吓她如果不与南京政府合作，蒋就会对她实施一个暗杀计划，到时她将有生命危险云云。

宋庆龄接到蒋介石的"劝降"亲笔信与宋蔼龄的恐吓口信后，却丝毫不为所动。

但是，宋庆龄却为大姐与大弟背叛孙中山的事业，与蒋介石为伍，深感羞愤与痛苦。

宋庆龄要宋子文答复大姐与蒋介石，如果武汉政府最后垮台了，她就回上海继续同蒋介石作斗争。她决不会与背叛孙中山遗训的叛徒进行合作。

宋庆龄当时的这个态度，无疑也是与宋氏家族的断绝。

宋子文此刻是受蒋介石的派遣，专程前往武汉，为促成蒋介石提出的所谓"两府统一，实现联合"的主张，与武汉汪精卫政府进行谈判。

当宋子文倒向蒋介石，冯玉祥的国民军暂时保持中立后，政治嗅觉敏感的汪精卫已知道当时的武汉政府的机会不多了，已经四面楚歌。

政治上，虽然汪精卫占据上风，共产国际、国民党左翼、共产党等都站在武汉政府一边，但是实际上，武汉政府已四面皆敌：军事上，东面是蒋介石，北面是冯玉祥，南面是已与蒋介石达成默契的李济深，西面是新桂系李宗仁、白崇禧的势力范围，武汉政府可以依靠的只有唐生智部，而唐生智部内部也不是铁板一块；财政上，宋子文倒向蒋介石，财源将枯竭。

所以，无论有没有共产国际的《五月指示》，汪精卫都必须重新站队，只能也扛起反共大旗，以便重新整合各方政治力量。

当时宋子文径直到了汪精卫的办公室，并向汪转达蒋介石的问候。于是没谈多一会，两个人便一拍即合。

当天，宋子文密电上海的孔祥熙，请他转呈蒋介石。蒋看了电报后大喜，并立即作了批复。

第二天，宋子文接到回电。

宋子文做梦也没想到会这样快，就见电文中写道：

"告诉卖主，商人同意按所索取的要价支付。期望在商定的日期交货。"

他们卖的是什么？共产党。

据当事人回忆，7月14日晚，武汉国民政府的会议厅，汪精卫不顾国民党左派人士的坚决反对，召开一个中央常委扩大会议，主题就是清共（分共）。

此会宋庆龄拒绝参加，仅派陈友仁代表她去发言，表明自己的立场。

会议时而沉默，时而争吵激烈，也乱得不行。

汪精卫铁青着脸开场便说："今天这个会议，不开不行了。共产党在那里杀人，我们不能不管了！关键在我们党内也有同情者。今天，我们要统一思想，制定计划，所以特开这个紧急会议。"

会议不免又是一阵沉默。

"我发表一下看法。"陈友仁站了起来。

"请讲。"汪精卫示意他坐下讲。

"我今天是代表宋执委（宋庆龄）来的，我的发言就是她的意见，同时我也赞同。孙夫人反对分共。因为联俄、联共和扶助农工的三大政策是总理亲手制定的。有了三大政策,革命才能发展到今天的局面。抛弃三大政策就必然要向帝国主义和蒋介石屈服……"陈友仁侃侃而谈。

"不能笼统这样说!"当场有人起来反对。

会议顿时失控,乱成了一锅粥。

孙科也坐不住了,甩下帽子,立时火了起来:"我老子革命一辈子,把全部心血献给了革命事业。联俄、联共、扶助农工是他老人家的既定方针,也是你们在座的当时都同意了的。你们不念恩,倒又批判起他来了!"

孙科越说越气:"你们说杀人,倒是有啊!不光杀共产党员,连国民党员也杀了不少啊!如今形势好转,又要闹独立、争军权、争地位,得不到又要成立南京政府。那么,我们武汉政府往哪儿摆?谁真谁伪,不是秃子头上趴虱子,明摆着吗!谁真革命,谁假革命,傻瓜都明白!"

说到这里,孙科反问道:"孙中山的旗帜要砍掉,我们武汉国民政府还要不要?"

会场一时哗然!

与此同时,宋庆龄正坐在她的打字机前,面对着武汉国民政府的生死存亡,面对着中山先生的教诲,她正在起草自己的一份声明:《为抗议违反孙中山的革命原则和政策的声明》。

声明宣布,由于蒋介石、汪精卫他们所控制的国民党"违犯了孙中山的意思和理想",她决定退出国民党中央执行委员会,"对于本党新政策的执行,我将不再参加",以与国民党右派们划清界限,同革命的背叛者彻底决裂。

声明从孙中山的革命原则出发,强烈谴责了叛徒们背弃孙中山新三民主义和三大政策的罪行,指出他们"动摇了党的基础,出卖了群众",摧毁了党的力量,并延迟革命的成功。

声明彻底撕破了叛徒们自称是"孙中山忠实信徒"的伪装,明确地指出执行三大政策与否是革命与反革命的分界线:如果党内领袖不能贯彻他(指孙中山)的政策,他们便不再是孙中山的真实信徒;党也就不再是革命的党,而不过是这个或那个军阀的工具而已。党就不成为一种为中国人民谋未来幸福的生气勃勃的力量,而会变为一部机器、一种压迫人民的工具、一条利用现在的奴隶制度以自肥的寄生虫。

尽管革命遭到了严重的挫折和失败,宋庆龄在声明中对中国人民革命的胜利前途仍表示了坚定的信念。

宋庆龄宣告:"我对于革命并没有灰心。"

宋庆龄同时预言:违背三大政策的叛徒们"注定要失败";"孙中山的三民主义终究是要胜利的。革命中国是不可避免的";国民党一切忠实的党员和

"千百万中国人民，仍将遵循这条道路以达到最后的目的"。

接着宋庆龄在理论上又阐述道："归根结底，一切革命都必须是社会的革命，以社会的基本变革为基础；否则便不成其为革命，只有改换政府而已。""为了在中国革命中指导我们，孙中山把三民主义和三大政策交给我们。目前存亡攸关的是民主主义，它是解答中国基本社会变革问题的主义。"

当年宋庆龄的"七一四"声明，不失为一篇战斗的檄文，也是宋庆龄一生奋斗中的又一座重大的里程碑，使她成为国民党左派的旗帜和中流砥柱，成为孙中山事业的忠诚献身者。

声明发表后，宋庆龄决定去莫斯科，因为那里是世界无产阶级革命的中心，也是丈夫生前要去没去了的地方。

于是，宋应龄便由武汉回到上海，办理出国手续，然后去莫斯科。

与此同时，7月17日，汪精卫下令组成东征讨蒋军，由唐生智指挥，顺长江而下。

蒋介石为了保住南京，阻击武汉东征军，不得不将北伐主力撤回长江沿线防守。

第三节 以退为进

蒋介石北伐主力撤回长江沿线防守后，只留下第3路军前敌总指挥、第10军军长王天培率部孤守徐州。

7月24日，直鲁联军许琨部乘机反扑，占领中原战略要地徐州，王天培部败退安徽宿县。徐州得而复失，大大丢了蒋介石的面子。

蒋介石为了挽回影响，于7月29日亲自指挥王天培的第10军、王普的第27军、钱大钧的第32军、贺耀祖的第40军和第1军一部，以及白崇禧原来指挥的陈调元第37军、叶开鑫第44军，从东、南、西三个方向，向徐州发起反攻。

出发前，蒋介石在总理纪念周上立誓，不打下徐州，决不回南京。

蒋介石原以为大军压境，直鲁联军不堪一击，在徐州前线云龙山上设总指挥部，亲自督率三路兵马前进。

直鲁联军施用诱敌深入的古老战法，蒋军误以为敌人溃退，长驱直入，拼命追击。

结果蒋军落入圈套，被孙传芳、张宗昌指挥的直鲁联军集中兵力打得落花流水，全面溃败。蒋介石在慌乱中率先逃回南京，各军失去指挥，纷纷溃退，从徐州一直退到浦口，全程700余里，成为北伐出师以来最大的一次溃败。

蒋介石亲自指挥反攻徐州，原来希望能够"反败为胜，一振威望"，结果事与愿违，落得个铩羽而归，威信扫地。

蒋介石逃回南京，为推卸和逃避责任，8月10日，下令逮捕黔军将领、第10军军长王天培，后于9月2日由何应钦与白崇禧执行枪决，罪名是"指挥不当，临阵脱逃"。

王天培做了蒋介石的替罪羊。

王天培之死，根本原因有三个：一是因为蒋介石需要杀人立威，稳定军心，震慑自己阵营的骑墙派；二是王天培是黔系军阀，相对而言，他与其他地方军阀交情不深，借杀王天培之机，可以顺势吞并王天培军队，扩充势力；三是因为王天培"清党"不力，放走了军中的共产党人，他要借王天培的头，警告其他军官不要与共产党再有往来。

逮捕王天培，蒋介石的卫士大队长宓熙写了一段生动的现场见闻：

那天，总司令部召开高级军官会议，宓熙带王天培进入会场，白崇禧一见王天培，便严肃地问他："你知罪吗？"

王天培被这突如其来的问话吓呆了，面色苍白，立正站着，一句话也回答不出来。

白崇禧接着说："你不服从总部的战略部署，阳奉阴违，在进攻徐州战役中，被敌人一打就垮，一直向南溃退，影响整个战局；而且你部下控告你十大罪状，克扣军饷等等……你知道吗？"

王天培战栗地辩解说："不知道，都是下面人搞的。"

在场开会的军官，大部分都站起来，注视这件意想不到的事。

北伐出师以来，总司令部惩办一个军长，这还是第一次。

蒋介石始终未说话，一直注视着。

王天培支支吾吾还想解释，蒋介石命宓熙将王天培带到军法处，立即逮捕。

蒋介石企图诿罪于人、杀人立威，但是王天培顶不了蒋介石的过错。

徐州之败，总指挥是蒋介石，所以，各方面反对蒋介石的人都把矛头对准蒋介石，逼他引咎辞职。

为了确保自己的"正统"地位，汪精卫与蒋介石誓不两立，提出蒋介石必须下野。

汪精卫等人声称要和蒋介石等"一切假革命派决一死战"。

8月9日，唐生智发出讨蒋通电，历数蒋介石"以军治党、以党窃政"，"营私误国"，"跋扈专横"，"复于南京自立政府、擅开会议、屠杀异己……投降帝国主义及最后军阀，恬不知耻。三民主义早成得鱼之筌，民主集权惟见独裁之制。个人势力之外，中正何知有党"，声称"奉中央命令率师伐罪"。

程潜为东征江右军总指挥，何键为江左军总指挥，沿长江两岸分兵东进，同时拉拢宁方中的桂系，一起"通力合作，共除凶孽"。

在北伐战争中，第4军和第7军是战斗力最强、战功最大的两支部队。而且桂系积极协助蒋介石发动四一二政变，建立起南京政府，但享受的成果却远比蒋介石的嫡系要小，因此，心里很不平衡，对蒋介石排斥异己深为不满。

当时桂军控制南京四周，还把何应钦拉到一边，乘蒋介石兵败徐州，威望下降之际，逼蒋介石交出权力。

蒋介石察觉桂系有逼宫意图，于8月6日召见李宗仁，表示为承担徐州失败责任，辞职下野。

李宗仁摸不清底细，内心隐藏不露，表示挽留，劝蒋介石放弃辞职打算。

8月12日，蒋介石召开执监委联席会议，提请研究他的辞职问题。

在蒋介石表示辞职后，吴稚晖第一个发言："目前正值北伐吃紧之时，党国需各类人才，共谋统一大业，蒋总司令责任重大，万万不能辞职，否则只能使亲者痛，仇者快呀！"

已有准备的白崇禧明确逼宫："宁汉分心离德，汉方发兵征讨蒋先生，我想，宁汉双方大目标是一致的，这种意气之争，终有一天会解决的，我们为联合汉方斗倒北洋军阀，只得暂时委屈一下蒋先生，使汉方失去东征的借口，免去一场政治上的狂风恶浪。蒋先生自愿休息一段时间，我想于党国于蒋先生个人都是有好处的。"

接着，李宗仁、李济深、李烈钧等人也作了类似的发言，都同意蒋介石下台休息。

蒋介石很气恼，把希望放在何应钦身上，希望何站出来扭转局面。

但何应钦默不作声，一言不发，就是不表态。

会后，蒋介石只好派卫士把何应钦请去。

蒋介石认为何应钦与他都是日本士官学校出身，而且是他黄埔军校老帮手，是掌握黄埔系军队的第二号人物，蒋何连心，事尚可为。

见面后，蒋介石亲切地问："敬之（何应钦号），你对白健生（白崇禧号）的提议以为如何？"

何应钦回答："在当前形势下，我也只能同意他们的建议。"

言毕起身告辞。

蒋介石大失所望。

这时，蒋介石的盟兄吴忠信来劝："暂时辞职，是以退为进。这样既可以以德服人，又可以待机而动。"

蒋介石冷静细想，如果恋栈不去，肯定会成为众矢之的；而暂时下野，让桂系来应付复杂的局面，正可以避开锋芒，静观待变，争取最后胜利。

想到这里，蒋介石只能决定假戏真做，暂时下野，以图再起。

8月13日，蒋介石召开百余名师长以上高级军官会议，试探部下的态度。

蒋介石一开始就表示："我即将离开大家，准备出国，以后大家一切听党中央命令，我到何处去尚未决定。"

白崇禧、李宗仁、李济深、何应钦等高级将领先后发言，表示同意蒋介石作出的下野决定。

可是万万没有想到，关键时刻蒋介石的黄埔学生中有人为了校长居然强出头，这就是卫立煌。

当绝大多数高级将领已表示要求蒋介石下野，蒋介石下野已成定局时，第1军第10师师长卫立煌语气异常强硬地要求发言："现在北伐正在进行，要完成统一，总司令出国时间久了，是不利的。"

此言一出，立即引起一阵骚动，会场中居然近三分之一人员举手不同意蒋介石辞职。

蒋介石很意外，他也立即将这次会议当成了考察干部的良好机会。

蒋介石见有那么多将领表示对自己的拥戴，心中暗暗欣喜。

蒋介石当即表示："中央既有决定要我出国，时间没有明确规定，别的没有什么，希望大家听中央的命令，安心工作，把队伍带好。"于是宣布散会。

更让蒋介石高兴的是，蒋介石散会回到住所，卫立煌、陈继承、顾祝同、蒋鼎文、刘峙、钱大钧、谭曙卿等一批军师长，接踵而至，纷纷赶来效忠他这个"出国考察"的总司令。

这批雪中送炭的部将，以后均成为蒋介石的亲信，有的官至统率一个方面大军的战区总司令。

8月13日下午2点，蒋介石在南京上了宁沪特快列车后面的第2节车厢。

人走茶凉，就是这么回事。不是所有的官员都还把"出国考察"的总司令当干部。

得知消息前来送行的只有总司令部副官处长胡承祜、参谋处长陈焯、交通处长陆福廷等中层官员。

同车保卫的是大队长宓熙率领的全部卫士队。

老蒋还是不愿真走，到了晚上7点多，火车到达上海真如车站。

老蒋还是希望有人挽留，不过那个曾扑通一声跪倒在汪精卫面前，转而又坚决拥戴蒋总司令的国民党元老吴稚晖，貌似人间蒸发了。

在上海真如车站迎候的有：上海警备司令杨虎、警察厅长吴忠信、总司令部顾问黄金荣、杜月笙、虞洽卿、王晓籁等。

火车一停，他们即上车与蒋相见。

他们约谈半小时，火车改挂车头，直开杭州。

约晚上11点，老蒋一行到达杭州车站。

在深夜的杭州站台上，还有一群人等待着老蒋的到来。

迎接的有离任浙江省主席张静江、浙江省军事厅长兼省防军司令蒋伯诚、保安处长朱世明、驻杭编训的补充团团长王世和、浙江盐务缉私统领孙常钧等。

他们与蒋见面后，即陪蒋到西湖边上的"澄庐"休息。

第二天，蒋介石将卫士队编入王世和的补充团，嘱蒋伯诚将宓熙、宋希濂、葛武棨、潘佑强、周天健、竺鸣涛、彭孟缉等22人派往日本去学军事，培养深造。

这22人中不少以后成为高级将领。

蒋介石在杭期间，发生了一件极不愉快的事情，就是新任浙江省主席、第26军军长周凤岐派秘书送来5万元钱，要蒋赶紧离开浙江。

蒋介石对此十分愤怒，命蒋伯诚组织300名黄埔军，扼守钱塘江，截留浙东税收充军饷。

蒋伯诚听后吓出一身冷汗，300名学生军怎是周凤岐一个军的对手？

蒋伯诚可不敢玩斯巴达300勇士的那招，他把情况告诉了何应钦。

何应钦人品还算不错，此时倒也没有再落井下石，立即希望白崇禧出面解决此事。

白崇禧了解此事后，一是需要和何应钦合作，给何面子；二是不愿逼蒋过甚，就撤了周凤岐的浙江省政府主席一职，由何应钦兼任，又免了周凤岐的第26军军长一职，任蒋介石的奉化同乡陈焯为副军长代理军长。

1927年8月14日，蒋介石正式发表辞职通电。

通电中说："余自受命党国，出师北伐，已兹一年。环顾四周情况，党国呈分裂之兆，人民贫困。国民党之大业，荏苒不见发展。推其原因，实共产党之阴谋所致。然武汉同志等不查原因，诽谤集余一人。余之存在既非党之利益，故余毫不踌躇，即刻下野。"又说，"惟值此下野之际，为完成北伐与建国二使命起见，中正敢掬诚宣告其最后愿望三事：（1）武汉同志速来南京，共筹党国大计；（2）分驻湖南、湖北、江西各地之武装同志与津浦沿线军队互为呼应，继续北伐；（3）要求湘、鄂、赣诸省彻底清党。"

蒋介石就此第一次下野。

1927年四一二政变后，国民党清党给中共造成了巨大损失，国民党搞清党不但杀害中共党员，还杀掉了大批对蒋、汪持反对意见的国民党员。

1927年4月清党前，国民党自己的统计数是：普通党员人数（不含军政和海外党员）约65万，而到1928年3月，即上海四一二血案和武汉七一五分共后约一年，国民党员人数已经锐减到22万，到一年后的1929年12月仅回升到27万，其中绝大多数党员是军队或高级党政机关的人员。

具有国民党员身份的中共党员在清党前仅5万人，即使这5万人全部算在内，也意味着国民党这次清党清掉了38万自己的党员，超过全部普通党员的一半多。

清党为什么连自己的党员也大批杀掉？

这恐怕是因为国共合作期间,双方的基层干部、党员关系密切,而且双方的主张并无太大分歧,长期在一个战壕中并肩战斗,清党分共,不过是国民党右翼上层为争夺北伐战争果实与政治权力的谋略手段,并不为大批国民党下层党员及左派所认可,岂是上面一句话就可以让他们互相轻易杀戮的?

之所以清党之时,国民党高层喊出了"宁可错杀一千,不可使一人漏网"的口号,现在人只是想当然地认为其恐怖,却不知这口号是有针对性的,矛头直指基层国民党员。

按史料记载,国民党清共之时,首当其冲的便是其在各地的基层党部,清党的军队一到地方,即将当地县、乡或区党部的人员集体关押或杀害,根本不分什么国、共。

如马日事变,湖南农民被害者数万,其中中共党员几百人,死于国民党右派军队屠杀的国民党员达数千人,当地农村中的基层国民党员几乎被杀光。

清党使国民党基层组织受到了致命破坏,北伐前后各省建立的县乡基层组织,"清党后基本瓦解,恢复得十分缓慢"。

到1933年,全国仅有17%的县建立有县党部。

南京政府统治中心的浙江也不过69%,更不要说下面乡镇的党组织了。

北伐战争中动辄数万甚至数十万农民、工人被动员支援前线的景况是完全绝迹了。

我们今天谈论历史,还是不应该忘记这些不辜负中山先生教诲,不违背自己良心的真正三民主义者。

有人认为清党对国民党自身造成的危害,远远超过给中共带来的损失。因为国民党不但杀掉了大批基层党员,造成党员人数的急剧下降,而且彻底割裂了和下层民众的联系。日后国民党许多政策推行的失败,都源于此。

在宋庆龄从武汉回到上海准备访苏的半个月时间里,宋美龄、宋蔼龄共同"帮助"她"洗脑筋",对她晓以利害,讲明大势并促其反水,以维护宋氏家族利益等等。

同时蒋介石又以高官厚禄相许,但宋庆龄不为所动,发表了《赴苏宣言》:

"我这次访问苏联,是为了向苏联人民致谢,感谢他们给予中国革命的帮助……目前中国已经进入反动时期,革命的联合战线已经破裂了。有人背叛了革命,有人开小差,还有人完全歪曲了国民革命运动的真义。没有土地革命就不可能推翻封建制度……谁反对土地革命,反对千千万万农民获得经济解放,谁就站在反革命阵营那边。"

接着她话锋一转,又讲道:

"今天却大不相同了。国民政府的盛名已经一落千丈,与北方的半封建余孽不相上下……国民党不再叫人害怕,也不再受人尊敬了;甚至从前听到国民党部队进军的风声就抱头鼠窜的敌人，现在也轻视它了。"

8月23日凌晨3点钟，上海法租界一片寂静，林荫道上黑黝黝的。

宋庆龄一副贫苦妇女的打扮，由红头发的美国人雷娜·普罗梅陪同，悄悄地离开莫里哀路寓所。

在离寓所不远的法国公园附近，她们两人坐上了苏联领事馆等候在那里的一条小舢板。摇摇晃晃的小舢板从几十个国家的军舰中穿过，顺着江水悄悄地从发出嘎嘎声的大船旁边漂过，经过3小时紧张的航行，她们才到了吴淞口一艘表面已斑驳脱落的苏联轮船旁边。

在早晨的浪潮中，这艘轮船便向苏联急速驶去。直到这时，宋庆龄终于如释重负地松了一口气。

结束了恐怖的气氛，新生活在向她招手了。

蒋汪合流后，宋蔼龄及孔祥熙成为蒋记南京政府的大功臣；宋子文、宋美龄、宋子良等家族成员在大姐的带领下，先后均成为南京政坛上的风云人物。唯有宋庆龄不肯屈从于大姐的权威，成为蒋记南京政权的重要政敌，也成为宋氏家族的"叛逆"。

第四节　蒋宋联姻

1927年的蒋介石已经40岁了。

人生急需一场突破。

于是，蒋介石找到了自己的敌人——共产党，也找到了自己可以依靠的朋友——西方国家尤其是美国。

在1927年《时代》的那篇文章中，美国人写下了对这位走进他们视野的国民党"新秀"的重重疑虑，也写下了他们对羽翼渐丰、锋芒日显的蒋介石的殷殷厚望。

1927年可以看做是蒋介石人生中一个非常重要的坐标。

这一年，他作出了两个重要的选择——与共产主义者分道扬镳，将共产党人赶出国民政府并大肆屠杀；迎娶孙中山夫人的妹妹、宋家三小姐宋美龄。

这两个选择对蒋介石此后的人生影响深远。

1927年4月4日，蒋介石第一次出现在《时代》封面上。

封面故事里讲述了一周以前的上海，在共产党领导的工人武装斗争中，"布尔什维克"与美国水兵发生的冲突如何被日本媒体忽视又如何在美国被浓墨重彩地渲染。

在这场冲突背后的较量中,蒋介石被美国人看作保护自己的坚强后盾,因而被寄予厚望。

美国人笔下1927年的蒋介石,已经是那个我们熟悉的光头形象。

画面上的蒋介石眉头紧锁,炯炯有神的眼睛鹰一般死死盯着前方,衣服的扣子扣得严严实实,一副威严的军人派头,呼应着画像下对他"蒋介石将军"的称呼。他那坚硬的下巴也被看做极端自信的象征。

这一年的蒋介石,最终没有让美国人失望。

到1927年,吴佩孚的部队被北伐军彻底击溃。

美国人不得不再次寻找符合他们价值观和利益体系的代理人。

最终一系列事件让美国人开始相信蒋介石就是他们需要的那个人。

罢工浪潮此起彼伏,蒋介石却没有卷入其中。

蒋介石把中国的灾难无条件地归结为外国的掠夺,但他并没有断绝与其极端憎恨的外国人的联系。

1926年8月20日,在北伐开始的时候,蒋介石发表过一项宣言,表示只要外国人不妨碍北伐运动和国民革命军的行动,不管他们的国籍如何,对他们的财产将给予保护。

这正是美国人最想听到的保证,何况,这种保证还是来自于一个在他们看来大权在握、真正有实力的军人。

这里说一说当时的美国驻华军队。

《辛丑条约》签订后,当时中国政府彻底放弃京津一线国防,参战各国则纷纷选择以天津为大本营,驻军京津唐,模式一般都是军队总部驻北京,军营驻天津,同时分兵唐山,理由是"保护铁路和侨民",以现在流行的说法就是,这些部队驻扎在这里的目的是"维和"——这就使得天津城区的外国租界异常庞大,达到23000亩,分属于9个国家。其中英国租界最大,面积有6000亩,美国开始的时候只有100亩的租界地,后来还移交出去给了英国,同时又以一战胜利国的身份,接管了德国在天津的租界4000亩。

相比起来,当时中国政府在天津城区的管辖面积只有约2900亩。

美国在中国京津唐地区的驻军统一编为第15步兵团,这支军队原驻菲律宾,有三个营,两个入华,一个留守菲律宾。除此之外另有一些独立守备队,人数近千,在各国驻军中人数还算多,能与之相媲美的另有一支外国军队——日本天津驻屯军。

美国第15步兵团名人多,代理团长名叫乔治·马歇尔;那时的马歇尔团长旗下有一位得力的助手,当时是营长,也是一位中校,名叫沃伦·史迪威。而这位拥有"花生米"版权的史迪威中校后来接替了马歇尔团长的职务。在史迪威的身边前后有两位副官辅助他,一位是来自美国驻华使馆的戴维·包瑞德上尉;另一位是来自美国驻日使馆的马克斯韦尔·泰勒上尉。不过大家更熟悉的是李奇微，这位若干年后朝鲜战争的美军最高指挥官在当时只是上尉。

1927年8月，蒋介石下野回到溪口老家，在老家休养期间，蒋介石依然运筹帷幄，左右着政治的局势。其中最重要的一笔，就是完成了与宋家的联姻。

不过，蒋向追随而来的美国来宾声称，他打算在今后的五年里走访国外，学习政治、经济和军事战略，这话或许带有瞬间的诚意。

一个新闻记者写道："'他的引退是一个神话。'蒋介石身披中国式的长袍，显出一种学者的风度和守旧的外表，这与军事政治家那种生气勃勃的形象颇为不符。那时，他还未完全从国家事务中摆脱出来，但是不管怎样，他的压力减少了，而且他可以集中精力转向其个人生活方面。"

蒋介石以"举世所弃之下野武人"的身份，给宋美龄寄去一封情书，写道：

"余今无意政治活动，惟念生平倾慕之人，厥惟女士。前在粤时，曾使人向令兄娣处示意，均未得要领，当时或因政治关系，顾余今退而为山野之人矣，举世所弃，万念灰绝，曩日之百对战疆，叱咤自喜，迄今思之，所谓功业宛如幻梦。独对女士才华荣德，恋恋终不能忘，但不知此举世所弃之下野武人，女士视之，谓如何耳？"

蒋介石从宋美龄那里得到的回答总是美好的："凯旋"甚敬慕，"下野"更同情。

宋美龄向朋友透露了她将与蒋介石结婚的决定。

9月16日，宋霭龄在家中召开记者招待会，她将蒋介石和宋美龄介绍给记者们，宣布："蒋总司令即将与我的三妹结婚。"

可是，远在日本的宋老夫人尚未批准宋美龄的婚事。

蒋介石赴日前与毛福梅办了离婚手续，与姚怡诚也宣告仳离，陈洁如则由杜月笙安排以考察名义送往美国。

9月23日，蒋介石在上海发表一简短宣言，谓："此行与政治无关，惟在获宋氏家族对美龄女士婚事之同意。如获同意，则将在上海结婚，然后偕游海外。"

9月28日，又在《民国日报》发表《家事启事》，宣称："各同志对于中正家事，多有来书质疑者。因未及遍复，特奉告如下：民国十年，原配毛氏与中正正式离婚。其他二氏，本无婚约，现已与中正脱离关系。现在除家有二子外，并无妻女。惟恐传闻失实，易资淆惑，端此奉复。"

于是蒋介石和张群等东渡日本，去长崎请求宋老夫人批准他与宋美龄结婚。但宋老夫人不想见蒋介石，事先飞离长崎。

迫于宋霭龄的压力，宋老夫人终于同意见他一面。蒋介石带来了可证明他与第一个妻子离婚的证件（第二次婚姻显然被视为无效），并且已经"平息了那些搬弄是非者所制造的其他谣传"。但他是否准备做一名基督徒呢？蒋像往常一样微笑着说，他将尽最大努力并准备研究《圣经》。他不能事先作出许诺，但他的确表示要试一试。

于是反对理由无效了，不久，宋老夫人便答应了这桩婚事。

不过蒋介石和张群等东渡日本，并不是单纯为了蒋宋联姻，而是明修栈道，暗度陈仓，掩盖更为重要的政治目的。

蒋介石到东京不久就发表宣言，宣扬中日联合之必要。

接着，蒋介石拜谒日本黑龙会首领头山满。

头山满看到蒋介石对日本表示亲密，并坚决反共，觉得彼此颇有共识。他把蒋介石安排在邻居川野长城家住。

蒋介石离别的时候，亲笔写下"亲如一家"的条幅，留在住所。

这里还要说说蒋介石在日本的这一系列活动的主要策划者，这是一个大家熟悉的名字：松井石根。

没错，就是松井石根。

松井石根在日本和中国都被认为是甲级战犯之一，特别是在中国人的印象中，松井石根是南京大屠杀事件的十恶不赦的元凶。

松井石根知道蒋的处境后，通过张群密约蒋介石来日共商中国政事。

其实松井石根也是一个立场和性格都非常复杂的人物，更鲜为人知的是，他和中国历史上的许多重要人物都有过亲密的交往，特别是和蒋介石私交甚笃。

蒋介石和张群等东渡日本，实际上是松井石根促成的。

松井石根在日本陆军大学的时代，就悉心研究中国问题，并学习中国文化与书法。

一般陆军大学的毕业生，在日本陆军参谋本部服役后，有被派往各国使馆任武官的机会，而大多数人都希望去欧美各国，其次才是亚洲等国。

松井石根毕业后也被分配到参谋本部中国班，但松井主动要求去中国任武官，遂被派往北京任驻外武官，后被调任上海，受到当时支持孙中山革命的沪军都督陈其美的欢迎。

而那时的蒋介石，正好刚刚毕业于陈其美在保定开设的保定军官学校，年仅20岁。

蒋介石仰慕日本的现代化军队与军事，非常希望到日本留学。

陈其美将蒋介石介绍给松井石根，并安排蒋与松井石根见面。

松井石根鼓励蒋介石到日本深造，并答应将在各方面给予支持。

1908年4月，蒋介石来到日本，入日本陆军士官学校留学，翌年松井石根调回参谋本部，对初来乍到的蒋介石多方照顾，蒋介石遇到问题也经常找松井石根商量。

他们在日本的交往一直持续到1912年10月蒋介石回国。

第一次世界大战期间，松井石根再次回到中国，作为驻外武官在北京和天津常住。

在此期间，松井石根支持孙中山所领导的护法与反军阀运动，与当时的中国政界人物如孙中山、汪精卫、宋子文、胡汉民、何应钦、张群、戴季陶等结为挚友。

1927年，中国的国民政府分裂成以蒋介石为首的南京政府和以汪精卫等为首的武汉政府，在"正统"问题上，各方互不让步，剑拔弩张。

蒋介石于8月13日退避下野，促成8月19日的宁汉沪合流。

松井石根知道蒋的处境后，立即通过张群密约蒋介石来日共商中国政事。

其实蒋介石的一举一动早就落在日本人的眼中。

田中义一借日本发生金融危机之机，集中攻击若槻内阁的对华政策，终于在1927年4月20日推翻了若槻内阁，于日本军国主义分子的狂热叫嚣声中登上日本首相宝座。

田中义一向他的支持者保证："本首相矢志改变软弱无能的币原外交，担负起全面更新帝国对华外交政策的使命，重建新的外交机制，打开对华新天地！"

恰巧，外务省官员送来日本驻上海总领事矢田七太郎上报的第三六七号机密谍报，有"东亚新体制先驱"之称，主张向外侵略的外务次官森恪浏览一遍说："矢田说上海清党后的形势比较平静，看来蒋介石已初步控制了局面！"

田中义一从森恪手中接过矢田七太郎的电报，如饥似渴看下去："因为多数罢工的工人们，本来只是出于一部分纠察队的暴力恐怖，不得已而盲从；现在鉴于军方严厉取缔，稳健势力渐增，罢工命令已经完全不能实行。和总工会所预期的情况相反，其威令丝毫不能发挥作用……"

田中义一当即吩咐："本首相决定，马上派参谋本部第二部长松井石根到南京会见蒋介石，对蒋介石表示支持！"

森恪也给外务省官员下达命令："特派驻华公使芳泽廉吉到南京观察风向，可以看情况带头把驻华公使馆迁往南京！"

田中义一刚把松井石根派往南京，蒋介石的代表蒋方震就于5月12日到了东京。

田中义一和森恪赶忙派日本侵华谋略魁坂早八郎中将，与蒋方震会见。

松井石根和黄郛是日本士官学校的前后同学，松井石根在南京私下拜访黄郛时亮出了田中内阁支持蒋介石的底牌："日本支持蒋总司令压迫武汉政府，但反对他北进。蒋总司令必须与北军以徐州为界，不得越过雷池！"

田中内阁原打算利用蒋介石"清党"之机，加紧对中国进行武装侵略，在东北和山东攫取更大权益，没想到日本支持的张作霖、张宗昌、孙传芳的部队都狼狈败退，田中义一便在5月24日召开内阁会议商议对策。

田中义一问道："蒋介石势必很快攻入山东，对帝国来讲，山东省的意义决不只限于山东一省，它与满蒙的安定具有密切关系。帝国如何处置，本首相、本大将愿听诸位高见！"

陆军大臣白川义则强烈主张出兵山东，财政大臣等提出大规模出兵在财政上有困难而且有刺激中国之虞。

田中义一见争吵激烈，便提出把驻中国东北的步兵第10师团之第33旅团调往青岛，以此做出日本第一次出兵山东的内阁决定。

蒋介石、张群一行到达日本后，时任日本参谋本部第二部部长的松井石根带着自己的心腹左藤安之助，多次与蒋介石、张群等会谈，并积极斡旋蒋与田中义一首相见面。

在东京青山的田中义一的私邸，田中义一首相、松井石根、左藤安之助及外务省政务次官森恪与蒋介石、张群举行秘密会谈。

蒋介石频频拜访了日本政界官员、社会名流。

10月25日，蒋介石出席出渊外务次长举行的招待会，11月5日，同日本首相田中义一、陆军大臣白川义则、参谋总长金井范三、参谋次长南次郎等举行密谈。

蒋介石向田中请教，田中表示支持蒋介石反共，要蒋介石先巩固南方，不要立即北伐。

田中表示：日本绝不援助张作霖，只求维护满洲治安。

蒋介石感谢田中的"指教"，表示只要日本支持他，则"满蒙问题容易解决"。

最后双方达成如下谅解：（一）日本承认反共反苏的国民革命之成功，承认中国的统一；（二）中国承认日本在满洲的特殊地位和权益。

不仅对日本如此亲切，蒋介石还公开宣布，准备接受任何强国的援助。

在日本期间，蒋介石还和美国驻日本特使谈判，并形成一份密约，主要内容为：

（一）美国支持蒋介石在中国建立政府，统一中国；

（二）美国在华权益，蒋介石为首的政府应尽力保障并助其发展；

（三）中国政府承认日本在东北的特殊权益及包括西原借款等在内的日本在华其他权益。

蒋介石在日本的这一系列活动，大大增加了他重返国民政府的资本。

11月10日，蒋介石踌躇满志地从日本返回上海。

蒋介石有军事实力，宣告"下野"，并未获得正式批准；即使获准，实力犹在，所以尽可去忙一些看起来是个人生活、交往、游历的事，通过这些活动拓宽领域。

当蒋介石从日本回到上海的时候，人们看到，蒋介石除原有的军事优势而外，又增加了在外交上、财政来源上、国内政治地位上的优势，统一国民党各派的领袖非蒋莫属了。

1927年12月1日，蒋和他的新婚夫人宋美龄两个婚礼仪式同时举行。

第一个是宗教仪式，在新娘家中举行。

第二个是结婚仪式，在上海大华饭店举行，宾客如云。

当天，蒋和他的新婚夫人宋美龄启程度蜜月。他们先在杭州小住，然后到了浙江的莫干山。那里湖水涟漪，树木葱茏，山水交相辉映。

"清党"后在派系斗争中暂时下野的蒋介石，就这样在下野时期完成了一桩世纪婚礼。

由于孙中山娶宋庆龄，蒋介石娶宋庆龄的妹妹美龄，这种对仗关系使蒋介石无形中仿佛成了孙中山的传人。

此后，这对夫妻站到了一起，共同影响了中国的历史。

1928年，宋子文复出，任南京政府财政部长。

当时，宁汉刚刚合流统一。连年兵灾，政府财政拮据，百事待理，百废待兴。

宋子文在此烂摊子上起家，并很快将其理得有条不紊。他好像是一棵摇钱树，一摇就掉下钱来似的。

宋子文的聪明才智在哪里？关键是他视野开阔，看清了国情。

宋子文在掌握西方文明国家的财政管理的基础上，将其运用到中国社会，从而实现新的结合和应用。

新官上任三把火，当时宋子文居然放了五把火。这五把火也显示了他的识、他的胆和他的智。

第一把火是争取关税自主。关税是近代各国收入的大宗财源，然而在中国却是个近百年没有解决的问题。

当年宋子文曾痛心地说："协定的约束，产业不能振兴，洋货不能抵制，权利外溢，百业凋残。理财人又不懂此事的重要，这是个悲剧；取消协定关税，势在必行，迫在眉睫。"于是，宋子文便从关税开刀了。

然而谈何容易？当时情况是宁汉虽然合流，但北京张作霖政权还未覆灭。

当时实际等于南北共有两个政府，意见不一，诸端难理。

直到张作霖败北，并放弃北京，结果在退往沈阳途中被日本人炸死以后，废除协定关税的障碍没了。

1928年7月25日，宋子文与美国驻华公使马慕瑞在北平首先签订了《整理中美两国关税关系之条约》。条约规定："历来中美两国所订立有效之条约内所载关于在中国进出口货物之税率、存票、子口税并船钞等项之各条款，应即撤销作废，而适应用国家关税完全自主之原则。"

随后，宋子文又代表政府先后同挪威、比利时、意大利、丹麦、葡萄牙、荷兰、英国、瑞典、法国、西班牙等国缔结了"友好通商条约"或新的"关税条约"。

关税问题的解决，使宋子文充满信心。

第二把火是改革盐业统税。中国的海岸线很长，再加上中国是个大国，耗盐量巨大，故盐业收入在封建社会即是政府的重要收入。

由于宋子文措施得当，南京政府初期，盐税收入增加较快，从1928年到1933年，盐税收入分别为3000万元、1.22亿元、1.5亿元、1.44亿元和1.58亿元。除1932年因东北丧失而损失不少收入外，其他年份都处在稳定的增长之中。

为了阻止盐务走私，宋子文于30年代初筹建了税警团，税警团征招有知识的青年人，且在军校加以培训，所以素质较高，加上全部配以美式装备，战斗力亦较强。

税警团后来成为抗战主力部队之一，这是后话。

第三把火则是税制改革。当时宋子文的税制改革的另一方面是输统税。所谓统税，就是一物一税。具体地说，就是对国内工业产品进行一次性征税后，即可通行全国，不再征税捐。

当年宋子文的第四把火是建立中央银行，实行金融控制。

从某种意义上讲，政治的核心问题是个经济问题，这已是经济学家的共识。

当年蒋介石要独霸天下，即知银行的举足轻重。

宋子文上任之际，中国银行和交通银行早已有之，只是它们不归国民政府所有而已。中国银行是1905年在北京创立的，前身为"户部银行"，1908年改称"大清银行"。进入民国后，在"大清银行"基础上，1913年2月另组中国银行。交通银行则成立于1908年，初系清朝的邮传部，主要为铁路、电报、邮政、航运四项业务的收付款而设立，各地已有支行。这两家银行是当时中国金融界独有的银行。和西方文明国家比较，当时中国的银行业还显得陈旧落后。

1928年11月1日，中央银行终于在上海成立。

中央银行的成立，标志着南京国民政府对金融的重视。其实这还不是目的。当时对于野心勃勃的蒋介石政权来说，争霸天下才是其目的。而要争霸天下，就要实行对金融的垄断和控制。到30年代中期，宋子文终于实现了对中国银行和交通银行的控制。

宋子文当时的第五把火就是废两改元，统一中国货币发行权。

废两改元，与秦始皇当年的统一度量衡极为相似。因此宋子文的功德也就在这里。

当时废两改元的实施，规范了中国币制，活跃了流通，方便了人民，也搞活了经济；还拓宽了中央银行活动的规模，同时也为以后法币制度的实行打下了坚实的基础。

这是继秦始皇统一度量衡后，中国经济史上的又一重大改革。

宋子文当时的五把火，为南京国民政府奠定了此后"黄金十年"的经济基础。

第十章 东北王

第一节 铁路情缘

在那个异常动荡的历史年代,东北被日、俄两国所窥视已久。

沙俄以帮助清政府要回被日本侵占的辽东半岛为名,赚取了修筑中东铁路等特权。从此,开始肆无忌惮地掠夺东北资源。

日本怎忍心看着这块肥肉落入俄国人口中?

日俄战争后,根据双方所缔结之《朴茨茅斯条约》第5、6两款中之规定:俄国"将旅顺、大连湾及附近领土领水租借权,与关联租借权"及组成的"一切特权",以及租借地"效力所及地之一切公共房屋财产","长春、旅顺间之铁路及一切支线……无条件让与日本"。俄国把中俄合资的中东铁路作为战争赔偿,以宽城子为界一分为二,给了日本。

日本立即将这段线路改名为"南满铁路"。为名正言顺,又迫使清政府签订了《中日会议东三省事宜条约》。

条约不但要求清政府完全同意沙俄的做法,还将战时修筑的安奉铁路合法化,并强行架设了鸭绿江大桥,使安奉铁路与其附属国朝鲜的京义铁路相接轨。

1905年,日俄战争后,日本加紧对中国东北侵略的步伐。其中,向中国东北铁路沿线移民,是日本向中国扩张的一项重要措施。

1905年10月18日,日本为巩固其在中国东北南满地区的殖民统治,控制"旅顺、大连湾及附近领土领水租借权,与关联租借权"及组成的"一切特权",以及租借地"效力所及地之一切公共房屋财产",将以上地区称为关东州,在辽阳成立了关东都督府,由陆军大将大岛义昌任总督,都督府内设陆军部。

1906年,日本设立南满铁道株式会社和关东都督府时,日本陆军大将儿玉源太郎就曾讲："战争不可能常胜不败，永久的胜利是与人口的增减有关联的"，让更多的日本人移居东北，"那么这个地区自然而然会成为日本强大势力范围"，儿玉源太郎竭力提倡向"满洲移民"的必要。

第一任"满铁"总裁后藤新平在其就职书中说："经营满蒙的诀窍，在于实现满洲移民集中主义"，"我们在满洲应占有以主制客、以逸待劳的地位。"

后藤新平是这样总结的："第一，经营铁路；第二，开发煤矿；第三，移民；第四，畜牧，其中以移民为最。""以经营铁路为基础，不出十年，则将有五十万国民移居满洲，俄国虽强，也不敢轻易与我挑起战端。和战缓急的大权，居然掌握于我之手中"。

1907年开始，日本在"关东州"驻扎有1个师团和6个铁道守备大队的兵力。这支铁道守备部队就是关东军的雏形。此后，在1919年4月12日，日本将关东都督府改为关东厅，以原陆军部为基础，另组成了关东军司令部，实行军政分治：关东厅为司法、行政最高机关，关东军司令部则为最高军事机关。

关东军首任司令为立花小一郎，耐人寻味的是，关东军不是由日本陆军省管理，而是直接隶属于日本天皇。

关东军因直接受日本天皇指挥，独立性大大增强。

关东军司令部先设沈阳，后迁旅顺，1931年9月前后迁沈阳，1932年伪满洲国成立前后迁长春，直到1945年8月投降前夕，曾一度向通化、临江撤迁，最终以日本无条件投降而告终。

远东国际军事法庭判决书中对关东军下的定义是："所谓关东军就是根据朴茨茅斯条约，为保护包含着南满铁路在内的日本利益而'驻满'的日本部队。"

1908年6月，后藤新平在向日本内阁总理大臣提出的备忘录中再次鼓吹"满洲移民论"，"进临满洲之我国移民，以今后10年为期至少为50万人，若有可能则应达到100万人以上……如随年积月累得以移入大量人口，满洲则在事实上成为帝国领土。不仅在以后归还之场合我之利益确定不动，而且或许出现最终不必归还之情况。"

日本外务大臣小村寿太郎也在1909年召开的第25届帝国议会上积极鼓吹所谓"移民满韩"，高唱"满洲中心论"。

不久，日本在"满铁附属地"安置了铁道预备队退伍兵从事农业。

1912年，"关东州"都督福岛安正在大连市金县大魏家屯海岸地带组织了日本向我国东北进行移民侵略的最早试验村——"爱川村"。

这次移民共19户，48人。

"爱川村"移民是日本国家机关致力于向我国东北进行移民侵略活动的开端，是一次真正的试验移民，因此，被日本统治阶级视为向我国东北移民的"先驱"。

1916年，日本承认袁世凯称帝，换取了袁世凯与日本秘密签署的"满蒙五路条约"。

为能够尽快将"满蒙五路条约"全部付诸实施，日本将张作霖扶植起来。

初期，张作霖势薄力弱，不得不经常求助于日本人。日本人也趁机大捞好处，实现了四郑铁路（四平街——郑家屯）正式通车的梦想以及郑家屯——洮南、郑家屯——通辽两线路的承建权。不久，张作霖逐渐羽翼丰满，他认识到铁路的重要性，极欲打造自己的东北铁路网。

于是，张作霖开始与日本人赛跑，争夺铁路权。

机会成就梦想。

1917年11月，俄国爆发"十月革命"，沙皇被推翻。中东铁路成为孤立的弃儿。奉系趁机取得了中东铁路的护路权。

中东铁路的变故也使日本为之一振，认为时机已到，不容错过，蓄谋发动了掠夺中东铁路的战争。

1918年8月，日军强占中东铁路的长春至哈尔滨一段，中日军队在黑龙江嫩江江桥发生冲突，滨江桥很快被日军占领。

张作霖电告北京政府：日军强占其营房，自己正与日军决一死战。请求支援。

很快，北洋军阀政府来电，表示中东铁路是中国领土，不容外国侵占。但是，除了口号，北京政府却没有做出实质上的支援。

张作霖没有退缩，拿出了出身绿林的玩命劲头拼死抵抗。

铁路沿线炮火横飞、尸横遍野，俄中东铁路总办霍尔瓦特吓得魂飞魄散，逃回了老家。久攻不破的日军见伤亡惨重，又因国内经济危机严重，无心恋战，再加上美国的强硬逼迫，只好放手悻悻而归。

北京北洋政府为解决铁路问题，提出要筹款赎路。张作霖闻讯后大怒，他告诉北京北洋政府：现在要紧的是护路，保护东北边界安全，不是赎路。中东铁路本来就是我们中国的，谈不上赎不赎。

美国不想让日本独享中东铁路之权力，同时为了对付新出现的苏联政权，于是联合英、法等国对中东铁路实行了国际共管制。

1919年4月14日，中东铁路国际共管会召开，议决了由中国军队自己管理、守护中东铁路的决定。

日本代表则提出中国护路军应听从日本联军总司令指挥的无理要求，立即被中方严词拒绝。

1920年1月，北京政府同意张作霖的亲家、吉林督军鲍贵卿兼任中东铁路督办，使中东铁路路权进一步明朗化。

但是，逃跑的俄中东铁路总办霍尔瓦特却趁机潜回，并纠结势力欲窃取胜利果实。3月16日，霍尔瓦特再次正式被驱逐。

从此，帝俄控制中东铁路的历史正式结束。中东铁路终于归属到张作霖手中。

张作霖在任奉天督军兼省长的日子里，极力网罗人才。希望通过有识之士挽救濒临绝境的奉省经济，充实财政。

张作霖也找到了一个类似宋子文的摇钱树，他就是王永江。

起初，张作霖特任王永江为省财政厅长兼烟酒专卖局长，翌年又兼任东北三省官银号督办。

在王永江科学严谨的治理下，仅三四年时间，奉省就还清了外债，还出现了一千余万元的盈余。

张作霖高兴之余，议决要在奉天和吉林海龙县之间修筑一条铁路的决定。

经过艰难的交涉，日本终于同意由张作霖修筑这一铁路。

1925年5月，奉海铁路公司在八王寺正式成立。公司宗旨是：完全自建铁路。决不聘用外国人，不借外债，以免外资趁机持股侵权。

为防止外国人暗中入股，奉海铁路公司还在招股简章中特别规定：铁路股本禁止售给外国人，一经发现，股本作废。

为保证工程的顺利进行，还规定：铁路用地将作价补偿，任何人不可以任何借口阻碍铁路修筑。

几乎与此同时，吉林省官绅正式向张作霖提出申请，欲从吉林起向朝阳镇修筑吉海铁路，与奉海铁路接轨。张作霖不顾日本人的抗议，同意了吉林的要求。

为减轻财政压力，奉海铁路采用了官商合办的形式。拟定资本为奉大洋2000万元。官商各半，官股很快交足，而商股仅筹集到九百余万元。

7月，奉海铁路正式动工。路基采用分段承包的形式，公开招标。为拉近中美关系，铁轨、道钉等材料从美国进口。

工程以节俭为宗旨。筑路所需的碎石、木料等尽量就地取材，以节省运输经费。对于铁路建房一切从简，能租则租，实在租不了就建临时简易用房，待运营成功后再修建。

天有不测风云。奉票（张作霖控制的奉天省发行的钞票）在日本人的蓄意操纵下大幅度贬值。这对于本来经费就不宽裕的奉海铁路，如同雪上加霜。工程只好被迫停滞。

为解燃眉之急，张作霖同意了从政府借款给奉海铁路的请求。

负责监督修筑奉海铁路的王永江，急切地要求人们竭尽全力缩短工期紧急修筑，以争取早日运营，并要求奉海铁路边修筑边运营，争取尽快营利，缓解财政压力。

至1927年8月，奉海铁路全线竣工，比原定的三年期限提前了半年。

奉海铁路还在梅河口至西安修筑了支线，称为梅西支线。

奉海铁路是东北人完全靠自己力量修筑的第一条铁路。

奉海铁路的成功，打破了东北没有中国人自己修筑铁路的历史。

奉海铁路修筑成功的消息如同长了翅膀，很快传遍东北各地。

旋即，刮起一阵修筑铁路的热风。

吉海铁路借鉴了奉海铁路官商合办的形式。1927年5月，吉海铁路正式开工。

对于张作霖，日本人是又爱又恨。

爱的是张作霖在东北集结的势力日趋稳定，可以让日本人暂时安心经营东北市场。

恨的是张作霖力量日益壮大，愈来愈不好控制了，随时可能与日本争夺权益。尤其是张作霖近几年的铁路建设，已经严重威胁到日本的权益。

因此，日本人再也坐不住了。

1927年，日本内阁为专议东方诸事，召开东方会议。

田中内阁计划要在20年内实现在东北修筑35条铁路线的梦想。

他们将这个计划命名为"满蒙铁路网计划"。

这个计划规定不允许任何人在东北修筑可能影响日本利益的铁路（包括张作霖在内）。在张作霖进行第二次奉直战争的危急时刻，日本即可提出此要求。并索要张作霖已经修筑的和正在修筑的全部铁路，必要时解除奉系武装，使张作霖彻彻底底成为日本人的傀儡。

田中义一还上奏天皇说："推欲征服支那，必先征服满蒙；如欲征服世界，必先征服支那。"此时，日本侵略扩张的野心已经膨胀到了极限，大有铲除一切障碍的气势。

而1925年末张作霖军内部的一场兵变——郭松龄兵变，让日军发现了张作霖的诸多弱点，部分日本高级军官产生了铲除张作霖的想法。

第二节　郭松龄兵变

郭松龄原本是个小人物，可是他是张学良的教官、哥们兼助手，这使他走上了通向权力的快车道。

张作霖起家靠的是张作相、张景惠、汤玉麟等一干拜把子兄弟，在这个"保险队团队"的努力下，靠着几把土铳，张作霖开创了威震民国的奉系。

可张学良呢？那可说是纯正的"富二代"，让这样的公子哥去接班，难度绝对不是一点点。

张作霖明白，要想让儿子顺利接班，首要条件是张学良必须拥有自己的团队。

怎样才能让张学良拥有自己的团队呢？

张作霖认为，首先是得让他掌握军权。可真要把张学良派去当个大头兵不大可能，而直接派去当高级军官也不妥。

张作霖明白，在部队中立威的关键是能打仗、会打仗、打胜仗。一个娃娃兵，没上过战场，别人是不会服你的。

于是，张作霖首先安排张学良进军校，军校毕业后再出来当军官。一来，军校可以使张学良接受初步的军事教育；二来，为将来奉军的改头换面做准备。

张学良上的军校是东北讲武堂。

东北讲武堂是张作霖为培养奉系集团的军事人才而专门设立的军事学校。

张学良曾自夸说，自己一进讲武堂就考了个第一。这倒绝不是吹牛。因为当时讲武堂招收的都是奉军连排级军官，数学、物理学对这些人来说不啻于天书。而张学良自小文化基础比较好，能考第一也是情理之中的事。

军校毕业后，张作霖并没有急着让张学良去当什么高官，而是特设了监督一职，让张学良参与到讲武堂的日常事务管理中。

当时在讲武堂任教官的郭松龄、何柱国等人也恰是在此时与张学良建立了特殊的友情。

日后比较著名的东北军将领如黄显声、许庚扬、牛元峰，甚至开国上将吕正操、万毅都与张学良有师生情谊。

同时，在儿子还没毕业时，张作霖就从装备最好、战斗力最强的东三省巡阅使署卫队旅中挑选了一个团的士兵，配属骑兵、炮兵、机关枪各一连，工兵、辎重各一排，组成一个超强的加强团让张学良率领去剿匪。

剿灭几个土匪需要这么强的兵力吗？

明眼人都看得出来，这就叫杀鸡用牛刀，保证只胜不败。

张学良果然不负父望，剿匪马到成功。张作霖的把兄弟、时任吉林督军的孙烈臣极为识趣地公开通电：张学良在吉林剿匪指挥得当，作战勇敢，敬请提升为卫队旅旅长。

张作霖顺水推舟任命儿子为卫队旅旅长。

1922年，第一次直奉大战，奉军一溃千里。

张作霖眼看局面无法收拾，马上派人让张学良丢下部队赶快跑。

可没想到，张学良在郭松龄的协助下，张弛有度，打得有板有眼，最后压住了阵脚。这一下，奉军的老帅们真正对张学良刮目相看了。

但谁都明白，这其中郭松龄起了很大作用。

郭松龄就读于奉天陆军小学堂，1910年加入同盟会。1911年，升任第68标第2营营长。郭松龄返回奉天参加了张榕领导的联合促进会秘谋起义，但遭当局逮捕，侥幸生还。

1912年郭松龄考入北京将校研究所。1913年秋，郭松龄考入中国陆军大学，毕业后任北京讲武堂教官。1917年，孙中山组建护法军政府，郭松龄投奔孙中山，后被委任为粤赣湘边防督办参谋、广东省警卫军营长，后转任韶关讲武堂教官。

孙中山领导的护法运动失败后，郭松龄无法留在广州，只得再次返回奉天。

当时，回到奉天的郭松龄经陆大同学秦华（时任督军署参谋长）的推荐进入督军署任少校参谋。

1919年2月，张作霖因增编陆军混成旅急需军事人才，重建东三省陆军讲武堂。郭被调到讲武堂，任战术教官。

张作霖有一次去讲武堂视察时看到了郭松龄，认出他，说："你不是那个同盟会会员吗，怎么想到我这儿干了？"

还没等郭松龄回答，张作霖拍了拍他的肩膀，说："回来就好，我不管你是什么，只要你好好干，我不会埋没人才的。"

郭松龄在奉天讲武堂任教官期间，张学良刚好在这里学习，为第一期炮兵科学员。

如果说奉军是张作霖的"家兵"，那么，讲武堂就是张作霖的"家校"。讲武堂教官多对张学良甚为关照甚至逢迎，唯独郭松龄对其"管教甚严，决不稍加宽容"。

张学良亲身感受着郭教官远离声色、自持清廉、治军严谨、对部下赏罚分明的一身正气，对他深湛的学养和高洁脱俗的人品极为钦佩。

特别是郭松龄深厚的军事造诣让张学良十分佩服，深为能遇上这样的良师而感到幸运。此时的张学良与郭松龄可以说亦师亦友，郭松龄虽比张学良年长19岁，两人却成了莫逆之交。

经张学良不断向父亲推荐，郭松龄被张作霖委任为卫队旅参谋长兼第二团团长。

郭松龄担任卫队旅参谋长后，专心致力于训练，整顿军纪，进行军事教育。不到一年时间，卫队旅的面貌大为改观，绿林弊端一扫殆尽，军容一新，名冠各军。

1921年，张作霖又委任郭松龄为第8旅旅长，与张学良领导的第3旅组成司令部。

1922年第一次直奉战争中，奉军全线溃败，只有张学良与郭松龄领导的东路部队有胜利，打破了吴佩孚突破山海关、直捣关东的计划。

1924年第二次直奉战争中，张学良与郭松龄担第3军的正副军长，与姜登选、韩麟春为正副军长的第1军作为奉军的主力，击溃直军并获得胜利。

张作霖任命张学良为京榆驻军司令部的司令，郭松龄任副司令。

第一次直奉战争后，奉军内部逐渐形成了"老派"、"新派"。

老派是奉军中的实力派，绝大多数都是和张作霖一起出道的结拜兄弟，成员有张作相、张景惠、汤玉麟、孙烈臣、吴俊升，这些人在奉军中都担任军政要职。

新派分为"士官"派和"陆大"派，都是军校出身的人。

"士官"派大多是从日本士官学校毕业的,以杨宇霆为首脑,成员有姜登选、韩麟春、于珍、常阴槐、王树常、于国翰、邢士廉等人,这些人对杨宇霆甚为依赖,视杨为"智囊"、"精神领袖"。

"陆大"派大多毕业于中国陆军大学和保定军官学校,以郭松龄为首。

张学良虽不是陆大派的首领,但对陆大派最为赏识和拔擢,陆大派成员多担任师长、旅长等职。

郭松龄和奉天省省长王永江一样都是主张"精兵强卒、保卫桑梓、开发东北、不事内争、抵御外侮"。而杨宇霆倚仗张作霖的信任,极力主张奉系势力向中原地区发展,俨然成为张作霖称霸中原的最得力助手。

杨宇霆和郭松龄都是性格有缺陷的人。杨宇霆专横跋扈,恃才傲物,好搞小圈圈。他仗着大帅张作霖的宠信,有时对张学良也不放在眼里。

而郭松龄呢,属于那种不苟言笑的特别严肃的人,有点刚愎自用。

奉军在整编军队时,杨宇霆常限制第2、第6旅的经费预算和军械弹药的供应,张学良都感到"事事受杨的刁难"。杨与郭历来不和,现在分别仗着老帅和少帅的宠信,更成水火不容之势。

第二次直奉战争后,奉系内部发生了激烈的地盘之争。

据何柱国回忆:张作霖原先预定由姜登选去接江苏,郭松龄去接安徽。不料杨宇霆也想要个地盘,结果杨去了江苏,把姜登选挤到了安徽,郭松龄则落了空。郭松龄在此次直奉战争中功高而未获赏,心中极为不满。后来杨宇霆、姜登选将苏、皖丢失,郭松龄气愤地对张学良说:"东北的事都叫杨宇霆这帮人弄坏了,安徽、江苏失败,断送了3个师的兵力,现在杨宇霆又缠着老帅,给他们去打地盘子,这个炮头我不再充当了。要把东北事情办好,只有把杨宇霆这帮成事不足败事有余的家伙赶走,请少帅来当家。"此时,郭松龄已露出反奉的心思,但张学良没有在意。

1925年10月初,郭松龄作为奉军的代表去日本观操。日本参谋本部一位重要职员去拜访他,问他到日本是否还有代表张作霖与日本签订密约的任务。

郭松龄才知道张作霖拟以"落实二十一条"为条件,商由日方供给奉军军火,进攻冯玉祥的国民军。此事激起郭松龄的强烈义愤,郭便将此事告诉了当时同在日本观操的国民军代表韩复榘。

郭对韩表示:"国家殆危到今日这个地步,张作霖还为个人权力,出卖国家。他的这种干法,我无论如何是不能苟同的。我是国家的军人,不是某一个私人的走狗,张作霖若真打国民军,我就打他。"并请韩向冯玉祥转达自己的合作意向。

1925年10月24日,郭松龄应张作霖的电召回到奉天,随后被派到天津去部署进攻国民军。

郭松龄到天津后,代表张学良组织第3方面军司令部,他紧紧抓住这一时机,安置亲信，与冯玉祥频繁联系，为武装反奉作准备。

11月13日，张学良在天津召集郭松龄、李景林等将领开会，传达向国民军进攻的密令。郭在会上公然抗命，痛切陈述不可再战。

此时，张作霖也察觉出郭有异心，遂发急电令郭调所部集中在滦州，回奉听候命令。

郭于是立即派人携带一份密约去包头与冯玉祥接洽，双方议定由冯玉祥据西北，直隶、热河归李景林，郭管辖东三省，冯、李共同支持郭军反奉。

11月19日晚，郭松龄在天津国民饭店秘密召集亲信旅长刘伟、范浦江、霁云、刘振东等人举行紧急会议，公开表示对张作霖、杨宇霆所作所为的不满。

11月20日，郭松龄以军团长张学良的名义下令部队撤退到滦州。

11月21日，郭在滦州车站召开军事会议，约有百人参加，郭的夫人韩淑秀亦出席会议。郭痛陈国内战争给人民带来的灾难，并说："在老师面前专与我们作对的是杨宇霆……现在叫我们为他们收复地盘，为他们卖命我是不干的……我已拿定主意，此次绝不参加国内战争。"

郭松龄拟定好两个方案，一是移兵开垦，不参加国内战争；二是战争到底，武力统一。请大家选择签名，何去何从各从己愿。

与会将领绝大多数表示赞同不参战，大家相继在第一个方案即反奉宣言书上签了字。唯有第5师师长赵恩臻、第7师师长高维岳、第10师师长齐恩铭、第12师师长裴春生等30多人犹豫不决，有的人还表示了反对。郭松龄将这些人逮捕，押往天津李景林处关押起来。

郭松龄滦州起兵，发表反奉宣言。

11月21日晚，郭松龄发出讨伐张作霖、杨宇霆的通电，提出三大主张：一是反对内战，主张和平；二是要求祸国媚日的张作霖下野，惩办主战罪魁杨宇霆；三是拥护张学良为首领，改革东三省。

郭松龄将所部整编为5个军，郭亲任总司令，原炮兵司令邹作华为参谋长，刘伟、霁云、魏益三、范浦江、刘振东任军长。

11月23日，7万大军浩浩荡荡向奉天进发，一场血战拉开帷幕。

郭松龄敢于起兵反奉，不仅因为他是一名民主革命者，与张作霖等旧式军阀有本质区别，同时也与张学良的充分信任和纵容有着密切的关系。

张学良秉承父亲张作霖"用人不疑，疑人不用"的作风，对郭松龄有着超乎寻常的信任，这在奉系集团内部早已成为美谈。因此当郭松龄"对张作霖的军政措施，时常表示不满"时，张学良对郭松龄则"每表同情"，并不加以制止。

郭松龄起兵前，称病住进天津意大利医院。张学良于11月20日前去探望，劝他回奉天向"上将军面陈意见"。郭则表示："上将军脑筋陈旧，在杨宇霆这帮群小包围之下恐已无力挽回，必须赶走老杨这帮人，父让子继，由我们来干。"

张学良虽然赞成郭反对军阀混战、革新东北的主张，但无论如何他还是做不到冒着忤逆之名去反对他的父亲。

此时，郭松龄的谋逆已表露无遗，可张学良仍未及时对郭加以规劝。

后人分析，张学良对郭松龄太过信任，一点儿也没有想到他真会起兵造反。

对郭松龄起兵，张作霖也是万万没有想到。

郭松龄的突然造反让张作霖如闻惊雷，开始时，他还误以为张学良跟郭松龄一起反老子呢。

弄清真相后，张作霖一面指使杨宇霆辞职退隐大连，以去郭松龄起兵口实，一面派张学良直接与郭疏通。

24日，张学良向其父洒泪叩头而别，急赴秦皇岛，企望劝说郭松龄罢兵言和。

26日，张学良在秦皇岛通过日人顾问仪峨与在滦州的郭松龄身边的日医守田福松电话联系，要求与郭面谈，遭郭松龄婉拒。

11月27日，张学良第二次派仪峨与守田接触，希望郭松龄先行停止军事行动，有什么要求尽可以磋商。郭松龄这次有了回复，提出下列停战条件：（1）山东归岳维峻；（2）直隶归冯玉祥；（3）热河归李景林；（4）郭回奉执政，统掌东北。

至此，郭松龄反奉之目的已然明朗，他要独自掌控东三省，以实现其改造东三省之目的。张学良感到劝说郭的工作完全失败，不再对其抱有幻想。于是，派飞机在郭军上空投撒传单，揭露郭松龄盗用自己名义倒戈反奉，谴责其忘恩负义。

11月28日，郭军攻占山海关。

11月30日，郭松龄将司令部移驻山海关，将部队更名为"东北国民军"，官兵一律佩带"不扰民、真爱民、誓死救国"的绿色标志。

郭松龄不再盗用张学良的名义，以东北国民军总司令的名义发表通电，电告全国，随即率部队出关。

张作霖也在11月30日正式发布讨伐令，命令张作相、张学良在连山一带迎战。

郭军出关后原计划攻取锦州，然后夺取奉天。

不料李景林突然背盟，向冯玉祥的国民军开战，并扣押郭军在天津存放的钱款和6万套冬装，使郭军的给养发生困难，并威胁郭军的后路。

为防备李景林从背后偷袭，郭松龄命令魏益三的第5军回守山海关，同时请求冯玉祥派兵援助。但冯玉祥犹豫不决，迟迟按兵不动。所以，郭军一开始就陷入无后方的境地，还要分兵对冯、李加以戒备。

12月2日，辽西遭遇一场百年不遇的大风雪。这场大雪使张作霖喜不自禁，他认为郭军的冬装被李景林扣押，士兵在这样的天气下穿着秋装难以持久，只要奉军坚持住，便可使郭军不战自溃。

但出乎意料的是，郭军却利用大风雪的掩护，从结冰的海上进行偷袭，迅速突破连山防线,并于5日清早夺取连山。接着,郭军马不停蹄,对锦州发动进攻。

奉军只有一小部分进行抵抗,大部分一触即溃。

12月7日黎明,郭军攻占锦州,形势的发展对郭松龄非常有利。

当时,张作霖所能调动的只有张作相的第5方面军5万多人,黑龙江的部队由于苏联控制的中东铁路拒绝运送张的部队而无法及时到达。

12月5日,锦州即将失守的消息传到奉天后,张作霖大失常态:"当即命令内眷收拾细软转移,府内上下手忙脚乱。10时检点就绪,即以电车27辆,往返输送(家私)南满货栈。然后令副官购入汽油10余车及引火木柴等,布满楼房前后,派兵多名看守,一旦情况紧急,准备逃跑时付之一炬。"

这时文武官员纷纷携眷躲避,商店关门,奉天城一片混乱。

然而在这大势基本已成定局的当口,日本关东军像鳄鱼一样浮出水面。

在郭松龄起兵之初,日本人明里打着"严守中立"、"不干涉"的幌子,背地里却与郭松龄接触,企图乘机取得过去没有得到的利益。

拉拢郭松龄失败后,日本人转而与张作霖接触。

在此危急时刻,张作霖慌不择路,也希望日本人能够拉自己一把。张作霖为解一时之急,向日本人表示,只要能保住他的地位,"一切要求都好商量"。

日本人乘机提出增筑吉会等7条铁路、获得商租权等侵害中国国家主权的要求,张作霖口头同意了日本人的无理要求,双方订立了反郭密约。

12月8日,关东军司令官奉日本内阁之命对张、郭两军发出警告:"帝国在该地有重大权利与利益。因此,在铁道附属地带,即我军守备区域内,因战斗或骚乱,对帝国利益带来伤害,或有危害之虞时……本司令官当然要执行必要之措施。"

这一警告看似针对双方,其实对处于劣势的张作霖来说是有着很大的帮助的。

12月10日,关东军参谋浦澄江中佐赴锦州东北国民军总司令部向郭松龄递交警告书,并恫吓说:"我帝国完全准备好了应付阁下任何行动方案,顺便转告。"

郭松龄答复:"贵国在东三省之侨民生命财产,于本军范围内,当竭力保障其安全……惟对方反对本军和平主旨,恐不择手段。"

此时,大凌河铁桥及沟帮子铁路给水塔被奉军炸毁,不能通行火车,郭松龄被迫改变策略,以主力徒步向奉天进发。另派一旅袭取营口,抄东路侧击奉天。

12月13日,郭军前锋抵达沟帮子,右路军马忠诚旅抵达营口对岸。

12月14日,郭松龄发表《痛告东三省父老书》,宣布张作霖的十大罪状,发布自己治奉的十大方针。

这时,日本人又向郭松龄递交第二次警告书。

与此同时,关东军司令官白川义则秘密委派大石桥守备队长安河与郭接触谈判,做最后的拉拢。

安河提出:"阁下如要进入奉天,必须承认张作霖与日本帝国所缔结的条约,维护日本帝国在满蒙的特殊权利和投资利益,也就是说,必须正视日本帝国在满蒙的优越地位和特殊权利。如果阁下能答应这些条件,则日本帝国就能立即予阁下以援助,至少亦当促使张作霖下野。"

郭松龄答道:"我班师回奉是中国的内政,希望贵国不要干涉。我不懂得什么是日本帝国在满蒙的优越地位和特殊权利。"

安河见拉拢不成就威胁道:"阁下如不承认日本帝国的优势地位和特殊权利,帝国可要对阁下不便了。"

郭松龄义愤填膺:"岂有此理!你们日本如果不讲道理硬要干涉中国内政,你们若把我拉到水里,我也要把你们拖进泥里!"

拉拢失败后,日本人开始对郭军的进攻进行干预。

12月14日晨,日本守备队奉白川司令官的命令对渡过辽河开往营口市区的马忠诚旅进行强硬阻挠,迟滞了郭军原定14日对奉军发起总攻的时间。

15日,白川司令官将大石桥、辽阳、奉天、抚顺、铁岭、开原、长春等14个铁路沿线重要城镇划为禁止武装部队进入区域,禁止郭军通过。

随后,又假借"护桥"、"换防"的名义,从日本国内和朝鲜紧急调入两个师团,分驻马三家、塔湾、皇姑屯一带,拱卫奉天,一旦奉军危急,便可出动。

日本人的干涉使张作霖有了喘息之机,他迅速将残余的部队进行整编,任命张学良为前线总指挥,并在巨流河东岸布防。

张作霖此时在巨流河的兵力约有六七万人,而且有优势的骑兵。炮兵虽不及郭军,但使用的多数是由奉天兵工厂运来的新炮和日本重炮。而且,由日本人亲自指挥和操纵这些炮队,弹药也由日本人提供。

由于日军的干涉,郭军原计划南北夹击奉天的方案不能实施,只得在巨流河一线正面与奉军作战。

20日,郭军夺取辽河西岸军事重地新民,奉军无险可守,郭军进逼奉天。

21日,郭松龄部队与张学良部隔着巨流河决战。

张学良看着湍湍的巨流河,感慨万端:"这好像是命中注定,以前在讲武堂时,郭松龄与学良在此演习过,这里的地形,我们双方都很熟悉,就让老师跟学生在此比比高低吧!"

22日,受寒冷、缺粮、缺弹药困扰的郭松龄不待主力集中便发出总攻击命令。

郭军对兴隆店奉军司令部形成包围之势,但最终因刘文清旅弹药供应不上反胜为败。接着,吴俊升率黑龙江骑兵杀到,炸毁了郭军在白旗堡的弹药库。

郭军遭此严重打击,士气低落,士兵中流传:"吃张家,穿张家,跟着郭鬼子造反真是冤家。"

张学良乘势加紧策反工作,亲自给郭军军官打电话,讲明形势,表示既往不咎，致使郭军全线震动。

早已离心的郭军参谋长邹作华通过日本驻新民领事分馆与张学良通了电话，表示不再为郭松龄作战。

23日夜，郭松龄召开军事会议商议策略，将领们的态度很不统一。

邹作华、高纪毅等将领极力主张"停战议和"，而霁云、刘伟、范浦江等人积极主战。在此情况下，郭松龄仍决定和奉军决一死战。

24日拂晓，郭松龄"亲立阵头督师"。然而，令郭松龄没有料到的是，他的兵也是张学良的兵，张学良用飞机撒下的传单"老张家人不打老张家"极大地涣散了郭的军心，士兵开始纷纷投诚。

给郭致命一击的是，邹作华"突然将所部炮兵旅撤回，并停止前线子弹供应，郭军遂大溃"。

郭松龄见大势已去，于是在12月24日晨携夫人韩淑秀及幕僚数人以及200多名卫队出走。临行前，郭委托霁云军长收容余部，向沟帮子、锦州方向转移。

邹作华见郭松龄已走，下令各军停止进攻，发急电给张作霖，报告郭出走情形。同时又给张学良打电话报告："茂宸已出走，部下已放下武器。现在已控制一切，请军团长放心。"至此，郭松龄反奉历经一个多月以失败告终。

张学良力主对郭松龄部下的这些军官既往不咎，一概重用。

这一手极其漂亮，这些人出于感恩，日后对张学良更加忠心。

郭松龄夫妇化装坐在驴车上围着棉被南逃，途中藏在老乡地窖里时被俘。

刚刚缓过神来的张大帅电令将其押回奉天，张学良却强硬地命令押交给他审理，他想私自放他们出国。而与郭松龄结怨甚深的杨宇霆担心夜长梦多，张学良会出手相救，便向张作霖进言即杀郭松龄，以绝后患。杨宇霆此举，也是他日后被杀的祸因。

25日上午10时，郭松龄夫妇被押到离辽中县老达房5里许的地方枪杀。

临刑前，郭松龄面不改色，留下遗言："吾倡大义，出贼不济，死固分也；后有同志，请视此血道而来！"张作霖命令暴尸三日方可收葬。

张学良对郭松龄夫妇的死很是愧惜。1926年，张学良给饶汉祥的信中说："良与茂宸共事七年，谊同骨肉，其去冬举事鲁莽……良事前不能察防，事败不能援手。回忆前尘，曷极方事之殷，良惟自愧。"

后来，每当张学良遇到难办的事，就感叹说："有茂宸在，哪用我为这份难？"

1981年，九一八事变50周年之际，张学良回顾往事仍扼腕长叹说："如果当时郭松龄在，日本人就不敢发动九一八事变。"

战事结束后，张作霖对日本人所作的承诺全部反悔，作为补偿，张作霖曾亲自携带私款500万现大洋酬谢日方有关人员。但此举并没有起多大作用，日后张作霖被炸身亡，即源起于这个没有兑现的反郭密约。

第三节 李大钊事件

当时郭松龄反奉事件在日本人的干预下，很快就平息下来。

随后，张作霖发表了一个声明，等于是给事件画个句号，对各方做个交代，也透露出几分忏悔的味道。

声明承认由于连年内战，致使东北人民生灵涂炭，今后要修明内政，不再兴兵远征，以期与民休息。可不到两个月，张作霖以刚刚侦知郭松龄反奉是受国民军冯玉祥所鼓动为借口，再次举兵入关。

张作霖于1926年6月底到达北京，布置完作战任务，郭松龄之变的那幕场景又浮现在脑海之中，尤其是张作霖随口说出的那两个"行"字，一想就觉得悔不当初。那商租权和杂居权不是"二十一条"里的内容吗？如果日本得到了这两个权利，自己岂不成了罪人？越想越后悔。

1926年7月，张作霖将存在日本正金银行和朝鲜银行里的500万日金统统取了出来，带着现金驱车直奔大连、旅顺。

到了大连、旅顺，张作霖亲自登门拜访日本关东厅长官儿玉秀雄、关东军司令官白川义则和满铁社长松岗洋右。

张作霖对日本在郭松龄反奉时对奉军的帮助表示感谢，并借机极力强调郭松龄赤化、郭进攻奉天是受苏俄指使，郭名义上是反奉，实际上是为苏俄争夺对东北的控制权。

言外之意，郭松龄是代表苏俄和日本争夺东北，张作霖因为和日本站在一起，维护日本的利益，才遭此一劫。

没说出来的话是：你们援助我其实是在援助你们自己，郭松龄打我，是因为我先帮助了你们日本，我替你们效命，你们还跟我要什么好处？

张作霖其实心里十分明白，郭松龄反奉和苏俄没有任何关系。

郭松龄在1925年11月30日发表的政见通电中，特别提到，是因为东北"赤化勃兴，苍生战栗"，他才举兵讨伐祸首张作霖。在新民发表的《告奉天父老书》中，还提出，郭军一旦获胜，立即进行改弦更张，重新治奉，治奉方针共十项，其中一项是"节制资本，以消除赤化隐患"。可见，郭松龄不仅与苏俄没有联系，还明确反苏。

张作霖宣扬郭松龄赤化的目的是淡化郭松龄反张作霖，故意将郭松龄说成亲苏反日，以降低日本援张阻郭的分量，为不履行战争中他对日本的允诺做铺垫。

张作霖在临别时，将带去的500万日金交给关东军司令官白川义则，以此答谢日本助张作霖出力人员。并表示：张作霖受人一饭之恩，终身不忘，以此私款，聊以酬答日本协助好意。

大连、旅顺之行，张作霖以为是棋高一招，亲自登门致谢，以示知恩图报；强调反赤，将日本人拴在一挂车上；以私款酬答，突显日本帮助的是他个人，而非东北，将公事化为私事。

张作霖目的不言而喻，你帮了我，我酬谢了你，此事应该到此结束，不要再提什么兑现承诺了。

回到奉天，张作霖对其左右说得更为直白："日本人这次帮我……应该有个报答，我张作霖受日本人的好处，只有拿出自己的财物来报答他，我将日本银行的存款，全数赠送，表示我的全心全力。日本人如果另有要求，只要是张作霖个人所有，我决不吝啬，但国家的权利，中国人共有的财产，我不敢随便慷他人之慨，我是东北的当家人，我得替中国人保护这份财产，不负他们的付托！"

日本最希望什么？当然不是区区五百万日金，他们希望从张作霖手里得到更多的土地商租权、铁路控制权；希望他只买日本的军火、只聘日本顾问；希望他割断与中央的联系，实行满蒙独立。

土地、铁路、军火、顾问、独立，是日本最想要的，可张作霖最后还是只钟情他脚下的那片土地，这五样，张作霖一样都没有给，令日本大失所望。

郭松龄兵变时，黑龙江的部队由于苏联控制的中东铁路拒绝运送，张作霖的部队无法及时到达，这让张作霖强烈怀疑苏联的动机。

1926年起，国民政府北伐，目标指向北洋政府。

张作霖强烈怀疑苏联是北伐军的总后台。

当然张作霖还试图用实际的反苏动作，缓解他与日本业已紧张的关系。

1927年3月，张作霖查抄了苏联在哈尔滨的领事馆和商务代表处；关闭了在哈尔滨的苏联"运输"股份公司代表处；在南京扣留了一艘苏联船只；拖欠苏联中东铁路管理局债款达1400万卢布，不但不还钱，还以要收回中东铁路威胁苏联。东北军甚至阻拦列车，抢夺货物。

同时，张作霖派遣安国军总司令部外交处处长吴晋为特使，和列强驻华公使接洽，要求北京政府军警可以进入东交民巷使馆区进行搜查，因为"俄国人正在滥用使馆区的庇护，组织叛乱"。

4月4日，首席公使欧登科召开秘密会议，列强公使依据《辛丑条约》一致同意了北洋政府的请求。

两天以后，京师警察厅总监陈兴亚在公使团的签字批准下率领军警对于苏俄使馆、远东银行和中东路办事处进行了9个小时的搜捕，最大的"成果"即是逮捕了藏匿在东交民巷旧俄卫队兵营的李大钊和20名住在旧俄卫队兵营内的中国人，截获了一大批来不及被苏俄武官焚毁的秘密文件以及枪支弹药和旗帜印信。秘密文件有未及烧毁的463个卷宗总共3000多份被劫掠一空。

李大钊不是因为他是共产党人被捕的，而是因担任国民党中央执行委员会政治委员，负责北方区党务工作而被捕。

这里有必要澄清一个事实，李大钊不是在苏俄使馆被捕的，而是在已没有俄国卫队的被俄方弃用的旧军营里的住所被捕，一同被捕的还有他的家人，因而李与苏俄使馆的秘密文件并无直接关联，也无法断定他为俄国间谍。

当时，因列宁曾宣布放弃帝俄的在华权益，苏俄放弃了多个在华租界，并撤走军队，北京东交民巷的旧俄卫队兵营也被废弃，也已没有俄国驻军，只是根据《辛丑条约》，中国军警未经列强驻华公使团批准，不得进入东交民巷。

在狱中的李大钊坚贞不屈，"自称为马克思学说的崇信者，其他一切、概不知晓"，其他一切指的即是苏俄使馆的秘密文件。

但是那些秘密文件却引起了列强的震恐。

4月18日，京师警察厅公布了根据这些苏俄使馆的秘密文件，由精通俄语的察哈尔外交特派员张国忱编译的《苏联阴谋文证》，其中的一份《致驻华武官训令》尤其激发世界瞩目：这份文件指示，苏俄下属组织可以"为引起外国干涉，不惜抢掠和杀人，组织反欧暴乱"。

当时的政界和媒体一致认为，这个训令就是不久之前发生的南京事件的直接原因和最终动机。

苏联政府立即表示最严厉而坚决的抗议，认为这是对最基本的国际准则前所未有的践踏，而那些被抢掠的文件是张作霖警察精心伪造的东西。

李大钊被捕后，由于他是北京大学著名教授，各方都有营救行动，特别是北洋政府前高级官员，如章士钊、杨度、梁士诒和北大校长等都出面说情，张作霖也犹豫不定。

李大钊曾参与了苏俄和吴佩孚直系军阀的秘密谈判，一度使吴转向左倾，但是李大钊最成功的秘密活动是转化冯玉祥支持南方国民政府。

冯玉祥和李大钊在辛亥革命期间就曾经合作过，秘密策划反清起义，结下很深友情。苏俄对北方军阀中的冯玉祥部一直抱有期待，主要是因为李大钊的工作。

4月28日，李大钊被奉系的军事特别法庭执行死刑，英勇就义，和他一起殉难的，还有同时被捕的其他19名国民党和共产党人，其中包括四名国民党高级干部：候补中执委路友于、北京市党部主席邓文辉、妇女部长张挹兰、商民部长姚彦。

这些国民党员的殉难，不仅表明了当时的国民政府联俄容共政策执行的坚定程度，也揭示了当时国民革命军唐生智部和奉系杨宇霆部的私通款曲绝非两方的正式谈判。

张作霖杀李大钊的根本缘由，主要还是因为李大钊秘密策反冯玉祥，而且李大钊还代表国民党，劝冯玉祥哗变，以策应蒋介石北伐。

第四节　皇姑屯事件

1928年1月，蒋介石复任北伐军总司令之后，再次北伐，北伐军一路势如破竹，兵锋直指北京。

因东方会议，日本政府认为满蒙铁路悬案问题已迫在眉睫。

1928年5月，张作霖被迫在《新满蒙五路协约》上签字，同意日本修筑延海（延吉——海林）、洮索（洮南——索伦）、敦图（敦化——图们）、长大（长春——大赉）等五条铁路。

但张作霖并不实际支持实施，他想采取暂时拖延的政策。

5月17日，日本政府派日使芳泽夜访张作霖敦促他尽快解决"满蒙悬案"，还厉令张作霖马上退至关外。

这一决定引起了张作霖的强烈不满，两个人一直激烈争论到天亮。

5月19日，日本关东军向奉天附近集合，欲以武力迫使张作霖回奉。

5月下旬，张作霖因决定奉军停止与国民党作战，无需筹措经费，而取消了与日本签订的《吉敦铁路延长借款合同》，引起日方更为强烈的不满。

为避北伐军锋芒，张作霖于6月2日通电宣布退出北京，返回奉天。

6月2日，阴魂不散的日使芳泽夜访张作霖，表示日本愿意帮助张作霖打退北伐军，中分天下。条件是：1.吉会铁路与满铁接轨；2.停筑葫芦岛港……

张作霖听后无法掩饰心中的怒火，转身回到里屋，破口大骂：日本人真他妈不够朋友！这不是掐着我脖子要好处吗？

精通汉语的芳泽听得也是心惊肉跳，再也坐不住了，起身告辞。

送走芳泽，张作霖决定马上回家！

此前有消息传来，说日本人欲在张作霖回奉的路上对他下手。

奉天宪兵司令齐恩铭也发来加急电报，报说日本守备队在皇姑屯车站附近的老道口和三洞桥四周戒严，阻止行人通行，好像构筑什么工事，情况异常，请张作霖严加戒备或绕道归奉。

张作霖不大相信日本人真敢对自己下手，但多年在风口浪尖的生活，使他养成了多疑谨慎的性格。

日本为什么要炸死张作霖？

为了说清这一问题，用两条轨迹可以说明。一条是日本对张作霖态度的变化轨迹：观望——希望——盼望——失望——绝望；一条是张作霖对日本的应对轨迹策略：取悦——画饼——口应——暗顶——明抗。两条线各分五段，看似平行，实为因果。

第一，因当时国际形势约束，日本虽然有驻军，但是没有占领东北，他需要的代理人首先必须是亲日者；第二，必须是反对革命者；第三，必须是有能力者；第四，必须是有野心但缺乏坚定信仰者。

亲日者可远离英美；反对革命者即会反俄；有能力者值得支持；有野心者就有可能有独立倾向；无坚定信仰者多为唯利是图者，好利用。

只有符合这几个要件，才可能成为代理人，才能成为有用的代理人，才能成为长期的代理人，才符合日本"先占领满洲"的国策。

日本选择代理人是个复杂的过程，先后进入其视野的有清宗室善耆、蒙古叛匪巴布扎布、袁世凯的心腹段芝贵。但日本人很快发现，这些人都是扶不起的"阿斗"，把希望寄托在这些人身上，希望太小，风险太大。

经过12年的观望，日本政府开始将更多的目光移向在东北较有实力的政府官员身上，如张作霖、冯德麟、袁金铠、于冲汉等人。

为避免再次失败，日本政府于1916年6月派出重量级谋臣后藤新平，亲赴中国东北进行"政治考察"。

后藤新平走访了各界人物，听取了各方面意见，对数位预选代理人情况进行摸底排查、比较分析，得出初步结论：张作霖是最为合适的人选。

后藤新平认为：

（1）张作霖"朝中无人"，在中国官场上没有靠山可以依赖，地理上、政治上都远离中央，国家统一的概念淡漠，与中央易生枝节，日本调拨离间也就有了空间；（2）张作霖无官场经验，处理复杂问题就容易有漏洞，日本可以钻空子，有缝好下蛆；（3）张作霖根基在东北，有势力有能力，日本可借张氏之力外抵其他侵略者染指东北，内抗各种反日势力；（4）张无学问、无理论、无信仰，唯权是重，唯利是图，日本只要帮其固权获利，即可换来日本想要的东西；（5）张认识到了日本在东北的特殊地位，有投靠日本之倾向；（6）张作霖有成为东北王之实力，一旦将未来的东北大权控制在手，东北成为日本禁脔为期不远。这一分析是否合乎实情不说，最起码合乎日本选择代理人的标准。

自从寺内正毅内阁定下"援助张作霖是最为上策"之后，日本基本结束了对张作霖的猜疑，转而扶植张作霖。每遇关键时刻总是扶张作霖一把，张作霖表现得也很乖，总是恰到好处地画张"饼"，作为回报。

日本在没有选定张作霖之前，对东北的政策是"分而治之"。选定张作霖之后，日本改变了这种政策，因而，张作霖用了不到三年时间就统一了东三省。

许多人，包括个别学者都认为，张作霖的势力之所以膨胀得如此之快，是张作霖卖国求荣的结果。

其实不然，日本援张国策的制定，是经过长期的考察，最后经号称日本政治理论家的后藤新平系统阐述才确定下来的。执行"援张国策"最坚决的人多为张作霖身边的日本顾问。

要想奶牛多产奶，就得先把奶牛养肥。

张作霖就是日本人眼里的奶牛。

郭松龄举兵反奉，张作霖大难临头。可松井七夫、町野武马、仪峨诚也等日本顾问围在张作霖身边，帮助出谋划策，不离不弃。

为什么？

一是张作霖的讨郭令击中日本要害："郭松龄与左派相提携，欲使中国赤化，为苏俄所用，实为东三省之公敌。"寥寥数语，即将郭松龄推向了日本的对立面。

日本在东北最怕的就是苏俄，就是赤化。

因此，松井七夫致电日本政府：郭松龄是纯粹的激进派。如果他接替张作霖进入奉天，将立刻废除一切条约，日本的所谓特殊权利，将归于零。

二是日本关东军司令派出代表与郭松龄谈判，提出"援助"条件：如果郭松龄答应将金州、复州、海城、盖平等割让给日本，日本即给郭松龄以便利。

谈判破裂后，日本又转向张作霖，向张作霖开出"援助"条件：承认日本人在满洲享有土地商租权和杂居权；在东边道、洮昌道等城镇，设置日本领事馆等。

张作霖不假思索地说："行、行。"

张作霖两个"行"字，换来东山再起，也招来骂名；郭松龄一个"不"字，展现了气节，也导致全军覆没。

日本援助张作霖，这次不是最大的一次，但它是最关键的一次。张作霖给日本人画的"饼"不是最大的一次，但它是最迅速的一次，迅速得连几秒的间隔时间都没有。

没得到多少好处的日本人决定对张作霖下手。

对多次逃过暗杀的张作霖来说，这种日本人路上要对他下手的事宁可信其有，不可信其无。所以，张作霖曾打算坐汽车回奉，取道古北口出关。

但那时的公路坎坷不平，有的地方还没有公路，再加上汽车速度也不快，从北京到奉天，得走好几天。饱受颠簸不说，路上多山高林密之处，也难保安全。

况且，仅凭一些传言，堂堂的陆海军大元帅，当时的中国政府元首，就吓得连火车也不敢坐，未免让人笑话。所以，与众亲信商议之后，张作霖决定还是坐火车。

当时，张作相率部驻扎在北京至山海关一线，张作相担保这一段绝不会发生意外。留守奉天的吴俊升也拍着胸脯说，山海关至奉天这一段的安全由他负责，保证不会发生意外。有十几万奉军护路，安全应该没有问题。

6月3日凌晨1时10分，张作霖及其全体随行人员，抵达北京前门东站。

张作霖身着大元帅服，腰佩短剑，精神抖擞，踏上月台。

月台上送行的人人山人海。来送行的有北京元老、社会名流、商界代表，以及外国使节。

张学良、总参议杨宇霆、京师警察总监陈兴亚、北京警备司令鲍毓麟等也到车站欢送。

1时15分，张作霖的专列缓缓驶离北京。随车同行的有前国务总理靳云鹏、国务总理潘复、东北元老莫德惠、总参谋长于国翰、财政总长阎泽溥、教育总长刘哲等高级官员，还有日本顾问町野武马、仪峨诚也。另有张作霖的六夫人马岳清及三公子张学曾、随身医官杜泽先等。

张作霖所乘的是第10节车。这是慈禧太后当年专用的花车，后经改造，外部呈蓝色，人称蓝钢车。

这车厢在当时属先进设备，豪华舒适，它有大客厅一间、卧房一间，另有沙发座椅、麻将桌等。

6时30分，列车到达天津，停车后，靳云鹏、潘复等下车。日籍顾问町野武马也在此站下车，据称是与潘复去德州见直鲁联军司令张宗昌。

据日本关东军参谋长斋藤恒少将留下的《斋藤日记》披露，町野武马其实是日本安插在张作霖身边的间谍，他一直参与是否让张作霖"多活几天"的讨论，而且对刺杀张作霖的计划已有耳闻。

张作霖的儿女亲家、前国务总理靳云鹏本来是要陪同张作霖回奉的。火车到天津站时，靳云鹏的副官上车报告说，日本领事馆派人送信，当晚9点，靳云鹏的好友板西利八郎由日本到天津，有要事相商，请他立即回府。靳云鹏只好下车，回到天津的家中。

可是靳云鹏在家等了一夜，板西利八郎也没露面。心里正纳闷时，接到电报，得知张作霖被炸。靳云鹏这才恍然大悟，原来领事馆送的是假信，免得他和张作霖一同被炸死。

前交通总长常荫槐在天津站上车，陪张作霖回奉天。

下午4时，专车抵达山海关。餐车开饭，据张作霖身边的厨师朴丰田回忆，他和厨师赵连璧精心地做了六个菜、一道汤，菜是肉丝烧茄子、炖豆角、榨菜炒肉、干煎黄花鱼、菠菜烹虾段、辣子鸡丁，外加小白菜汤。马夫人说："明天的早饭就得到家吃了。"张作霖边漱口边说道："在火车上吃啥也不香，觉也睡不好。"

谁也没有想到这是张作霖最后的晚餐。

吃过晚餐，黑龙江督军吴俊升就上车了。

吴俊升是特地从奉天赶到山海关来迎接张作霖的。两人闲聊了一会儿，张作霖便同莫德惠、常荫槐、刘哲开始玩麻将。

车到新民站时，天已微明，玩麻将的人散去休息。从车窗往外看，只见铁路两旁"皆有步哨警戒，面向外立，作预备放姿势"。

6月4日晨，专车到达皇姑屯车站，实业总长张景惠等在此迎候，张景惠告诉张作霖，家人和其余文武官员都在奉天新车站（今老北站）等候。张景惠上车同行，但没有和张作霖坐一个车厢。

出皇姑屯车站不远就是老道口，继之是三洞桥。

三洞桥是日本人经营的南满铁路和中国京奉铁路的交叉点。

南满铁路在上，京奉铁路在下。

上边设有日本人的岗楼，老道口在日本人的警戒线内。

专车重又启动，张作霖坐的那节车厢，当时只有张作霖、吴俊升和校尉处长温守善。

早晨有些微凉，吴俊升关切地问张作霖："天有点凉，要不要加件衣服？"张作霖看了看手表，已是5点多了，便答道："算了，马上要到了！"

说话间，专车驶过三洞桥。

就在这时，突然听见两声巨响，眼前顿时烟腾火窜，飞沙走石。

车厢有的脱轨，有的起火。

张作霖所乘的车厢被炸得粉碎，车身崩出三四丈远，只剩下两个车轮。吴俊升头部飞进一颗大道钉，当即死亡。温守善受了伤，但不重，他急忙爬起来到张作霖的跟前，只见张作霖躺在地上，咽喉处有一个很深的窟窿，满身是血，人还有气。温守善用一个大绸子手绢把张作霖的伤口堵上，然后和张学曾一起，把张作霖抬到急急赶来的齐恩铭的汽车上。副官王宪武抱着张作霖横卧在车上，张学曾和随身医官杜泽先一边一个护着，车以最快的速度向大帅府驶去。

车进了帅府东院，众人把张作霖抬到小青楼一楼的会客厅里，杜泽先紧急进行抢救。随后，小河沿盛京施医院的英国大夫也赶来参与抢救。但终因伤势过重，张作霖于当日上午9时去世，年仅54岁。

同车的莫德惠头部受伤，实业总长张景惠颈部受伤，教育总长刘哲、总参谋长于国翰也被炸伤。后经英文《时事新报》记者披露，此次事件共计死亡20人，受伤53人。

这就是张作霖被炸死的具体经过，炸车时间是1928年6月4日凌晨5时23分，史称"皇姑屯事件"。

在远东国际军事法庭上，确定的中日战争的爆发时间，就是张作霖被炸死在皇姑屯的时间：1928年6月4日。

随行的日籍顾问仪峨诚也面部及手腕受轻伤。关东军认为："为国家前途，牺牲一个仪峨来爆炸列车，也是无可奈何的事。"

调查结果表明日本人作案嫌疑最大。

爆炸后,日本人为掩盖罪行,装模作样地提出中日双方共同调查。

日本关东军高级参谋河本大作是设计暗杀张作霖的直接凶手之一。

这一历史谜案,直到20年后才由事件的参与者东宫铁男供述出来。炸车时,东宫铁男上尉担任奉天独立守备大队中队长,驻守案发地三洞桥附近。他接受河本的指示,负责炸车的技术工作,因此,他洞悉整个事件的内幕。

河本大作自述,为了准确掌握张作霖返奉的时间,河本派竹下和田中两个参谋,赴京监视张作霖。张作霖的专车从北京一出发,竹下就向河本发来密电,报告了火车的预定行程。随后,河本电令石野芳男大尉到山海关,神田泰之助到新民屯,让他们报告火车到达和启动的具体时间。

在三洞桥等待张作霖的是一个必死阵,关东军专门从朝鲜调来工兵,工作6个小时,将120公斤黄色炸药,分装在30个麻袋内,装置在铁路交叉点桥墩上面的两处地方。

为了保证爆炸成功,他们设置了两道爆炸装置。同时,在桥墩500米外的瞭望台上设有电线按钮,以控制触发爆炸。

张作霖的专车驶到三洞桥时,因即将进站,列车已减速,时速十公里左右。

东宫铁男看见张作霖所坐的蓝钢车进入爆炸地点,便按下了按钮,当时设置两个按钮,东宫按的没响,另一人随即按响。

河本大作描述:"爆炸声响,烟火腾空而起,看这情形,我以为张作霖连骨头都炸没了……"

为了逃脱罪责,日本人策划了一个嫁祸蒋介石的阴谋。

5月27日,河本在关东军司令部邀见日本浪人安达隆盛,要他找3名中国人。

安达转托中国退伍军人刘戴明,以2万元成交,事后结账,先付刘戴明1000元。刘戴明觅得3名吸毒的无业游民,这3人一个叫查大明,另两个叫吴贵生、张文才。安达给他们每人50元钱,带他们到日本附属地的澡堂洗了澡,换上新衣服,好吃好喝供着,但不许出门。

6月4日凌晨1时,安达把3人带到三洞桥,查大明见势不妙,趁黑逃走。日本兵刺杀了吴、张两人,并在他们身上塞进表明与南方有关系的信件等物。

6月4日早8时,中日双方共同调查时,日本人有意误导中方调查人员说:"桥洞以南数十丈处,有便衣队二人,被守备队刺杀,请同往勘验。"大家跟着日本人向南走,果然发现有两具男尸。搜检衣袋,查出密信二封。调查人员当场打开一封信,是私人信件。又打开另一封信,有红格宣纸制成的信纸两页,已破碎不全。在信纸红格上部,横书"国民军关东招抚使用笺"。右边直书"革命尚未成功",左边直书"同志犹须努力"。日本人据此认定,这两个人肯定是蒋介石派来的南方便衣队。

但是,纸总是包不住火的。令日本人感到非常难堪的事情发生了,那个逃跑的查大明来到奉天监狱，要求收容保护。

张作霖被炸后，查大明听日本人宣传说是"南方便衣队"投弹炸了张作霖，再一看那两具死尸的照片，认出正是自己的两个伙伴。他马上意识到危险，就跑到了奉天监狱。

查大明向典狱长讲述了事情的经过："我们三人在南满站做小工，因吸食大烟，被日本警察抓走，拘留在一处，也没有审问。先给我们剃头洗澡，然后换上我穿着的这身新衣服和新鞋，并且给我们吃好的，喝好的。住了好几天以后，昨天半夜忽然把我们三个叫了起来，带到南满铁桥地点，对我们说，你们随便走吧！当时我觉得莫名其妙，可是我准知道日本小鬼子没安好心眼，早就提防上了。果然，这时过来几个日本兵，一语未发，用枪刺向头先的两人就扎。我一看不好，撒腿飞跑，拼命逃进城来。"

典狱长听罢，感到事关重大，立即报告上级。

至此，奉天当局掌握了确凿的证据，证明所谓"南方便衣队"完全是日本人嫁祸于人。

另一个参与此事的刘戴明也没好下场，事后向安达要钱时，被安达骗到旅顺杀了。

调查结果，双方的结论分歧很大。

日本人认为，这次事件"是南方便衣队投掷的炸弹"造成的。

奉天交涉署日本科科长关庚泽反驳说："爆炸如此猛烈，绝非人力所能投掷。"

6月5日，奉天兵工厂派俄国工程师罗米托夫和达尔尼两位专家，由关庚泽等陪同，再一次进行现场测察，并拍下现场照片10张。

调查后，俄国专家分析：炸药埋设两处，其一处是在桥洞南侧石垛上方与上边铁桥脚连接处，另一处，在中间桥洞之副桥北端，而且肯定炸药是"由铁桥上面安置的"，也就是说，是在日本人守备的南满铁路线上安放的。

据关庚泽的报告称：张作霖专列共20节。被炸车厢在中部，即第9~12节。第9节车厢上部及门窗，均被石块、枕木所毁，后部尤重。第10节大包车，是张作霖、吴俊升等所乘，车身几乎全被毁坏，仅剩前门框，后部车轮脱落向右倾斜，并有火烧痕迹。第11节是饭车，破坏最重，所有机轮都已损坏，又遭火焚。第12节车厢为睡车，前部损坏较重，也遭火焚。这一切都说明，日本人准确地掌握并操控了爆炸时间。

6月10日，日本人找到关庚泽，拿出一份日文报告，内称这次爆炸是南方派来的便衣队所为，要他签名盖章联合发表，遭到关庚泽的拒绝："在调查时，我曾声明，既然双方意见分歧，大可不必写共同调查书！"

日本人威胁说："如果你不答应盖章，日本军人将于你不利。"

关庚泽大怒而起："张大元帅偌大的人物都被炸伤，我这样一个小角色又算什么呢，随便吧！"

6月11日，日本人又到交涉署，要求签字，又被中国方面拒绝。

6月12日，日本陆军省只好单方面发表声明，可以断定他们是南方便衣队队员无疑。

1928年6月4日早晨起床后，张学良心里沉甸甸的。临行前父亲对日本政府表现出的强硬态度，以及之前得到日本有可能对父帅下手的情报，让他始终心存不安。

当日中午，张学良正在烦躁之时，副官匆匆进房，递上张作霖在皇姑屯被炸负伤的密电。密电是周大文亲自拍发的。周大文是张作霖的心腹，密电处处长，同车随同张作霖回奉。电报由他亲自拍发，也就是说大帅是真的被炸了。

张学良很想立刻起程奔赴奉天。但眼前关内的局势，却不容他一走了之。这一天，正好是他的生日。

张学良强制自己镇定下来，促成了和平让渡北京的办法，并决定军团部撤离北京，只留鲍毓麟旅在北京暂时维持秩序，待国民革命军进城接防后退出。

张学良的专列在抵达河北滦县时停了下来。

在这里，为部署奉军撤退事宜，张学良停留了大约两周的时间。诸事复杂，千头万绪，张学良为此忙得寝食难安，身心疲惫。

张作相来到山上，告之张作霖已经于6月4日伤重去世。如闻惊天霹雳，张学良昏倒在地。醒来后，张学良把部队指挥权交给杨宇霆，匆匆离开滦州。

张学良料到日本人一定会千方百计阻止自己回奉，甚至还有可能对自己下手，于是便化装成伙夫秘密返回奉天。

临行前，张学良换上了灰色士兵服，在脸上贴了块膏药，化装成伙夫，佩戴"王德胜"的袖标，在卫队营长崔成义、谭海、刘多荃等人的保护下，登上了卫队专列。

张学良坐在卫队骑兵连的闷罐车厢里，身旁跟着他的私人医生马扬。马扬日语说得非常流利，张学良把他带在身边，就是为了应付日本人。

蒸汽式火车必须不间断地加水才能行驶。列车刚在山海关停稳加水，就有日军士兵上车盘查。据知情者回忆，当时关东军已经下达了搜捕张学良的密令，重点就是奉军的军车。

张学良乘坐的是卫队专列，带头的日军军官一上车就警觉起来，命令士兵挨个验看。

张学良躺在车厢的角落里，一副似睡非睡的样子。日军士兵走到张学良身边，用刺刀捅了捅他。随行的崔成义等人马上悄悄地掏出了手枪，紧盯着日军士兵。日本人看了看张学良胳膊上的袖标，又仔细看了看张学良，张学良眼睛半睁不睁，打了一个长长的哈欠。日本兵离开张学良，转向下一个士兵。崔成义等人这才把手枪收起。

专列在山海关车站停留了约半个小时后,日本人才将列车放行。这之后,列车经过绥中、锦州、沟帮子等车站时,都有日军上车检查。但日本人万万没有想到,车上那个脸上贴着一块膏药的伙夫就是他们要找的张学良。

1928年6月24日,东三省议会联合会发表通电推举张作相为东三省保安总司令兼吉林保安司令,张学良为奉天省保安司令。但张作相"坚辞不就"东三省保安总司令之职,并建议由张学良担任"此一重要职务"。

张作相为什么自己不愿意担任东三省保安总司令呢?首先,张学良子承父业继承"大统"乃当时天经地义之事;其次,张作相对张作霖怀有深厚的感情,他不想"乘人之危"夺权;再次,新派和老派矛盾深重,如果处理不慎,容易引发内讧。

在这种情况下,张作相分头说服老派们支持张学良子承父业,以维护奉系团结。

1928年7月3日,张学良就任东三省保安总司令。

奉天有了新的领导人,一盘散沙的奉系又成了铁板一块。

关东军司令部里那些虎视眈眈的军官们本以为张作霖一死,东北肯定会因为抢班夺权出现大乱,没想到,张学良竟然异常顺利地接了班。

张学良成为新的东北王。

第十一章
脆弱的统一

第一节 二次北伐

冯玉祥联合国民革命军第三集团军总司令阎锡山，通电支持蒋介石回国，共同拥护蒋介石为国民革命军的总司令。

1928年1月2日，南京政府致电蒋介石："立即旋都复职，共竟革命全功。贵总司令许身党国，必有以副中枢付托之重，慰国人喁喁之望也。"

1928年1月7日，蒋介石正式表示"愿意"复职总司令，向国民政府上交复职书。9日发表《告国民革命军全体将士电》，宣称要"歼除奉、鲁军阀，实现总理之遗教，早出斯民于水火"。18日，正式复任总司令。

国民党二届四中全会于1928年2月2日开幕，出席会议的有中执监委31人。出席这届全会的人员，与二届全会选出的中执、监委委员比较，有很大变化。

在二届全会选出的36名中执委中，中共党员谭平山、于树德、吴玉章、杨匏安、恽代英已被开除党籍，李大钊已被害，朱季恂已病故，徐谦被停止职权；在24名候补中执委中，中共党员毛泽东、夏曦、韩麟符、董用威、屈武、邓颖超、许苏魂已被开除党籍，国民党左派邓演达也已被开除，路友于去世，陈其瑗被停止职权。这样候补中执委中有10人替补为正式。在12名中监委中，中共党员高语罕被开除党籍，8名候补中监委中，中共党员江浩被开除党籍，谢晋被停止职权，黄绍竑替补为正式。在这种情况下，会议仍缺席25人，几乎将近一半。

会议开了6天，主要是完成了宁汉沪合流后中央机构的调整和重组。

会议第二天，决定由蒋介石任中央政治会议主席，蒋介石、谭延闿、蔡元培、吴稚晖、张静江等12人为常委。同时，决定各级党部，一律暂时停止活动，各地党员在3个月内一律重新登记；各省由中央指定人选，成立"党务指导委员会"，以便将国民党统一到蒋介石的意志上来。

会议选举蒋介石、戴季陶、丁惟汾、于右任、谭延闿5人为中央执行委员会常务委员，不设中常委主席，日常事务由秘书处负责；选举蒋介石为组织部长，戴季陶为宣传部长，丁惟汾为训练部长，戴季陶、于右任、丁惟汾为秘书处成员。会议组成以蒋介石、戴季陶、陈果夫等9人为委员的民众训练委员会。这些新组成的中央党部机构，蒋介石的力量占了绝对优势。

会议决定军事委员会恢复主席制，军委会主席由总司令兼任，并选举蒋介石、何应钦、张群、贺耀祖、冯玉祥、阎锡山、钱大钧、刘峙、顾祝同、陈焯等73人为军事委员会委员。于右任、白崇禧、李宗仁、李济深、何应钦、朱培德、程潜、冯玉祥、杨树庄、蒋介石、阎锡山、谭延闿等12人为军事委员会常务委员。蒋介石任军事委员会主席。这使蒋介石更加有力地掌握了军权。

会议选举蒋介石、谭延闿、戴季陶、黄郛（蒋介石结拜兄弟）、张静江、宋子文、何应钦、孔祥熙等51人为国民政府委员；谭延闿、蔡元培、张静江、李烈钧、于右任为国民政府常委；谭延闿为国民政府主席。会议同时决定政府主要机构负责人，其中外交部长黄郛、财政部长宋子文、交通部长王伯群、劳工部长马超俊等均系蒋介石系统人马。谭延闿属于中性人物，便于为蒋介石所控制。这样，国民政府的实权，也落到了蒋介石的手里。

国民党二届四中全会，确立了蒋介石的领袖地位。他作为中常委兼组织部长、民众训练委员会常委，控制了国民党中央党部；他作为中央政治会议主席，通过一批位居要津的亲信和幕僚，成为事实上的政府控制者；他作为军事委员会主席兼军队总司令，更加牢固地掌握了军权。总之，经过辞职、复职，蒋介石在国民党、政府、军队的地位得到了进一步的巩固和提高。

在以后22年间的政治路线和政治活动，蒋介石基本上是沿着二届四中全会所确定的主线走下去。因此，这次会议既是蒋介石第一次下野的最后终结，也是他一生政治生涯的转折点。

蒋介石在1928年1月复任北伐军总司令之后，频频向美国暗送秋波，对美、英等国炮轰南京打死打伤2000多人的"南京事件"说成是共产党煽动而发生的，承认美、英为保护本国侨民"而不得已开炮轰击"的说法。这样，蒋介石扫除了他对英、美的外交障碍。

"南京事件"的解决标志着蒋介石政府和美、英列强的结合。

1928年2月18日，在冯玉祥的第二集团军司令部，蒋介石与冯玉祥举行了结拜仪式，互换兰谱，正式结盟。

蒋介石送给冯玉祥的帖子写道："安危共仗，甘苦共尝；海枯不烂，生死不渝。"而冯玉祥送给蒋介石的帖子写道："结盟真义，是为主义；碎尸万段，在所不计。"

蒋介石率军二次北伐，攻入山东后，再次受到挫败。

日军为阻止"以美国为背景的南军北上"，不让英、美势力向中国北方发展，借口保护日本侨民，决定再次出兵山东，并不顾国民政府外交部的抗议，于1928年4月下旬进攻济南，制造了举世震惊的"济南惨案"。

那时，奉系军阀张宗昌盘踞济南。张宗昌见蒋介石率北伐军来攻山东，知道自己的部队不堪一击，便要率军逃走，另派参谋长金寿良到青岛请日本快发救兵。

日本第6师团长福田彦助中将进占青岛后，正愁没有进兵济南的借口，现在见张宗昌前来搬兵，便满口答应驱赶北伐军，扰乱革命军的后方；但要求将青岛、济南、龙口、烟台等地都交日军负责"防守"。

张宗昌全部答应日军的要求。福田彦助又得到日本首相田中义一要他抢占济南的训令，于是便于4月25日派先头部队向济南进发。

日本侵略军被张宗昌引入济南，占领了济南医院、济南报社等地，并用沙袋筑起堡垒，设置活动电网，不许华人接近。

得知北伐军已占领济南门户万德，胶济铁路也被截断，张宗昌收拾金银财宝，连夜逃离济南至烟台，后乘船经大连亡命日本。

北伐军于5月1日占领济南，北伐军总司令蒋介石当日下午到达济南，任命第4军团总指挥方根武为济南卫戍司令，任命战地政务委员会外交处主任蔡公时兼任山东特派交涉员，负责与日本驻济南领署联系交涉。

国民党当局接管济南后，多次声明保护外侨，要求日本政府从济南撤军。

随后，蒋介石率众视察济南军情，发现日本军队在许多路口修起防御工事，摆出一副临战架势，荷枪实弹，待机而动。又见遍地都是日本散发的传单。

蔡公时说："济南商埠本是中国领土，日本竟敢公然出面声称保护，其狼子野心昭然若揭！"

第二天，蒋介石向日本驻济南领事西田畊一偕日军参谋提出要求："贵国士兵在济南市区高筑防御工事，实是引起我国人民之恶感，易招纠纷。为防止意外冲突，请贵军先行撤除一切防御工事。"

日本领事西田畊一当即回答道："总司令言之有理，我军马上照办。"

当天晚上，日军在济南马路上建的防御工事迅速撤去，日军撤回原驻地点，济南城内顿时不见日军巡逻车踪影。

蒋介石喜不自禁，以为日本人给了他好大面子，岂知日本早已视满洲为日本第二故乡，视山东为第二满洲。

为实现日本内阁决定的第二次出兵山东计划，日军第6师团司令福田与第11旅团司令斋藤多次密谋，故意装出接受蒋介石要求之态，麻痹对方。

5月3日上午9时许，北伐军一名徒手士兵经过日军警戒区时，被无故射杀。北伐军一部移往基督医院时，日军又突然开枪，与此同时又向国民北伐军第40军第3师第7团的两个营发起攻击，北伐军损失惨重。

第92师、第93师奋起还击，立即制止住日寇的嚣张气焰。

日军指挥官福田彦助见事不好，急派佐佐木到一去会见蒋介石，并威胁说"如不停火，中日将全面开战"。

蒋介石便派出10个参谋组成的传令班，分头到各部队传令，对日军停止还击。

不久，蒋介石派外交部长黄郛到侵华日军司令部交涉。

黄郛到了设在正金银行的日军司令部，福田彦助避而不见，只派其参谋长黑田出面接见。

黑田蛮横地提出北伐军必须立即停火，一律退出日军警戒区。

黄郛回来后便向蒋介石汇报，蒋介石顾忌"中日将全面开战"，严令北伐军不许还击。

但是日军得寸进尺，一面以武力将商埠区的北伐军全部缴械，一面派部队占领设在济南路局的外交部长办公处。

堂堂外交部长，号称"隐身仙人"的黄郛及其卫士亦被缴械，乖乖退出其办公处，迁往北伐军总部办公。

正当中国派人与日本人交涉时，恰有两个日本兵被流弹打死。

日军这下找到了挑衅借口，大举向中国军队驻地进攻。

日军凶焰万丈，不论官兵，见人就杀，一时尸体遍街，血流成河，哀声恸地，中国军队7000余人被迫缴械。

此时，蒋介石仍下令不准抵抗，只命战地政务委员会外交处主任蔡公时速去交涉，要求日军迅速撤退。

蔡公时正要与日本方面交涉，但见交涉署已被日军包围。

蔡公时只得拿起电话，要通日本驻济南领事西田畊一，询问因何发生冲突。

西田畊一狡黠地回答："不知何故互起误会，双方现应立即停战。"

蔡公时再派人出去，但全被日本兵开枪打回。全署人员被围困一天，又饿又乏。

上午9时左右，传令兵跑来报告："外面日本兵撞门，势极凶猛，怎么办？"

蔡公时略一沉吟，毅然决定："开门，请他们进来！"还没等传令兵转身，交涉署大门已被日军枪托撞开，20多个日本兵撞了进来，不容分说，剪断电灯、电话线，交涉署顿时陷入黑暗之中。

在日本兵的手电筒照射下，日本兵直入寝室，搜查枪械。

一个穿西服的日本人首先说："我们是为搜查械弹而来。白天被打死的两个日本皇军，必是你们署里的人干的，你们的主管是哪位？"

蔡公时挺身而出，婉言解释说："上午被打死的两个日本兵，确系为流弹所击，彼此误会。我们是外交人员，从来不带枪支，请不必搜查，免滋纷扰！"

那日本军官，一声令下，除蔡公时外，其他工作人员全部被绑了起来。

日本兵翻箱倒柜，抢了五大包文件，扬长而去。

不一会儿，又来一个日本军官厉声高叫："我们已经查明，大日本皇军确系署中人员所枪杀，非交出枪弹不能了结！"

蔡公时据理辩争，请求释放被绑人员。

日本军官恼羞成怒，命令日本兵也将蔡公时绑缚起来。

蔡公时忍无可忍，便操日语叱责道："汝等不明外交礼仪，一味无理蛮干！此次贵国出兵济南，说是保护侨民，为何借隙寻衅，肆行狂妄，做出种种无理之举动！实非文明国所宜出此。至于已死之日本兵，若果系敝署所为，亦应由贵国领事提出质问，则中国自有相当之答复，何用你们如此喋喋不休耶？若你们果系奉日本领事之命令而来，则单人即到领事馆交涉，亦无不可！"

一个会说中国话的日本军官冷笑道："你们的蒋总司令都不敢骂大日本皇军半句，他想找我们谈判，我们都没有兴趣。你的官儿有多大，再大也大不过蒋先生！"

那日本军官还不解气，一巴掌掼在蔡公时的脸上，顿时把他打得鼻青脸肿，鲜血直流，还咬牙切齿骂道："你不要命啦，竟敢辱骂皇军，把你送到蒋总司令手里，他也得杀了你，再向大日本皇军道歉！"

蔡公时义愤填膺，痛斥他们说："你们这些强盗！我早就看透你们。现在我以一个中国人的身份痛斥你们这帮强盗。"

日本军官兽性大发，便命日本兵将中国人绑在柱子上肆意毒打，命日本兵挥动刺刀割耳、切鼻，顿时鲜血喷流，血肉模糊，惨不忍睹。

那日本军官原以为会把蔡公时吓得屁滚尿流，求饶性命，不料蔡公时虎目圆睁，大声怒骂："日本强盗禽兽不如，此种国耻，何时能雪！"

交涉署庶务张麟书、参议张鸿渐、书记王炳潭等也争相痛骂怒斥日军。

日军先将张麟书耳鼻割下，又断其腿臂，血肉狼藉，不成人形！

日军仍不放手，又将蔡公时等人的绑绳砍断，三人一组，拽出屋外。

蔡公时被第一批拖到交涉署院内，牺牲在日军的乱枪之下。勤务兵张汉儒乘枪声一响，应声倒地，后找机会死里逃生。他作为现场见证人，写下了《蔡公时殉难始末记》，揭露了日寇犯下的滔天罪行！

日军屠杀了蔡公时和交涉署人员后，听说北伐军蒋总司令仍在济南城内，于是派兵又包围了北伐军总部办公楼。

日军情报非常准确，此时蒋介石正和"隐身仙人"黄郛密商逃脱之计，听见外面枪声渐紧，急忙吩咐黄郛与日本交涉。

黄郛要求日军停止射击，日军公然侮辱黄郛，还把南京政府的堂堂外交部长扣压一天。

面对日本的蛮横态度，这时蒋介石已知日本人根本没有给他面子。

为了委曲求全，蒋介石气急败坏地吩咐说："给我下令，停止向日军还击。真把日本人激怒了，我的面子往哪里放。不要慌，务必采取镇定、和平态度，要顾全大局。"

蒋介石说罢，又派熊式辉深夜赶往日军司令部交涉，但被日军轰了回来。

5月4日，蒋介石命外交部长黄郛致电日本首相兼外务大臣田中义一，指出"似此暴行，不特蹂躏中国主权殆尽，且为人道所不容。今特再向贵政府提出严重抗议，请立即电令在济日兵，先行停止枪炮射击之暴行，立即撤退蹂躏公法、破坏条约之驻兵，一切问题当由正当手续解决"。

日本政府根本不把这个抗议照会放在眼里，不予置理，反而扩大济南事态，更疯狂地向中国公民开炮射击。

蒋介石一味忍耐，连连派出黄郛、熊式辉、罗家伦、赵世暄、崔士杰、王正廷与日本谈判，都被日本轰了回来。于是，蒋介石又急电在东京的张群直接找日本当局谈判。

日本方面的意图是很明显的，他们想先把蒋介石势力控制在济南，与其签订城下之盟，阻止北伐军北上，从而使日军控制华北大片领土。

为此目的，日寇不但没有把事态平息下来，相反还加紧进攻，企图消灭蒋介石的部分力量。

蒋介石见济南的事态不但平息不下来，相反有越来越紧急的势态，于是他整顿了北伐军，拉着黄郛等人在混乱中溜出了济南。

蒋介石、黄郛等从济南逃出后，来到党家庄住下，修书送给日军。

"福田师团长惠鉴：自本月3日之不幸事件发生，本总司令以和平为重，严令所属撤离贵军所占区域。现在我各军已一律离济，继续北伐，仅于城内留相当部队，借维秩序。本总司令亦于本日出发，用特通知贵师团长查照，并盼严令贵军立即停止2日以来一切特殊行动，俾得维持两国固有之睦谊，不胜企盼之至。国民革命军总司令蒋中正"

事前，福田已通过安插在蒋介石身边的顾问佐佐木，得到蒋介石的传话："革命军为避免糜乱地方，决不与日军冲突。"

福田接到这封来信，才知道蒋介石改道北上，继续北伐，并得悉已离开济南，急得顿着脚咆哮道："糟了，北伐军继续北上，以后的事更难办了！"

福田彦助恼羞成怒，便于5月7日下午向蒋介石提出最后通牒。

"蒋总司令阁下：贵总司令屡违对于中外之声明。此次由贵部下之正规军实现此不忍卒睹之不祥事件，本司令官不胜遗憾。平加诸帝国军部及居留民之一切损害，以及有关毁坏国家名誉之赔偿等，虽有待于帝国政府他日之交涉，本司令官不欲置喙，然敢对贵总司令要求左列事项：一、有关骚扰及暴行之高级武官，须严厉处罚。二、对抗我军之军队，须在日军阵前解除武装。三、在南军统辖区域之下，严禁一切反日宣传。四、南军须撤退济南及胶济路沿线两侧20华里之地带，以资隔离。五、为监视右列事项之实施，须于12小时以内开放辛庄及张庄之营房。盼右列事项，于12小时以内答复。临时山东派遣第六师团长福田彦助"

北伐军将领见这个最后通牒简直把北伐军当做战败国看待，把抗日将士作为投降的战俘，大都气炸心肺；但蒋介石不愿以"小不忍而乱大谋"，因此除第二条外，准备全部接受。当下拟定六项答复，并派熊式辉、罗家伦前去交涉。

福田彦助看了蒋介石的六项答复，并不满意，他横眉怒目回答："规定时间已过，不必再谈！"

福田彦助蛮横地赶走派去的使者，随即下令对济南发动攻击。

济南军民在济南卫戍副司令苏宗辙的指挥下，与日寇奋战，特别是邓殷藩团第9连连长郭德芳与部属发誓说："我们生为军人，死当卫国。今天的事，日本人逼得我们实在忍不下去了！为国家，为人民，正是我们牺牲报国的时候了！我们不忍心，也不愿意亲眼看到祖国河山破碎，而束手被擒！我们要本着'有敌无我、有我无敌'的精神和决心，与敌人拼一个你死我活！"

北伐军将士以散兵战术抗击日寇的立体战术。

留守济南的李延年、邓殷藩两团将士，与日寇激战三昼夜，直至接到蒋介石令他们撤退的密电后，才撤出济南。

北伐军撤出济南后，日军于5月11日上午举行"显扬国威"的入城式，开始惨绝人寰的大屠杀：见人就开枪射击，见女人就割去双乳，乱刀刺死。

济南死伤军民1.1万余人，真是血流成河，尸横遍地，惨不忍睹，举世公愤！

当时，作为北伐军总司令的蒋介石在日军血腥屠杀面前，也作了如下表示：

"5月3日，日本帝国主义者在济南横阻我们北伐，残杀我们同胞，霸占我们土地，这是中国民族最耻辱的一个纪念日！临到这个纪念日，凡是中国人，凡是我们的黄帝子孙，对于这种耻辱，是永不能忘怀的，日本种种野蛮行动简直就是禽兽，如果不谋报复，我们就不能算是中国人！我国国民政府是绝不会因为他们的压迫而对他们屈服的！"

蒋介石当时的这一讲话，虽然反映了他对日本军队野蛮行径的痛恨和谴责，但在日寇野蛮屠杀之际，他却下令："须知我们报仇雪耻的敌忾心，绝不能暴露出来，要通过外交途径解决！"

原来，张群奉蒋介石之命已于5月4日到达东京。

后来蒋介石电告张群，告诉他发生了"五三济南惨案"。

张群奉命与日本外务省亚洲局长有田八郎和日本参谋第二部长松井石根联系，求见日本外务省次官出渊胜次和军部首脑伊藤安之助少将，发现日本军方气焰极为嚣张，叫嚷"中国北伐军必须投降"，"要蒋介石自己来日本交涉"等。

张群跟日本军政官员无法会谈，又通过老关系见到日本首相田中义一。

在会见中，张群试图用三寸不烂之舌向日方游说："中、日两国必须友好，而要达到全面亲善之目的，必须让国民革命军完成北伐，统一中国。因此，国民政府希望日本政府不仅对北伐不加阻挠，更应站在正义的立场上，同情并帮助中国革命。对于济南事件，不要任凭当地双方军队直接冲突，应该通过外交交涉予以解决。"

田中义一对张群的话根本听不进去，但为掩盖日本政府业已通过的增兵山东的决议，他便通知张群，说日本将派参谋本部第二部长松井石根作为日本的全权代表，赴山东处理济南事件，希望中方与松井进行谈判。

5月8日，张群再次会见日本首相田中义一，说明："中国北伐军总司令蒋介石来电表示：如果日本出兵只意在保护日侨，不影响国民革命军北伐，则我们必将尽力完成北伐，达成统一中国之使命。至于济南惨案，如果查明其曲在我，我们亦愿向日本道歉。总之，对于一切事件，我们均将以光明磊落的态度来了结。"

张群又说："福田师团长曾提出要蒋总司令往他的师团部与他直接谈判，对那种'城下之盟'的要求，中国方面当然不能接受。既然田中首相决定协派松井中将前往济南，则福田所提出的无理要求当已作罢。"

田中义一不得已接受张群的意见，催其速返中国。

张群于5月8日离开日本，13日到达上海。

张群到沪后，接到国民政府主席谭延闿一封信，希望他担任与日本代表松井石根的谈判任务。

张群正要赴徐州向蒋介石汇报东京之行的情况，忽然接到蒋介石派赴济南的谈判代表何成濬的报告，说尽管中方完全答应日方提出的最后通牒条件，但日方福田彦助师团长仍坚持要中方接受其无理要求：在侵华日军撤退前，中国必须将抵抗日军侵略的方振武、贺耀祖、陈调元三军团，在日军面前解除武装，将抗日军官处以严刑，如不照日方条件处理，日方即不再接见中方代表。

张群认为这是节外生枝的要求。

张群随后根据蒋介石的指令，催促国民政府向国际联盟秘书长德兰孟、美国总统柯立芝，要求根据国际联盟盟约第十一条第二项规定立即召集理事会会议，要求日军停止暴行并立即撤军。

同时张群于5月14日致电日本首相田中义一，指出："查福田师团长此等态度，与首相及诸公对张群之表示，大相径庭，不知何故！且当日张群与首相面谈后，复承佐藤先生赴参陆各部传述首相意旨，想福田师团长必已接洽，何尚坚决若是？（张）群意拟请松井先生遵照首相意旨，克日首途，一面电达福田师团长，静候和平解决，两国幸甚！迫切陈词，伫候电音。"

日本政府对张群的交涉电不加理睬，反而于5月18日送来日本政府第三次出兵山东声明书，声称济南事件是"日本为保护山东日本侨民及确保胶济路之交通而为之"。

济南事件是日本军政府对中国的一次试探，这次冒险取得了成功，但是日本的野心绝不仅仅限于山东，这次牛刀小试为的是更大规模的行动。田中义一内阁在蛮干的道路上越走越远，原本谨慎的扩张政策正式被打破，接下来日本要做的就是掀起更大的风波。

1928年6月8日，国民革命军进入北京，6月15日宣告北伐成功并发表对外宣言。

对外宣言明确提出，要求同各国"遵正当之手续，实行重订新约"。

美国和西方诸国先后签订了有关条约，日本则因济南惨案与中国"处于邦交断绝状态"，对华贸易陷于困境，而田中内阁在国内外失掉人心，声名狼藉。

在这种形势下，日本政府才被迫同中国由军事交涉转入外交谈判。

在中日谈判"济南惨案"的过程中，田中内阁提出三项无理要求：

其一，日方不派全权代表，只派日本驻沪商务领事矢田七太郎为代表；

其二，谈判地点在济南；

其三，谈判的前提是先向日本道歉、赔偿损失、惩罚凶手、保障侨民安全。

不答应这三条，不进行谈判。

在全国人民的抗议浪潮中，南京国民政府拒绝了日本的无理要求。

1928年7月6日，宣告北伐成功后，北伐军各路总司令、各路总指挥祭灵大典在北平西山碧云寺举行，蒋介石主祭。

蒋、桂、阎、冯四系联合北伐奉系取得胜利后，决定在北平举行四总司令祭灵盛典，召集国民党军政要员、各集团军总司令、总指挥，都到北平参加盛典。

上午8时20分，祭典开始，由蒋介石主祭，冯玉祥、阎锡山、李宗仁襄祭；与祭的还有中央党部代表吴稚晖、国民政府委员周震麟、战地政务委员会主委蒋作宾，各集团军高级指挥官白崇禧、鹿钟麟、朱培德等，以及北平特别市市长何其巩，北平政治分会与工商学界代表共数百人。

灵堂布置庄严肃穆：上悬国旗与"精神不死"四字横匾，门口交叉悬挂国旗与党旗，灵柩前另置香案，上方挂放大到5尺的孙中山遗像，旁竖"天下为公"及"革命尚未成功，同志仍须努力"的联句。灵前并置有孔祥熙与吴木兰的挽联。

祭典开始，首先奏哀乐，由主祭献花，全体行三鞠躬礼。接着由商震宣读国民党中央执行委员会祭文和蒋介石的祭文。然后司仪宣布主祭偕襄祭恭谒总理遗容，由守灵卫兵揭灵。

蒋介石目睹孙中山遗容，忽然抚棺恸哭，冯玉祥、阎锡山也频频挥泪，全场气氛非常哀伤，唯独李宗仁在一旁肃立，没有掉一滴眼泪。

蒋介石哭了很久还未停止，冯玉祥只好走上去劝了许久，蒋这才止住了哭，将仪式完成。

祭典完成，蒋介石回到含青舍，对宋美龄说："方祭告总理时，闻哀乐之声大作，虽欲强抑悲怀，仍泪满襟臆，体力几不支矣！及瞻仰遗容，哀痛更不能胜。"

做秀容易，解决现实问题一点不容易。

中日山东问题，并未因宣布北伐成功而告终。

1929年1月23日，田中义一亲自向日驻华公使芳泽谦吉面授机宜，命他作为日本的全权谈判代表到达南京，与外交部长王正廷开始外交谈判。

在开始阶段，王正廷坚持主张，日军如不从山东撤军，"济南惨案"就不能解决，并郑重提出解决"济南惨案"的四项条件：（一）日本政府郑重道歉；（二）赔偿中国财产损失；（三）严惩主凶；（四）日本保证此后不发生此类不幸事件。

对此，芳泽谦吉小眼一瞪，荒谬地提出所谓"对等要求"。日本提出的所谓"对等要求"是什么货色呢？就是中国政府要向日本政府赔礼道歉，赔偿损失，惩办肇事人。

王正廷严词驳斥说："济南惨案的发生出自日本兵枪杀中国百姓，向日本道歉、赔偿，这完全是颠倒是非，混淆黑白！"

芳泽词穷耍赖，结果不欢而散。

在1月29日的谈判中，芳泽开始接受撤兵条件，但又借口请示，从南京跑回上海。

芳泽谦吉刚回到上海，便接到日本政府指示，令其"相机行事"，蒋介石也命谈判代表王正廷、崔士杰"因事赴沪"。

这样，双方代表继续在上海谈判。

中日双方达成三项决定：（一）日本无条件从山东撤军；（二）"济南惨案"责任及赔偿问题，由双方组织调查委员会，赴济南调查后再定处理办法；（三）蔡公时等被害之事，日方另行向中国道歉。

蒋介石为推行其外交政策，在"济南惨案"的责任问题上放弃了原来立场，同意日方提出的"对等要求"，即双方互相道歉。道歉的方式，由于日本坚持不愿到南京政府外交部，而日本驻南京领事馆又与外交部不对等，最后双方决定，两国代表都到南京鸡鸣寺会晤，以同样的辞令各自向对方表示歉意。

谁知到2月8日芳泽谦吉又奉命推翻了上述三项决定，别有用心地耍赖声称："日本政府对三项协定提出了异议，日本方面不准备索取赔款，也反对对方要求赔款。"

日本方面为何在赔款问题上出尔反尔呢？

对于其中的奥妙，当时的日本驻上海的总领事、后任此次谈判的日本代表重光葵在《外交回忆录》中讲得十分清楚："日本又生怕中国方面提出诸如要求日本修复济南战争中被破坏的城墙，要求日本支付巨额赔款，赔偿在战争中丧生的中国居民的生命财产。据报道，当时中国方面遭受的损失达数亿元。"

2月18日，日本外务省召开会议研究对策，外务次官给重光葵下达训令说："企图完满地解决'济南事件'是一个根本性错误。正因为芳泽公使（当时他已任命为驻华公使）已经与中国达成了协议，所以才会发生今天这样的障碍……我提请你注意，脑子里必须经常记住一点：必须破坏这次谈判！"

日本首相兼外务大臣田中义一更老谋深算，他指示重光葵在谈判中要压中方做出更大的让步，从而打开中日关系的僵局，全面推行"积极政策"——即侵占中国，灭亡华夏。

这时，日本驻华公使芳泽和驻上海总领事重光葵派出特务四下活动，蒋介石身边的日本间谍佐佐木到一更把国民党内部各派系的底细了解得清清楚楚。

他们分析认为："蒋中正为了与当时还残存在北方的军阀，尤其是与冯玉祥、阎锡山的势力相对抗，完成中国的统一，蒋在解决'济南事件'时，必将会符合日本方面希望的意向，采取全面退让态度。"

重光葵回到上海，蒋介石就派外交部亚洲司司长周龙光到上海租界的三井别墅拜访了重光葵。

周龙光小心翼翼地请求道："听说总领事阁下负有日本政府赋予的重大使命，对于解决'济南惨案'定有高明打算，请给予关心，设法加以解决。"

重光葵老谋深算，见周龙光素质低下，就像精明的投机商人一样，丝毫不露日本当局的底牌，狠命压价说："我是大日本帝国驻上海总领事，与日中谈判无关。但依我看来，今天的（日中关系）状况真是太糟糕，太愚蠢了！"

"本人奉命找到一条打开僵局的道路，请阁下运用影响大力帮助。"

"如果中方向日本索取赔款，那么，日中关系只会恶化。"重光葵威胁说。

周龙光闻听此言，沉不住气："中方无意要求日本赔款！"

重光葵如获至宝，马上紧紧抓住不放，追问道："这是真的吗？"

"当然是真的，我以外交官身份担保！"

"你跟我说的是不是新任外交部长王正廷所希望达成的？你说不打算要求赔款，这是外交部长王正廷的意思吗？中国方面是否真有此想法，请你回去商量商量，再把结果告诉我。"

为了迫使蒋介石继续退让，重光葵眼珠一转，鬼话连篇地说："我虽是总领事，但为解决'济南惨案'，也要再考虑一下不赔款的做法是否行得通。"

重光葵打发走周龙光，忙与日本驻华公使芳泽谦吉商量。

芳泽大喜，两人决定相机行事，压蒋介石再作让步。

不久，重光葵刚从南京回到上海法租界的三井别墅，周龙光就气喘吁吁求见，并开门见山地说："总领事，我可以告诉你一个好消息，王外长也打算按这种办法谈判。"

"好，那可请王外长立即与我方取得联系，重开谈判！"

"那好，但必须进行秘密谈判。"

"这又为何？"

"南京老百姓听说王部长要对日本人让步，就会群起捣毁他的住宅，因此，这个谈判只能秘密进行。要让老百姓知道了谈判内情，肯定是会弄砸的。"

不久，重光葵和王正廷先后来到周龙光的亲戚家。

重光葵和王正廷在吸鸦片的床上对坐着，手里摆弄着吸大烟的各种工具，稍事寒暄，便开始谈判。

王正廷一改对上海新闻界发表激昂慷慨讲话的冠冕堂皇言辞，不再摇晃革命旗帜了，向日本人表态说："周龙光是我的部下，他所说的一切都是本外交部长的意见。"

重光葵盛气凌人地讲出日本驻华公使芳泽谦吉提出的条件："我认为日华双方所受损失相差无几，相信完全可以立即抵销。"

王正廷在蒋介石指使下，不顾日军在"济南惨案"中惨杀6123人的血的事实，顺水推舟说："由于'济南惨案'之发生，中方已蒙受损失，而芳泽公使亦屡陈日方也有损失。由于以上皆属事实，凡属中方义务者，国民政府自当履行。"

就这样，在吸鸦片床上，王正廷与重光葵、芳泽谦吉初步达成了有利于日本政府的解决方案。

对中日初步达成的方案，蒋介石的南京政府内部存在强烈的意见分歧。

为此，芳泽谦吉、重光葵一面对王正廷软硬兼施，施加压力，一面又会晤宋子文，要蒋介石亲自出面"抑制不同意见"，最后，终于在南京政府内部消除了异议。

3月28日，王正廷和芳泽谦吉在南京政府外交部签署了解决"济南惨案"的文件：

《济南惨案协定》规定：一、撤兵之实行与正式会议同时开始，至多两个月内将山东现有日本军队撤去，接受办法由双方各派委员就地协商办理；二、此后国民政府对于日侨之保护，视为当然之事；三、共同组织调查委员会；四、双方损害赔偿问题，俟调查委员共同负责清查后，互以名义上声明，采取宽大主义办理之。双方视此不快之感情，悉成过去，以期两国邦交益臻敦厚。

这个协定是蒋介石国民政府向日本政府屈服的一个协定，当然遭到国人的愤怒谴责。

但作为当时的北伐军总司令，掌握实权的蒋介石，却要中国人民忍受这种耻辱，他说："图报国仇，谋雪国耻，要使中国不受帝国主义的欺侮，真正达到独立自由的目的，今日只有忍辱负重，卧薪尝胆，十年生聚，十年教训，效法往哲先贤的志节，深信失土必能收回，国耻必可洗雪！"

"济南惨案"最终是通过外交途径解决的，这也让国民政府在此后的中外争端中，更倾向于用嘴皮子解决问题。

第二节　东北易帜

1928年6月8日，东北尚未统一，为何蒋介石的南京国民政府宣告北伐成功并发表对外宣言？

这与国民党的前身中国同盟会有关。

"驱除鞑虏，恢复中华"是尽人皆知的中国同盟会誓词，但对这八个字的解释却历来并不清晰。

孙中山恢复华夏实际就是恢复明末的中国，这是革命党的局限。

孙中山、黄兴、章太炎等1906年在日本制订的"中国同盟会革命方略"中有这样的解释："一、驱除鞑虏：今之满洲，本塞外东胡。昔在明朝，屡为边患。后乘中国多事，长驱入关，灭我中国，据我政府，迫我汉人为其奴隶……义师所指，覆彼政府，还我主权…… 二、恢复中华：中国者，中国人之中国；中国之政治，中国人任之。驱除鞑虏之后，光复我民族的国家。敢有为石敬瑭、吴三桂之所为者，天下共击之！"

这个阐释的含糊之处在于没有说清其中的地域概念，历来人们往往把誓词理解为推翻满清政府，在旧政府原有的全部领土范围内建立新国家，但实际上这种理解并不准确。

"驱除"并不等于"推翻"，当然也不是"灭绝"，"驱除鞑虏"自然是要把"鞑虏"驱赶到某个地方去，按照明朝开国的旧例，是把异族赶回其祖居之地，就是要把满族赶回满洲，如当年朱元璋把蒙族赶回蒙古草原，这里就含有分裂的意味；"恢复"自然是回到原来的情形，汉族被满清灭国前的情况，也就是明朝末年的汉族居住地区，大致相当于十八行省的范围，因此"恢复中华"主要是在这汉族聚居的十八行省范围恢复建立汉族国家（这个范围没有包括东三省、内外蒙古、新疆和西藏，只相当于当时中国领土的一半不到），而视满、蒙、回、藏等少数民族聚居区域为可有可无之地。

"在十八行省恢复建立汉族国家"思想的第一个来源是中国的历史传统。

孙中山一向以继承明太祖朱元璋的事业自勉，在1906年《民报》创刊周年庆祝大会上孙中山说道："明太祖驱除蒙古，恢复中国，民族革命已经做成……这便是民族的国家、国民的国家、社会的国家皆得完全无缺的治理,这是我汉族四万万人最大的幸福了。"

1912年2月12日南北议和成功,清帝刚刚退位,孙中山就决定于15日在南京举行民国统一大典,亲率民国政府各部部长及右都尉以上将校参谒明孝陵,异常隆重地祭祀明太祖朱元璋,祭文中有:"从此中华民国完全统一,邦人诸友,享自由之幸福,永永无已,实维我高皇帝光复大义,有以牖启后人,成兹鸿业。文与全国同胞,至于今日,始敢告无罪于我高皇帝。"以共和国总统的身份,率领整个共和国政府,以如此规格祭祀一位封建王朝皇帝,其追怀崇敬之情可以想见,实际上"驱除鞑虏,恢复中华"就是来源于朱元璋讨元檄文中的"驱除胡虏,恢复中华"。

关于恢复建立汉族国家的土地范围,虽然也有不同的说法,但还是以"十八行省"最为普遍接受。孙中山认为这就是汉族的传统疆域:"且支那国土统一已数千年矣,中间虽有离析分崩之变,然为时不久复合为一。近世五六百年,十八省之地几如金瓯之固,从无分裂之虞。"

1905年秋与汪精卫谈到军政府时,孙中山说:"迨乎成功,则十八省之议会,盾乎其后,军政府即欲专擅,其道无繇。"当时流布最广、影响最大的邹容《革命军》也称:"昔之禹贡九州,今之十八省,是非我皇汉民族,嫡亲同胞,生于斯,长于斯,聚国族于斯之地乎?"武昌起义后,军政府以象征十八省铁血团结的"十八星旗"为国旗,对全国发出的文告也都以"十八省"为号召。

当时革命派中流行的思想,是并不把满蒙等少数民族区域当做中国固有的领土,所以在革命后建立新国家时可有可无。

1908年,《民报》文章《仇一姓不仇一族论》中批判满清政府时称:"甲午之役,括吾民之膏血以赎其长白山之故巢,亦既无赖极矣。"这等于否认辽东半岛是需要保全的中国领土。

可以看出革命派中存在着以在汉族聚居的十八行省恢复建立汉族国家的革命建国思想,对于满、蒙、回、藏等族聚居区,则认为在新国家中可有可无,偏激一点的甚至认为没有更好。

狭隘的"民族建国主义"为日本黑龙会等侵华势力提供了可乘之机。

日本黑龙会1901年2月3日成立,其宗旨是:"回顾东亚的大局和帝国的天职,为实行兴隆东亚的经纶,挫折西力东渐之势,目前的急务是先与俄国开战,在东亚将其击退,把满洲、蒙古、西伯利亚连成一片,建设经营大陆的基础。"黑龙会的创建者和领袖是内田良平。

从黑龙会的宗旨可以看出,这是一个凶恶的侵华组织,其目标是先击退1900年庚子之变中出兵侵占我国东北三省的俄国势力,进而吞并东北三省、蒙古和俄国的西伯利亚,这一地区有著名的大河黑龙江,所以定会名为"黑龙会"。

黑龙会通过公开的舆论鼓吹和私下游说高级军政官员，对推动日俄战争的爆发起到了重要作用，日俄战争的结果终于使日本侵华势力侵入我国东北。

值得一提的是，黑龙会的领袖内田良平1894年就曾经建立"天佑侠"组织，深入到朝鲜东学党起义军中，对推动中日甲午战争的爆发起过一定的作用，可以说是日本对外侵略的急先锋。

然而黑龙会以及它的领袖内田良平，却与中国同盟会以及孙中山建立了相当密切的合作关系。

内田良平1898年就通过宫崎寅藏与孙中山相识，1900年到新加坡帮助孙中山组织广东惠州起义。1905年7月孙中山从欧洲再到日本，具有重大历史意义的中国同盟会成立筹备会就是于7月30日在东京内田良平家中召开的，会上内田良平正式加入了中国同盟会，不久，当时的黑龙会会员、后来日本法西斯主义的灵魂北一辉也加入了中国同盟会。

内田良平一直游说同盟会成员，以中国革命后在长城以南建国，满蒙让给日本，作为日本援助中国革命的报酬。

孙中山是伟大的爱国者，中国同盟会是伟大的爱国团体，这是没有疑问的，那么何以孙中山和同盟会与日本一部分侵华势力能够形成如此密切的关系呢？

有些学者难以理解这一点，曾经竭力加以辩驳。

实际上，孙中山和革命派中的一部分人，虽然是坚定的爱国者，但仍然不免有其思想和认识上的局限，这是局限性而绝非卖国。

这也可以理解为何革命党人意识到政治上的局限性后，都与日本侵华势力分道扬镳。

但是正是这种早期的局限性给日本侵华势力提供了可乘之机：

第一，革命派中流行着狭隘"民族建国主义"及由此产生的在十八行省建立汉族国家的革命建国思想，把满蒙置于可有可无之地。其极端的表现是认为"两民族必不能并立于一政府统治下"，这一方面是受欧洲民族主义的影响，另一方面是认为满蒙历史上不是传统的汉族聚居区，或许也因为看到日本作为一个单一民族国家的迅速崛起。

第二，不了解我国北方汉族在清代大规模扩散，因而形成广阔的民族杂居区域的国情，因此对国家和民族分裂可能给各族人民带来的巨大灾难缺乏认识。由于巨大的人口增长，清代直隶、山东、山西、陕西等省汉族人口向东三省、内蒙、新疆等地大规模移民，形成了广阔的民族杂居区，革命派中大多是南方人，孙中山长期漂泊海外，对南方沿海人口移居海外的情形非常熟悉，而对北方人口分布的重大变化认识不清，因此对国家和民族分裂可能造成的后果估计不足。

第三，可能还有为整体利益牺牲局部的想法，这与列宁和德国签订代价很大的布列斯特条约有些类似。

1912年2月初南北议和成功的前夕，孙中山、黄兴通过森恪与日本政界元老井上馨、山县有朋等商谈由日本提供给革命党一千万到二千万日元的援助，换取中国以某种形式把东三省让与日本，由于2月12日南北议和成功，这一意向被无形打消。

实际上，由于当时国际、国内巨大的反对力量，这一意向几乎没有实现的可能。

所幸经过全国维护国家统一的绝大多数政治派别的共同努力，南北议和终于取得成功，使国家转危为安，顺利实现统一，当时唯一激烈反对南北议和的只有头山满、犬养毅、内田良平、北一辉等与中国革命派关系密切，来华参与革命的日本人。

南北议和的妥协性，表现了辛亥革命的不彻底性。但另一方面，世事向难两全，惟其妥协，惟其不彻底，才能够容纳国内多数派别的意愿，使民族团结和领土完整得以大体维持，避免了国家分裂和民族仇杀的巨大灾难。

在东北与南京交涉易帜期间，日本方面一再表示强烈反对。

土肥原贤二曾送张学良一本《日本外史》："这是日本著名历史学家赖山阳的大作。他把年轻的丰臣秀赖的可怜处境描写得活灵活现。因为不听他岳丈德川家康的摆布，结果被德川家康无情杀害，葬送了父亲丰臣秀吉打下的江山。今天东三省的实际情况，和我们日本当年德川幕府初期何其相似乃尔！"

土肥原贤二见张学良沉默不语，以为他害怕了，更加趾高气扬地威逼利诱："我已把这本书的重要段落用红笔特意标出，请张总司令阅读时悉心体味，我以老朋友的身份奉劝张将军，还是搞东北独立，当满洲王好。你也不必费劲儿办什么东北大学，工科人才由我们的旅顺工大代你培养，文科和法科人材可送留学生到日本免费留洋，由日本帝国代为栽培。如果和大日本帝国作对，恐怕……"

从民族国家大义出发，面对国家分裂和民族仇杀的巨大灾难，张学良没有试图玩独立建国；也没有投入日本人的怀抱，像日后的爱新觉罗溥仪，搞个"满洲国"的皇帝干。张学良依然继续与国民政府开始谈判，争取早日实现全国统一。

1928年6月25日、7月12日、7月19日，日驻奉总领事林久治郎三次向张学良转达日本首相田中义一的警告。

7月19日的警告称：（1）南京政府含有共产色彩，且其地位尚未稳定，东北实无与其联系之必要；（2）如南京政府以武力压迫东北，日本愿不惜牺牲，尽力相助；（3）如东北财政发生困难，日本银行愿予以充分接济。

8月8日、9日，日本特使林权助、日驻奉总领事林久治郎再次向张学良表示强硬反对之意，说日本政府认为国民政府内部杂乱无章，行为尚多共产色彩，东三省如不听警告，日本必决心采取自由行动。即谓干涉内政，亦在所不辞。

东北方面有鉴于此，遂向南京方面说明，将易帜时间延后3个月。

到11月6日，张学良派莫德惠去日本，告诉日本首相田中，东北将在明年元旦前易帜。

田中表示，日本在东北有许多既得权益，如东北易帜，苏俄凭恃中东铁路得寸进尺，东北不足以应付苏俄之侵略，日本愿以全力协助，此为交邻友好应尽之义务。

此举意为反对易帜实为反共防苏，蓄意挑拨中苏关系，将矛头引向苏联。

莫德惠乃解释："东北决不容赤化，与贵国防共之意相同。但东北一隅，抵抗苏俄自有不逮，故有易帜之举。若中国全国统一，则苏俄野心自可戢止，因此必须易帜。"

对此，田中方答："此为中国内政问题。"

这被东北方面视为日本对易帜的默认。

日方一再提及的反苏反共问题或许给张学良等人留下了相当深刻的印象，东北是苏日角逐了几十年的地区，易帜之事违背了日本的意愿，现在日本既然有所谅解，反过来对苏俄示以颜色想必正为日本所乐见。

年轻的张学良或许自以为可以在两强之间纵横捭阖，游刃有余，却不知对苏俄的强硬态度和实力以及对南京当局外强中干的现状把握都很不准确，结果在中东路战争中受到重挫。

1928年12月29日，实现"东北易帜"，归顺国民政府，使东北与关内在形式上实现了统一，化解了与南京国民政府的对立，但也激起了日本方面的忌恨与不满，埋下了隐患。

当时，日本有两大政党：政友会和民政党。日本田中义一大将，于1927年任政友会总裁。民政党总裁若槻礼次郎先任首相，他主张用经济方式侵略我国东北满蒙。

1927年4月政友会组阁，田中义一任首相并兼外务大臣，他主张用武力强占我国东北。

1927年6月27日，田中内阁召集"东方会议"，至7月7日止，先后开会十天。凡日本派驻我东北、北平、天津、上海、汉口等使领，驻蒙古的特务人员、关东军长官、南满铁道总裁等，都齐集东京，密议占领东北后在政治、经济等方面如何实施。

至11月16日，田中又召集驻我国东北的外交和军事人员举行"大连会议"，研究"东方会议"未决的问题。

大连会议后的某一天，田中将两次会议的结果，即所谓田中奏章，上奏天皇，并向世界宣言说："中国内乱能波及满蒙，紊乱治安。帝国因有特殊地位与权益，不论乱自何方，帝国决定予以适当之处理。"其实质是要把满蒙从中国分离出去。

《田中奏折》事涉日本最高机密，因日本最高决策阶层意见不一，天皇阅后，故未立即批交内阁执行，而密藏于皇宫内的皇室书库中，一般人想窥此密函比登天还难。

退居东北的张学良就任东北保安总司令后，对日本的动向非常警惕，积极搜集日本对华政策情报，命令外交办公室主任王家桢负责。王家桢即委托好友蔡智堪在东京收集有关情报。

蔡智堪原籍台湾苗栗县人，1888年出生于日本侨商家庭。日本早稻田大学毕业，17岁加入同盟会，以财力积极支持孙中山的革命活动。这位旅居日本东京的华侨巨商对日本上下情况了如指掌，可称"日本通"。

从早稻田大学毕业后，蔡智堪继承父业，在东京的"蔡丰源商行"经商。因为商务需要，他经常往返于东京与沈阳之间。20世纪20年代末，蔡智堪同王家桢结识，成为知心好友。

身为华人富商的蔡智堪，在东京的上层建立了不少关系。

蔡智堪经过仔细考虑，认为不可使用"间谍手段"，必须运用国民外交，利用民政党和政友党的矛盾，使民政党拿出政友党（田中）的秘密文件。

办法决定后，蔡智堪私下分别宴请前内务大臣、属于民政党的床次竹二郎和田中内阁的外相永井柳太郎。这两人都是蔡智堪多年的老朋友，在金钱上颇有往来。

蔡智堪首先向永井提议，要他拿出田中奏章，在蔡智堪主持的《日华》杂志上发表，"藉以发动舆论，一心向满蒙跃进"。永井立即谢绝。

蔡智堪又对床次说："为了民政党要打倒政友党，应该揭发田中奏章所持武力占领满蒙政策，必将招致中日绝交两败俱伤。"

床次说："你如果必要其物，我当为你打听线索。"

过了几天，床次来说："保皇党（皇道派）元老级认为田中武力吞并满蒙政策，终将激起军人革命，危及天皇，正急于破坏田中的政策。但如由天皇或元老直接干涉田中，必会引起少壮军人革命。元老中现在正在进退两难阶段。我可利用这个机会谋取田中奏章颇有成功的可能性。请你准备高等中国菜和五加皮酒，作我宴请元老之用。"

蔡智堪即以五千日金，预备最上等菜，在床次邸内开席。

六七天后，床次来说："牧野伸显（内政大臣）伯爵称：中国政府如敢将田中奏章公开发表国际，保皇党方可利用英美舆论，阻止田中发动武力政策。中国如能承允这一点，牧野密许你去抄写。"

蔡智堪即密将这一条件函告王树人。过了四五日，王树人以"王川"名义，电汇五千日元来，并有电文说："病床费五千元奉送。其病如要至欧美医治者，余担保负责。"其意是答应牧野所提的条件。

蔡智堪和床次持电到牧野那里，牧野见电大喜，高兴地说："皇位可保全，我的老命又可延长了。"当即命令他的妾弟（在皇室书库任职）山下勇，约妥日本皇室书库官，布置蔡智堪夜间入内，抄写《田中奏折》。

事后蔡智堪独自一人来到邮电局，把抄来的几十页《田中奏折》分装四个信封，寄给中国沈阳张学良的心腹秘书主任王家桢收。

蔡智堪随后又去日本民政党顾问床次竹二郎家，打听日本政界的最新动态。

床次竹二郎作为对张学良提供大笔竞选经费的回报，对蔡智堪和盘托出日本政界的绝密情报：田中因暗杀张作霖事件被天皇训斥，被迫辞职。

张学良得到了《田中奏折》的抄本，阅后指令手下用最快的速度印制200份，发给东北高级军政官员，并将四份送给了南京国民政府。同时要阎宝航将这份秘密文件译成英文，借到日本西京出席"太平洋国际学会"之机，将"田中奏折"发给与会的各国代表团，公开揭露日本的侵华阴谋。

几天之后，1929年12月在日本召开的太平洋国际学会第三届会议会场内，坐满了各国的代表。中国代表团以阎宝航为首的一行五人，向场内的与会各国代表发送《田中奏折》的英文版译本。全场一片哗然。次日，《田中奏折》杀气腾腾的内容传遍了全世界。

与此同时，南京《时事月报》全文刊登《田中奏折》。

《田中奏折》一公布，舆论大哗，中国各地举行了声势浩大的示威游行，抗日的浪潮席卷全国，也在亚洲和世界引起了巨大的反响和震惊！

不过日本官方因中方得到的是《田中奏折》的抄本，始终否认《田中奏折》的真实性；然而不久，日本政府对泄密事件进行了追查，皇室书库28名管理人员全被免职。

获得《田中奏折》为中国人民救亡事业建立巨大功勋的蔡智堪也被捕入狱，他的200万美元的私人产业全部被日本政府没收。

第二次世界大战结束后，蔡智堪到台湾居住。1955年9月29日，在他68岁时病逝于台北。

《田中奏折》是一个未公布的绝密文件，侵略意图很露骨，如果不是蔡智堪秘密抄到手，中国不予公布，日本是绝不会公布于世的。我国公布以后，中日两国哗然，全世界哗然。日本统治当局矢口否认，这是自然的！

时至今日，仍未发现《田中奏折》的原件，中外学者对此一般有两种看法：一是毁于战火；二是日本统治当局为销赃灭证秘密烧毁。

然而日本对中国进行侵略的史实及其进行侵略的实际步骤，完全与《田中奏折》的主张相吻合。

第三节　西北变局

1911年辛亥革命爆发，迪化（今乌鲁木齐）和伊犁两地的革命党起来响应。

迪化的起义遭到新疆巡抚袁大化镇压失败了；伊犁革命党利用新任将军志锐与卸任将军广福的矛盾，取得了胜利。

1912年1月，伊犁都督府成立，派兵进攻迪化，恰遇南北议和，双方于是息兵停战。不久，民国总统袁世凯任命原新疆按察使兼镇迪道杨增新为新疆都督兼布政使。

新疆政局进入相对稳定时期。

杨增新，云南蒙自人。此人1889年考中进士，先后在甘肃、新疆任职，1914年6月担任新疆将军，1916年7月任督军，1925年1月改任督办，一直掌握着新疆的大权。任上完成了新疆与伊犁的统一和阿尔泰地区的统一，结束新疆的四分五裂，建成民国西北坚固屏障。

杨增新严厉打击贪污受贿，积极创办民族工业，开垦农田，做到新疆财政自给；在外交方面，与苏维埃俄国友好相处，恢复了边境贸易；他与宗教界人士合作，缓和了汉族和穆斯林的矛盾。

杨增新作为中华民国的封疆大吏，始终把保持新疆的稳定和统一当做自己的首要使命。他说过："设若新疆一旦政纲失握，外有强邻之虎视，内有外蒙之狼贪，恐此大好河山将沦陷于异族之手。"

帝俄一贯对新疆怀有野心，苏俄在列宁去世，托洛茨基失势，斯大林大权独揽后，调整了一系列国内外政策，原本被视为亲苏的杨增新，突然被重新定义。

苏俄自然希望有个亲俄的新疆政府领导人，像杨增新这种坚持国家统一立场的顽固不化忠孝分子，自然必欲去之而后快。

1927年蒋介石清党，汪精卫又搞了个宁汉合流，苏俄与国民党的关系彻底破裂，莫斯科在中国连连失分。

随着蒋介石北伐成功，杨增新这个只围绕中国中央政府转的"墙头草"，于1928年7月通电承认南京政府。

杨增新被南京政府任命为新疆省主席兼保安总司令。

1928年7月7日这天，新疆"俄文法政专门学校"举行首届毕业典礼，校长樊耀南邀请省主席杨增新参加。

毕业典礼结束后，樊耀南举行宴会，设伏兵将杨增新刺杀身亡。

樊耀南绝没想到，螳螂捕蝉，黄雀在后。

正当樊耀南以为大功告成，前往省长公署宣布执政时，民政厅长金树仁突然率省府卫队包围了省署，在混战之中将樊耀南击毙。

新疆"七七事变"后，金树仁被推举为临时省主席兼总司令。

金树仁，字德庵，1883年生于甘肃河州，1911年来到新疆，先任知县，后升任民政厅长。1928年11月17日，南京政府正式任命金树仁为省政府主席。

这次事变，很有可能是金树仁策划的，目的就是要取而代之任新疆主席。

权力，永远都是搞阴谋政变的最直接动力。金树仁击毙樊耀南无非就是灭口而已。

另外，苏俄也有很强的动机和干预嫌疑不能排除。

这里看看事变中几个人的大致情况，应该可以了解事变的一些由头。

政变发起人樊耀南，18岁中秀才，1904年被湖北选送日本早稻田大学留学，获法学博士学位。回国正值清末，因不满现实，在家乡设馆教书。

辛亥革命以后，樊耀南先后担任过新疆法政学堂教员和副总统黎元洪的顾问。1917年黎元洪当了总统，任命他为新疆阿克苏道尹，后来又担任迪化道尹兼军务厅长、交涉署署长兼俄文法政专门学校监督（校长）。

樊耀南实权比金树仁大，手中有军权和外交权，而外交和俄文学校的工作与苏俄有关联应该是顺理成章的事。

可能樊耀南以为夺权后有苏俄的支持，有恃无恐，但强中更有强中手，搞阴谋没想到还有正在算计他的人在，为金树仁做了一回嫁衣裳。

新疆政治局势开始动荡不安。

金树仁掌权以后，为了招贤纳士，扩大实力，1930年夏，派秘书长鲁效祖到上海、南京等地延揽军事人才，史上名人盛世才就是这次被鲁效祖当做人才带到新疆的。

盛世才，1897年生于奉天（今辽宁）开原盛家屯。

盛世才曾是郭松龄的部下。盛世才小时候在奉天读书，后考入上海中国公学政治经济科，1917年东渡日本，入早稻田大学。在日本读了马克思主义的书，很受影响。1919年回国，弃文从武，先后入广东韶关和东北讲武堂。在此期间，他结识了军事教官郭松龄。

军校毕业后，他随郭松龄进入奉军，在所属第8旅当排长。郭松龄在拉拢部下和培植亲信的当口，对盛世才非常赏识，不仅把干女儿邱毓芳（邱父是盛世才的上级、团长）嫁给他，还举荐他到日本陆军大学深造。

1925年，郭松龄倒戈反奉，盛世才应召回国参加叛乱，在郭松龄手下担任营长。

郭松龄起兵后并没有得到冯玉祥的相助，后兵败身亡，盛世才逃亡日本。

得到资助后，盛世才后来从日本陆军大学毕业。

1927年，盛世才回国后，任广州国民革命军总司令部参谋、参谋本部第一厅第三科上校作战科长。鲁效祖找到盛世才后，盛世才表示愿意到新疆效力，接着他辞去参谋本部科长职务，取道苏联，于1930年底到达新疆。盛世才的故事在以后展开。

北伐战争虽然结束，但是战火在西北依然燃烧着，其中在陕西凤翔发生了一起骇人听闻的集体大屠杀。

北伐战争胜利，冯玉祥部宋哲元任陕西省主席后，欲继续以武力统一陕境，在攻克东府大荔后，于1928年春亲率所部又围攻西府重镇凤翔城。

之前1926年冬，冯玉祥率国民军解西安之围，不久守城陕军接受冯的改编，相继随冯出关东征，陕西军政大权遂由冯部宋哲元主持。

"徐州会议"后，冯玉祥追随蒋介石，并进行"清党"。

1928年5月，中共陕西省委发动了著名的"渭华起义"，其时宋哲元曾派三个师的兵力，向渭南起义军进攻，致使起义失败。

宋哲元不仅镇压各地的共产党组织的"起义"，又鉴于留在省内的部分陕军拒不接受改编，便多次亲率所部往各地征剿。

因此，从1927至1928两年中，陕西境内三原、泾阳、高陵、白水、韩城、蒲城、大荔等地曾先后发生过十多次攻守城池之战。

其中，攻守战最为惨烈、死伤最多的当属凤翔战役。

凤翔守军党玉琨，绰号党拐子，原为陕军郭坚旧部。1918年7月，郭任陕西靖国军第一路司令时，党玉琨任第八支队司令。

1921年，郭坚在西安被冯玉祥诱杀，郭部下李夺、党玉琨等拒不接受直系冯玉祥改编。郭死后其旧部大多分化，另找出路，一部分则由党率领驻在凤翔，后编为陕军卫定一部混成旅，由党玉琨任旅长，兵力约7000人。

郭坚部军纪本来就不太好，但因系陕西靖国军，一直高举反对北洋政府的旗帜，转战各地，要自筹军饷，尚情有可原。

党玉琨自任旅长后，一直盘踞凤翔，俨然自成独立王国，其部队已发生了质的变化：纪律更加废弛，苛索强搜，杀人越货，横行一方，民无宁日；加上党玉琨本人鸦片烟瘾特大，烟酒嫖赌，恶习俱全，生活特别堕落。

党玉琨还先后派其部下，大肆盗掘西府一带古墓葬，窃掠了大量珍贵文物，据为己有，供其挥霍。因此，当地百姓无不恨之入骨。

党玉琨盘踞凤翔，苦心经营多年，城内地势高于城外，城墙既高且厚，异常坚固，城壕深宽各在三丈开外；且城北有碗口般粗的一股泉水，长年不断地注入城壕中，地势险要，易守难攻；且当时城内囤粮可供军民食用三年，武器弹药也十分充足，自以为凭险据守，万无一失。

当宋哲元亲任总指挥，于1928年初，率三个师、一个旅，兵力达三万多人围攻凤翔城时，党部守军顽强对抗，宋部节节失利，且伤亡官兵四五千人。

自春至夏围攻半年之久，宋哲元始终未能打开凤翔城池。

宋哲元经请示冯玉祥同意后，只得调来张维玺的13军回陕增援。

宋、张部队爬城硬攻牺牲惨重，依然久攻不克，甚为着急，便改用掘坑道轰倒城墙的战术来攻城。

坑道是从县城东门外"东湖"西北角喜雨亭附近一家民宅开始掘进的，距城墙约200米。先从地面向下挖四丈多深，再向城墙方向掘进。坑道顶部和两壁均用坑木支撑，以防塌陷，有渗水或稀泥处，则用棉花、被盖等物铺垫。

约半个月时间，坑道终于挖到城下，并在那里挖就一座约一间房子大小的放炸药的地下室，然后堆置七棺木炸药，共约4000公斤，并接通了电线。

一切准备就绪，宋哲元亲自指挥，并规定在坑道炸药爆发的同时，1500门野炮、山炮、迫击炮，每门须向城内发射100发炮弹。500挺轻重机枪，每挺对准城墙垛口要发射500～1000发子弹。

9月5日上午10时，总攻击开始，宋哲元指挥工兵按下电钮，只听雷鸣般的轰隆一声，城墙摇晃摆动了两三下，然后像火山爆发似的浓烟直冲云霄，城墙上便出现了一二十丈宽的大豁。

此时炮弹声、枪声、冲锋号声和杀喊声铺天盖地，震耳欲聋。只见攻城部队从豁口蜂拥而入，经过激烈巷战，凤翔城终被冯军攻占。

此役党玉琨部死伤官兵2000左右，其余5000多官兵全被生擒。

党玉琨在乱军中被击毙，党的小老婆连同不满周岁的婴儿也被活捉。城内无辜居民葬身炮火之中的在万人以上，凤翔城内死尸遍地，一片焦土。

军阀混战给凤翔老百姓带来了空前的灾难。

攻克凤翔后，冯部宋哲元还缴获了党玉琨盗掘的西府珍贵文物近百口大箱，其中有周代大铜鼎，秦穆公时的车、盖、碗、盘、金马驹、如意石等，后由专人押运至西安。

据说，这批珍贵文物，除少数为部分将领据为己有外，后来大部分换了武器弹药。

冯军攻克凤翔后的第二天，宋哲元找张维玺商议，要把俘获的党部5000多名官兵全部杀掉。张起初并不同意，认为这样未免太残忍和不人道，但在宋的坚持下，为震慑各地陕军，张亦放弃了自己的意见。于是便开始了一场骇人听闻的凤翔大屠杀。

大屠杀的刑场，设在凤翔城东八里纸坊镇东头关帝庙前七八十米处的空场，空场南边有一眼几十丈深的大枯井，宋哲元觉得这是坑杀俘虏的一个理想场所。

冯部13军手枪营，即大刀队驻在关帝庙西侧一民房大院里，在那里看押着党部500名俘虏官兵。宋哲元宣布由手枪营执行杀人任务，并亲自参加监斩。

9月8日上午8时,关帝庙前警戒森严,如临大敌。

宋哲元等将领坐在庙门前,宋亲自下令开刀。每个俘虏由两名士兵架着胳膊飞跑到枯井边,喝令跪下后,由预先排列好的50名手执大刀的刽子手轮流行刑,手起刀落,人头立即滚入井中,接着将尸体踢入井内。杀完一个,紧接着又架上来一个,照样依次行刑。

执刀的刽子手每杀上十个八个,就已满身溅血,刀钝臂酸,手也软了,遂由后面的刽子手依次接替。

"有的俘虏被架到井旁喝令跪下时,为了避免挨刀断头之苦,连跪也不跪就活生生地扑进井去;有的俘虏被架到井边时,早已神魂离窍像泥块一般,使刽子手无法下手,也就只好一脚不死不活地把俘虏踢入井中;有的俘虏跪下之后,脖子挺得较硬,只消一刀即可人头落地,立时毙命;而有的俘虏由于吓得魂不附体,脖子挺不起来,一刀不能断气,以致连砍数刀,因疼嚎叫,那种怪声使人惨不忍闻;而有些刽子手则是初次杀人,当手举刀落时,手腕忽而软下来,只能砍进三两分深,这就使被杀的人,遭到了最大的痛苦,当然更会哀嚎乱叫起来。"(见张宣武《宋哲元杀戮陕军俘虏五千人目击记》,张当时曾先后任冯玉祥部13军直属坑道营、手枪营代理营长,并且在这场大屠杀中"负责指挥行刑"。)

在大屠杀进行中,宋哲元坐在关帝庙前,边喝茶,边谈笑,若无其事。宋还召集各部营以上军官,到现场观看行刑,且让数千群众站在警戒线外观看。500名俘虏大约杀到多一半时,有一年轻俘虏被架至井边正要行刑,忽然从人丛中跑出一位农民老汉,抱住那位俘虏大声哭喊说:"我的儿子是'党拐子'拉去当兵的,你们要杀我儿,真是天大的冤枉。如果一定要杀,就请把我杀掉。"经苦苦哀求,坐在宋哲元旁边的张维玺抢先说"请总指挥饶他一条性命吧"。这个青年是此次行刑唯一死里逃生的人。

当500名俘虏杀完后,宋哲元立即集合在场的营以上军官下命令说:"各师、旅、团所拘押的俘虏,限令在今天夜里全部杀掉,一个也不许留,一个也不许放。"于是另外4500名俘虏中,就有3000多名在当天夜里惨遭杀戮。

唯有张维玺13军第17师赵凤林师长,认为这种做法太惨无人道。他不敢公然抗拒宋的命令,只好暗示所属旅、团长严守秘密,趁夜深人静,悄悄放走一千数百名俘虏,使他们得以虎口余生。

盘踞凤翔的党玉琨,称霸一方,作恶多端,他和其部下头目被杀,是罪有应得,死有余辜。然而凤翔大屠杀,公然违反古今中外共同遵守的"优遇已无战斗力俘虏"的人道主义原则,杀人过滥,理应受到历史的谴责。

凤翔大屠杀,让宋哲元部背负恶名,在此后的陕西境内的作战中所遇抵抗也大为减弱,然而这场战火,死伤了许许多多无辜老百姓,给民众带来了无比深重的灾难。

这种军阀混战，不论谁胜谁败，都不是正义的。

和历史上所有腐朽没落的势力一样，只不过是黎明前的垂死挣扎而已。

当时西北发生的一系列变局，只是整个中国在北伐胜利后的一个缩影，人民的苦难并没有结束。

第四节　裁军困局

国民党大佬张群评价："（卢作孚是）一个没有受过正规教育的学者，一个没有个人追求享受的现代企业家，一个没有钱的大亨。"

卢作孚没有受过正规的教育，但他却呕心沥血兴学助教；卢作孚富甲天下，但他却一生都像清教徒一样严苛。

这位"庶几乎可比于古子贤哲"（梁漱溟语）的工商巨子，以中国人特有的隐忍和坚卓，成就了中国人梦寐以求的实业救国、教育兴国的梦想。

1922年，29岁的卢作孚和朋友刘啸松有过这样一次对话。

刘啸松说："我是一颗炸弹。"

卢作孚说："炸弹力量小，不足以完全毁灭对方；你应当是微生物，微生物的力量才特别大，才使人无法抵抗。"

这种深深根植于中国文化中的改良意识和教化思想，影响了卢作孚的一生。

有了这样的思想基础，他走科学救国、教育救国之路便也是水到渠成的必然。

1927年2月15日，卢作孚出任江（北）、巴（县）、璧（山）、合（川）四县交界的嘉陵江三峡地区（即今重庆北碚区）防务局局长后，开始了其梦寐以求的乡村建设实践。

1928年11月，他提出建立嘉陵江科学馆的设想，这是西部科学院的雏型。

在全面抗战爆发后，昔日荒蛮的北碚俨然成为抗战时期中国科学的诺亚方舟。

兴办科学院是一项全新的事业，资金问题是最大的障碍。

当时在中国共有三家民办的科学院，另外两家是英国和日本人创办的，自然资金无虞。卢作孚利用自己经营实业的基础和广泛的社会影响，四处筹集资金，开创了社会力量创办科研机构的先河，这是颇富前瞻的探索。

从在川地独领风骚的刘氏家族到实力派杨森，从民生公司的普通员工到社会名流，人人都在为西部科学院的建设出谋划策，添砖加瓦。

在战乱频仍的动荡岁月，中国开明人士的这种高屋建瓴的远见卓识令人钦佩。

在传统文化的熏陶之下，贤达望族、巨商大贾都把兴学助教当做功德无量的善举。千年以来，这种朴素的功德意识在潜移默化地影响着中国文化的赓续和传承。而卢作孚的创举，则更具有与时俱进的现实意义。

国家要建设，社会要发展，这是不以任何人意志为转移的历史潮流，政权的更迭和意识形态的对抗都无从改变这一规律。我们以历史的名义，向所有为中国西部科学院建设作出贡献的人致敬！

就在卢作孚为西部科学院的创立奠定物质和群众基础时，随着北京张作霖的安国军政府垮台，蒋介石与冯玉祥、阎锡山、桂系的临时团结，转化为激烈的内部斗争。

国民党政府实现了名义上的全国统一，南京国民政府成为国际承认的中国唯一合法政府。

国民党政府宣布，根据孙中山革命理论的三步骤——军政、训政、宪政，中国已经完成了第一阶段，并开始进入第二阶段，即转到经济建设为主。

中国老百姓可能是这个世界上最好打发的一群了，只要给口饱饭——甚至菜里不见荤腥也行——就不会闹腾，但不幸的是当时做不到。

而这一时期（1928年），全国25省1100多县发生旱、水、风、雹、虫、疫等各种灾害，而以西北、华北的旱荒最重。旱区包括陕西、甘肃、山西、绥远、河北、察哈尔、热河、河南等8省，并波及山东、苏北、皖北、两湖、四川、云南的大部或一部。8省旱区，田野如焚，禾苗枯焦，河淀干涸，道殣相望；总计487个县及绝大部分盟旗遭殃，灾民3200余万口。2月下旬（二月初）黄河决于山东利津，全省83县水旱雹蝗疫疠并发，饥民500万。南方旱灾以湖北、四川最重。湖北49县赤地千里，灾民900万，数量居各省之首。四川50多县干旱经年，灾民800万，草根树皮剥挖殆尽。江西旱水交浸，螟虫遍生，69个县被灾。浙江35个县市被螟被水被风。此外江苏40余县、安徽41个县、湖南70余县、福建31个县、广东20余县、广西52个县市、云南50个县市、贵州54个县遭旱蝗水风雹疫等灾。东北三省部分地区洪涝为灾，奉天通辽一带流行鼠疫、霍乱。甘肃、黑龙江、中沙群岛东发生3次强地震。

1928年，打着以经济建设为主的幌子，国民政府通过了《中华民国国民政府组织法》，虽然规定"五权分立"，但各部门组成人员全部为国民党员，并规定"国民政府受中国国民党中央执行委员会之指导及监督，掌理全国政务"，初步确定了国民党对政权的控制和垄断。

而《中华民国训政纲领》规定国民党总揽一切权力，公民和其他一切政党事实上不得享有包括选举权在内的所有政治权利。以后的各种条文、法规规定国民党以外的任何其他政党都是"非法党"。

1929年，国民党"三全"大会对国民党"一党治国"的解释是其独裁的基本"理论"："中华民国人民，在政治的知识与经验之幼稚上，实等于初生之婴儿；

中国国民党者，即产生此婴儿之母；既产之矣，则保养之、教育之，方尽革命之责；而训政之目的，即以保养、教育此主人成年而还之政，为其全部之根本精神；故训政纲领开宗明义即以中国国民党依照建国大纲，训练国民使用政权。"

因此，国民党要"独负全责领导国民，扶植中华民国之政权治权"，规定"于必要时，得就人民之集会、结社、言论、出版等自由权，在法律范围内加以限制"，强调国民必须服从国民党、拥护"三民主义"。

这些做法实质上又进一步确立了"领袖"蒋介石的独裁地位，自然引起冯玉祥、阎锡山、桂系等国民党其他势力的日益不满。

此外，裁军更触动了他们的根本利益。

国家既告统一，作为国民政府军队主力的陆军自然带有国防军的色彩，而从国防的角度来看，国民政府陆军却属于落后军队的行列。

日本情报机关评价中国军队"作为国防军是低劣软弱的"，国民政府当局对此也毫不讳言："我军队与帝国主义者之军队相较，其素质优劣相去径庭！"

1928年开始，在德国军事顾问团的协助下，国民政府开始了陆军建设，德国顾问对军队整训工作的一个特点就是始终坚持"教导部队"的训练模式。

所谓"教导部队"的模式就是指首先按照理想部队的组织、结构、训练水平、装备样式组建一个特殊的示范部队，这个部队本身不承担战斗任务，它的主要工作是把其他部队的各级各兵种的军官与士兵派到这个部队中去，由教导部队进行一对一的训练，使其他部队逐步达到与教导部队相当的水平，如此，逐渐扩大训练的范围，最终使全军都达到这一理想的素质水平上。

这一方式是由德国从第一次世界大战后重建德国国防军的经验中提出来的，它在德国曾取得了巨大的成功。

1928年，鲍尔建议成立了一个教导队，包括一个步兵队、一个骑兵队、一个炮兵队、一个工兵队和一个通信队。同时也成立了一个军官研究班和译述训练班，使教导队的军官们得到德国战术理论的训练，同时培训必要的翻译人员以备工作需要。

教导队的训练工作进展比较顺利，1929年扩充为一个教导团，1930年春，进而成立了教导师。后由于蒋介石正忙于内战，频繁把战斗力强的教导部队用于战场，遂把原来的教导部队和国府警卫旅编成两个精锐的作战师，第87、88师，并由两师编余部队新成立了第36师。这些部队采用德式编制，德国武器，由德国顾问训练与指挥，战斗力极强。

德国军事顾问马克斯·鲍尔上校及其后的总顾问始终认为中国应建立一个强大的中央军事集权体制，只有这种高度的一元化领导才能对涉及经济、社会的各项国家措施实行统一、有效的管理。

为了确立并巩固以蒋介石为首的中央军事集权的地位，针对当时北伐成功后，旧军阀被打败，新军阀又产生的局面，鲍尔帮助蒋介石起草了《军队编遣方案》，准备将中国军队由260万人缩编为80万人。

按照德国军队"分级式体系"，中国军队裁减下来的军队编为"民兵"，保留的精兵组成"中央军"，指挥权归属中央政府。

1928年11月，国民政府设立军政部、参谋本部和训练总监部。

军政部掌理全国陆、海、空军行政事宜；参谋本部掌理国防用兵及陆地测量事宜；训练总监部掌管全国军队及军事学校教育、训练和国民教育。次年又设立军事参议院，作为军事最高咨询机关。

由于各机构专司其职，保证了整个国家军事机器的正常运行。

这种专业化的领导机构和指挥系统，较好地适应了现代化多兵种训练和作战的要求。

当时，国民政府的军队是由若干个新军阀集团的松散联盟所组成的。

国民党内形成了5个颇有势力的军事集团，各自拥有地盘和嫡系武装，这样的局面当然就意味着乱战还将继续，老百姓离和平还非常遥远。

这些新军阀集团各自拥有一支以个人为中心的私人军队，有相对固定的地盘，割据一方，自成体系，军队的编制、武器装备、教育训练各不相同。

全国除新疆、西康、西藏外，计有180个师、94个旅、40余个独立团。

其中老蒋的国民革命军第一集团军已迅速膨胀发展为20多个军，4个独立师，总计50多万人的武装。

裁军对于经济建设和国民经济自然有好处，在碧云寺上演了一出足以让蒋介石获得奥斯卡最佳男主角提名的哭灵好戏后，蒋介石便召集新军阀三巨头等在北平开了一个会，老蒋抛出了裁军方案：一、军队以师为单位，留国防军50至60个师；二、全国军队统一编制，打破原建制，各军军官轮调中央军校训练，在全国设置几个大的练兵场，各师编成后分期调集训练；三、撤消各集团军总司令，各集团军总司令到京师供职。

这个方案的核心主要是三个：裁军、混编以及进京。

新军阀之所以为新军阀，就是因为有地盘，而且在地盘上有说一不二的权威，如今让他们进京当官？对不起，他们可没这个官瘾。

至于混编嘛，更是没人愿意理睬的，没有嫡系部队，不等于提前下岗么？

如果说第一个方案还只是削藩的话，那第二个方案就成了赤裸裸的撤藩了，几位虽然都是军旅出身，但这种历史上常见的伎俩想来也不可能把他们要了。

当时，大佬们互诉衷肠，大倒苦水，甚至阎锡山还援引新疆新近的叛乱将反对裁军上升到了反分裂的高度——结果，议案再次搁浅。

更绝的是，老蒋还没宣布散场，几位就玩起了失踪，纷纷离开北平。

等到8月份，老蒋再次明确抛出了年底内撤销政治分会的提案，并且敦促各派老大来京任职，眼见老蒋玩真格的，居然将此事带到正式会议上来谈，各派当然也不能示弱，于是，冯玉祥说自己痼疾未痊，阎锡山说最近比较累，而李宗仁干脆连个理由都不给，总之就是不进京。这说明，会议再正式，也仅仅只是会议而已，撤藩是不可能在会议上完成的。

难道老蒋不知道撤藩是不可能在会议上实现的？当然知道。

裁军是民心所向，老百姓受够了军阀混战的苦楚，因此只要舆论一哄噪，老蒋就会占上风——老百姓可不管你们怎么裁，裁军本身才是他们关心的；老蒋的裁军说可以说是既有力又有理，这就逼得几位要好好考虑万一要裁军，怎么办才对己有利——而这正是老蒋所希望看到的结果，任何联盟都不会牢不可破，老蒋要做的就是制造裂缝。

舆论大部分时间是鸡肋，但如果能用好，舆论就是一把软刀子。

老蒋让裁军一事经过舆论那么一报道，冯玉祥、阎锡山、李宗仁这三巨头马上开始不自在了，有道是民意不可违，老蒋在此事上占着理。

此时老蒋已经给他们准备了一个平台，那就是在1929年1月1日召开了军事编遣会议，这就相当于是最后通牒，怎么应，你们自己看着办。

1929年1月1日，国民政府组织召开了军事编遣会议，计划整编全国陆军。

于是，几巨头虽然对所谓编遣会议极端排斥，但是都板着面孔不情不愿地来了，在南京等待他们的是老蒋那诡异而又伪善的笑容，以及未知的前景。

阎锡山提出来的方案很有意思，怪不得李宗仁跟阎锡山初次见面就说此人不简单：

第1、2集团军各编10个师，第3、4集团军各编8个师，杂牌军编6到8个师，看到这儿，此方案也就平平，绝妙的在后面，老蒋不是说要裁吗？现在这样编制，也就只有42到44个师，那剩余部队怎么办？阎锡山说归中央。

这个方案高明就高明在不得罪任何一方，首先承认自己是弱者，最重要的是，他还不得罪老蒋，因为蒋介石除了第一集团军的10个师，还有6到8个师可供使用，他不就是中央吗？什么叫工于心计？什么叫审时度势？阎锡山当之无愧。

裁军会最后拖拖拉拉地开了一个月，各方面都觉得阎锡山的提议不错，于是在该提议的基础上，老蒋炮制出了一个编遣方案，在全国设立八个编遣区，冯玉祥、阎锡山以及李宗仁各管一个区，在新近易帜的东北也设立一个区，而其余的四个区都归中央。东北设一个编遣区，老蒋要送给张学良一个顺水人情——老蒋太知道张学良的重要性了。

方案从某种意义上说就是废纸，只有实施了才有价值。

当三巨头发现编遣方案实际上是让老蒋大权独揽之后，便开始在实施问题上做文章。

冯玉祥说，刚打完仗就谈编遣伤感情，还是休整一年再说，还是李宗仁聪明，说马上过年了，年货还没办呢，我看这个会就开到这儿吧。

最终，老蒋只好终止了会议，让各位回家过年去了。

编遣会议弄了个雷声大雨点小，没有实际收获。

编遣会议失败了，但老蒋成功了，因为老蒋成功拆掉了三角同盟，同时还号准了各方的脉，这就为他以后的行动打下了基础。

虽然北伐战争结束，东北易帜，中国大体实现了统一，但这种统一是表面的、虚弱的。

由于地方军事集团不愿裁军编遣，仍热衷于扩充地盘，国民党内反对派改组派的活动等原因，自1929年起，反对国民政府中央的内战战火络绎燃烧。

1929年1月19日，胡宗铎（桂系中仅次于三巨头的人物）操纵武汉政治分会免除湖南省主席鲁涤平所兼各职，理由是鲁涤平剿共不利，然后还克捐重税——其实这种事情有没有理由就是那么回事，理由随便编个就行，谁还没个毛病？政治先行，军事紧跟，叶琪和夏威迅速将部队开向长沙，这下可真是打了鲁涤平一闷棍，他还没醒过味来就只有逃命的份了。

李宗仁先斩后奏，把生米煮成了熟饭，看老蒋怎么办？但他声称自己跟此事没关系，要有关系也是管教不严，既成事实下，你老蒋能奈我何？

这次老蒋表现得轻描淡写，还给李宗仁写了封信，说德邻贤弟莫慌，我知道这事完全是那帮小赤佬不听话乱搞，而且国家刚打完仗，正要建设，怎可轻启战端？所以万望贤弟宽心，月亮代表我的心云云。

李宗仁还真就以为老蒋是哭笑不得，其实是小看老蒋了。

老蒋是谁？上海滩混出来的，他能咽下这口苦水，吃下这个哑巴亏？事情越是平稳，背后就越是暗藏杀机，形势变化本就是转瞬之事。

老蒋到底葫芦里卖的是什么药呢？

如果说蒋介石是命定的枭雄，枭雄总是会有枭雄处理问题的办法。

事情接下来的发展证明，老蒋的隐忍只是在为爆发而做准备。

裁军困局尚未解决，就在此刻，张学良干了一件惊天动地的大事：中东路事件。

张学良之由盛而衰，始于中东路事件。

抗日战争的序幕已经拉开，而中国的统一还很脆弱。

（第一卷终）

参考文献

[1]《第二次世界大战史》，朱贵生等编著，北京：人民出版社，1982年版；

[2]《第二次中日战争史》，吴相湘，台北：综合月刊社，1974年版；

[3]《国际条约集（1934～1944）》，北京：世界知识出版社，1961年版；

[4]《国际条约集（1945～1947）》，北京：世界知识出版社，1959年版；

[5]《第二次世界大战史》，[苏]赫·格·安德罗尼科夫主编，上海：上海译文出版社，1981年版；

[6]《关东军和苏联远东军》，[日]林三郎编著，吉林：吉林人民出版社，1979年版；

[7]《德黑兰雅尔塔波茨坦会议记录摘编》，上海：上海人民出版社，1974年版；

[8]《抗日战争正面战场（上中下）》：中国第二历史档案馆编，南京：凤凰出版社，2005年版；

[9]《不许可写真》，日本每日新闻社，日本：每日新闻社，1998年版；

[10]《中国事变陆军作战史》，日本防卫厅防卫研究所战史室，田琪译，北京：中华书局，1979年版；

[11]《远东国际军事法庭判决书》，张效林译，五十年代出版社，1953年版；

[12]《被隐瞒的联队史——二十联队下级士兵所看到的南京事件真相》，下里正树，日本：青木书店，1987年版；

[13]《中外旧约章汇编》，王铁崖编，北京：生活·读书·新知三联书店，1962年版；

[14]《抗战期间废除不平等条约史料》：林泉编，台北：正中书局，1983年版；

[15]《中国近代史》，李云汉，台北：三民书局，1985年版；

[16]《美国与中国》，[美]费正清著，孙瑞芹、孙泽宪译，北京：商务印书馆，1987年版；

[17]《中华民国大事记》，韩信夫、姜克夫主编，北京：中国文史出版社，1997年版；

[18]《蒋中正总统档案：事略稿本》，台北：国史馆，2003年版；

[19]《中华民国重要史料初编——对日抗战时期》，秦孝仪主编，台北：中国国民党中央委员会党史委员会，1981年版；

[20]《共产国际、联共（布）与中国革命文献资料选辑》，中共中央党史研究室第一研究部编，北京：中央文献出版社，2002年版；

[21]《近代中国史料丛刊》，沈云龙主编，台北：文海出版社，1968年版；

［22］《中华民国史事纪要》，朱汇森主编，台北：中央文物供应社，1986年版；

［23］《中国震撼世界》，［美］杰克·贝尔登著，邱应觉等译，北京：北京出版社，1980年版；

［24］《南京事件》，［日］秦郁彦，日本：中央公论社，1986年版；

［25］《中华民国外交史》，石源华，上海：上海人民出版社，1994年版；

［26］《中国外交史》，吴东之主编，郑州：河南人民出版社，1990年版；

［27］《王正廷传》，完颜绍元，郑州：河北人民出版社，1999年版；

［28］《蒋作宾日记》，蒋作宾，北京师范大学、上海市档案馆编，南京：江苏古籍出版社，1990年版；

［29］《张学良年谱》，张友坤、钱进主编，北京：社会科学文献出版社，1996年版；

［30］《张学良文集》，毕万闻主编，北京：新华出版社，1992年版；

［31］《张学良与东北军》，方正等编，北京：中国文史出版社，1986年版；

［32］《英雄本色——张学良口述历史解密》，毕万闻，北京：中国文史出版社，2002年版；

［33］《顾维钧回忆录》，顾维钧，中国社会科学院近代史研究所译，北京：中华书局，1983年版；

［34］《回顾录》，邹鲁，长沙：岳麓书社，2000年版；

［35］《民国阎伯川先生锡山年谱长编初稿》，阎伯川先生纪念会编，台湾：商务印书馆，1988年版；

［36］《罗斯福选集》，关在汉编译，北京：商务印书馆，1982年版；

［37］《血泪抗日五十年摄影全集》，李抗和主编，台北：乡村出版社，1981年版；

［38］《天理难容——美国传教士眼中的南京大屠杀（1937～1938）》，章开沅编译，南京：南京大学出版社，1999年版；

［39］《南京事件的总结》，［日］田中正明，日本：谦光社，1987年版；

［40］《大东亚战争的总结》，［日］历史研究委员会编，日本：辗转社，1995年版；

［41］《南京大屠杀》，［日］洞富雄，日本：现代史出版会，1982年版；

［42］《日军南京大屠杀的屠杀令问题》，李恩涵，台北：《中央研究院近代史研究所集刊》，1989年第18期；

［43］《南京大屠杀图证》，中央档案馆等编，长春：吉林人民出版社，1995年版；

［44］《日本殖民统治台湾五十年史》，陈小冲，北京：社会科学文献出版社，2005年版；

［45］《南京大屠杀》，孙宅巍主编，北京：北京出版社，1997年版；

［46］《福尔摩萨考察报告》，［法］雷吉纳乐德·康，台北："中研院"台湾史研究所筹备处，2000版；

［47］《儿玉源太郎》，［日］宿利重一，日本：国际日本协会，1942年版；

［48］《台湾统治四十年的回顾》，［日］松井石根，日本：《东洋》（特辑号），1935年版；

［49］《后藤新平传》，［日］鹤见佑辅，日本：太平洋协会出版部，1943版；

[50]《台湾统治志》，[日]竹越与三郎，日本：博文馆，1905年版；

[51]《日本帝国主义下的民族革命运动》，[日]浅田乔二，日本：未来社，1978年版；

[52]《日本统治下的台湾》，许世楷，日本：东京大学出版会，1972年版；

[53]《台湾抗日运动史》，台湾总督府警务局编，王洛林总监译，台北：海峡学术出版社，2000年版；

[54]《现代史资料》，[日]山边健太郎编，日本：みすず书房，1971年版；

[55]《日本统治台湾秘史》，[日]喜安幸夫，台北：武陵出版社，1984年版；

[56]《新台湾经济论》，陈逢源，台北：新民报社，1937版；

[57]《日本帝国主义下的台湾》，涂照彦，人间出版社，台北，1993年版；

[58]《帝国主义工业资本与中国农民》，陈翰笙，复旦大学出版社，1984年版；

[59]《日本殖民地财政史研究》，[日]平井广一，日本：ミネルブァ书房，1997年版；

[60]《在历史巨人身边——师哲回忆录》，师哲，北京：中央文献出版社，1991年版；

[61]《日本据台末期（1930~1945）战争动员体系之研究》，林继文，台北：稻乡出版社，1996年版；

[62]《台湾近代民族运动史》，蔡培火等，台北：学海出版社，1979年版；

[63]《台胞抗日文献选编》，王晓波编，台北：帕米尔书店，1985年版；

[64]《台湾民族运动史》，吴三连、蔡培火等，台北：自力晚报出版部，1990年版；

[65]《台湾与台湾人》：戴国，日本：研文堂，1980年版；

[66]《日据时期原住民行政志稿》，宋建和译，南投：台湾省文献委员会，1999年版；

[67]《台湾蕃政志》，温吉编译，台北：台湾省文献委员会，1957年版；

[68]《台湾的原住民》，[日]宫本延人，台中：晨星出版社，1992年版；

[69]《殖民地经验》，[日]栗本英世、井野濑久美惠编，东京：人文书院，1999年版；

[70]《对异民族的统治与皇民化政策》，[日]近藤正己，《台湾近现代史研究》，1988年第6号；

[71]《总力战与台湾——日本殖民地崩坏之研究》，[日]近藤正己，东京：刀水书房，1996年版；

[72]《光复前台湾之工业化》，张汉裕，台北：联经出版事业公司，1980年版；

[73]《台湾的殖民地伤痕》，王晓波编，台北：帕米尔书店，1985年版；

[74]《台湾终战秘史》，[日]富泽繁，东京：いずみ出版株式会社，1984年版；

[75]《中国抗日战争史稿（上、下）》，龚古今、唐培吉主编，武汉：湖北人民出版社，1983年版；

[76]《八一三淞沪抗战》，中国人民政治协商会议全国委员会文史资料研究委员会编，北京：中国文史出版社，1987年版；

[77]《"七·七事变"与台湾人》，陈小冲，《台湾研究》，1996年第2期；

[78]《苦闷的台湾》，王育德，东京：弘文堂，1964年版；

[79]《台湾光复和光复后五年省情》，陈鸣钟、陈兴唐主编，南京：南京出版社，1989

年版；

[80]《台湾高等警察物语》，[日]寺奥德三郎，台北：文英堂出版社，2000年复刻本；

[81]《浙江教育简志》，杭州：浙江人民出版社，1988年版；

[82]《中国战线从军记》，[日]藤原彰著，林晓光译，成都：四川人民出版社，2005年版；

[83]《民国时期福建小学教育发展概况》，郭少榕，《福建省教育史志资料集》，1992年第九辑；

[84]《南进台湾史考》，[日]井出季和太，日本：诚美书阁，1943年版；

[85]《台湾的"大东亚战争"》，[日]藤井省三、黄英哲、垂水千惠等编，日本：东京大学出版会，2002年版；

[86]《甲午悲歌》，郑彭年，北京：中国社会科学出版社，2005年版；

[87]《抗战前十年国家建设史研讨会论文集》，台北：中央研究院近代史研究所，1984年版；

[88]《文史资料选辑》第137辑，北京：中国文史出版社，2000年版；

[89]《文史资料选辑》第11辑，北京：中华书局，1961年版；

[90]《中华民国史档案资料汇编》第5辑，南京：江苏古籍出版社，1994年版；

[91]《昭和二十(1945)年的中国派遣军》，日本防卫厅防卫研究所战史室著，天津市政协编译委员会译，北京：中华书局，1984年版；

[92]《疯狂的岛国》，[美]时代生活丛书，唐奇芳译，北京：中国社会科学出版社，2004年版；

[93]《事变增税之全貌》，[日]横田道三，《台湾时报》，1938年5月号；

[94]《中日战争下的台湾》，志华，《台湾先锋》，1940年3月号；

[95]《台湾皇民化之诸问题》，[日]鹫巢敦哉，《台湾时报》，1939年12月号；

[96]《中东路事件新探》，申晓云，《南京大学学报》，2002年第6期；

[97]《苏联在中东路问题上的政策变化》，崔萍，《首都师范大学学报》，1996年第2期；

[98]《中东路事件中的两国四方》，崔萍，《北京党史研究》，1998年第2期；

[99]《陈独秀与中东路事件各方动态分析》，崔萍，《历史教学》，2000年第11期；

[100]《从中东路问题看苏联对华政策的演变》，汪谦干，《安徽史学》，1994年第2期；

[101]《试论"中东路事件"与"九一八事变"》，王玉祥，《史学月刊》，1997年第4期；

[102]《从中东路看中国争回主权的斗争》，卢纪雨，《内蒙古大学学报》，1998年第2期；

[103]《略析中东路事件的起因与影响》，杨琪，《求是学刊》，1997年第6期。

附言：本书在撰写期间参阅了大量先贤与学者、同仁的资料，因资料繁多，未能一一列明出处，在此一并表示敬意与感谢。成书仓促，若有史料误漏之处，敬请各位学者、同仁及广大读者不吝赐教，我将会在推出修订本时一一更正。惠函邮箱：cqmkangzhan@yahoo.cn